U0946715

| 青海省社会科学院建院四十周年丛书 |

伟大的变革

青海省社会科学院纪念改革开放四十周年理论研讨会文集

FORTY YEARS OF HISTORIC TRANSFORMATIONS

A Qinghai Academy of Social Sciences Tribute to China's Reform and Opening-up

主　编／陈　玮
副主编／孙发平　张　前

社会科学文献出版社
SOCIAL SCIENCES ACADEMIC PRESS (CHINA)

立时代之潮头　发思想之先声（代序）

随着我国改革开放四十年的辉煌历程，青海省社会科学院也迎来了建院四十年华诞。1978 年 10 月，青海省社会科学院的诞生，既是改革开放播下的早春火种，也是青海省哲学社会科学事业迈向新征程的历史标志。

四十年来，青海省社会科学院在青海省委省政府的正确领导下，始终坚持“二为”方向和“双百”方针，坚持“三兼顾，三为主”的原则，坚持立足青海、面向全国、注重实际、突出特色，大力推进哲学社会科学繁荣发展，在基础研究和应用对策研究领域取得了显著成就，推出了一大批高质量的学术研究成果，形成了一支具有一定规模的哲学社会科学研究队伍。据统计，四十年来全院共完成学术专著 223 部，社科知识读物、教材、工具书、资料汇编、古籍整理、译著 176 部，发表论文、调研报告 4306 篇，承担国家级课题 93 项、省级课题 105 项、省委省政府及有关部门委托课题 91 项，在地方经济、地方历史文化、藏学、民族宗教、青藏高原生态环境等研究领域生产出了一批优秀科研成果，如《青海百科全书》《格萨尔学集成》《青海通史》《青海简史》《青海省建置沿革志》《中国藏族部落》《藏族部落制度研究》《甘青藏传佛教寺院》《觉囊派通论》《青海藏族游牧部落社会研究》《中国密教史》《青海佛教史》《青海果洛藏族社会》《青海经济史》《五世达赖喇嘛传》《历代达赖喇嘛与中央政府关系研究》《中国三江源区生态价值与补偿机制研究》《青海转变经济发展方式研究》《中国藏区反贫困战略研究》等。科研成果先后荣获中宣部“五个一工程”入选作品 3 项，第四届中国藏学研究珠峰奖汉文学术论文类一等奖 1 项、三等奖 1 项，水利部黄河水利委员会科学技术进步二等奖 1 项，首届中华优秀出版物（论文）奖 1 项，青海省哲学社会科学优秀成果一等奖 16 项，二等奖 57 项，三等奖 109 项，鼓励奖 34 项。

特别是党的十八大以来，青海省社会科学院党组坚持“开放办院”方针，努力创新工作思路和方法，突出优势，从四个方面主动作为，在学科布局、智库建设、队伍建设等领域取得了显著成就。一是彰显省情特点，合理架构学科布局。本着有所为有所不为的原则，根据青海省生态地位突出、民族多元宗教多样、区位安全战略地位显要等省情特点，通过调整学科设置布局、倾斜资金支持、创办民族文字期刊等方式，重点加强生态学、藏学、民族学、宗教学、循环经济学等学科建设，不断巩固发展特色优势学科。二是挖掘两种资源，不断拓展联系渠道。一方面，进一步加强与地方党委政府合作，建立健全地方分院，理顺合作机制，引导科研人员接地气，聚焦现实问题的研究；另一方面，继续加大与中央高端和地方专业智库机构在课题研究、人才培养等方面的交流合作，拓展学术研究的全局、全球视野。三是创建整合平台，倾力打造高端智库。围绕优势特色学科，充分吸纳省内外和院内外研究力量，构建专业化系列化、以研究中心为载体的高端智库平台，并依托这些平台精心打造专业化系列化的高端智库报告，智库服务的质量和水平得到大幅度提升。四是营造创新环境，着力加强人才队伍建设。在严把科研队伍入口关的同时，以项目带动、学术交流、学术团队建设以及各类人才高地为抓手，培养了一批学历层次较高、学术功底扎实、研究方法规范、治学作风严谨的青年科研才俊。

经过四十年的艰辛探索，青海省社会科学院已经发展成为一个角色定位清晰、优势学科突出、研究队伍齐整、发展潜力明显的地方智库。目前，全院有民族宗教、文学历史、社会学、政治与法学、经济学、藏学和生态学等 7 个研究部门，4 个科研辅助部门和 2 个行政后勤部门，另外内设院机关党委（机关纪委）和机关工会。现有各类专业技术人员 54 人，其中，正高职称人员 14 人，副高职称人员 21 人；享受国务院特殊津贴专家 7 人、省级专家 5 人；全国宣传文化系统“四个一批”优秀人才 1 人，全国新闻出版行业领军人才 1 人，全省宣传文化系统“四个一批”拔尖人才 1 人、优秀人才 3 人；博士 8 人，硕士 26 人；二级岗研究员 7 人。

四十年峥嵘岁月，四十年大潮浪涌，四十年升华提高，青海省社会科学院始终与国家改革开放巨变同步，始终与青海改革开放事业发展同行。青海省社会科学院的成长和壮大，始终离不开青海省委省政府的高度重视和巨大关怀，始终离不开青海省委宣传部的具体指导，始终离不开全院工作人员的努力付出与辛勤耕耘。四十年的发展历程告诉我们，没有马克思主义和中国特色社会主义作为指导思想，社会科学研究就会偏离正确方向；没有中国共产党的坚强领导，青海省社会科学院就不能繁荣发展；没有改革开放和现代化建设的伟大实践，社会科学工作者就缺少理论创新的源泉和动力。青海省社会科学院成长发展的四十年，是伴随改革开放和社会主义现代化建设阔步前进的四十年，是不断开拓创新、取得丰硕成果的四十年。四十载流金岁月，承载了几代社科院人的辛勤耕耘和无私奉献，见证了青海省社会科学院创新发展的辉煌历程。

身处新时代，立足新起点，展望新未来，我们激情满怀。以习近平同志为核心的党中央紧密结合新的时代特征和实践要求，以全新的视野深化对共产党执政规律、社会主义建设规律、人类社会发展规律的认识，形成了习近平新时代中国特色社会主义思想，开辟了马克思主义中国化新境界、中国特色社会主义新境界，是照亮中华民族伟大复兴新征程的灯塔，是中国共产党人新时代的力量源泉，是我们必须长期坚持的指导思想，不仅为我国今后的发展提出了新目标和新任务，也为社科界深入开展创新研究提供了基本遵循。面对百舸争流、千帆竞发的新形势、新局面，青海省社会科学院上下一定要始终牢记党和人民赋予的历史使命，继续保持特色、发挥优势，自觉做先进思想的倡导者、学术研究的开拓者、社会风尚的引领者、党执政的坚定支持者，立时代之潮头、通古今之变化、发思想之先声，积极为党和人民述学立论、建言献策，努力把青海省社会科学院建成马克思主义的坚强阵地、青海省意识形态的重要阵地、青海省哲学社会科学研究的最高殿堂、省委省政府重要的思想库和智囊团，在认识世界、传承文明、创新理论、咨政育人、服务社会等方面百尺竿头，更进一步！

陈　玮
（青海省社会科学院党组书记、院长、教授）
2018 年 10 月

目录

CONTENTS

习近平重要论述与青海实践

民族宗教篇

经济生态篇

民主法治篇

社会民生篇

文化建设篇

习近平重要论述与青海实践

习近平新时代中国特色社会主义治藏方略研究

陈　玮*

新时代中国特色社会主义治藏方略是对党治藏方略的继承和创新性发展，是习近平同志新时代中国特色社会主义思想的重要组成部分，是一个系统完整、逻辑严密、相互贯通的思想理论体系。新时代中国特色社会主义治藏方略在西藏和四省藏区的实践中取得显著成效，藏区经济社会长足发展、依法治理有效推进、民生保障显著加强，基础设施建设不断完善，藏区工作站在了新的历史起点上，进入了新时代。认真学习研究和深刻阐释新时代中国特色社会主义治藏方略的理论价值、科学内涵和实践要求，对于全面贯彻新时代中国特色社会主义治藏方略，切实做好藏区工作具有十分重要的意义。

一　新时代中国特色社会主义治藏方略形成的历史背景

新时代中国特色社会主义治藏方略的形成有其深厚的历史积淀、重大时代背景、独特理论视角以及伟大实践条件。

（一）与党的治藏方略一脉相承

新时代中国特色社会主义治藏方略是党的治藏实践理论创新的最新成果，开辟了中国共产党治藏方略的新境界，具有一脉相承、与时俱进的理论品质。西藏和平解放后，以毛泽东同志为核心的党中央领导集体把马克

* 陈玮，青海省社会科学院院长，教授，博士。

思主义普遍原理与西藏发展实践相结合，建立西藏人民民主政权，坚持“慎重稳进”方针开展民主改革，废除西藏封建农奴主土地所有制，废除西藏“政教合一”制度，实现政教分离，实行民族区域自治制度，开辟了藏区新纪元。改革开放以来，以邓小平为核心的党中央领导集体将马克思主义民族宗教理论与西藏改革开放、建设实践紧密结合，提出实行对外开放，加快西藏发展，增强西藏内部发展活力，实行对口援藏方针。此后，历届中央领导人将“三个代表”重要思想、科学发展观与西藏发展实际结合，保持西藏稳定，推进西藏跨越式发展。党的十八大以来，世情、国情、党情发生新变化，习近平同志坚持马克思主义的根本立场、基本原理，坚持辩证唯物主义和历史唯物主义，总结和继承我党治藏兴藏思想理论和施政实践，紧密结合新时代背景和藏区实践要求，以全新的视野深化对西藏和四省藏区的认识，提出“治藏方略”概念，初步形成了习近平新时代中国特色社会主义治藏方略。

（二）党的十八大前对藏区治理的思考

党的十八大以前，习近平同志一直心系西藏和四省藏区的稳定与发展，1998年和2011年两次赴西藏考察调研，2010年专程赴青海省玉树藏族自治州考察地震灾后恢复重建工作和群众安置情况。1998年6月，时任福建省委副书记的习近平同志率福建省第二批援藏干部进藏，在西藏期间，他抓紧一切时间深入当地城镇农村、党政机关、农场社区、工业小区和军队驻地实地考察，与各界干部群众亲切交谈。1998年6月19日上午他在林芝地委行署召开的欢迎第二批援藏干部大会上强调：“西藏是伟大祖国神圣不可分割的一个部分，西藏人民是勤劳、勇敢、富有智慧的人民……支援西藏不仅是一项重要的经济任务，也是一项重要的政治任务。”[①] 1998年6月23日，习近平在西藏自治区召开的座谈会上说：“中央关于全国支援西藏的决策是完全正确的，西藏的稳定和发展关系到全国的稳定和发展。”[②] 2010年在青海玉树慰问灾区群众时指出：“灾后重建要坚持以人为本，注重生态环境保护……建设更加结实的城乡居民住房，更加

---

① 张红：《1998年，跟随习近平进藏》，《人民日报》2015年8月24日第1版。

② 张红：《1998年，跟随习近平进藏》，《人民日报》2015年8月24日第1版。

先进的公共服务体系，更加完善的基础设施，更加合理的产业结构，更加繁荣的民族文化，更加和谐的生态环境，更加文明的社会秩序。”① “要认真贯彻党的民族宗教政策，广泛开展多种形式民族团结宣传教育和民族团结进步创建活动，使灾后重建过程成为加强民族团结、推动民族互助、促进民族和谐的过程。”② 2011 年 7 月 19 日习近平同志在庆祝西藏和平解放六十周年大会上的讲话中，围绕建设团结、民主、富裕、文明、和谐的社会主义新西藏这个宏伟目标，对西藏地位进行了全面定位，并明确提出治藏兴藏的一些重要举措。习近平指出：“西藏是重要的国家安全屏障，也是重要的生态安全屏障、重要的战略资源储备基地、重要的高原特色农产品基地、重要的中华民族特色文化保护地、重要的世界旅游目的地。”③ 强调“保障和改善民生，是西藏经济社会发展的出发点和落脚点”，“弘扬社会主义先进文化，是构建西藏各族人民共有精神家园的必然要求”，“维护社会稳定，是实现西藏跨越式发展和各族人民美好生活的根本保证”。④ 习近平还强调：“人民解放军驻藏部队、武警西藏部队和西藏政法队伍，是戍边卫国和保卫西藏社会主义现代化建设、维护西藏社会稳定的坚强柱石和忠诚卫士，要继续发扬优良传统和作风，履行神圣使命，为实现西藏跨越式发展和长治久安再立新功。”⑤ 可见，党的十八大以前习近平对藏区发展与稳定问题进行了长期的思考和判断，为习近平中国特色社会主义治藏方略的形成奠定了坚实基础。

（三）对治藏方略的全面阐述

党的十八大以来，以习近平同志为核心的党中央始终心系藏区、情系藏区，高度重视藏区工作，特别是习近平同志深切关怀藏区，以高超的政

① 《习近平强调在玉树重建中充分发挥党组织和党员作用》，《中国应急管理》2010 年第 6 期。

② 《习近平强调在玉树重建中充分发挥党组织和党员作用》，《中国应急管理》2010 年第 6 期。

③ 习近平：《在庆祝西藏和平解放六十周年大会上的讲话》，《人民日报》2011 年 7 月 20 日。

④ 习近平：《在庆祝西藏和平解放六十周年大会上的讲话》，《人民日报》2011 年 7 月 20 日。

⑤ 《学习贯彻习近平副主席重要讲话　奋力推进跨越式发展和长治久安》，《西藏发展论坛》2011 年第 5 期。

治智慧和恢宏的战略思维将藏区发展稳定纳入协调推进“四个全面”战略布局中，着力推进国家治理体系和治理能力现代化，丰富和发展了党的治藏方略，全面阐释习近平新时代中国特色社会主义治藏方略，实现了中国共产党治边稳藏理论的新飞跃。2013 年 3 月 9 日，习近平同志在参加十二届全国人大一次会议西藏代表团审议时，从国内外两个大局出发，再一次强调“西藏是我国重要的国家安全屏障和生态安全屏障，在党和国家战略全局中居于重要地位”，创造性提出“治国必治边、治边先稳藏”的重要战略思想，并做出“坚定不移走有中国特色、西藏特点的发展路子，积极构建维护稳定的长效机制，加快推进西藏跨越式发展和长治久安，确保到 2020 年同全国一道实现全面建成小康社会宏伟目标”[①] 的重要指示。“治国治边稳藏”思想是对党的治藏兴藏思想的继承和发展，是新一届中央领导集体的“治藏方略”核心思想，充分体现了中华民族的核心利益和西藏各族人民的根本利益。2015 年 1 月，习近平同志在云南考察时强调“民族团结是我国各族人民的生命线……注重把建设各民族共有精神家园作为战略任务来抓，使各民族人心归聚、精神相依”[②]。2015 年 8 月习近平同志亲自主持中央第六次西藏工作座谈会，并在会上对“治藏方略”进行了全面系统的阐述。明确指出中国共产党在 60 多年的稳定藏区、建设藏区、发展藏区和繁荣藏区实践过程中，形成了“六个必须”的治藏方略，即必须坚持中国共产党领导，坚持社会主义制度，坚持民族区域自治制度；必须坚持“治国必治边、治边先稳藏”的战略思想，坚持依法治藏、富民兴藏、长期建藏、凝聚人心、夯实基础的重要原则；必须牢牢把握西藏社会的主要矛盾和特殊矛盾，把改善民生、凝聚人心作为经济社会发展的出发点和落脚点，坚持对达赖集团斗争的方针政策不动摇；必须全面正确贯彻党的民族政策和宗教政策，加强民族团结，不断增进各族群众对伟大祖国、中华民族、中华文化、中国共产党、中国特色社会主义的认同；必须把中央关心、全国支援同西藏各族干部群众艰苦奋斗紧密结合起来，在统筹国内国际两个大局中做好西藏工作；必须加强

---

① 《习近平的治藏方略》，http：//www. xinhuanet. com/politics/2015 - 08/26/c_ 128168522. htm。

② 《习近平同志考察云南一周年：谱写好中国梦的云南篇章》，http：//yn. people. com. cn/news/yunnan/n2/2016/0104/c228496 - 27454953. htm。

各级党组织和干部人才队伍建设，巩固党在西藏的执政基础。[①] 2015 年 9 月，在西藏自治区成立 50 周年之际，习近平同志题词“加强民族团结建设美丽西藏”，表达了对西藏的殷切希望和美好祝愿。2016 年 8 月，习近平同志到青海考察，提出了“四个扎扎实实”重大要求，还专门到生态移民安置点长江源村同藏族同胞共话幸福生活。习近平同志在其他藏区的重要大要求、安排部署是习近平新时代中国特色社会主义治藏方略重要组成部分，这些思想与习近平同志在中央民族工作会议、中央统战工作会议、全国宗教工作会议等重要会议上的系列讲话精神紧密衔接、融汇一体，是具有创新性、突破性、时代性等特征的科学思想体系，丰富和发展了马克思主义民族宗教理论和边疆理论，成为习近平中国特色社会主义思想的重要组成部分。习近平新时代中国特色社会主义思想明确了藏区工作新的定位和方向，顺应了藏区各族人民对美好生活的向往和期待，突出了新时代新要求，为藏区经济社会发展、民族团结和长治久安提供了强大思想武器。

二 习近平新时代中国特色社会主义治藏方略的科学内涵

（一）治边稳藏方略

“治国必治边、治边先稳藏”言简义丰，藏区稳定关系全国稳定，藏区安全关系国家安全。这既是以习近平同志为核心的党中央领导集体治国兴边的重要战略思想，也是治藏兴藏的重要方针。边疆地区的稳定、发展和小康事关全国的稳定、发展和小康。治边是稳藏的前提，稳藏是治边的需要。治边稳藏思想高度概括和凝练了藏区工作在边疆治理、国家治理中的特殊重要性，深刻揭示西藏面临的主要矛盾和特殊矛盾，充分反映了中华民族的核心利益和西藏各族人民的根本利益。治边稳藏直接关系到藏区稳定、民族团结、国防安全、国家生态安全。治边稳藏思想是习近平同志从国家利益高度出发对历代治边稳藏思想的发展创新，是针对复杂多变的国际形势和机遇挑战并存的国内环境提出的重要战略思想，标志着中国共

① 《习近平在中央第六次西藏工作座谈会上强调依法治藏富民兴藏长期建藏》，新华每日电讯，2015 年 8 月 26 日。

产党对藏区工作的规律性认识达到了新的高度。

（二）依法治藏方略

习近平同志强调："全面依法治国是中国特色社会主义的本质要求和重要保障"[①]；"宪法与国家前途、人民命运息息相关。维护宪法权威，就是维护党和人民共同意志的权威。捍卫宪法尊严，就是捍卫党和人民共同意志的尊严。保证宪法实施，就是保证人民根本利益的实现。"[②] 依法治藏，维护宪法法律权威，坚持法律面前人人平等，是稳藏兴藏的基本方略，是新时代藏区工作的首要原则。依法治藏，用法治保障来推动藏区经济社会的持续稳定发展，保障改善民生，保障各族群众享受发展带来的成果和福祉。落实依法治藏要求，是贯彻依法治国基本方略、确保藏区长治久安、实现全面建成小康社会的必然要求。坚持依法治藏，依法打击各类分裂活动，才能保障民族区域自治制度全面落实，维护国家统一、藏区社会稳定，才能正确处理好藏区社会主要矛盾和特殊矛盾。

（三）富民兴藏方略

富民兴藏，就是要把增进各族群众福祉作为兴藏的基本出发点和落脚点，紧紧围绕民族团结和民生改善推动经济发展、促进社会全面进步，让各族群众更好共享改革发展成果。[③] 同全国一样，藏区社会主要矛盾已经转化为人民日益增长的美好生活需要和不平衡不充分的发展之间的矛盾，但藏区发展的不平衡不充分问题更加突出。习近平同志指出："同全国其他地区一样，西藏和四省藏区已经进入全面建成小康社会决定性阶段。要牢牢把握改善民生、凝聚人心这个出发点和落脚点，大力推动西藏和四省藏区经济社会发展。"[④] 坚持新发展理念，推进富民兴藏，是解决藏区主要

---

① 习近平：《决胜全面建成小康社会　夺取新时代中国特色社会主义伟大胜利》，《人民日报》2017 年 10 月 28 日第 1 版。

② 《习近平谈治国理政》，外文出版社，2014，第 137 页。

③ 《习近平在中央第六次西藏工作座谈会上强调依法治藏富民兴藏长期建藏》，新华每日电讯，2015 年 8 月 26 日。

④ 《习近平在中央第六次西藏工作座谈会上强调依法治藏富民兴藏长期建藏》，新华每日电讯，2015 年 8 月 26 日。

矛盾的基础和关键。富民兴藏是习近平新时代中国特色社会主义治藏方略内容的根本目的，是全面建成小康社会的内在要求，是民心所向、民之所需。只有实现富民兴藏，才能凝聚人心，才能使藏区各族干部群众牢固树立“四个意识”，不断增强“四个自信”，提升“五个认同”。

（四）长期建藏方略

长期建藏，就是要坚持慎重稳进方针，一切工作从长计议，一切措施具有可持续性。[①] 以习近平同志为核心的新一届党中央领导集体认真分析藏区存在的突出问题，运用系统思维，继承党的西藏工作的优良传统，重新强调长期建藏，并将其确立为治藏方略重要原则。[②] 重申长期建藏，是习近平新时代中国特色社会主义治藏方略对西藏和平解放以来党的建藏思想的继承反思和发展创新。长期建藏就是物质建藏和精神建藏长期并重，就是要在相当长的时期内在西藏和四省藏区继续实施特殊的财政、税收、投资、金融等政策，夯实基础、凝聚人心；长期坚持不懈开展社会主义核心价值观、“四个自信”“三个离不开”“五个认同”等宣传教育活动，凝聚中国特色社会主义思想共识，实现西藏和四省藏区长治久安。长期建藏方略凸显了党长期执政的坚定底气，有利于增强藏区各族干部群众的建藏信心，有利于增强对海外藏胞的感召力和吸引力，有利于分化瓦解十四世达赖集团和批驳国际反华势力对中国治藏政策的歪曲和诬蔑。[③]

三　习近平新时代中国特色社会主义治藏方略在藏区的实践

西藏和四省藏区各级党委政府深入学习贯彻习近平新时代中国特色社会主义方略，认真践行习近平新时代中国特色社会主义治藏方略，谋发展、促改革、保稳定、强党建，方向更加明确，发展层次不断提升，优势逐渐显现，动力持续增强。

---

① 《习近平在中央第六次西藏工作座谈会上强调依法治藏富民兴藏长期建藏》，新华每日电讯，2015 年 8 月 26 日。

② 徐志民：《当代中国的长期建藏思想》，《中国社会科学》2017 年第 7 期。

③ 徐志民：《当代中国的长期建藏思想》，《中国社会科学》2017 年第 7 期。

（一）重要成绩

1. 藏区经济社会长足发展

党的十八大以来，西藏和四省藏区紧紧抓住国家支持藏区发展的重大战略机遇，乘势而上，顺势而为，统筹推进“五位一体”总体布局，协调推进“四个全面”战略布局，坚持以人民为中心的发展思想，牢固树立新发展理念，交通、水利、信息化、城镇化和与群众生活密切相关的基础设施建设得到重大提升，经济社会发展取得历史性成就。以西藏为例，2013年至2017年西藏地区生产总值增速连续五年居全国前三，年均增长10.8%，高于全国平均水平近4个百分点，五年累计完成全社会固定资产投资7039亿元。[①] 2017年青海地区生产总值达2642.8亿元多，跨上第二个千亿元台阶，年均增长8.7%，全省总财力达到1650.8亿元，社会消费品零售总额年均增长11.8%。青海“四个千亿元”产业、两个“千万千瓦级”可再生能源基地、“八大绿色产业技术体系”已具雏形，循环工业增加值占比达60%，全国最大的有机畜牧业生产基地落地青海。[②] 2016年四川藏区地区生产总值达540.86亿元，2012年至2016年年均增长7.5%，农牧民人均可支配收入9778元，与2012年5077元相比翻了近一番。[③] 2017年，迪庆藏族自治州完成地区生产总值199亿元，增长10%；固定资产投资365亿元，增长16%；城镇常住居民人均可支配收入32088元，增长9%；农村常住居民人均可支配收入7800元，增长10%。

2. 藏区依法治理稳步推进

党的十八大以来，西藏和四省藏区多措并举维护社会和谐稳定，扎实推进依法治藏。不断创新社会治理，进一步完善人民内部矛盾有效调处机制，藏区依法治理稳步推进。2016年西藏综治考评进入全国优秀行列。安全生产事故起数、死亡人数连续5年“双下降”。各族群众安全感连年达到99%以上，满意率持续保持高位。青海形成了以坚持党的群众路线、切

---

① 齐扎拉：《西藏政府工作报告》，2018年1月24日。

② 王建军：《政府工作报告——2018年1月25日在青海省第十三届人民代表大会第一次会议上》，《青海日报》2018月2月5日。

③ 《精准扶贫助力四川藏区走上可持续发展之路》，http://news.163.com/17/0722/12/CPUUT1D300018AOQ.html。

实履行主体责任、深入推进依法治理、注重解决深层次问题为主的“班玛经验”，得到中央领导肯定。青海在青甘川边界地区的7个县实施“平安和振兴”工程，打破长期以来藏区治理主要依靠行政、应急处置的传统做法，创造性地贯彻落实了中央关于稳藏建藏兴藏的战略决策部署，探索创造了具有青海特点的治藏模式，有力推进了青海藏区治理步入常态化和法治化轨道。

3. 藏区民生保障显著加强

西藏和四省藏区脱贫攻坚取得重大进展，民生保障显著加强，各族群众的获得感幸福感安全感持续提升。西藏和青海每年将70%和75%以上财力投向民生，藏区覆盖城乡的社会保障体系基本建成，农牧区医疗保障体系覆盖全体农牧民。西藏五年减少贫困人口53万人，青海90.7万贫困人口实现稳定脱贫。西藏实施各类城镇保障性安居工程21.8万套（户）、农牧区危房改造14.7万户。截至2017年底，西藏51个县通过义务教育均衡发展国家评估认定，小学、初中入学率分别达到99.5%、99.3%。基本医疗公共服务不断提升，实施了1000余个基层医疗卫生机构基本建设和能力建设项目，全区各级各类医疗卫生机构达到1476个，每千人拥有床位4.5张、卫生技术人员4.6人。① 五年来青海城镇新增就业累计超过30万人，城乡居民人均可支配收入年均分别增长9.7%和11.1%。青海藏区所有学生实现15年免费教育。全省五级公共文化服务网络覆盖率达95%，县级广播电视台建设实现全覆盖。青海藏区社会保险参保扩面任务全面完成，养老、医疗、低保等基本公共服务实现全覆盖。② 2017年迪庆藏族自治州城镇登记失业率控制在4.5%以内。2017年阿坝州脱贫基础不断夯实，新建改造农房4773户，易地扶贫搬迁802户2956人。资助贫困学生2.2万名，贫困人口全部纳入基本医疗保险，“十免四补助”全面兑现，实现基本医疗服务“八个100%”。③ 甘南州农牧村贫困人口由2012年底的20.61万人减少到2017年底的4.74万人，五年累计脱贫15.87万人，占贫困人

---

① 齐扎拉：《西藏政府工作报告》，2018年1月24日。

② 王建军：《政府工作报告——2018年1月25日在青海省第十三届人民代表大会第一次会议上》，《青海日报》2018月2月5日。

③ 杨克宁：《阿坝藏族羌族自治州政府工作报告》，2017年12月25日。

口的77%；贫困发生率由36.7%下降到8.3%，下降28.4个百分点。[①]

4. **藏区民族团结不断深入**

西藏和四省藏区各级党委政府始终把加强民族团结作为事关全局的大事来抓，广泛开展民族团结进步宣传教育和创建活动，推进民族团结教育进机关、进乡村、进社区、进学校、进企业、进军营、进寺院、进家庭，让“三个离不开”“五个认同”思想入脑入心。与此同时，以民族团结进步创建活动为抓手，以创新实践活动为载体，紧紧围绕人民群众反映强烈的有关问题和影响社会安定的突出问题，着力从源头上预防减少影响社会和谐稳定的问题发生，使一些影响民族团结和社会治理难题得到有效破解。积极鼓励本地各族群众到内地就业创业，积极吸引外来企业和务工人员来藏区投资兴业，不断铸牢了中华民族共同体意识，各民族交往交流交融不断深入。截至2018年，西藏全区已有23家被命名为全国民族团结进步创建示范单位，6家被命名为全国民族团结进步教育基地，10家被命名为全区民族团结进步创建活动示范单位。拉萨市被命名为“全国民族团结进步创建活动示范市”。青海海北、西宁、海西、海南先后成功创建全国民族团结进步示范市州，玉树市荣膺国家卫生城市，西宁入选全国文明城市。

5. **宗教寺院管理卓有成效**

党的十八大以来，西藏和四省藏区各级党委政府坚持党的宗教工作基本方针，全面贯彻落实宗教信仰自由政策，依法管理宗教事务，加强和创新寺庙管理，有力维护了正常宗教秩序，积极引导藏传佛教与社会主义社会相适应。建立健全寺庙管理长效机制，全面落实利寺惠僧政策，社会大民生带动寺庙小民生工程不断取得成效，宗教寺院管理稳步推进，民管会管理更加规范，广大宗教教职人员和信教群众共享改革发展成果。寺庙公共服务不断完善，寺庙在编僧尼均享有基本养老保险制度、医疗保险制度和最低生活保障制度，极大地激发了僧尼为社会和谐稳定做贡献的积极性。藏区各宗教各教派坚持宗教中国化方向，继承弘扬教义教规中扬善抑恶、平等宽容、扶贫济苦等优良传统，不断创新，努力做到教规教义阐释与社会主义核心价值观相契合。

---

① 薛卢涛：《我州五年实现近八成贫困人口脱贫》，《甘南日报》2018年1月29日。

6. **藏区生态保护全面加强**

党的十八大以来，西藏和四省藏区生态文明建设全面加强，各族干部群众贯彻绿色发展理念的自觉性和主动性不断增强，各地全面建立了省、市（州）、县、乡四级河长制，生态环境保护制度体系初步建成，生物多样性得到有效保护。西藏启动实施“两江四河”造林绿化工程，西藏七地（市）环境空气质量平均优良率达95%以上。青海三江源国家公园体制试点进展顺利，祁连山国家公园体制试点方案获批，可可西里列入世界自然遗产名录，祁连山山水林田湖草生态保护修复国家试点项目开工建设。青海湿地面积跃居全国首位，三江源头重现千湖美景，青海湖水域面积17年来最大，裸鲤资源量约为保护初期的30倍，长江、黄河干流、澜沧江、黑河出省断面水质持续稳定在Ⅱ类以上。[①] 2017年阿坝州完成人工造林19.8万亩，整理复垦土地1.8万亩，治理“两化三害”草原515万亩、水土流失73.8平方公里、中小河流15公里，实现连续29年无重大森林火灾。[②]

（二）基本经验

1. **坚持问题导向，标本兼治**

当今世界民族冲突和局部动荡频发，世界大多数国家面临分离主义危险，经济萎缩下滑，而中国西藏和四省藏区保持中高速增长，各民族和谐相处，中华民族共同体意识不断铸牢。这与西藏和四省藏区高举中国特色社会主义伟大旗帜，以习近平新时代中国特色社会主义治藏方略为指导，坚持问题导向，不断解决问题的具体实践分不开。习近平新时代中国特色社会主义治藏方略是中国解决藏区民族问题、边疆问题实践的根本遵循。习近平新时代中国特色社会主义治藏方略为我们提供了坚持问题导向，站在全局看局部，并用局部服务和保障全局的方法和视角。习近平新时代中国特色社会主义治藏方略为藏区工作提供了基本原则、发展方向，提供了标本兼治，以治标促进治本，以治本解决治标的方案。

2. **贯彻顶层设计，紧接地气**

习近平新时代中国特色社会主义治藏方略包含着藏区工作需要牢牢把

---

① 王建军：《政府工作报告——2018年1月25日在青海省第十三届人民代表大会第一次会议上》，《青海日报》2018月2月5日。

② 杨克宁：《阿坝藏族羌族自治州政府工作报告》，2017年12月25日。

握的新思想新论断新要求，习近平同志亲自确立了“治国必治边、治边先稳藏”的重要战略思想，亲自主持召开中央第六次西藏工作座谈会、中央民族工作会议、中央统战工作会议、全国宗教工作会议等重要会议并发表重要讲话，亲自确定中央支持西藏“十二五”“十三五”一大批重点项目，针对西藏和四省藏区实际提出了“加强民族团结、建设美丽西藏”“大力弘扬‘老西藏精神’”“四个扎扎实实”等重要指示和重大要求，一系列惠及藏区各族干部群众顶层设计不断出台，这些顶层设计为做好藏区工作指明了前进方向、提供了根本遵循、注入了强大动力。中央和国家部委、对口支援省市、中央企业全面贯彻顶层设计要求，进行无私援助，西藏和四省藏区党委政府全面贯彻顶层设计，立足各地实际，紧接地气，团结各族干部群众，紧紧围绕发展稳定生态关键问题，坚持不懈保障和改善民生，坚定不移巩固和发展民族团结，绵绵用力、久久为功，推动了藏区长足发展和长治久安，为藏区各地全面建成小康社会奠定了坚实基础。

3. **大力改善民生，凝心聚力**

“改善民生、凝聚人心”作为藏区经济社会发展的出发点和落脚点，西藏和四省藏区坚持以人民为中心的发展思想，牢牢把握藏区社会主要矛盾，始终把群众对美好生活的向往作为奋斗目标，坚持兴藏富民，大力推动经济社会发展，努力改善民生，大力推进基本公共服务，努力解决好与人民群众利益密切相关的问题，大力发展医疗卫生教育事业，不断强化社会保障，不断提升群众福祉，不断凝聚人心，进一步增强了藏区各族群众的参与度、获得感、幸福感和安全感。

4. **牵住关键要素，推动工作**

西藏和四省藏区各级党委政府把“持续稳定、长期稳定、全面稳定”作为硬任务，紧紧把握经济社会发展、同步进入全面小康、寺庙管理、交界地区振兴等关键要素和关键问题，全面推动了工作。西藏和四省藏区着力培育内生发展动力，推动经济持续健康发展，深入推进寺庙管理长效机制建设，不断创新完善社会治理，深入开展反分裂斗争，牢牢掌握意识形态工作的领导权、管理权和话语权，深入宣传社会主义核心价值观，牢固树立生态优先理念，综合施策保护生态环境，统筹解决了交界地区突出问题。青海实施了“藏传佛教寺院三种管理模式”“边界平安和振兴工程”“三基建设”等重大工程。四川甘孜深入开展了重点寺庙综合整治和宗教领域突出问题专项治理，深入推进寺庙分类管理达标升级，常态长效开展了“五二三”学教活动。

5. 中央地方支持，跨越发展

对口支援西藏工作是坚持“依法治藏、长期建藏、争取人心、夯实基础”重要原则，促进我国各民族共同团结奋斗、共同繁荣发展的生动实践。多年来，承担对口支援任务的有关省市、中央部门和中央企业，探索创新援藏方式，不断拓宽援藏渠道，通过采取经济援藏、教育援藏、科技援藏和人才援藏等多样化援藏形式，将支援地资金、技术、市场等优势与藏区资源和后发优势有机结合起来，形成了全方位、多层次、宽领域的对口支援藏区工作格局，促进了各民族交往交流交融，推动了西藏和四省藏区跨越式发展和长治久安。

四 全面贯彻习近平新时代中国特色社会主义治藏方略的思考

思想源自时代，源自实践，同时思想引领时代稳步前行，推动实践不断深入。新时代中国特色社会主义治藏方略贯通历史和现实，立足新时代、统筹国内外，立足藏区实际，着眼全局，以全新的视野深化了对藏区工作的认识，对党治藏理论、马克思主义民族宗教理论的发展做出了历史性贡献，是党和人民实践经验和集体智慧的结晶。党的十八大以来藏区工作取得重大成就，其根本原因在于有习近平新时代中国特色社会主义治藏方略为指导为遵循。在未来，切实解决制约西藏和四省藏区发展的重点难点问题，需继续以习近平新时代中国特色社会主义治藏方略为指引，强基固本、争取人心，谋长久之策，行固本之举。

（一）贯彻落实治藏方略，一以贯之坚持发展

习近平新时代中国特色社会主义治藏方略指引着藏区工作不断推向新台阶新水平，提出了以人民为中心的一系列治藏兴藏富民的新理念新思想新举措，深刻回答了新时代“建设什么样藏区、怎样建设藏区”等重大问题。同全国其他地区一样，西藏和四省藏区已经进入全面建成小康社会决胜阶段，任务繁重艰巨。实现兴藏富民，增进民生福祉是发展的根本目的，发展是解决藏区重要问题的总钥匙，是藏区各族人民的共同愿望。在

继续推动西藏和四省藏区发展的基础上，大力提升藏区经济社会发展质量和效益，提升藏区自我发展能力，通过区域协调发展筑牢国家生态安全屏障，通过发展保障和改善民生，通过改善民生凝聚人心。

西藏和四省藏区贫困人口比例大，贫困区域面积广，扶贫投入需求量大，脱贫见效时间长，脱贫攻坚任务艰巨。深入开展藏区脱贫攻坚，要大力推进基本公共服务，突出精准扶贫、精准脱贫，有力解决脱贫，防止返贫等问题。把政府扶持与群众自力更生结合起来，将扶贫、扶志、扶智紧密结合，不断激发脱贫内生动力。加大财政扶贫资金投入，加快贫困地区基础设施、公共设施建设，全面提升基本公共服务水平，改善贫困群众生产生活条件。提高公共服务共建能力和共享水平，实现义务教育、就业服务、社会保障、基本医疗和公共卫生、公共文化、环境保护、便捷出行等基本公共服务全覆盖，保证藏区各族人民在共建共治共享发展中有更多获得感。把藏区教育事业放在优先位置，全面提高教育质量，加快构建育人为本、公平普及、注重质量的教育体系，推进教育现代化。坚持把“双语”教育贯穿始终，全面提高藏区各级各类教育办学水平。实施农牧区振兴战略，实施新生代农民工职业技能提升计划。结合推进藏区发展、精准扶贫和高原美丽乡村建设，大力实施住房提升计划，基本完成农牧区危旧房改造任务，强化保障性住房分配和运营管理。健全完善分级诊疗，为农牧区定向培养卫生人才，促进医疗资源向基层流动，完成基层医疗卫生服务体系标准化建设。

（二）持续推进依法治藏，营造良好法治环境

持续推进依法治藏，广泛开展法制宣传教育，深入推进“法律七进”活动，增强法制宣传的针对性和实效性，进一步抓好以各级领导干部、司法和执法人员、青少年、农牧民群众、宗教教职人员等为重点的各类普法对象学法用法工作，让各族群众懂得法律面前民族成分无特殊、宗教信仰无特殊、职业身份无特殊，谁都没有超越法律的特权，真正形成自觉守法、遇事找法、解决问题靠法的良好法治环境，在全社会树立法治信仰，弘扬法治精神，培育法治环境，使法治思维成为藏区全体社会成员行为规范。完善地方立法，提高地方立法质量，增强立法的民主性、科学性和可操作性。推动依法行政。加快建设法治政府，坚持按照法律程序决定重大

事项，提高各项决策法制化、民主化、科学化水平。建立健全权责明确、行为规范、监督有效、保障有力的行政执法体制机制。促进司法公正。深化司法体制改革，优化司法职权配置，规范执法司法行为，健全司法救助体系，不断提升司法公信力。加强司法干部和法律服务工作者“双语”培训，提高运用民族语言开展司法工作的能力。

（三）不断深化思想引导，凝聚藏区社会共识

培育和践行社会主义核心价值观，推动马克思主义大众化，坚持不懈用中国特色社会主义共同理想引领社会思潮，凝聚社会共识。积极培育中华民族共同体意识，把民族团结的内容纳入国民教育、干部教育和社会教育各方面。要以社会主义先进文化为引领，在增强对中华文化认同的基础上繁荣发展各民族文化，促进各民族文化在传承保护中交融创新。不断增强意识形态领域主导权和话语权，继续深入开展形势、政策和法制教育，加强对青少年特别是大学、中学在校学生的教育引导，对宗教界人士要深入宣传党的宗教工作基本方针和国家的各项法律法规，进一步提高他们持戒守法和“四个维护”意识。在农牧民群众中要注重加强党的民族宗教政策及惠民富民政策的宣传教育，引导他们牢固树立“三个离不开”思想和“五个认同”意识。

（四）改进藏区社会治理格局，营造安定团结的社会环境

不断改进藏区社会治理格局，打造具有中国特色、藏区特点的共建共治共享的社会治理新格局。要健全“党委领导、政府负责、社会协同、公众参与、法治保障”的社会治理体制，层层建立健全社会稳定风险评估、矛盾纠纷排查化解、群众利益诉求表达、信息化服务管理、社会治安动态管控、突发事件应急处置等各项机制，不断提高社会治理科学化水平。加强基层社会服务管理，进一步完善多类型多层级的社会治理模式，加强社会治理信息平台建设，推行网络型基层社会治理模式。强化基层党政组织社会管理服务职能，将网格化管理服务向社区、村（牧）委会、移民小区、寺院、学校延伸，实现对社会基本单元的有序管理、有效服务。强化社会治安综合治理。持续开展社会治安重点地区和突出治安问题排查整治，及时消除各类安全隐患，严密防范和依法打击各种违法犯罪活动。深

入推进专项整治，着力解决群众热切关注的生产安全、食品药品安全、道路交通安全、校园安全、社会治安等方面的突出问题。加强对信息网络管理力度，特别是网络虚拟社会的管理，逐步建立健全预警、引导、处突机制，不断提高对虚拟社会的管理水平，营造安定团结的社会环境。

（五）促进民族团结进步，提升宗教工作水平

坚持不懈地在广大干部群众特别是领导干部中开展党的民族理论、民族政策和民族法律法规以及民族宗教基本知识的宣传教育，促进各民族交往交流交融，不断巩固和发展平等团结互助和谐的社会主义民族关系。坚持民族团结进步创建重在基层、重在平时、重在实处，继续深入开展创建“八进”活动，建立测评指标体系和验收程序，定期达标验收，形成了人人讲团结、处处抓团结的良好氛围。依法妥善处理涉及民族宗教因素的问题，坚决防止境内外敌对势力利用所谓“民族”“宗教”问题恶意炒作。认真做好城市民族工作，进一步做好流入地和流出地两头对接，着力点放在社区，互动互融，将创建工作纳入精神文明建设全过程，促进相互尊重理解和借鉴。

认真贯彻党的宗教工作基本方针，坚持宗教中国化方向，依法加强宗教事务管理，按照保护合法、制止非法、遏制极端、抵御渗透、打击犯罪的原则，依法保障信教群众正常宗教需求。不断完善依法、管用、和谐的寺院管理模式，规范藏传佛教新僧入寺和学经班管理，探索建立在寺僧尼经常性学经考试制度，满足僧尼正常学经要求。严格大型宗教活动审批管理，继续深化和谐寺院建设，落实寺院维稳责任、制度和措施，确保寺院和谐稳定。坚持党政干部与宗教人士联系制度，改进经常性思想教育。要重视培养宗教界代表人士，确保寺院领导权牢牢掌握在爱国爱教人士手中。鼓励宗教界探索服务社会的方法和途径，引导宗教界积极参与社会公益和慈善事业。鼓励宗教教职人员对教义教规做出符合社会进步要求的阐释，引导广大信教群众爱国爱教、遵纪守法，抑恶扬善、共建和谐。

习近平“一带一路”倡议与青海的实践经验

孙发平　杨　军*

2013 年 9 月 8 日，习近平同志在哈萨克斯坦纳扎尔巴耶夫大学演讲时提出了建设“丝绸之路经济带”的倡议。同年 10 月，习近平主席访问东盟时又提出了建设“21 世纪海上丝绸之路”的设想。“一带一路”建设是新时代我国对外开放发展，共建人类命运共同体的伟大战略构想，对推动当今世界经济发展、深化我国对外开放、促进我国区域经济协调发展、推进青海开放型经济体系建设具有重大的现实意义和深远的历史影响。

一　“一带一路”建设的重大现实意义和深远影响

习近平同志提出的“一带一路”建设继承了古丝绸之路开放包容、兼收并蓄的精神，同时也被赋予了新的时代特质。

（一）“一带一路”建设是构建人类命运共同体的伟大历史智慧

“一带一路”建设思想来源于古丝绸之路的珍贵历史遗产，也是对我国改革开放政策在新时代的延续和深化，更是新时期促进世界经济共同发展的伟大设想和构建人类命运共同体的东方智慧。自 2008 年国际金融危机以来，全球产业结构进入了深度调整期，世界经济复苏缓慢，全球贸易呈现出低增长态势，且至今仍未得到有效扭转。“一带一路”建设从前所未

---

* 孙发平，青海省社会科学院副院长，研究员，教授；杨军，青海省社会科学院经济研究所副研究员。

有的高度和远大的战略视野为世界经济的发展开出了标本兼治的良方，为构建人类命运共同体提供了中国智慧和方案。共商、共建、共享“一带一路”，有利于推动更多国家和地区开展全方位的合作，为世界经济发展、共创人类社会辉煌注入了新的动力，开辟了更加广阔的前景。

（二）“一带一路”建设是新时代我国全面深化对外开放的新举措

改革开放四十年来的实践经验告诉我国，只有坚持改革，才能保证中国特色社会主义道路向正确的方向前进；只有坚持开放，才能使中国特色社会主义道路更加宽广。当前世界经济格局的变动和部分地区和国家的贸易单边主义，给我国参与国际经济合作和竞争带来复杂而深刻的影响，从而对完善我国的对外开放战略布局提出了新的更高要求。“一带一路”倡议将有力带动我国与周边新兴大国的政治合作，有助于构建新的双边或多边自由贸易协定，从而给我国经济发展提供更宽广的舞台、更广阔的市场，有利于拓展我国经济发展的战略机遇期，优化经济发展的内外部环境，对经济新常态破局有着极其重要的作用。

（三）“一带一路”建设是实现我国区域经济协调发展的重大部署

改革开放以来，西北地区虽然在西部大开发战略的驱动下，经济社会发展取得了很大成就，然而西北地区地处内陆，对外开放通道不畅，开放水平低、内生动力不足，经济社会发展一直落后于东部沿海地区，整体上影响了我国区域经济的协调发展。“一带一路”建设的提出，有助于打破地区差序，使得中部和西部地区在新的开放路径上成为我国对外开放的前沿区域，有助于促使经济要素更好地在中西部地区聚集，有效促进西北地区开放型经济的协同发展，为我国区域经济协调发展注入新动力。

（四）“一带一路”建设是青海促进开放型经济发展，加快实施“五四”战略的重大历史机遇

改革开放以来，随着西部大开发、中央支持青海藏区发展、对口援青等一系列战略的实施，青海经济社会发展取得了显著成效。但青海外向型

经济发展缓慢，加之自然条件艰苦、民族众多、生态责任重大，经济发展的内生动力不强，实现经济持续健康发展任务艰巨。而“一带一路”建设为青海发展注入了新理念，改变了青海的战略地位，为青海的对外开放提供了更加宽广的舞台。加快融入“一带一路”建设，有利于持续加大青海改革开放的力度，推动供给侧结构性改革不断深化和经济转型发展，释放更多新动能，增强经济发展的内生动力，使青海发展的条件更好、后劲更足；有利于调动青海各族人民以“四个扎扎实实”为根本遵循，以“四化同步”为有力支撑，不断强化和提升“四种本领”，加快“四个转变”步伐，共同团结奋斗，共谋科学发展，推动全省各族人民生活更加富裕，社会更加文明、更加和谐，生态环境更加美丽。

二 “一带一路”建设在青海的生动实践

自“一带一路”建设提出五年来，青海省委省政府高度重视，积极响应，科学研判青海在“一带一路”建设中的优势和战略定位，深入分析青海参与“一带一路”建设的具体路径，紧紧围绕“五通”要求，大力推动对外开放向纵深发展，取得了显著成效。

（一）这五年，是青海积极沟通政策，搭建交流合作平台最多的五年

自2013年以来，青海省高度重视与中亚、南亚等国家的交流与合作，取得了巨大成效。五年来，“青海绿色发展投资贸易洽谈会”累计签署1872个合作项目，金额达到8861亿元，项目覆盖装备制造、新能源、新材料、农牧业及产业化、化工等多个产业领域。2013年，中国（青海）藏毯国际展览会现货交易合同订单和意向签约额突破1亿美元大关，而2017年则达到1.96亿美元，年均增速接近25%。五年间，“青海国际清真食品与民族用品展览会”累计签署80余个合作项目，金额近40亿元。此外，西宁市、海东市、格尔市等节点城市连续在中亚和南亚国家举办了特色产品展示会，与相关城市建立了常态化的城市交流合作机制，为深入推进经贸合作奠定了基础。

在加强平台建设的同时，青海省通过高层互访，不断与“一带一路”沿线国家和地区建立健全政策沟通机制，有效促进了青海与沿线国家地区

的友好往来和经贸合作。2014 年，青海省组织经贸代表团分赴南亚、中亚、西亚等地区，与多国达成了涵盖经贸、文化、教育等多方面的合作意向。2015 年，青海代表团先后赴白俄罗斯、阿联酋、捷克等国家进行了交流访问，双方就“一带一路”倡议下，加强经贸、文化交流合作进行了政策沟通和相关发展规划的衔接。2016 年，青海省访问团成功访问了马来西亚、希腊和意大利，围绕城市环境综合治理等内容与对方充分交流，达成诸多共识。

（二）这五年，是青海加快通道建设，全方位推进互联互通成效最明显的五年

五年来，青海省加快出省通道建设步伐，铁路、民航、公路全方位的对外联通取得重大进展，在交通综合运能和便捷性等方面实现了新的突破。

公路方面，五年来，青海公路建设实现大提速，截至 2017 年底，全省公路通车里程达到 80901 公里，较 2012 年增加 28841 公里，高等级公路通车里程达 3900 公里，实现高速公路市州全覆盖，所有县城通二级以上公路，极大地增强了青海与西北地区的道路联通。

铁路方面，五年来，青海铁路建设，尤其是高速铁路建设步伐加快，截至 2017 年底，全省铁路运营里程达到 2299 公里，较 2012 年增加 443 公里。继兰州—西宁—乌鲁木齐高铁开通后，西宁至西安北动车组列车正式开行，青海逐渐成为西北高铁网络中的重要枢纽。

航空方面，截至 2017 年底，全省民航通航里程达到 124969 公里，是 2012 年的 2.5 倍多。2017 年，西宁曹家堡机场起飞航班超过 5.5 万架次，旅客吞吐量突破 600 万大关，在青运营的航空公司已发展至 20 家，省内各机场通航城市达到 63 个，航线网络基本覆盖了国内主要大中城市、热点旅游城市、沿海发达城市，开通了香港、台湾、东南亚等地区航线和朝觐包机。

（三）这五年，是青海大力开展经贸合作，企业“走出去”步伐最快的五年

自“一带一路”倡议提出以来，青海省着力走外贸多元化之路，不断优化贸易结构。2013 ~ 2015 年，青海省货物进出口总额年均增长速度接近

20%。2016年，青海首趟中欧班列从西宁开出，满载青海特色商品驶往比利时的安特卫普。2017年，格尔木市又相继开行了两趟开往俄罗斯的中欧班列。从而打通了青海通往中亚、欧洲的国际贸易通道，有利于迅速提升和壮大青海外向型经济发展水平。

五年来，青海省持续深化改革，不断改善营商环境，大力优化投资环境，外商来青投资的明显增多。五年间，全省合同使用外资6.9亿美元，2017年，全省新批外资项目14个，比上年增加了8个。在加强对外招商引资的同时，青海省也积极鼓励企业“走出去”，参与国际经济分工，拓展海外市场。截至2017年，全省审批、备案的境外投资企业、对外承包工程企业、对外劳务合作企业已达92家，主要在美国、英国、德国、澳大利亚、马来西亚等国开展矿业开采、建材制造、酒店餐饮、物流开发、房地产、农业种植等领域的国际产能合作。其中2016年新备案境外投资企业就达到22家，对外投资协议额4.58亿美元。

（四）这五年，是青海密集出台融资优惠政策，金融支持对外开放力度最大的五年

资金融通是“一带一路”建设必不可少的重要支撑。在“一带一路”建设中，青海积极加强金融对“一带一路”倡议的支持力度，出台了《青海省深入推动金融改革发展的若干政策措施》，强调通过金融改革，推动金融业对外开放，大力发展国际金融合作，持续推进跨境人民币结算业务。2015年7月印发的《金融支持青海省融入“丝绸之路经济带”建设指导意见》中，明确提出要在企业“走出去”、交通基础设施建设、现代仓储物流、特色文化产业、循环经济等领域进行重点支持。同时，通过贷款贴息、出口信用保险全覆盖等扶持措施，帮助解决中小微企业融资难等问题，提升企业出口规模。截至2016年9月末，全省银行业交通项目贷款余额1010.09亿元，投入公路贷款707.47亿元，投入农村基础设施贷款819.09亿元，外汇贷款21.55亿元，为企业办理跨境人民币结算42.99亿元。

（五）这五年，是青海构筑民心相通，对外人文交流最频繁的五年

五年来，青海省通过积极搭建交流平台，开辟人文交流通道，着力加

强与“一带一路”沿线国家和地区的文化交流。据不完全统计，五年间，全省共开展对外文化交流项目 50 余批次，组织文化企业赴 30 多个国家进行了产品展示和文化交流。2014 年，青海省依托民族同根同源和语言相通的优势，加强与土库曼斯坦的人文交流，9 月参加了“土库曼斯坦文化日”系列活动；10 月，依托“中土教育合作项目”，选派 4 名青海大学生赴土库曼斯坦高校留学 5 年；11 月，组团参加了土库曼斯坦“经济论坛”，青海与土库曼斯坦的交流合作步入新阶段。2015 年 8 月，青海省教育厅组织的教育代表团赴土库曼斯坦、土耳其进行了友好访问。2015 年 7 月，青海省参加了“未来领袖·青春使者”重走丝绸之路国际青年夏令营活动，并启动了青海站。2016 年 4 月，青海民族大学交流团赴土库曼斯坦与马赫图姆库里国立大学洽谈合作事宜，双方就扩大学生交换学习规模、互派教师执教、学校高层定期互访和加强学术交流进行了充分协商，并达成初步共识。同年，为响应国家“一带一路”和“澜湄合作机制”精神以及纪念中泰建交四十年，在青海举办了一系列的“中泰文化交流”活动；组织了 16 批次考察团赴土耳其、阿联酋、土库曼斯坦等国家进行了考察，并邀请相关国家就经贸文化交流合作来青考察。2017 年，青海省共审批对外文化交流活动出国团组 34 人次，出访的国家有法国、挪威、印度、澳大利亚、新西兰、俄罗斯、马来西亚等。

三　青海践行“一带一路”建设的有益经验

作为欠发达民族地区，青海省全力融入国家“一带一路”建设，步伐坚实，成效显著，为欠发达民族地区“一带一路”建设提供了深刻的、有益的经验启示。

（一）从研究地方发展战略融入国家战略是推进“一带一路”建设的根本前提

“自古不谋万世者，不足谋一时；不谋全局者，不足谋一域。”五年来的实践证明，唯有主动服务、融入国家发展战略，才能把区位和资源优势转变为发展优势，拓展出更大的发展空间。“一带一路”建设提出后，青海省结合区位、资源、人文、生态禀赋特点，深入分析青海在“一带一路”中的优势和战略定位。2016 年 12 月，中共省委十二届十三次全会提出了“四个转变”新思路，明确指出青海要“从研究地方发展战略向融入国家战略转变”。2017 年 5 月，青海省第十三次党代会指出，青海要“深度融入‘一带一路’倡议，加快融入中巴、孟中印缅等经济走廊，努力将青海建成向西开放的战略通道、商贸物流枢纽、重要产业和人文交流基地”。2018 年 1 月，时任青海省省长王建军在《政府工作报告》中强调要坚持改革推动、开放带动、创新驱动，抢抓“一带一路”等机遇，积极融入国家发展战略，持续扩大青海对外开放，为青海经济发展持续释放更多新动能。可以说，青海在积极融入国家“一带一路”建设中，主动担当、定位明确、思路清晰，从而保证了各项工作的顺利开展。

（二）加强组织领导，强化任务分工是推进“一带一路”建设的重要保证

五年来的实践证明，只有坚持党的领导，加强统筹协调，强化任务分工和责任督促落实，才是实现“一带一路”建设在青海这样一个欠发达民族地区快速推进的重要保障。“一带一路”建设作为一项涵盖诸多内容的系统性、长期性、开放性工程，没有坚强的组织领导和强大的组织协调力量，就无法统筹推进“一带一路”建设。鉴于此，2013 年 12 月，青海省委省政府协调 30 多个相关部门，成立了“青海省融入丝绸之路经济带建设协调领导小组”，2016 年 3 月更名为“青海省参与建设丝绸之路经济带和 21 世纪海上丝绸之路协调领导小组”。与此同时，青海省通过明确任务分工、细化年度建设任务，全力推进“一带一路”建设，每年制定印发《青海省年度建设“一带一路”重点任务分工方案》，将年度建设任务分解细化至相关部门，提升了工作执行率，“一带一路”建设实现了大提速。此外，青海省还将全省重大项目与“一带一路”挂钩衔接，使基础设施建设、产业培育发展、金融体制改革及人文交流活动紧紧围绕“一带一路”进行推动，加快了“一带一路”建设进程。

（三）加快平台建设，拓展合作领域是推进“一带一路”建设的有效途径

五年来的实践证明，只有加强平台建设，才能以平台为巢，“引得金

凤来”；只有不断拓展和深化合作领域，才能实现与“一带一路”沿线国家和地区全方位深层次的经贸合作。五年来，青海省为拓展对外经贸合作领域，不断加强合作平台和窗口建设，青洽会、藏毯展等国际性展会较举办初期在规模和水平方面均有了很大的提升，并逐步走向市场化、专业化和国际化，成为青海融入国际产业分工，参与世界市场的重要平台。同时，青海省依托资源禀赋和产业、技术优势，通过共建产业园区等形式积极寻求与西亚、中亚、南亚国家的合作空间。西宁、海东、格尔木等地通过积极筹建中外产业园区、综合保税区、自由贸易区等方式，不断扩大开放，加强深度合作与交流。

（四）加强通道建设，提升贸易水平是推进“一带一路”建设的根本手段

五年来的实践证明，只有加强通道建设，才能实现高水平的互联互通；只有提升外贸水平，才能充分利用好两种资源、两种市场，实现更高层次的开放。“一带一路”倡议提出以来，青海省着力推进国际商贸通道和口岸建设，加强出省通道建设，与周边省区的通达能力不断提升。通过持续、密集的交通基础设施建设，青海在中国西北交通中的枢纽地位逐渐凸显，并成为欧亚国际贸易通道上的必经之地。除传统交通外，青海省还加强信息通道和能源管网建设，通过大力发展跨境电子商务建设网上丝绸之路，持续推进中哈石油管线格尔木延伸段建设。以陆路、航空、电子信息和能源管网为载体的“大通道”建设，势必使青海成为我国向西开放的前沿和未来国际贸易的重要枢纽和通道。

（五）加强人文交流，实现民心相通是推进“一带一路”建设的社会根基

国之交在于民相亲，民相亲在于心相通。五年来的实践证明，以民心相通为目标的人文交流是积极推进“一带一路”倡议的社会根基，只有实现民心相通，才能增进世界各国人民的互相了解和信任，为构建人类命运共同体奠定基石。自“一带一路”倡议提出以来，青海省利用青海省撒拉族与中亚土库曼斯坦人同根同源的优势，以土库曼斯坦为突破口，不断加强双方的人文交流，以人文交流推动经贸合作。此外，青海省还充分挖掘

古丝绸青海道的历史文化资源，创作了一批高水准的艺术精品项目，走出国门与相关国家和地区展开交流和对话。通过频繁的人文交流，使各国人民认识到人类文明的多样性，增进青海各族人民与“一带一路”沿线各国民众间的互相了解和信任，为区域经济合作营造积极深厚的文化氛围，为构建人类命运共同体奠定文化根基。

四　加快推进青海“一带一路”建设的对策建议

党的十九大报告指出，要以“一带一路”建设为重点，坚持“引进来”和“走出去”并重，遵循共商共建共享原则，加强创新能力，开放合作，形成陆海内外联动、东西双向互济的开放格局。因此，在“一带一路”建设中，青海要通过强化高层推进，以重大项目带动建设步伐，实施外贸振兴战略，大力提升对外贸易对全省经济的驱动作用，为全省经济持续健康发展注入新动能。

（一）强化高层推动，深化交流合作

高度重视重大合作项目对青海“一带一路”建设的支撑带动作用，制定重大项目管理办法，建立重点项目库，实现“建设一批、筹备一批、策划一批”。有针对性地加强与“一带一路”沿线国家和地区的高层互访。通过高层往来，建立与相关国家、地区及机构间稳定、高效、畅通的政策沟通渠道。

（二）加强平台建设，拓宽合作领域

将青洽会、藏毯展等青海省重要展会进行有机整合，联合举办“一带一路”国际博览会。集中优势资源与力量，实施专业化集群化精准招商，强化产业合作的针对性和精准性，有针对性地选择合作潜力巨大、前景良好的国家和地区就特色优势产业合作展开建设性的对话，持续拓宽合作领域。

（三）参与国际经济走廊建设，加强口岸合作

全力参与中尼经贸合作和中巴经济走廊建设，积极对接新亚欧大陆桥

和长江经济带，构建全方位的对外开放大通道。加强区域协调，加快推进联通甘肃西北部、新疆中南部及长江经济带之间的铁路建设。加强与西藏自治区、尼泊尔中国商会的联系沟通，以格尔木为起点，加快在青藏公路（青藏铁路）沿线和中尼边境及尼泊尔境内布局国际商贸物流园区。加强口岸合作，强化与国内沿海港口的联系，与青岛港、天津港及阿拉山口口岸等积极沟通，在西宁、海东或海西设立内陆港。

（四）加快物流业供给侧改革，建立高效便捷现代物流

加强物流基础设施建设，重点支持仓储设施、转运设施、运输工具和信息平台的标准化建设和改造，同时提升完善物流园区功能，培育壮大物流企业，支持具有公铁联运、航空物流、公路港职能的重点物流园区的发展。通过培育或引进第三方物流企业和平台集成运营商，以参股控股、兼并重组、合资合作、协作联盟等方式做大做强青海物流企业。

（五）加快国际陆港建设，超前谋划临港产业

加快推进青海铁路口岸、电子口岸及其相关配套基础设施和人才队伍建设，为国际陆港建成运营做好准备。通过对口援青等东中西部帮扶援助机制，加强与相关省市的产业合作，依托即将建设的青藏国际陆港，积极承接对口援青省市外向型产业，超前谋划布局以出口加工业为核心的临港产业集群。

（六）增强城市开放活力，推进节点城市建设

加快推进兰西城市群和青海省东部城市群建设进程，强化西宁、海东、格尔木等城市开放发展的产业支撑力。加快西宁、海东一体化发展进程，构建以西宁、海东、格尔木等节点城市为核心，以西格交通为纽带，辐射全省的目标明确、功能互补、特色鲜明的“两核一带一圈”对外开放体系。

（七）实施贸易振兴战略，着力培育发展高新技术产业

实施青海外贸振兴战略，通过加快推进“千万美元潜力企业”和“出口自主品牌双育计划”，建立特色优势产品出口基地。与相关国家在青或

在境外建设合作产业园区的方式，着力培育壮大出口加工业，为对外贸易提供强大的发展动能，实现产业发展与外向型经济发展的良性互动。

（八）提升产业优势，强化产业合作

积极承接中东部省市产业转移，大力引进一批符合青海产业转型需要的新型产业，促进产业结构优化，培育发展高新技术产业。做大做强青海循环经济和新能源、新材料产业。依托风电、光伏、锂、盐湖化工等重点项目，联合新能源龙头企业，对接“一带一路”沿线国家重大基础设施建设和产业发展战略。

（九）深入实施“走出去”战略，深化国际产能对接合作

充分发挥企业的主体作用，鼓励青海盐湖化工、有色金属等大中型企业在“一带一路”沿线国家和地区建设境外产业园区和经贸合作区，带动青海能源、装备制造、特色农牧业、农畜产品加工、风光电等优势产业“走出去”，积极拓展与中亚、西亚国家在相关产业方面的合作。

习近平关于人才工作的重要论述在青海的实践与启示

陈　玮　张生寅*

党的十八大以来，习近平同志站在党和国家事业发展全局的战略高度，对人才发展做出了一系列重要论述，极大地丰富了中国特色社会主义人才理论内涵，形成了习近平治国理政思想的“人才篇”，为我国人才事业发展指明了方向、提供了遵循。青海省在全面贯彻落实党的十八大、十九大精神和习近平同志“四个扎扎实实”重大要求的过程中，积极结合省情实际践行习近平人才工作的重要论述，坚持党管人才原则，大力实施人才强省战略，积极创新人才发展体制机制，持续完善人才政策体系，强力实施重大人才工程，不断创新引才引智举措，有效优化人才发展环境，人才发展事业取得了明显成效，谱写了人才强省建设的新篇章。深刻总结青海践行习近平人才工作的重要论述的生动实践，无疑会为青海省人才工作提供有益的思想启示和行动指引，对促进青海人才事业的发展具有重要的现实意义。

一　习近平关于人才工作的重要论述是青海人才工作的根本遵循

党的十八大以来，习近平同志就如何识才、育才、用才、敬才以及推进人才发展体制机制改革等话题，提出了一系列新思想、新观点、新论断、新要求，极大地丰富了中国特色社会主义理论的人才工作的重要

* 陈玮，青海省社会科学院院长，教授，博士；张生寅，青海省社会科学院文史研究所所长，研究员。

论述。

在如何识才方面，习近平同志从多个维度对如何认识人才的极端重要性做了高度概括。总书记从党执政兴国的角度指出："人才是事业发展最可宝贵的财富，人才资源是党执政兴国的根本性资源。"① "办好中国的事情，关键在党，关键在人，关键在人才。"② 针对新一轮科技革命和产业变革新形势，总书记强调："综合国力竞争说到底是人才竞争。人才资源作为经济社会发展第一资源的特征和作用更加明显，人才竞争已经成为综合国力竞争的核心。"③ 基于人才在科技创新中的关键性作用，总书记强调指出："人才是创新的根基，是创新的核心要素。创新驱动实质上是人才驱动。"④ "人才是创新的第一资源。没有人才优势，就不可能有创新优势、科技优势、产业优势。"⑤ 这些重要论述，是习近平同志对我国进入更多依靠科技创新引领和支撑经济发展与社会进步的新阶段后做出的重要论断，是党的人才观的极大丰富和进一步发展。

在如何育才方面，习近平同志也有许多精辟深刻的论述，如："用才之基在储才，储才之要在育才"，"必须造就一支规模宏大、素质优良、门类齐全、结构合理的人才队伍"，"要按照人才成长规律改进人才培养机制"，"要广纳人才，开发利用好国际国内两种人才资源，完善人才引进政策体系。"总书记非常重视教育在人才培育中的基础性先导作用，强调"要深化教育改革，推进素质教育，创新教育方法，提高人才培养质量，努力形成有利于创新人才成长的育人环境"。⑥ 要"秉持科技是第一生产力、人才是第一资源的理念，兼收并蓄，吸取国际先进经验，推进教育改革，提高教育质量，培养更多、更高素质的人才"。⑦ 总书记还非常重视实践成才的重要性，深刻指出"实践出真知，实践出人才"，强调"要坚持

① 习近平：《在全国组织工作会议上的讲话》（2008 年 2 月 17 日），《十七大以来重要文献选编》（上），中央文献出版社，2009，第 216 页。

② 中央人才工作协调小组编《习近平关于人才工作论述摘编》，2016 年 12 月，第 48 页。

③ 中央人才工作协调小组编《习近平关于人才工作论述摘编》，2016 年 12 月，第 4 页。

④ 中央人才工作协调小组编《习近平关于人才工作论述摘编》，2016 年 12 月，第 7 页。

⑤ 中央人才工作协调小组编《习近平关于人才工作论述摘编》，2016 年 12 月，第 5 页。

⑥ 中央人才工作协调小组编《习近平关于人才工作论述摘编》，2016 年 12 月，第 45 页。

⑦ 习近平：《在会见清华大学经济管理学院顾问委员会海外委员时的讲话（2013 年 10 月 23 日）》，《人民日报》2013 年 10 月 24 日。

知行合一，注重在实践中学真知、悟真谛，加强磨炼、增长本领”[①]，积极倡导用培养与使用、理论与实际相结合的方法，引导人才学以致用，深入基层、深入群众、深入生产第一线，在改革开放和社会主义现代化建设实践中掌握真才实学。

在如何用才方面，习近平同志提出了“聚天下英才而用之”的重要理念，从中国特色社会主义事业发展的高度指出：“‘功以才成，业由才广。’党和人民事业要不断发展，就要把各方面人才更好使用起来，聚天下英才而用之。”[②] 总书记高度重视体制机制创新在人才战略中的引领作用，强调指出：“要加大改革落实工作力度，把《关于深化人才发展体制机制改革的意见》落到实处，加快构建具有全球竞争力的人才制度体系，聚天下英才而用之。要着力破除体制机制障碍，向用人主体放权，为人才松绑，让人才创新创造活力充分迸发，使各方面人才各得其所、尽展其长。”[③] 总书记还特别重视人才工作的对外开放，强调指出：“一个国家的对外开放，必须推进人的对外开放，特别是人才的对外开放。”[④] “要广纳人才，开发利用好国际国内两种人才资源，完善人才引进政策体系。”[⑤] “在人才选拔上要有全球视野，下大力气引进高端人才。”[⑥]

在如何敬才方面，习近平同志统筹全局、高屋建瓴，在坚持党管人才原则、树立人才意识、优化人才环境、促进人才流动等方面有许多重要的创新性论述。他强调指出：做好人才工作，“关键是要坚持党管人才原则，遵循社会主义市场经济规律和人才成长规律，着力破除束缚人才发展的思想观念”，要“充分激发各类人才的创造活力，在全社会大兴识才、爱才、敬才、用才之风，开创人人皆可成才、人人尽展其才的生动局面”。[⑦] 总书记始终把树立人才意识放在人才发展的首位，强调指出：“要树立强烈的人才意识，做好团结、引领、服务工作，真诚关心人才、爱护人才、成就

① 习近平：《在知识分子、劳动模范、青年代表座谈会上的讲话》（2016 年 4 月 26 日），《人民日报》（海外版）2016 年 4 月 30 日，第 2 版。
② 中央人才工作协调小组编《习近平关于人才工作论述摘编》，2016 年 12 月，第 60 页。
③ 中央人才工作协调小组编《习近平关于人才工作论述摘编》，2016 年 12 月，第 48 页。
④ 中央人才工作协调小组编《习近平关于人才工作论述摘编》，2016 年 12 月，第 36 页。
⑤ 中央人才工作协调小组编《习近平关于人才工作论述摘编》，2016 年 12 月，第 34 页。
⑥ 中央人才工作协调小组编《习近平关于人才工作论述摘编》，2016 年 12 月，第 41 页。
⑦ 中央人才工作协调小组编《习近平关于人才工作论述摘编》，2016 年 12 月，第 54 页。

人才，激励广大人才为实现‘两个一百年’奋斗目标、实现中华民族伟大复兴的中国梦贡献聪明才智。”① 人才的培养、选拔、使用离不开良好的环境保障，总书记明确要求：“要积极营造尊重人才、求贤若渴的社会环境，待遇适当、无后顾之忧的生活环境，公正平等、竞争择优的制度环境，为人才心无旁骛钻研业务创造良好条件。”②

习近平同志的这些重要论述，体现了他一以贯之的人才工作的重要论述，具有十分鲜明的时代特征和丰富内涵，充分彰显了他对人才的高度重视与关怀以及以才兴邦、聚天下英才而用之的人才情怀，极大地丰富了中国特色社会主义理论的人才工作的重要论述，是习近平新时代中国特色社会主义思想的重要组成部分，高瞻远瞩地为我国人才事业发展指明了方向、提供了遵循，也为党的十八大以来青海的人才发展事业提供了理论和实践坐标。

二 青海践行习近平人才工作的重要论述的生动实践

党的十八大以来，青海人才工作紧紧围绕建设富裕文明和谐美丽新青海的目标，积极结合省情实际践行习近平人才工作的重要论述，大力实施人才强省战略，积极创新人才发展体制机制，持续完善人才政策体系，强力实施重大人才工程，不断创新引才引智举措，有效优化人才发展环境，着力打造西部地区人才聚集地，人才事业得到新发展。

（一）积极创新人才发展体制机制

2016 年 3 月，中共中央印发《关于深化人才发展体制机制改革的意见》后，青海省以“第一个吃螃蟹”的精神全面推进人才发展体制机制改革。8 月，省委印发《青海省关于深化人才发展体制机制改革的实施意见》，提出了 26 个方面的改革措施，力求最大限度地打破束缚人才创新、创业活力的体制机制障碍，为加快人才优先发展营造一片“沃土”。各级组织人事部门坚持问题导向，破除职称评价改革壁垒，减少应用型、实用

① 中央人才工作协调小组编《习近平关于人才工作论述摘编》，2016 年 12 月，第 57～58 页。

② 中央人才工作协调小组编《习近平关于人才工作论述摘编》，2016 年 12 月，第 29 页。

型人才的学历、论文等限制性评价条件，对基层人才免于职称外语和计算机应用能力考试，对拥有重大科研成果或优秀创业项目的人才降低职称晋升门槛，健全中小学教师职称体系、职称评审办法等5项政策制度，出台完善基层卫生专业技术人员职称评审和岗位管理意见，探索建立“定向评价、定向使用”的基层人才高级职称评审制度等一系列政策措施，着力为人才发展“减负”和“松绑”。在人才评价上分类推进职称评审权下放，设立特殊人才职称直聘通道。对高校普遍下放高教系列、科研系列副高级职称评审权，对试点高校下放正高级职称评审权，赋予用人单位更多的用人自主权。创新科研项目经费管理方式，出台省级财政科研项目、科技专项资金等制度，进一步放权给项目承担单位，赋予人才更大的经费支配权。完善科技管理体系，出台重大科技专项、重点研发与转化科技计划管理办法等5项管理制度，以项目扶持方式支持青年科技人才创新创业。深化科技成果使用处置收益改革，将高校、科研院所科技人员科技成果转移转化收益比例提高到70%，增强优秀人才的获得感。上述一系列改革措施的实施，开始全方位构建起了科学规范、开放包容、运行高效的青海版人才发展体系。

（二）不断完善人才政策体系

党的十八大以来，青海各级组织人事部门坚持以政策创新带动体制机制改革，及时汇总梳理原有人才政策，强化人才政策的有效供给力度。以《青海省关于深化人才发展体制机制改革的实施意见》为人才工作统领，以《青海省“高端创新人才千人计划”实施方案》《青海省“中端和初级人才培养计划”实施方案》为人才建设载体，以《青海省柔性引才引智实施办法》《青海省人才工作目标责任制考核办法（试行）》《青海省人才工作“伯乐奖”评选奖励办法》为人才发展保障，以相关部门和地区制定的30余项政策为配套措施，初步构建起了“1+2+3+X”升级版青海人才政策框架体系①，为建设西部人才高地奠定了坚实的制度基础。制定出台了《青海省推进领导干部能上能下实施细则（试行）》，对解决干部“下”的问题做出详细规定，对于完善从严管理干部队伍制度体系，推动形成能

---

① 王红玉：《党的十八大以来青海省人才工作综述》，人民网青海频道，2017年10月17日。

者上、庸者下、劣者汰的用人导向和从政环境，建设高素质干部队伍具有重要意义。通过实施下放招聘组织权限、扩充基层公务员报考面、公务员调剂补录、公安院校公安专业应届毕业生定向考录、科学调整笔试科目类型、增加自主招聘和考核招聘比例等措施，进一步落实了基层用人单位招聘自主权，使全省人事考录招聘的公信力进一步提升。

（三）强力实施重大人才工程

党的十八大以来，青海各级组织人事部门立足本地实际，坚持把实施重大人才工程作为推进人才强省战略的有效载体和重要抓手，按照《青海省中长期人才发展规划纲要（2010～2020年）》规划，组织实施了人才竞争力提升计划、人才“小高地”建设工程、青年科技人才培养计划、党政人才能力提升工程、企业经营管理人才推进计划、专业技术人才知识更新工程、高技能人才培养工程、万名农牧区人才培养计划、“专家服务团”活动、“三江源”人才培养使用工程、高层次人才引进计划、高校高层次人才培养引进计划、专业技术人员服务基层活动、人才信息化建设工程等14项重大人才工程，统筹推进各类人才队伍建设，不断开创人才发展新局面。2016年4月，青海省委省政府制定印发《青海省“高端创新人才千人计划”实施方案》《青海省“中端和初级人才培养计划”实施方案》并组织实施。“高端创新人才千人计划”从2016年起每年引进和培养5名左右杰出人才、35名左右领军人才、160名左右拔尖人才，到2020年引进培养1000名左右高端创新人才。“中端和初级人才培养计划”从2016年起每年培养2000名左右中端和初级人才，到2020年培养10000名左右中端和初级人才。截至目前，“高端创新人才千人计划”第一批235名引进培养人选、10个引进培养团队和第二批212名引进培养人选、9个引进培养团队已确定并进入实施阶段。“中端和初级人才培养计划”也及时实施，先后培养科技创新、产业发展、企业管理等领域的中端和初级人才共4000名。积极推动国家“三区人才支持计划”落地实施，先后为基层一线用人单位输送和培养专业人才2857人①。实施社会工作人才培养计划和边远贫困地

① 参见《实施重大工程　改善总体环境——我省持续推进人才工作创新发展》，《青海日报》2017年2月21日。

区和民族地区社工人才专项计划，培养专业社会工作者4000名。上述众多重大人才工程的实施，有力引领和带动着青海各类人才队伍建设，为打造西部人才高地奠定了坚实基础。

（四）不断创新引才引智举措

党的十八大以来，青海各级组织人事部门积极创新人才智力引进机制，《青海省关于深化人才发展体制机制改革的实施意见》的制定，进一步加大了对人才智力引进的政策支持力度，明确规定引进人才不受编制总量和结构比例限制，大幅提高引进高端创新人才一次性特殊支持标准。省人才工作领导小组出台《青海省柔性引才引智实施办法》，从引进标准和方式、管理和服务、政策待遇等方面，打出了柔性引才的“组合拳”。“高端创新人才千人计划”专门聚焦高端人才引进，明确了引进人才中杰出人才、领军人才、拔尖人才的标准，丰富了直接和柔性引进的形式、途径及渠道，加大了对引进人才的政策支持力度。同时，进一步完善更加开放灵活的引才引智机制，探索建立事业单位特设岗位管理制度，建立“不看时间看业绩”的柔性引进人才考核管理和评价办法。青海海西州出台了《省外柴达木人才智力储用库及汇集中心建设实施方案》，通过各种方式积极动员吸引国内外海西籍优秀人才回乡创业投资。在引才引智政策不断完善的同时，全省引才引智成效也日益显著，仅2016年“高端创新人才千人计划”共引进高端创新人才100名，创新团队3个，引进人数比2015年增长了11.5倍。通过“后补助”支持机制，先后实施引智项目76个，引进高端智力418人次[①]。海西州按照“人才引领产业、产业集聚人才”的引才思路，在盐湖化工等领域引进中国科学院院士1名，中国工程院院士3名，“国家百千万人才工程”人选4名，博士研究生38名，并与国内32所高等院校、26家科研机构开展了产学研战略合作，与179名专家院士签订了引才引智协议，初步实现了人才集聚与产业培育联动发展、互促共赢[②]。不断完善的引才引智政策和日益显著的引才引智成效，正有效突破制约青海发展的人才瓶颈，对青海经济社会发展形成有力支撑。

① 参见《实施重大工程　改善总体环境——我省持续推进人才工作创新发展》，《青海日报》2017年2月21日。

② 马隆：《柴达木人才引进和产业发展互促共赢》，《柴达木日报》2016年12月14日。

（五）有效优化人才发展环境

党的十八大以来，青海各级组织人事部门不断培育创新人才生态体系，全力优化人才服务的社会环境，厚植人才健康发展的沃土。优先保证人才发展投入，全省人才发展工程专项资金由 2012 年的 1600 万元增加到现在的每年 1 亿元，比“十二五”期间年均投入增长 5.5 倍。注重软环境建设，通过创建“青海学者”品牌、落实关怀关爱机制、建立领导干部联系服务专家制度、定期开展走访慰问活动、组织专家考察疗养和定期体检、讲好青海人才故事等方式，充分体现党和政府对人才的关心重视。强化服务保障，启动人才住房保障工程，新建人才公寓 1580 套，海东市依托科技园打造了“9 +1 +1”高标准人才社区，为杰出人才提供团队工作生活别墅 9 套、为青年人才提供周转公寓 250 套、为创新人才提供交流活动会馆 1 座。利用新媒体推介宣传人才发展工作，“高端创新人才千人计划”宣传页面累计浏览量突破 75 万人次，得到社会各界的关注与肯定。

三　青海践行习近平人才工作的重要论述的几点启示

（一）解放思想更新观念是思想基础

近年来，青海在实施人才强省战略的过程中积极以人才理念的转变推动人才工作的变革，不断强化人才第一资源观念，加快推进人才发展体制机制的改革，创新人才智力引进政策，走出了一条具有青海特色的人才工作之路。青海持续创新人才工作理念的实践昭示我们，解放思想更新观念，始终是深入实施人才强省战略、做好青海人才工作的思想基础和先决条件。没有人才工作的重要论述的大解放，就没有人才事业的大发展，更不会有经济社会发展的大突破。思想解放的力度决定人才发展的程度，人才发展的程度决定经济社会发展的高度。当前，随着区域人才竞争的不断加剧和富裕文明和谐美丽新青海建设对人才的结构性需求，必须以习近平人才工作的重要论述为指导，进一步解放思想更新观念，大力实施人才强省战略，以人才创新理念指引人才工作跨越发展，从根本上打破束缚人才成长、阻碍人才流动、妨碍人才活力迸发的体制机制障碍，充分发挥人才在经济社会发展中的支撑、引领作用。

（二）围绕中心服务大局是核心要求

进入21世纪以来，青海在实施人才强省战略的过程中始终围绕奋力打造“三区”、加快实现“四个转变”、实施“五四战略”、全面建成小康社会的战略任务，坚持人才发展与实施重大战略同步谋划、同步推进，创建人才工作与“三区”建设、“五四战略”融合发展新格局。围绕“131”总体目标，制定完善“三区”建设、创新驱动发展战略、融入“一带一路”建设、“中国制造2025”青海行动、供给侧结构性改革、“三江源”国家公园体制试点等人才支持保障措施，全面深化人才发展体制机制改革创新，形成人才引领发展、发展集聚人才的良性循环。主动衔接经济社会发展总体目标与总体规划，坐实、做好“十三五”人才发展规划，统筹抓好各类人才队伍的建设，努力把各类优秀人才聚集到全面建成小康社会的事业中。人才发展始终围绕中心服务大局的实践昭示我们，青海实施人才强省战略必须深入贯彻习近平人才工作的重要论述，坚持围绕中心、服务大局理念，让人才工作与改革发展稳定主题主线相融合，唯有如此，才能为人才发展指引方向，为人才队伍成长开辟空间，为各类人才施展才干提供广阔舞台，为同步全面建成小康社会提供坚强的人才保证和广泛的智力支撑。

（三）制度创新与体制改革是重要突破口

人才工作的活力取决于体制和机制，只有体制机制灵活开放，人才工作才能满盘皆活。基于这种认识，青海在实施人才强省战略的过程中十分注重人才发展体制机制改革与制度政策创新，持续创新人才培养引进机制、人才评价发现机制和人才激励保障机制，不断完善党管人才的工作机制。特别是新印发的《青海省关于深化人才发展体制机制改革的实施意见》，紧扣“131”总体要求和“五四战略”，遵循市场经济规律和人才成长规律，着力破除人才培养、引进、使用、评价、激励等重点环节的体制机制障碍，使青海人才发展体制机制改革创新有了新突破。青海持续深化人才发展体制机制改革的实践启示我们，深入贯彻落实习近平人才工作的重要论述，不断推进人才发展体制改革和制度创新，是深入实施人才强省战略、有效提升人才工作的重要突破口。全面深化人才强省重大战略部署和人才优先发展原则，首先必须着力推进人才发展体制机制的改革创新，聚焦关键环节，构建科学规范、开放包容、运行高效的青海人才发展治理体系，形成适应青海省情、具有区域竞争力的人才体制机制，把青海打造成西部地区具有影响力的人才集聚地。

（四）实施重大人才工程是有效载体

国内外的人才发展实践表明，实施重大人才工程，对人才发展重点任务实行项目化管理，有助于提高人才开发的效率，是开展人才工作的有效载体和主要抓手，也是许多国家和地区打造人才优势、参与人才竞争的成功经验。青海实施人才强省战略以来，深入贯彻习近平人才工作的重要论述，坚持以重大人才工程引领和带动人才队伍建设，特别是2016年启动实施的“高端创新人才千人计划”，整合衔接“昆仑英才”计划、“昆仑学者”、人才“小高地”等政策资源，重点在科技创新、产业发展、企业管理等领域汇聚1000名左右高端创新人才，成为青海历史上力度最大的高端人才培养引进工程，使人才强省战略进一步加力升级。青海实施重大人才工程的实践启示我们，实施人才工程是做好人才工作的重要抓手，是深化人才强省战略的有效载体。在积极承接国家人才工程项目、大力推进省级人才工程的同时，我们要支持和鼓励省内各地各部门实施一批结合本地实际的人才工程项目，形成点面结合、上下贯通、整体推进的人才开发格局，助力人才强省战略全面升级换档，服务青海经济社会发展大局。

习近平法治建设的重要论述在青海的实践与启示

张立群　高永宏　娄海玲*

习近平新时代中国特色社会主义思想，是具有原创性、时代性的当代中国马克思主义，是指引全党全国人民全面建成小康社会、全面建设社会主义现代化国家的科学理论和战略体系。习近平新时代中国特色社会主义思想内容博大精深，法治建设重要论述是其中的重要组成部分，对法治中国建设具有重大指导意义。党的十八大以来，青海法治建设准确把握习近平法治建设重要论述的精髓要义，积极指导法治实践，不断开辟平安青海、法治青海建设的新境界，积累了丰富经验，获得了重要启示，为实现“一个同步、四个更加”奋斗目标提供了有力法治保障。

一　习近平法治建设重要论述的精髓要义

党的十八大以来，习近平同志提出全面推进依法治国、建设社会主义法治体系、建设社会主义法治国家等一系列法治建设重要论述，立意深远、博大精深，是马克思主义法学理论与新时代中国法治实践相结合的重大理论成果与制度创新，是中国特色社会主义法治理论的新飞跃。

* 张立群，青海省社会科学院政法研究所所长，教授；高永宏，青海省社会科学院政法研究所副研究员；娄海玲，青海省社会科学院政法研究所副研究员。

（一）建设中国特色社会主义法治体系：立善法于天下，则天下治；立善法于一国，则一国治①

1. 党的领导是中国特色社会主义最本质的特征，是社会主义法治最根本的保证②

建设社会主义法治国家，如何坚持党的领导，习近平同志给出了答案，那就是：社会主义法治必须坚持党的领导，党的领导必须依靠社会主义法治③。在我国，法是党的主张和人民意愿的集中体现，坚持党的领导关键在于坚持党领导立法、保证执法、支持司法、带头守法；保证党的大政方针、政策、计划覆盖社会各领域、各项事业，必须把党的领导贯彻落实到依法治国全过程和各方面。习近平同志还强调："坚持党的领导，是社会主义法治的根本要求，是党和国家的根本所在、命脉所在，是全国各族人民的利益所系、幸福所系，是推进依法治国的题中应有之义。"④ 2018年宪法修正案规定"中国共产党领导是中国特色社会主义最本质的特征"，以根本法的形式确立了中国共产党在我国的领导地位。这表明坚持中国共产党的领导是我国社会主义法治建设的灵魂，是建设社会主义国家法治的关键所在。

2. 推进科学立法，关键是完善立法体制⑤

推进国家治理体系和治理能力现代化，首要条件就是要有完善的社会主义法治体系作为支撑。习近平同志在党的十八届四中全会上指出："法治体系是国家治理体系的骨干工程。必须加快形成完备的法律规范体系、高效的法治实施体系、严密的法治监督体系、有力的法治保障体系，形成完善的党内法规体系。"⑥ 这五大体系的形成是建设社会主义法治国家的前提和基础。完备的法律规范体系是构建社会主义法治体系的基

---

① 王安石：《周公》。

② 习近平：《加快建设社会主义法治国家》，《求是》2015年第1期。

③ 习近平：《在省部级主要领导干部学习贯彻十八届四中全会精神全面推进依法治国专题研讨班上的讲话》，2015年2月2日。

④ 习近平：《在省部级主要领导干部学习贯彻十八届四中全会精神全面推进依法治国专题研讨班上的讲话》，2015年2月2日。

⑤ 习近平：《加快建设社会主义法治国家》，《求是》2015年第1期。

⑥ 习近平：《加快建设社会主义法治国家》，《求是》2015年第1期。

础，而完备的法律规范体系形成的前提就是科学立法、立良法。“良法是善治之前提”，“要坚持立法先行，坚持立改废释并举，加快完善法律、行政法规、地方性法规体系，完善包括市民公约、乡规民约、行业规章、团体章程在内的社会规范体系，为全面推进依法治国提供基本遵循。”[①] 习近平同志强调科学立法是处理改革和法治关系的重要环节。要实现立法和改革决策相衔接，做到重大改革于法有据、立法主动适应改革发展需要。同时，在立法内容上，提出要加强重点领域立法，尤其是关系到社会发展、民生保障和国家安全的法律要抓紧制定、及时修改。在立法程序上，强调要发挥人大及其常委会在立法工作中的主导作用，健全立法起草、论证、协调、审议及表决程序，增强法律法规的及时性、系统性、有效性及针对性[②]。在立法规划上，指出要及时提出立法需求和立法建议。实践证明行之有效的，要及时上升为法律。实践条件还不成熟、需要先行先试的，要按照法定程序做出授权。[③] 对不适应改革要求的法律法规，要及时修改和废止。

3. 努力使每一项立法都符合宪法精神，反映人民意愿[④]

我国社会主义民主政治的本质和核心是人民当家做主，因而，人民也是依法治国的主体和力量源泉。习近平同志在十八届五中全会第二次全体会议上指出，我国社会主义制度“保证了人民在依法治国中的主体地位”。人民在依法治国中的主体地位体现在两个方面：一方面，人民可通过有序地参与立法，将意愿和建议集中体现在宪法法律之中，这是人民当家做主最直接的反映；另一方面，建设法治国家也是以一切为了人民、依靠人民、造福人民、保护人民为根本遵循，每一项立法也以反映人民意愿，维护社会公平正义，促进共同富裕为最终目标，努力使每一项立法都符合宪法精神，反映人民意愿。

---

① 习近平：《加快建设社会主义法治国家》，《求是》2015 年第 1 期。

② 习近平：《加快建设社会主义法治国家》，《求是》2015 年第 1 期。

③ 习近平：《在中央全面深化改革领导小组第六次会议上的讲话》，《人民日报》2014 年 10 月 28 日。

④ 习近平：《在庆祝全国人民代表大会成立六十周年大会上的讲话》，人民出版社，2014，第 10 页。

（二）全面推进依法治国：天下之事，不难于立法，而难于法之必行①

1. 法律的生命力在于实施，法律的权威也在于实施②

法律有效而严格的实施，是全面依法治国的重点和难点。梁启超曾说："法也者，非将以为装饰品也，而实践之为贵。"③ 法律只有有效实施，才能彰显其存在的价值，否则就是僵化的教条或一纸空文，没有任何意义。习近平同志指出："法律的生命力在于实施，法律的权威也在于实施。"④ 在全面推进依法治国的进程中，各级行政机关是法律实施的重要主体，法律实施主体只有严格遵守、执行和适用相关法律，才能避免出现有法不依、执法不严、违法不究等现象发生，也才能真正体现法律存在的价值和权威。习近平同志指出："行政机关是实施法律法规的重要主体，要带头严格执法，维护公共利益、人民权益和社会秩序。执法者必须忠实于法律。"⑤

2. 推进依法行政，严格规范公正文明执法⑥

习近平同志在党的十九大报告中强调："建设法治政府，推进依法行政，严格规范公正文明执法。"依法行政是国家法律有效实施的重要环节，也是建设法治政府的重要内容，只有推进行政机关严格依法行政，坚持法定职责必须为、法无授权不可为，才能彰显法治权威、带动全民守法，切实增强人民群众的法治获得感。严格规范公正文明执法，是执法机关维护国家法律权威、提升执法公信力的最主要的方式，也是建设法治政府的重要体现。只有坚持严格规范公正文明执法，做到执法要求与执法形式相统一、执法效果与社会效果相统一，才能不断提高执法公信力，切实维护国家法律的权威与尊严。

---

① 张居正：《请稽查章奏随事考成以修实政疏》。

② 习近平：《在庆祝全国人民代表大会成立六十周年大会上的讲话》，《人民日报》2014 年 9 月 6 日。

③ 梁启超：《梁启超论中国法制史》，商务印书馆，2012。

④ 习近平：《在庆祝全国人民代表大会成立六十周年大会上的讲话》，《人民日报》2014 年 9 月 6 日。

⑤ 习近平：《习近平谈治国理政》，外文出版社，2014，第 145 页。

⑥ 习近平：《决胜全面建成小康社会　夺取新时代中国特色社会主义》，新华网，2017 年 10 月 27 日。

3. 强化对行政权力的制约和监督，建立权责统一、权威高效的依法行政体制[①]

习近平同志高度重视对行政权力的制约和监督，一方面，他要求用制度管权，要把“权力关进制度的笼子里”[②]，进一步加强政府内部行政监督的力度，创新层级监督体制机制，同时，应将人大、政协、纪委等部门纳入监督体制之内，充分发挥专门监督、部门监督、社会监督等各方面的作用。另一方面，要求用制度治吏，“用制度从严管理干部”[③]，增强公权力部门特别是各级领导干部的权力制约意识，自觉抵制权力部门化、权力人格化、权力利益化倾向，牢记有权必有责、用权受监督、违法要追究，自觉接受监督和制约。

（三）建设法治政府：举直错诸枉，则民服；举枉错诸直，则民不服[④]

1. 司法是维护社会公平正义的最后一道防线[⑤]

公正是法治的生命线。司法公正对社会公正具有重要的引领作用，司法不公会导致法律权威和司法公信力的丧失，对社会秩序具有致命的破坏作用。如果执法者不能公正执法，如果人民群众合法权益不能通过最后的司法程序得到保护，这不仅是对当事人合法权益的损害，更是对国家法律权威和尊严的践踏。英国哲学家培根说：“一次审判不公恶于十次犯罪。”[⑥]因而，习近平同志强调：“要努力让人民群众在每一个司法案件中都能感受到公平正义，决不能让不公正的审判伤害人民群众感情、损害人民群众利益。”[⑦]

---

① 习近平：《加快建设社会主义法治国家》，《求是》2015 年第 1 期。

② 中共中央宣传部：《习近平同志系列重要讲话读本（2016 年版）》，学习出版社，人民出版社，第 117 页。

③ 中共中央宣传部：《习近平同志系列重要讲话读本（2016 年版）》，学习出版社，人民出版社，第 118 页。

④ 孔子：《论语・为政第二》。

⑤ 习近平：《关于〈中共中央关于全面推进依法治国若干重大问题的决定〉的说明》，新华网，2014 年 10 月 28 日。

⑥ 弗兰西斯・培根：《论司法》。

⑦ 习近平：《首都各界纪念现行宪法公布施行 30 周年大会上的讲话》，人民网，2012 年 12 月 4 日。

2. 健全司法权力分工负责、相互配合、相互制约的司法体制[①]

习近平同志针对司法不公的问题指出，我国“司法不公的深层次原因在于司法体制不完善、司法职权配置和权力运行机制不科学、人权司法保障制度不健全”[②]。因而，加强司法体制和工作机制建设，健全权责明确、相互配合、相互制约、高效运转的司法体制，从制度上保证司法机关依法独立公正地行使权力，从而增强司法的权威性和社会公信力；同时，强化对政法部门执法活动的监督，进一步完善执法监督机制，加大执法监督力度，使执法过程和环节置于社会和群众的监督之下，确保执法公正。

3. 做好党的政法工作，必须加强队伍建设[③]

司法人员滥用职权、徇私枉法、司法腐败等违法违纪行为的发生，根本原因是这些人员理想信念动摇、职业道德和业务能力低下造成的，因而，加强司法队伍建设，提高司法人员的司法水平和能力，努力造就一支政治过硬、业务过硬、责任过硬、纪律过硬、作风过硬的职业化、高素质政法队伍，是建设法治中国的内在要求，也是全面依法治国的基础。习近平同志强调：“要按照政治过硬、业务过硬、责任过硬、纪律过硬、作风过硬的要求，努力建设一支信念坚定、执法为民、敢于担当、清正廉洁的政法队伍。”[④]“培育造就一支忠于党、忠于国家、忠于人民、忠于法律的政法队伍。”[⑤]

（四）建设社会主义法治国家：国皆有法，而无使法必行之法[⑥]

1. 树立宪法法律至上、法律面前人人平等的法治理念[⑦]

树立宪法法律至上、法律面前人人平等的法治理念是当今我国法治建

① 习近平：《加快建设社会主义法治国家》，《求是》2015 年第 1 期。

② 习近平：《关于〈中共中央关于全面推进依法治国若干重大问题的决定〉的说明》，新华网，2014 年 10 月 28 日。

③ 新华社：《习近平就政法队伍建设做出重要指示》，2016 年 4 月 26。

④ 习近平：《在中央政法工作会议上的讲话》，《人民日报》2014 年 1 月 9 日。

⑤ 习近平：《在中央政法工作会议上的讲话》，《人民日报》2014 年 1 月 9 日。

⑥ 商鞅：《商君书 · 画册第十八》。

⑦ 习近平：《决胜全面建成小康社会　夺取新时代中国特色社会主义》，新华网，2011 年 10 月 27 日。

设所追求的精神价值和目标，也是我国全面推进依法治国的基石。习近平同志强调："宪法是国家的根本法，是治国安邦的总章程，是党和人民意志的集中体现。"① "宪法具有最高的法律地位、法律权威、法律效力。"② "坚持依法治国首先要坚持依宪治国，坚持依法执政首先要坚持依宪执政。"③ 树立宪法法律至上，是彰显宪法法律权威、提升公众宪法法律意识的重要内容，为此，我国将每年的 12 月 4 日定为国家宪法日，并建立宪法宣誓制度。坚持法律面前人人平等，体现在任何组织和个人都必须尊重宪法法律权威，都必须在宪法法律范围内活动，都必须依照宪法法律行使权力，履行职责或义务，都不得有超越宪法法律的特权。任何人违反宪法法律都要受到追究，绝不允许任何人以任何借口任何形式以言代法、以权压法、徇私枉法。同时还体现在立法、执法、司法、守法各个环节上的平等。习近平同志强调："法律面前人人平等，谁都没有超越法律的特权。"④

美国当代著名法学家伯尔曼曾说："没有信仰的法律将退化成为僵死的教条，而没有法律的信仰将蜕变成为狂信。" "法律必须被信仰，否则它将形同虚设。"⑤ 法治社会的重要标志是公众对法律的普遍认同和信仰，法治概念的最高层次也是对法律的信仰。而法律的权威是要靠全社会真诚的拥护和信仰来树立。"一切法律之中最重要的法律，既不是刻在大理石上，也不是刻在铜表上，而是铭刻在公民的内心里。"⑥ 公民只有将自觉遵法守法学法用法作为自己的心理和行为依赖路径，养成遵从法律、依法办事的习惯，法律的权威和作用就自然而然得以树立和发挥。习近平同志强调："要充分调动人民群众投身依法治国实践的积极性和主动性，使全体人民都成为社会主义法治的忠实崇尚者、自觉遵守者、坚定捍卫者，使尊法、信法、守法、用法、护法成为全体人民的共同追求。"⑦

① 习近平：《在党外人士座谈会上的讲话》，《人民日报》2018 年 1 月 21 日。

② 习近平：《更加注重发挥宪法重要作用　把实施宪法提高到新的水平》，《人民日报》2018 年 2 月 26 日。

③ 习近平：《中共中央召开党外人士座谈会的讲话 》，《人民日报》2018 年 1 月 21 日。

④ 习近平：《在中央民族工作会议暨国务院第六次全国民族团结进步表彰大会上的讲话》，2014 年 9 月 28 日。

⑤ 哈罗德·J. 伯尔曼：《法律与宗教》，梁治平译，中国政法大学出版社，2003。

⑥ 〔法〕卢梭：《社会契约论》，何兆武译，商务印书馆，1980。

⑦ 习近平：《加快建设社会主义法治国家》，《求是》2015 年第 1 期。

2. 深入开展法制宣传教育，在全社会弘扬社会主义法治精神[①]

党的十八大以来，习近平同志多次强调了法制宣传教育的重要性。他指出，要使“每个人都学法懂法”成为可能。在开展法制宣传教育方面，他指出，宣传内容上要“在全社会广泛开展尊崇宪法、学习宪法、遵守宪法、维护宪法、运用宪法的宣传教育，弘扬宪法精神，弘扬社会主义法治意识，增强广大干部群众的宪法意识”[②]。因而，加大以宪法为中心的中国特色社会主义法律体系的学习宣传，尤其是突出宣传贯彻宪法，让广大人民群众全面深刻理解宪法的基本原则和精神，使宪法深入人心“是建设社会主义法治国家的首要任务和基础性工作”[③]。在宣传对象上，强调对青少年和领导干部两类重点人群的法制宣传教育，习近平同志指出“要坚持从青少年抓起，把宪法法律教育纳入国民教育体系，引导青少年从小掌握宪法法律知识、树立宪法法律意识、养成遵法守法习惯。要完善国家工作人员学习宪法法律的制度，推动领导干部加强宪法学习，增强宪法意识，带头尊崇宪法、学习宪法、遵守宪法、维护宪法、运用宪法，做尊法学法守法用法的模范”[④]。尤其是“高级干部尊法学法守法用法的模范，是实现全面推进依法治国目标和任务的关键所在”[⑤]。在宣传形式上，强调要创新宣传形式，注重宣传教育效果，“要通过群众喜闻乐见的形式宣传普及宪法法律，充分发挥基层优势，让人民群众在家门口就能学法，形成良好的法治文化氛围”[⑥]。同时，要不断扩大法制宣传覆盖面和影响力，实现法制宣传由虚到实的转变。

3. 建设社会主义法治文化[⑦]

一国的法治外显于制度规则体系，内生于社会文化土壤，文化对于法治及其发展具有不可估量的影响；缺乏文化的法治没有灵魂，不具有可持

---

① 《十八大以来重要文献选编》（上），中央文献出版社，2014，第722页。

② 习近平：《更加注重发挥宪法重要作用　把实施宪法提高到新的水平》，《人民日报》2018年2月26日。

③ 习近平：《习近平谈治国理政》，外文出版社，2014，第138页。

④ 习近平：《更加注重发挥宪法重要作用　把实施宪法提高到新的水平》，《人民日报》2018年2月26日。

⑤ 中共中央文献研究室编《习近平关于全面依法治国论述摘编》，中央文献出版社，2015。

⑥ 《习近平在福建调研时的讲话》，新华网，2014年11月2日。

⑦ 习近平：《决胜全面建成小康社会　夺取新时代中国特色社会主义》，新华网，2017年10月27日。

续性，更无法促进社会法治信仰的形成。① 社会主义法治文化，深深植根于中国特色社会主义伟大实践，是中国特色社会主义文化的重要组成部分，建设社会主义法治文化要重视对中华优秀传统法治文化的挖掘、汲取和宣传，习近平同志提出“我国古代法制蕴含着十分丰富的智慧和资源，中华法系在世界几大法系中独树一帜。要注意研究我国古代法制传统和成败得失，挖掘和传承中华法律文化精华，汲取营养、择善而用”②。同时，还要积极借鉴国外先进的法治理念，他强调“法治是人类文明的重要成果之一，法治的精髓和要旨对于各国国家治理和社会治理具有普遍意义，我们要学习借鉴世界上优秀的法治文明成果”③，进一步推进中国特色社会主义法治文化的建设。

二 习近平法治建设重要论述在青海的实践

党的十八大以来，青海各级党委和国家机关以习近平法治建设重要论述为指引，全面加强党对法治工作的领导，在地方立法、依法行政和建设法治政府、司法体制改革、法制宣传教育等领域进行了积极探索与实践，并取得了显著的成效。

（一）全面加强党对法治工作的领导

1. 提高政治站位

党的十八大以来，青海省委在思想上高度重视，行动上自觉践行，以习近平法治建设重要论述为指引，将党的领导贯穿于依法治省的全过程和各方面。

在立法方面，全省各级人大坚持把学习习近平同志视察青海时的重要讲话与贯彻落实省委十二次、十三次全会精神结合起来，深刻理解和准确把握习近平同志对青海发展提出的方向和重点，把省委的重大决策部署，经过人大法定程序上升为国家意志。

在法治政府建设方面，全省各级政府牢固树立“四个意识”，在思想

① 江必新：《构建理性法治文化》，《中国法治文化》2015 年第 2 期。
② 习近平：《加快建设社会主义法治国家》，《求是》2015 年第 1 期。
③ 习近平：《加快建设社会主义法治国家》，《求是》2015 年第 1 期。

上政治上行动上同以习近平同志为核心的党中央保持高度一致，坚决贯彻党的路线方针政策，确保中央和省委各项决策部署落到实处、见到实效。

在司法体制改革方面，全省各级法院、检察院做到旗帜鲜明、毫不动摇、始终不渝坚持党的领导，确保人民法院、人民检察院在扎实推进司法改革中始终保持正确的政治方向。

2. 提供组织保证

加强依法治省工作的组织领导。党的十八大以来，省委省政府高度重视对依法治省工作的组织领导，不断提升省依法治省领导小组会议议事能力。目前，全省已形成党委统筹揽总、系统垂直推进、部门各司其职的纵向到底、横向到边的依法治省工作格局。

加快法治政府建设步伐。2015 年青海省人民政府印发《关于成立青海省深入推进依法行政加快建设法治政府工作领导小组的通知》，决定成立青海省深入推进依法行政加快建设法治政府工作领导小组，由省长任组长，副省长任常务副组长，领导小组办公室设在省政府法制办，统筹推进全省依法行政和法治政府建设。

高度重视法制宣传教育。省级层面成立了青海省普法教育工作领导小组，下设办公室，负责统筹指导、监督检查全省法制宣传教育工作。各级政府不断加强法制宣传教育工作组织机构建设，健全完善领导机构、办事机构工作职责和议事规则。党委领导、人大监督、政府实施、部门各负其责、全社会共同参与的法制宣传教育工作体制机制逐步完善。

3. 跟进政策措施

明确法治政府建设目标任务。率先落实国务院《法治政府建设实施纲要（2015 ~ 2020 年）》，2014 年青海省人民政府印发《关于深入推进依法行政加快建设法治政府的实施意见》，提出了到 2020 年基本建成法治政府的工作目标、主要任务和保障措施。

建立法制宣传教育主体责任制度。各级党委（党组）对法制宣传教育工作负全面领导责任，主要负责同志为第一责任人。推行“双普法”责任制，促进普法责任、管理责任、评查责任落实。圆满完成“六五”普法任务，高起点推进“七五”普法规划贯彻实施，制定 9 项普法宣传教育方面的实施意见、办法等，为“七五”普法夯实制度基础。

为生态文明建设提供法制保障。深入贯彻落实习近平同志视察青海时提出的“四个扎扎实实”重大要求，全面落实省第十三次党代会提出的“四个转变”重大决策，充分发挥政法机关职能作用，服务保障生态文明建设，2017 年 9 月省委政法委印发了《关于充分发挥政法职能作用服务保障生态文明建设的意见》，提出了应对生态环境风险隐患的防范措施、深入推进生态文明先行区创建的服务保障工作机制，明确了政法机关在服务保障生态文明建设中的主要职责任务。

（二）以习近平法治建设重要论述指导立法工作

1. 坚持科学立法

确保立法工作的正确方向。各级立法机关始终坚持党对立法工作的绝对领导，保证党的路线、方针、政策在立法工作中得到全面、有效的贯彻执行。

加强重点领域立法工作。围绕推进供给侧结构性改革、“十三五”规划实施、城乡统筹发展、精准脱贫、生态环保、社会治理以及人民群众关注的热点难点问题等中心、重点工作，加大立法力度。据初步统计，十二届省人大及其常委会共审议通过省级地方性法规 41 件，审查批准西宁市和自治州、自治县地方性法规 44 件，审查规范性文件 260 件，为实现富裕文明和谐美丽新青海建设提供了强大动力源。

突出民族特点和地方特色。青海省制定出台了一系列突出民族特点和地方特色的法规条例。一是推动经济发展方式转变，制定了农村牧区扶贫开发、旅游、青海湖景区管理、道路运输、邮政、物业管理等法规。二是高度重视节约资源和保护生态环境，制定了湿地保护、湟水流域水污染防治、可可西里自然遗产地保护以及西宁市南北山绿化、海西州野生枸杞保护、海北州高原型藏羊保护等法规。三是加大保障和改善民生力度，制定了食品生产加工小作坊和食品摊贩管理、人口与计划生育、气象灾害防御、防震减灾、出版物发行等法规。四是夯实基础积极打造民族团结进步和创建民族团结进步事业，先后制定、批准了六个自治州的民族团结进步条例以及藏传佛教事务条例、自治县的自治条例，使民族自治地方自治权真正落到实处。五是规范民主法治建设，制定了省人大常委会工作条例、选举法实施细则、代表法实施办法、立法程序、村委会选举与组织等法规。

2. 推进民主立法

完善省人大常委会法制咨询组、立法协商、基层立法联系点等相关工作机制。积极推进立法协商工作，主动征求和吸纳民主党派、政协委员的意见建议。落实立法专家顾问制度，加强基层立法联系点建设，保证立法工作通民意、接地气，有序推进社会公众参与立法活动。

3. 规范依法立法

修改省人大及其常委会立法程序规定，制定进一步加强省人大专门委员会审查报批法规条例工作的意见，规范立法活动，提高立法质量。进一步完善立法项目征集和论证制度，把好立项关。健全省人大有关专门委员会、常委会有关工作机构组织起草综合性、全局性和基础性等重要法规草案的机制。赋予设区的市和自治州地方立法权，2016 年省人大依法做出决定，分两批落实了海东市和 6 个自治州的地方立法权。[①]

（三）推进依法行政，建设法治政府

1. 转变政府职能

积极转变政府职能。五年来，共推出 843 项重大改革举措，[②] 累计取消、调整和下放行政审批事项 1740 余项。[③] 截至 2017 年，省政府确定的法治政府建设 51 项重点工作、74 项具体任务全部完成。[④]

2. 提高行政效能

不断优化办事效率。全面梳理、精简优化审批事项，推进并联审批改革，行政审批效率大幅提升。推进“一窗式”“一表制”“一站式”便利服务，实现了“一家受理、抄告相关、同步审核、限时办结”的运行模式，为群众和市场主体提供了便捷有效的服务。[⑤] 持续推进行政审批事项

---

① 穆东升：《坚持依法治省　为推进“四个扎扎实实”提供法制保障》，《青海日报》2016 年 9 月 27 日。

② 青海省人民政府省长王建军在青海省第十三次人民代表大会第一次会议上作的《政府工作报告》（2018 年 1 月 25 日）。

③ 根据 2013 ~ 2018 年青海省人民政府省长在历届青海省人民代表大会上作的《政府工作报告》数据相加。

④ 于瑞荣：《青海法治政府建设驶向快车道》，《青海日报》2018 年 4 月 3 日。

⑤ 魏金玉、白如霞：《更规范更亲民：全省依法行政取得新进展》，《西海都市报》2016 年 7 月 15 日。

“瘦身”，使青海成为全国整合行政审批事项最多的省份。省、市（州）两级行政审批网上办事系统和公共资源交易平台开发完成，进驻省行政服务中心的317项行政管理事项实现线上预约、申报和预审。取消177项与老百姓生活密切相关的各类证明，困扰基层和群众办事的“奇葩证明”、循环证明、重复证明等问题大幅减少。[①]

3. **规范执法行为**

开展行政执法监督检查。针对行政执法倾向性问题，围绕国土资源、环境保护、安全生产、市场监管等重点领域开展专项监督检查，提高了办案水平、规范了执法行为。加强公务员诚信体系建设。将公务员违法违纪等行为纳入行政机关公务员失信记录。强化对权力集中部门和岗位内部管控，制定廉政风险防控实施办法，对各类风险进行事前防范、事中控制、事后监管。

（四）深化司法体制改革，提高司法公信力

1. **优化司法职权配置**

建立司法人员分类（员额制改革）管理制度。组建青海省法官检察官遴选委员会、青海省法官检察官惩戒委员会；严守员额比例“红线”，采用比例制为主、定额制为辅的方法确定员额，坚持向基层和办案一线倾斜，确保员额配置能够满足不同层级法院、检察院工作需求。[②] 特别是重视“人”的问题，充分体现法院人员正规化、专业化、职业化建设，实行员额制改革，对司法人员实行分类管理，以编制、人数、案件数等整体效能为出发点，按39%法官、46%司法辅助人员、15%司法行政人员比例确定三类人员。

推动省以下地方法院、检察院人财物省级统一管理。坚持科学合理配置司法资源，由组织、编办、财政、人社等部门牵头制定人财物省级统一管理的配套措施。目前，编制和员额统一管理、统筹调配使用，法检“两长”省级统管、法官检察官由省提名和管理、人财物省级统一管理的体系

① 于瑞荣：《青海法治政府建设驶向快车道》，《青海日报》2018年4月3日。

② 王宥力：《改革的向度——全省司法体制改革综述》，《青海日报》2017年3月22日。

已基本形成。[①]

2. **规范司法行为**

明晰权责。完善顶层设计，制定办案人员权力清单等多项规章制度，将权力配置与责任赋予的改革措施落实、落细、落小，构建权责明晰、权责统一、监督有序、制约有效的检察权、审判权运行机制，保障了司法责任制落实到位。

完善制度。各级检察院、法院围绕落实检察官、法官检察权、审判权的要求，建立完善各项制度措施，强化监督制约，落实办案责任，力促检察权、审判权运行专业化、职业化。统计表明，改革后由检察官决定的案件数量同比上升了87%，由法官、合议庭直接裁判的案件比例达到98.3%。[②]

3. **提高司法公信力**

通过落实司法责任制，青海省法官、检察官办案主体责任进一步凸显，积极性、责任心进一步激发，办案质量、效率明显提升，司法公信力稳步提高。

一组数据说明了改革效果：2016年1月至10月，在案件数量大幅增长的情况下，青海省各级法院审结案件同比上升19.7%，审限内结案率为99.5%，一审、二审后服判息诉率分别为91.3%和98.4%；涉法涉诉信访总量同比下降31%。人民群众对法院、检察院的综合满意度明显提升。[③]

（五）加大全民普法力度，建设社会主义法治文化

1. **实施全民普法规划**

高标准制定“七五”普法规划。广开言路、集思广益，召开各个层面的“七五”普法规划意见建议征询会，广泛征求意见建议，为制定全省“七五”普法规划和“七五”普法决议提供决策基础。

高起点启动“七五”普法工作。召开全省“七五”普法动员大会和

---

① 韩萍、刘子阳：《院长检察长办案成为常态　青海推进司法体制改革蹄疾步稳》，《法制日报》2016年12月6日。

② 王有力：《改革的向度——全省司法体制改革综述》，《青海日报》2017年3月22日。

③ 韩萍、刘子阳：《院长检察长办案成为常态　青海推进司法体制改革蹄疾步稳》，《法制日报》2016年12月6日。

“七五”普法规划新闻发布会，对全省“七五”普法做出统一安排部署，深入解读和宣传全省“七五”普法工作部署。[①]

2. **创新全民普法形式**

在法治文化阵地建设上扎实推进。因地制宜建设法治广场、法治公园、法治长廊、法治橱窗、法制宣传大篷车等普法亮点设施。

在法治示范创建上多点突破。坚持学用结合、普治并举，深化法治城市、法治县（区、市）和民主法治示范村（社区）等创建活动，不断提升社会治理水平。

在新媒体普法上不断创新。借鉴省外新媒体普法好做法好经验，依托新媒体、网络运营商等专业机构，突出“专业人做专业事”，建立全省普法新媒体矩阵。

在普法理论研究上搭建新平台。联合中国社会科学院法学研究所、法制宣传教育与公法研究中心承举办“第四届全国新时期法制宣传教育研讨会”，成立青海省法制宣传教育研究中心及实践基地。[②]

3. **筑牢全民普法基础**

落实组织领导机制。落实党政主要负责人履行推进法治建设第一责任人职责，健全各地区、各部门、各单位普法教育组织领导机构及办事机构，明确责任部门和普法联络员，强化各成员单位职能，形成普法依法治理的工作合力。

落实普法责任制。把普法责任纳入各地区经济社会发展规划，纳入各部门、各单位工作目标责任、绩效、精神文明、社会治安综合治理和民族团结进步创建等考核内容。

落实工作保障机制。逐步加大人、财、物保障力度，提高保障标准，建立与本省经济发展水平相适应的经费动态增长机制，夯实普法保障基础。

落实考核评估机制。研究制定法制宣传教育工作考核评价标准和指标体系，引入第三方评估机制，增强考核针对性和有效性，注重考核结果运用，确保“七五”普法规划各项任务落到实处。[③]

---

① 韩萍、刘子阳：《院长检察长办案成为常态　青海推进司法体制改革蹄疾步稳》，《法制日报》2016 年 12 月 6 日。

② 蓝海梅、麻昌俊：《法润三江源》，《青海法制报》2017 年 11 月 1 日。

③ 蓝海梅、麻昌俊：《法润三江源》，《青海法制报》2017 年 11 月 1 日。

三　习近平法治建设重要论述对青海法治建设的启示

习近平法治建设重要论述具有强大的真理价值和实践力量，是指导地方法治建设的根本遵循。在习近平法治建设重要论述指导下，青海法治建设取得了显著的成就，积累了宝贵经验，这些经验弥足珍贵，对今后逐步完善法治青海建设具有重要的启示作用。

（一）地方立法需要不断强化

1. 重视立法数量

立法数量决定着立法进度，有着重要的基础作用。青海立法工作要始终围绕和解决现实问题进行思考、谋划和规范，重点立足政治、经济、文化、社会、生态建设和全面建成小康社会进行立法。在“五位一体”统筹要求下，突出习近平法治建设重要论述精髓要义，以“四个扎扎实实”重大要求为统领，以“一个同步、四个更加”奋斗目标为导向，以“四个转变”为着力点，立法工作紧扣实际，反映现实，规范社会关系，做到把方向、管大局、强落实，适应改革开放和经济社会发展需要，做到重大改革于法有据、重大策略于立有依、重大任务于法有规。

2. 提高立法质量

立法质量是衡量法律性文件得到实施的评判标准。在习近平法治建设重要论述引领下，青海要尊重和坚持立法规律，按照科学、合理、及时、有效的原则，从立法项目、起草论证、体例结构、内容规定等多方面统领立法工作，注重合理性、合法性和合宪性审查，突出“抓重点、补短板、填空白”立法思路，创新立法程序，提高立法“含金量”。坚持人大主导地位原则，采取各专门委员会提前介入的方式，积极参与和研究立法项目涉及的重大问题。坚持民主立法，广泛听取各方意见，探索能够广泛征求意见的方式和途径，形成“互联网＋时代”公众参与立法模式，以实现最大限度的社会效果。坚持依法立法，切实维护法治统一和尊严，严守“不抵触、不越权、不越位”的宗旨，遵循立法权限和立法程序，用科学规范的标准、程序、环节等要求体现立法内在品质。

3、突出地方立法特色

立法特色反映地方立法的重点领域、问题导向和目标要求。青海地方立法要始终围绕习近平同志对青海提出的“四个扎扎实实”重大要求，聚焦全省经济、民生、生态、民族团结进步、宗教事务管理和民主法治建设等重点领域和地方特色开展立法工作。既要着眼于通过地方立法化解国家立法不能解决的民族地方的特殊问题，又要着眼于维护国家法制的统一性，不使民族立法与宪法和法律的基本原则相抵触。同时要注重地方立法的针对性、实效性和可操作性，坚持急用先立，使制定的条例在具体的实施过程中行得通、落得实、用得好。使地方立法“软实力”作用得到充分发挥，地方特色法治化建设“青海风格”凸显，为青海实现跨越式发展提供了有力支撑。

（二）法治政府建设需要形成规范

1. 强化政府瘦身、明确职责权限

全面建成小康社会对法治政府建设提出新的更高的要求。青海按照习近平同志提出的“我们党是执政党，坚持依法执政，对全面推进依法治国具有重大作用”① 的要求推进依法行政，严格规范公正文明执法，要抓住法治政府建设的核心，体现党的十九大提出的“深化依法治国实践”新要求。青海要按照法治政府建设目标，认真贯彻中共中央、国务院《法治政府建设实施纲要（2015～2020年）》及《青海省法治政府建设实施方案（2015～2020年）》，从顶层设计到具体操作，要始终围绕法治政府定位，强化对行政权力的制约和监督，职责权限要透明、公开、程序化，既要体现“政府权力要受到法律的控制，公民的自由和权利要得到法律的保护”②的法治理念。又要明确法治政府建设的内涵与要求，在推进法治政府建设中强化瘦身、界定“为”与“不为”界限，做到坚持为企业“松绑”、为群众“解绊”、为市场“腾位”，为廉政“强身”，通过注重政府瘦身和明确职责权限以实现实际运行中的规范化。

2. 突出职能转换、重视管服衔接

围绕法治政府建设的基本定位，在重视职能转换的基础上，按照习近

---

① 习近平：《习近平谈治国理政》，外文出版社，2014。

② 〔英〕戴雪：《英宪精义》，雷宾南译，法治出版社，2001。

平同志提出的我们的政府是为人民服务、对人民负责的政府这一根本要求，根据行政权运行的基本轨迹和依法行政的内在逻辑，重点突出管服衔接的职责要求，并在具体行政事项上得到充分的体现，使之形成有效载体。青海法治政府建设要思想统一，思路明确，适应经济社会发展和改革需要，要将依法行政贯穿于治理体系和治理能力现代化全过程，这不仅是体现法治国家的内在要求，也彰显了习近平法治建设重要论述的时代性，为改革开放起到了重要的引导、推动、服务和保障作用，使政府管理与服务的功能得到最大限度地提升。

3. 严格规范执法、彰显文明要求

“天下之事，不难于立法，而难于法之必行。”① 法律的生命在于实施，法律的权威在于遵循。在法治政府建设中，青海要围绕执法规范问题，开展示范创建工作，通过严格执法“三项制度”、提高乡镇政府服务能力、构建农村信息化服务体系、推动行政审批管理透明公开和运行、积极推广国际贸易“单一窗口”建设、创新联合执法机制、推进收费清单管理制度等一系列有影响力的执法项目，加快推进执法规范化进程。通过这些举措的实施，不仅能诠释法治政府建设的定位，也将“权力”与“权利”的本质特征与要求在制度设计和具体操作中得以体现。

（三）司法体制改革需要体现司法功能

1. 审判体制改革要落实独立制

青海作为司法体制改革试点省份之一，要遵循整体性、结构性、层次性、开放性等原则，严格实行员额制，在入额时结合省情，提出可操作、能够接受的方法，增加“双语”法官和信息化应用权重等，把员额制的原则性和入额工作的灵活性结合起来，通过发挥司法责任制得到体现，采取信息技术支持下的随机分案制，实现法官绩效考核导向性。实行与法官等级、行政级别相区别的制度。体现审判改革成果地方化，有力推进司法改革的进程。

2. 检察体制改革要实现责任制

青海认真贯彻落实省委和最高检司法体制改革决策部署，注重顶层设计与基层探索相结合，深化各项司法体制改革举措，推进检察人员分类管

---

① 张居正：《请稽查章奏随事考成以修实政疏》。

理、检察官员额制、司法责任制、人财物省级统管体制、检察职业保障等改革任务，改革成效明显。“制定了落实人民检察院司法责任制的实施意见，修订完善省、市州、县区三级院检察官权力清单，积极构建新型检察办案组织，将入额检察官全部配置到司法办案一线，启动以‘随机分案为主、指定分案为辅’的员额检察官承办案件确定机制，检察官人力资源配置更趋合理优化，办案质量、效率稳步提升。”① 这些成就充分表明，深化和完善监察体制改革，能够进一步明确问题导向和价值取向，不断完善监察体制改革的运行机制，建立员额退出机制设计，努力提升改革的系统性、科学性、有效性，使司法公信力落到实处，使监督制度化，职能法定化、效果显现化，真正实现“阳光检察”。

3. 司法公信力要形成有效载体

司法公信力是法治价值的内在要求。实现司法公信力，需要形成有效载体。在刑事审判方面，青海深入推进以审判为中心的刑事诉讼制度改革，完善常见刑事案件犯罪基本证据标准指引，优化刑事案件智能辅助办案系统，实行跨部门大数据办案平台建设，构建适应办案需要的刑事司法新模式。在民事审判方面，深化民事诉讼制度改革，实行多管齐下，综合施策，完善诉调对接机制，细化民商事庭审方式，实现“看得见的司法产品”。在检察方面，主动适应社会发展需求，改进办案工作新模式，完善刑事司法办案程序、实行证据标准衔接机制，实现对职务犯罪精准打击，有力推进反腐败斗争。同时结合青海生态特点，体现生态立省的目标与要求，大力加强公益诉讼，统一制定办案规范及法律文书，从制度上解决规定不明确、程序不清晰等问题，保证办案工作环环相扣，以科学完善的有效载体实现司法公信力。

（四）普法宣传教育需要立足多层次要求

1. 实现法律“七进”责任化

青海结合多民族、多宗教省情，在普法方面有针对性地提出了“法律进寺院”要求，在国家规定的“法律六进”基础上，增加对寺院特别是对宗教教职人员的普法，打造出具有地方特色的“法律七进”品牌，形成了

① 《青海省人民检察院工作报告》，《青海日报》2018 年 1 月 28 日。

范围广覆盖、内容全面化和人员多样化的普法新格局。在“七五”普法活动中，为使普法工作进一步具体化、责任化和实效化，严格按照中办和国办印发的《关于实行国家机关“谁执法、谁普法 ”普法责任制的意见》，一是明确“谁执法、谁普法”责任制，使责任得到落实，实现执法与普法相互结合、融合与促进，产生了积极的社会效果。二是实行普法部门“单一”与“共同”的态势，由“独唱”成为各职能机关、部门、单位的“合唱”，实现普法从点到面的转变，从局部性延伸为广泛性，从有限性演变为多样性的过程。三是改变过去将普法视为软任务，以实现今天所要求的硬指标。通过各项具体制度和机制的建立，做到责任到位、内容到位和考核量化到位的要求，使“谁执法、谁普法”的责任要求落到实处，为平安青海建设提供有力支撑。

2. 实行普法工作精准化

注重普法工作精准化，开展多途径法制宣传教育活动，在宣传中采取“不同地区、不同内容、不同方法”。特别是在多民族地区，实行“突出重点地区、掌握不同人群、产生社会效果”的标准。在城镇以提高法治化管理水平、规范市场经济秩序为主；在农牧区以村民自治规范村务管理、预防和化解矛盾纠纷等为主要内容；在藏区以促进民族团结进步、规范宗教事务管理、维护社会稳定等方面为主；重视将青海藏汉“双语”普法工作作为法制宣传的重要内容，实行不同区域、不同人员、不同内容的分类施策，积极拓宽有关渠道，这些做法起到了法制宣传成为推进法治青海建设的基础性、先导性、引领性作用。为实现精准普法广泛性，积极推进“互联网 + 法制宣传”工作，加大“两微一端”等新媒体应用，拓展多元参与互动性普法平台，实现以需求为导向的精准普法，使普法工作规范有效和常态化。

3. 培养公民法治意识内在化

法治意识是实现“依法治国”的内在要求，也是提高公民法律素质的原动力。青海在培养与强化公民法律意识方面重视从观念到行为的自觉。在普法教育层次上，拓宽思路，高起点定位、宽领域谋划、深层次着力，在思想认识上形成共识，明确普法教育不仅仅是培养公民的守法思想，更重要的是培养公民的民主法治观、权利责任观、公平正义观和崇尚法治观，逐步使公民对法律的认知形成理性化，做到遵纪守法、有问题依靠法律来解决，准确区别合法、违法、犯罪的法律规定，掌握必要的诉讼法知识，懂得证据、程序的重要性，同时还通过法律解决生产、经营以及与生活相关的问题，广泛开展依法治理活动，提高社会管理法治化水平。同时重视利用大众传播媒介，深入持久地进行法制宣传教育，使之产生深入持久的影响力，形成守法光荣的良好氛围，使法律意识深入人心，真正内化为人们的自觉行为，成为推进法治青海建设的制度性思维。

结语：习近平法治建设重要论述，是青海地方法治建设的重要行动指南，在科学立法、严格执法、公正司法、全民守法四个方面实现有机结合和辩证统一，共同构成了法治青海建设框架结构和核心内容，为推进青海法治建设体系现代化、法治化、有序化提供了强大的支撑和动力，彰显时代的发展要求，是习近平法治建设重要论述在地方法治实践中的生动写照。

参考文献

中共中央宣传部：《习近平同志系列重要讲话读本》，学习出版社、人民出版社，2016。

习近平：《习近平谈治国理政》，外文出版社，2014。

中共中央文献研究室编《习近平关于协调推进“四个全面”战略布局论述摘编》，中央文献出版社，2015。

人民日报社评论部编著《“四个全面”学习读本》，人民出版社，2015。

《党的十九大报告辅导读本》，人民出版社，2017。

中共中央文献研究室编《习近平关于社会主义政治建设论述摘编》，中央文献出版社，2017。

习近平：《之江新语》，浙江人民出版社，2007。

中共中央文献研究室编《习近平关于全面依法治国论述摘编》，中央文献出版社，2015。

人民日报社评论部：《习近平用典》，人民日报出版社，2015。

习近平关于宗教工作的理论要点及其在青海的实践

参看加*

党的十八大以来，以习近平同志为核心的党中央高度重视宗教工作，根据宗教工作实践中出现的新情况、新问题，及时做出理论分析和政策指导，对宗教工作提出新思想新部署新要求，开创了我国宗教工作的新局面，其中蕴含了习近平宗教工作的基本思想。青海深入学习贯彻习近平同志系列重要讲话精神，全面贯彻习近平宗教工作重要论述，积极引导宗教与社会主义社会相适应，坚持管理与服务并重，坚持我国宗教的中国化方向，促进宗教领域和谐稳定，为全面落实“四个扎扎实实”重大要求，着力推动“四个转变”战略实施，提供了有力支持。

一　习近平关于宗教工作的理论要点

习近平同志历来高度重视宗教工作。在基层工作期间就亲自带队开展宗教专题调研，撰写调研报告，接受记者采访。担任中共中央总书记和国家主席以来，从战略和全局的高度，高度重视宗教工作。在全面贯彻党宗教工作基本方针的同时，根据宗教领域和宗教工作中出现的一些新情况、新问题，分别在 2014 年的第二次中央新疆工作座谈会、2016 年的中央统战工作会议、2015 年的第六次西藏工作座谈会等重要会议上，提出一系列新思想、新观点、新论断、新要求，对宗教工作做出重大决策部署。特别是在 2016 年召开的全国宗教工作会议上，习近平同志从党和国家事业发展

* 参看加，青海省社会科学院民族与宗教研究所副研究员。

全局的战略高度，科学分析了宗教工作面临的形势和任务，深刻阐明了宗教工作的一系列重大理论和实践问题，并就新形势下加强和改进宗教工作做出了全面部署，发表了关于宗教工作的重要论述。

习近平关于宗教工作的重要论述内涵丰富、思想深邃、博大精深，是一个系统完整、逻辑严密的理论体系，是习近平新时代中国特色社会主义思想的重要组成部分，其主要的理论要点有以下方面。

（一）坚持宗教中国化方向

2015 年的中央统战工作会议上，习近平同志明确提出，“积极引导宗教与社会主义社会相适应，必须坚持中国化方向”①。2016 年全国宗教工作会议上，进一步强调指出，“积极引导宗教与社会主义社会相适应，一个重要的任务就是支持我国宗教坚持中国化方向”②。一切宗教的存在和发展都必须适应所处的社会历史环境。在中国历史上无论是土生土长的道教，还是外来的佛教、基督教、伊斯兰教，都积极地与中国社会文化发展相适应，经过了中国化的过程，走到了今天。坚持我国宗教中国化方向，宗教界要坚持社会主义核心价值体系、坚守中华优秀文化立场、践行社会主义核心价值观。深入挖掘教义教规中符合时代发展、积极健康文明的内容，对一些教义教规做出新的符合当代中国发展进步要求、符合中华优秀传统文化的阐释。

（二）构建积极健康的宗教关系

习近平同志在全国宗教工作会议上强调：“要构建积极健康的宗教关系，在我国，宗教关系包括党和政府与宗教、社会与宗教、国内不同宗教、我国宗教与外国宗教、信教群众与不信教群众的关系。促进宗教关系和谐，这些关系都要处理好。”③ 构建积极健康的宗教关系，最主要的是处理好政教关系。总体上看，我国历史上一直君道至尊，皇权至上，政权高于教权，或者说是教权服从皇权的一种政教关系。新中国成立后，政教关系成为党和政府与宗教的关系。促进政教关系和谐，必须坚持政教分离，

---

① 新华网，http://www.xinhuanet.com/politics/2015-05/20/c_1115351358.htm。

② 新华网，http://www.xinhuanet.com/politics/2016-04/25/c_128929212.htm。

③ 新华网，http://www.xinhuanet.com/politics/2016-04/25/c_128929212.htm。

宗教不得干预行政、司法、教育等国家职能实施，政府依法对涉及国家利益和社会公共利益的宗教事务进行管理。宗教活动必须遵守国家的法律法规，自觉接受政府的依法管理；积极引导宗教与社会主义社会相适应，服务社会、服务信众、履行社会责任，不能干预信教群众的生产生活，以及正常的娱乐活动和着装习俗；国家平等对待各宗教，一视同仁，任何宗教都不得超越其他宗教享有特殊地位；信教群众和不信教群众在法律上享有同等的权利和义务，要相互尊重，和睦相处；我国宗教与外国宗教不存在隶属关系，不受外国势力的支配。支持和鼓励各宗教在独立自主、平等友好、相互尊重的基础上，同外国宗教开展交流交往，建立、发展、巩固其友好关系。

（三）坚持宗教工作的法治化

习近平同志在全国宗教工作会议上提出："要提高宗教工作法治化水平，用法律规范政府管理宗教事务的行为，用法律调节涉及宗教的各种社会关系。"[①] 提高宗教工作法治化水平，关键是政府宗教管理部门干部必须树立法治思维、增强法治意识、养成法治观念，提高依法管理依法行政的自觉性，依法保障信教群众的宗教信仰自由和举行正常宗教活动的权利。宗教界和信教群众也要增强法律意识，不但要信教还要信法，处理好国法与教规的关系，积极主动地接受政府宗教管理部门对涉及国家利益和社会公共利益的宗教事务的依法管理。积极完善宗教法规，加强修订颁布的《宗教事务条例》学习宣传，进一步完善管理规章制度。加强宗教管理干部的法治培训，增强依法管理宗教事务的能力。

（四）着力解决宗教领域突出问题

习近平同志强调："新形势下，宗教工作范围广、任务重，既要全面推进，也要重点突破。要结合各宗教情况，抓住主要矛盾，解决突出问题，以做好重点工作推进全局工作。"[②] 树立问题意识，坚持问题导向，善于发现问题、科学分析和研究问题、着力解决突出问题是做好宗教工作的

---

① 新华网，http：//www. xinhuanet. com/politics/2016 - 04/25/c_ 128929212. htm。

② 新华网，http：//www. xinhuanet. com/politics/2016 - 04/25/c_ 128929212. htm。

根本。我国道教、佛教、天主教、基督教、伊斯兰教五大宗教俱全，还有民间信仰。各个宗教在各地的情况不尽相同，存在问题不同，需要解决问题也不同，要抓住主要矛盾，着力解决突出问题，坚决抵御境外渗透破坏活动，严防宗教极端思想侵害，积极引导宗教与社会主义社会相适应。

（五）宗教工作本质上是群众工作

2015 年的中央统战工作会议上，习近平同志强调："宗教工作本质上是群众工作。"① 中国五大宗教并存，每个宗教都有悠久的历史和众多的信教群众，特别是西部多个少数民族几乎全民信仰宗教，宗教成为其民族文化的主要组成部分，成为民族文化重要的特质。中国近 2 亿的信教群众在 13 亿人口中所占比重不大，但数字绝对不小，是一个相当庞大的群体。信教群众与不信教群众只是在信仰宗教这一点上存在差异，其他方面没有任何不同，他们仍然是我们党的基本群众，是我们党从事革命、建设和改革事业的依靠力量，这就是宗教的群众性。我们不能因为在思想信仰上存在差异，就忽视和抹杀信教群众与不信教群众在政治上、经济上根本利益的一致性，不能把信教群众看作异己的力量，为渊驱鱼，为丛驱雀，必须看作与 13 亿人同样重要的社会主义现代化建设力量。我国正处于并将长期处于社会主义初级阶段，社会主义初级阶段乃至整个社会主义历史时期，宗教在部分群众中的影响不可避免，并将长期存在。要坚持以人民为中心，把党的群众路线贯彻到宗教工作中，做好信教群众的工作。

（六）加强宗教界自身建设

习近平同志在全国宗教工作会议上指出："人才培养是做好新形势下宗教工作的一个关键问题。""要坚持政治上靠得住、宗教上有造诣、品德上能服众、关键时起作用的标准，支持宗教界搞好人才队伍建设。"② 新形势下做好人才培养工作是做好宗教工作的一个根本性、全局性、战略性问题。近年来，宗教界人才培养工作不断加强，数量不足、青黄不接的问题

---

① 新华网，http://www.xinhuanet.com/politics/2015－05/20/c_ 1115351358.htm。

② 新华网，http://www.xinhuanet.com/politics/2016－04/25/c_ 128929212.htm。

已基本解决，但素质不高、良莠不齐、鱼龙混杂的问题还比较突出，高层次、高水平的宗教人才较为缺乏。要做好传统寺观教堂教育和宗教院校教育的有效衔接，始终按照政治觉悟、宗教学识、道德品质和现实表现四重标准，积极培养宗教高级人才，发挥他们的积极作用，促进宗教与社会主义社会相适应。习近平同志还指出："宗教团体是党和政府团结、联系宗教界人士和广大信教群众的桥梁和纽带，要为他们开展工作提供必要的支持和帮助，尊重和发挥他们在宗教内部事务中的作用，努力建设政治上可信、作风上民主、工作上高效的高素质领导班子。"① 爱国宗教团体是各宗教各自组成的由宗教教职人员和信教群众参加的爱国爱教的组织，是党和政府联系、团结、教育宗教界人士和信教群众的桥梁。做好宗教工作要充分发挥爱国宗教团体的积极性和作用。新时期，爱国宗教团体的工作更加繁重，作用更加突出。必须加强宗教团体政治建设、组织建设、制度建设，为引导宗教与社会主义社会相适应发挥积极的作用。

（七）加强和改进党对宗教工作的领导

习近平同志在全国宗教工作会议上指出："宗教问题始终是我们党治国理政必须处理好的重大问题，宗教工作在党和国家工作全局中具有特殊重要性，关系中国特色社会主义事业发展，关系党同人民群众的血肉联系，关系社会和谐、民族团结，关系国家安全和祖国统一。""加强和改进党对宗教工作的领导，是做好新形势下宗教工作的根本保证。"② 加强和改进党对宗教工作的领导，首先要充分认识宗教工作在党和国家工作全局中具有特殊重要性。境内外敌对势力把宗教作为对我国实施西化、分化战略的一个重要突破口。宗教工作事关我国社会稳定、民族团结、国家安全和祖国统一，要牢固树立政治意识、大局意识、忧患意识，进一步加强党对宗教工作的领导，做好宗教工作。其次要建立健全领导机制。各级党委要把宗教工作纳入重要议事日程，做好对宗教工作的引领、规划、指导、督察。统战部门要发挥牵头协调作用，宗教工作部门要担负起依法管理责任，有关部门要在各自的职责范围内，依法负责宗教管理工作相关行政事

---

① 新华网，http：//www. xinhuanet. com/politics/2016 - 04/25/c_ 128929212. htm。

② 新华网，http：//www. xinhuanet. com/politics/2016 - 04/25/c_ 128929212. htm。

务，共同做好宗教工作。加强党关于宗教问题的理论和方针政策，以及宗教基本知识的学习，增强新形势下做好宗教工作的能力。

二 习近平关于宗教工作的重要论述在青海的实践

青海是个多民族多宗教的省份。佛教、伊斯兰教、道教、基督教和天主教五大宗教在青海都有传播和信众。截至2017年，青海省批准开放的藏传佛教寺院及活动场所有746座，僧尼5.4万人；伊斯兰教清真寺有1386座，教职人员2676人；道教宫观及活动点有21处，已认定备案的教职人员有290人；基督教教堂有9座，聚会点14个，教职人员24人；天主教教堂有5座，自设活动点30余处，教职人员4人。其中，藏传佛教和伊斯兰教在青海有着广泛而深刻的影响。藏族、蒙古族、土族和部分汉族信仰藏传佛教，回族和撒拉族信仰伊斯兰教。做好宗教工作，事关青海社会稳定和民族团结，事关国家安全和祖国统一。历届青海省委省政府高度重视宗教工作，特别是党的十八大以来，青海认真学习贯彻习近平同志系列讲话精神，紧密结合实际，坚持问题导向，着力解决深层次问题，宗教工作取得了显著成效。

（一）加强反分裂反渗透工作

青海一直是十四世达赖集团进行分裂、渗透活动的重点地区之一，是我们同其斗争的前沿阵地和战略重地，反分裂反渗透斗争形势严峻，维护社会稳定任务艰巨。2011年8月，所谓的“西藏流亡政府”新头目上台后明确提出“创新非暴力”运动。自此，分裂势力利用互联网等信息技术加紧渗透破坏活动，混淆视听，煽动境内藏族僧俗、信众自焚，造成部分地区接连发生自焚事件。青海省委省政府高度重视反分裂反渗透工作，建立健全组织领导和工作机制，加强宗教领域的反分裂反渗透工作，强化思想教育引导工作，取得了反自焚专项斗争等的全面胜利，深入开展民族团结进步创建活动，保证了青海藏区社会的稳定和宗教寺院的和谐，促进了藏区各项社会事业进步与发展。

（二）遏制宗教极端思想渗透蔓延

进入21世纪以后，打着宗教旗号出现的极端行为猖獗，他们利用互联网散布、传播极端思想，妄图制造思想混乱。受其影响，青海出现所谓“马有德十条”等偏激主张，该主张以传单形式散发于穆斯林群众中，内容多处含有伊斯兰教极端主义思想。有的清真寺擅自邀请持偏激主张的阿訇乱讲“卧尔兹”等。针对以上情况，青海出台《关于进一步加强和改进新形势下伊斯兰教事务管理工作的意见》（青办发〔2015〕11号），加强教育和引导工作，使广大信教群众充分认识到宗教极端思想不是宗教，而是宗教的异化物，是对原有宗教的歪曲、亵渎。要求广大信教群众遵守国家法律法规，提高明辨是非的能力，自觉筑牢思想防线，严防非法宗教活动、非法宗教宣传品、非法宗教网络传播，坚决抵制宗教极端思想的渗透，保证了伊斯兰教总体平稳有序。

（三）着力解决藏传佛教寺院管理问题

青海坚持问题导向，抓住主要矛盾，着力解决藏传佛教寺院管理问题。藏传佛教寺院是藏区渗透与反渗透、分裂与反分裂斗争的“主阵地”，寺院稳，则藏区稳，藏传佛教寺院管理问题在藏区工作和宗教工作中显得尤为重要。为此，青海省委省政府印发《进一步加强藏传佛教寺院管理工作的意见》（青办发〔2013〕25号），根据藏传佛教寺院管理所面临的问题，并根据寺院规模大小、问题复杂状况和管理难易程度，以及寺院管理工作进展情况等的不同，创造性地提出了“共同管理、协助管理、自主管理”三种新型寺院管理模式。并按照《青海省藏传佛教共同管理寺院整改提高考核验收办法》要求，对共同管理寺院进行清理整顿。玉树州还根据藏传佛教寺院和村庄（香火庄）特殊密切的关系，采取村寺并联治理，使“共管”寺的问题不断得到清理和化解的同时，一些“问题村”的问题与矛盾也一并得到了排查、消除，促进寺院和村社的和谐，地区的稳定。协助管理寺院方面，寺院管理干部在协助寺院完善和规范一系列制度措施的基础上，着重加强民管会班子力量建设，推进寺院内部管理的民主化、制度化、规范化建设，保证了寺院的和谐稳定。自主管理寺院在寺院管理指导员的指导下，寺院民管会发挥管理主体作用，自主管理寺院内部的一切事务。三种管理模式的实施是动态的，共同管理寺院经过清理整顿考核验收以后，对其可实行协助管理模式，协助管理寺院经过提级创优可实行自主管理，自主管理寺院经过提级创优可以创建和谐寺院。反之，个别协助管理寺院和自主管理寺院出现大的管理问题可实行共同管理，并进行清理整顿。

（四）加强宗教教职人员的培训教育力度

制定实施《青海省宗教界代表人士和教职人员五年培训规划（2016～2010年）》，建立省、市（州）、县（市、区）、乡镇四级培训机构，计划五年内轮训一遍，着力提升宗教教职人员，特别是宗教界代表人士即活佛、经师和阿訇以及民管会成员的政策法规水平。加强了省佛学院及玉树分院和省伊斯兰教经学院建设，使其成为培训教育的主阵地。持续实施“123”百名高僧大德培养工程，省、州、县三级联动，截至2016年底僧尼2万人（次），藏传佛教代表界人士2000余人（次），先后组织1000多名代表人士赴内地发达省市考察学习。建立健全各级党政干部联系宗教界代表人士工作机制，注重在反分裂反渗透斗争一线发现、考察代表人士，进行重点培养选用。积极引导藏传佛教高僧、经师和伊斯兰教阿訇对教义教规做出符合时代进步要求的阐释，在引导宗教与社会主义社会相适应，促进民族团结、宗教和谐、社会稳定中发挥了积极作用。

（五）加强对宗教事务的法治化管理

青海坚持以法治思维和法治方式加强对宗教事务管理，加强对宗教教职人员和信教群众的法制宣传。坚持开展“寺院法制宣传月”等活动，加强对宗教教职人员和信教群众的法制宣传，增强宗教界的法制观念，提高广大信教群众的法律素养。使宗教教职人员和信教群众明白一切宗教活动都要在国家法律、法规和政策允许的范围内进行，要自觉接受政府对宗教事务的依法管理，决不能以宗教信仰自由和政教分离为借口，拒绝或排斥政府对宗教事务的依法管理。各级政府宗教管理部门坚持用法治思维和法治方式推进宗教工作，处理宗教问题。一是按照法治政府建设的要求，推进机构、职能、权限、程序、责任法定化。坚持法定职责必须为、法无授权不可为，勇于负责、敢于担当。二是不违法干涉公民宗教信仰自由的权利、侵犯宗教团体合法利益，把宗教行政权力限制于清单的范围。三是加强宗教行政管理干部的法制培训，增强依法管理宗教事务的本领。四是推进行政问责法治化。对有令不行、有禁不止、行政不作为、失职渎职、违法行政等行为，依法依纪严肃处理。

（六）加强寺院基础设施建设和公共服务

为了认真贯彻落实第五次西藏工作座谈会和《关于建立健全藏传佛教寺庙管理长效机制的意见》（中办发〔2009〕36 号）、《关于妥善解决宗教教职人员社会保障问题的意见》（国宗发〔2010〕8 号）精神，青海省委省政府转发省委统战部、省民宗委拟定的《关于进一步加强寺院基础设施建设和公共服务工作的意见》（青办发〔2014〕20 号），认真贯彻落实中央和省委关于加强寺院管理和服务工作的要求，坚持以人为本、管理与服务并重、“管脑子”与“管肚子”同步共进，以夯实党的执政基础为根本，以促进社会和谐稳定为目标，进一步加强寺院基础设施建设，进一步提高寺院公共服务和宗教教职人员社会保障水平，有力推动了寺院的民生建设事业，广大藏传佛教僧众真正感受到了党和政府以及社会给予的温暖，分享了改革开放的发展成果。同时，为适应寺院社会管理的新要求，对寺院民管会办公室、卫生室、警务室、文化活动室建设等基础设施予以支持建设。为切实解决僧人的社会保障问题，组织实施推进宗教教职人员社会保障工程，鼓励引导宗教教职人员积极参加新型城乡居民养老保险和医疗保险，不断提高参保率，努力实现全覆盖。对符合条件的贫困宗教教职人员，及时纳入城乡最低生活保障和农村五保供养范围，做到应保尽保。参照《青海省民办养老服务机构资助管理办法》相关规定，积极探索寺院宗教教职人员养老途径和模式，逐步实现宗教教职人员老有所养。宗教教职人员危房改造工程按照我省现行农村危房改造标准给予补助。寺院文物本体建筑进行抢救性保护、寺院危旧殿堂进行维修加固，加快建设以寺院民管会办公室、文化活动室为主的寺院综合服务站，加快广播电视设施、图书报刊、文体器材进寺院步伐。

（七）加强党对宗教工作的领导

青海历届省委省政府高度重视宗教工作，加强和改进党对宗教工作的领导，建立省委宗教工作领导小组，明确各级党委和政府在宗教工作的主体责任，及时研究宗教工作中的主要问题，加强监督检查贯彻落实宗教工作的决策部署。坚持问题导向，省委领导同志亲自谋划、具体指导，加强对宗教工作的调查研究，着力解决宗教领域突出问题。采取“三种管理模式”加强藏传佛教寺院的管理。客观分析存在的主要问题，加强和改进新形势下伊斯兰教事务管理工作，强化对宗教教职人员和活佛、经师及阿訇培训教育，严格阿訇、经师资格认定和聘任工作。坚持宗教中国化方向，积极引导宗教与社会主义社会相适应，保证了青海宗教工作有序推进和宗教领域的总体平稳有序。

三 贯彻落实习近平宗教工作重要论述的几点思考

党的十八大以来，青海宗教工作取得显著成效，这是青海以习近平宗教工作重要论述为指导，结合实际开创性开展工作的结果。今后，做好青海宗教工作，必须以习近平宗教工作重要论述为遵循，要结合青海各宗教实际，抓住主要矛盾，解决突出问题，有力推进宗教工作迈上新台阶。

（一）进一步加强学习贯彻习近平宗教工作重要论述

习近平宗教工作重要论述是习近平新时代中国特色社会主义思想的重要组成部分，既有理论高度，更具实践价值，是指导我们更好地做好青海宗教工作的根本遵循。进一步系统学习、全面理解、深刻领会习近平宗教工作重要论述，充分认识宗教工作在全局工作中的特殊重要性，全面贯彻党的宗教工作基本方针，坚持用马克思主义立场、观点和方法认识和对待宗教，更好把握宗教自身规律，不断提高宗教工作法治化水平，构建和谐的宗教关系，积极引导宗教与社会主义社会相适应。

（二）切实加强反渗透反分裂工作

宗教领域的反渗透反分裂的斗争不仅关系到青海的社会稳定和发展，关系到维护民族团结、祖国统一的大局，也关系到各宗教的健康发展。因此，不仅要增强党政部门反渗透反分裂的斗争意识，更重要的是在宗教界内部要充分认识维护宗教自身良好形象的重要性，增强反渗透反分裂的自觉性和主动性，提高宗教人士和信教群众的政治敏锐性，坚决抵御和反对利用宗教进行渗透、分裂破坏活动。首先，培养一批爱国爱教、素质良好、结构合理、能发挥作用的宗教界代表人士，引导宗教界积极参与反渗透反分裂斗争，促进宗教的健康发展。其次，严格落实经师、阿訇和学经班的管理规定。再次，加大对非法传教活动的管控和打击力度。最后，加强网络信息的管理。采取技术手段封堵有害信息或有关部门及时予以回应和澄清，以正视听，消除负面影响。

（三）加强教育引导工作，坚决抵制和防范极端思想

首先，要加强教育和引导工作，使广大信教群众充分认识到宗教极端思想不是宗教，而是宗教的异化物，是对原有宗教的歪曲、亵渎。要求广大信教群众遵守国家法律法规，提高明辨是非的能力，自觉筑牢思想防线，坚决抵制宗教极端思想的渗透。其次，加大宗教教职人员的教育培训和管理力度。开学阿訇是清真寺教务工作的主持者，是信教群众思想的直接引导者。应加强阿訇的教育培训，严格开学阿訇的聘任审批制度，并加强考核评议，原则上不能聘任外地阿訇，对散布偏激主张的阿訇要及时予以严肃惩处。再次，切断宗教极端思想传播的各种渠道。加强网络信息管理、净化宗教出版市场，打击非法出版物。最后，严禁宗教干涉行政、司法、教育、婚姻、计划生育，严禁干预信教群众正常的生活娱乐、着装打扮等。

（四）加强宗教人才培养，积极引导宗教与社会主义社会相适应

引导宗教与社会主义社会相适应，坚持宗教中国化方向，不仅要党和政府“导”之有力，更需要一大批具有学识渊博、德高望重、具有现代视野宗教高级人才的自觉自愿积极主动的作为。培养一批综合素质高、宗教上有造诣、品德上能服众、视野宽广、综合素质较高的宗教界高级人才是引导宗教与社会主义社会相适应，坚持我国宗教中国化方向的关键。要支持宗教界加大人才培养力度，制定宗教院校培养人才培养规划，有针对性地加强培养宗教界高级人才。

（五）加强爱国宗教团体的建设

加强爱国宗教团体建设，可以弥补政府在宗教管理上的不足和缺陷，使宗教团体担负起一部分社会责任，并在一定程度上解决政府管理失灵的问题。加强各级宗教团体的组织建设，以便宗教团体在有关部门的管理、监督和指导下，能独立自主、富有成效地开展工作。有意识地让宗教团体在寺院、活佛、经师和阿訇等的管理中走到前台担当责任，发挥作用。让宗教团体组织宗教界代表人士对教义教规做出符合时代进步、符合中华优秀传统文化的阐释。

习近平传统文化观在新青海建设中的实践与启示

吉乎林*

党的十八大以来，习近平同志曾多次论述和解读中华优秀传统文化的精髓、科学内涵、当代价值和传承理念，形成了清晰而系统的中华优秀传统文化观，使许多久远的优秀传统文化显示勃勃生机，古老的传统文化在当代治国理政中焕发出鲜活的生命力。

一 习近平传统文化观形成的历史条件

（一）家庭环境的熏染

家庭教育对一个孩子价值观的形成和成长起着至关重要的作用和影响。习近平传统文化观的形成离不开父母的悉心教导和家庭环境的陶冶。在他的成长过程中，父亲习仲勋的影响是巨大的。习仲勋同志是一位和蔼慈祥而又家训严厉的好父亲，他感情丰富，个性鲜明。他时刻把党和人民的利益放在第一位，以革命家的风范将共产党人廉洁自律和中国人传统的家教融为一体，对家人和身边工作人员既关爱备至又严格要求。父亲的言传身教，一言一行对习近平影响深远。母亲齐心，同样是一位有着高尚品德的母亲，善良、工作勤奋、勤俭持家、善于交际、能够处理好工作和生活等各方面的事情，对于习近平的成长同样影响很大。习近平从小在这样的中国传统家风熏陶下，在父母的影响中收获良多。从

* 吉乎林，青海省社会科学院民族宗教研究所助理研究员。

生活中很平常地做人做事，到追求个人信仰，处处体现着父母对他的深远影响。

（二）知青经历的影响

知青岁月是习近平传统文化观形成的又一重要时期。知青们对习近平的第一印象是有知识、爱读书。习近平经常是以书为伴，书不离身。“近平从来没有放弃读书和思考”，这是梁家河的乡亲们对习近平的评价。把读书学习当成一种生活态度，养成了“白天劳动、晚上看书”的习惯，留下了“30里借书、30里讨书”的生动故事。七年知青岁月，习近平阅读了关于中国传统文化方面的大量书籍，其中就有《史记》《春秋》《诗经》《礼记》《管子》等经典著作。而且，陕北是重要的革命老区和中国传统文化氛围厚重地区。知青岁月，让热爱中国传统文化的习近平在陕北这片有着厚重红色文化和中国传统文化氛围的大地上，茁壮成长，走向成熟。因此，可以说这一时期为习近平形成传统文化观起到了重要作用。

（三）习近平从政经历的作用

习近平多年的从政经历是他传统文化观形成的另一重要时期，从大队书记到总书记，在漫长的从政生涯中，始终关注和思考中国传统文化的重要价值和现实意义，高度重视党员干部的修身立德与中华传统文化间的关系，实践中运用和借鉴中华优秀传统文化，很多重要观点和文化观源自他长期的从政实践过程中对中华传统文化的长期思考的结果，生发于躬身学习修己从政的体验。他经常引用历代文人对各朝代得失的评价与反思。谈先秦衰败，引用唐代诗人杜牧在《阿房宫赋》中所说；谈到唐朝时，他指出，唐玄宗“春宵苦短日高起，从此君王不早朝”，各级官吏贪污贿赂成风，发生了“安史之乱”，唐王朝也走向了衰败。习近平引经据典谈反腐：“猛药去疴、重典治乱”，“刮骨疗毒、壮士断腕”，“见善如不及，见不善如探汤”①。

① 习近平：《向古人借智慧　对今人敲警钟》，http：//www. mzyfz. com。

二 习近平传统文化观的主要思想与特点

（一）对中华传统文化的准确定位

习近平对中华优秀传统文化有着准确的价值定位，他始终强调“优秀传统文化是一个国家、一个民族传承和发展的根本，如果丢掉了，就割断了精神命脉”，指出“中华优秀传统文化是中华民族的精神命脉”，“中华传统美德是中华文化精髓，蕴含着丰富的思想道德资源”。[①] 在优秀传统文化的传承途径上，习近平强调要“加强对中华优秀传统文化的挖掘和阐发”，从传统文化中提取民族复兴的“精神之钙”，“对历史文化特别是先人传承下来的道德规范，要坚持古为今用、以古鉴今，坚持有鉴别的对待、有扬弃的继承”，努力实现传统文化的“创造性转化、创新性发展”，使之“在继承中发展、在发展中继承”，并“与现实文化相融相通，共同服务于文化人的时代任务”，[②] 使优秀传统文化的优秀价值理念、道德精髓与当今社会发展需要相契合，通过现代化的传播手段让优秀传统文化在民众心里落地生根，为民族复兴提供坚实的文化支撑。

（二）对中华传统文化的丰富理解

习近平有着广博的中华传统文化知识，其文章讲话所引用经典几乎囊括了所有著名的诸子百家经典。善于运用古代典籍、经典名句来阐述思想，并善于用中国传统文化为治国理政提供有益启示。习近平掌握和运用大量中国传统文化中的诸子百家、唐诗宋词、古籍中的文句，使用这些典故轻松自如，信手拈来。仅《习近平用典》一书而言，收录的习近平曾引用的典故和语录就有近 300 条。经常引用儒家经典著作，其中，《论语》11 次，《礼记》6 次，《孟子》4 次，《荀子》《尚书》《二程集》3 次，此外对其他儒家经典著作也被多次引用；除儒家经典外，习近平也常常引用墨家、法家、道家的经典语录，其中，《老子》6 次，《庄子》2 次，《韩非子》4 次，《管子》4 次，《墨子》1 次。此外还引用了苏轼名句 7 次。

---

① 习近平：《习近平谈治国理政》，外文出版社，2014。

② 习近平在纪念孔子诞辰 2565 周年国际学术研讨会上的讲话。

除此之外，习近平对我国少数民族传统文化也有着深刻认识和丰富理解，他说“少数民族文化是我们中华民族共有的文化资产，不是哪一个民族，哪一个地域的”。还在不同场合多次举例和提及少数民族传统文化。如，2018 年 3 月 20 日，习近平在人大闭幕会上发表重要讲话时他谈到了我国少数民族三部伟大的英雄史诗《格萨尔王》《玛纳斯》《江格尔》，分别源自我国藏族、柯尔克孜族、蒙古族的悠久传说。

（三）将中华传统文化创造性运用

习近平的传统文化观将中华优秀传统文化有机运用于中国经济、政治、法律、社会、文化、生态文明建设、党建和国际关系等多领域，涵盖面广，具有极强的全面性。习近平把中华传统文化与建设社会主义强国；把“协和万邦”国际观用于建设人类命运共同体；把中华传统的富民思想用于全面建成小康社会的民富国强的“中国梦”；把中华传统生态思想运用到生态文明建设中；把古代的法治建设重要论述用于建设社会主义法治国家；把传统廉政文化用于反腐倡廉建设；把古代治吏用于全面从严治党；把古代民本思想用于以人为本、执政为民；把古丝绸之路用于“一带一路”建设；把古代任贤观用于人才各尽其能。

（四）对中华传统文化的创新性发展

习近平传统文化观的又一显著特征是极具创造性。习近平第一次把弘扬中华优秀传统文化作为加强社会主义意识形态建设、核心价值观建设、领导干部队伍建设等的重要方法。在我党历史上第一次把弘扬中华优秀传统文化提高到“极为重要的战略任务”的高度。他对中国传统文化和政治思想进行了创造性转化和创造性发展，变传统文化为当下传统。习近平强调，孔子、老子等人的思想中包含了许多正确反映人与人、人与社会、人与自然和谐生存发展规律的真理性认识，这些思想“思考和表达了人类生存与发展的根本问题，其智慧光芒穿透历史，思想价值跨越时空，历久弥新，成为人类共有的精神财富”。[①] 这种充分肯定中国优秀传统文化是人类

---

① 《建设社会主义文化强国　着力提高国家文化软实力》，《人民日报》2014 年 1 月 1 日，第 1 版。

共同的精神财富就是以习近平同志为核心的党中央对中国优秀传统文化的本质的新认识。

三 习近平传统文化观在青海的实践

（一）“文明青海”建设取得新进展新成效

近年来，青海省加大对优秀文化的创作和推广力度，开展优秀文化产品展演展映展播活动、中华经典诵读活动，丰富发展“花儿”会、赛马会、那达慕等青海民族传统文化和民间文体活动，引导群众组建民间业余剧团、业余演出队、健身舞蹈队、曲艺说唱队，一大批优秀文艺志愿团队活跃在基层，成为传播传统文化的重要力量。在此基础上，广泛开展优化环境、文明养成、共铸诚信、繁荣文化、科学普及等活动，形成了全社会参与、全域覆盖、全民共享的良好态势实施文明旅游、文明交通、文明服务、文明网络四大工程，着力打造精神文明建设活动品牌，“文明青海”建设不断取得新进展新成效。

（二）传统文化引领社会新风尚

党的十八大以来，青海省各地各部门通过创建文明城市、文明村镇、文明单位等群众性精神文明活动，创造了优美环境、优良秩序、优质服务，传递了正能量、树立了新风尚，中华传统文化和精神文明变成了看得见摸得着的好事实事，实实在在地改变着人们的生活。文明城市、文明村镇、文明行业、文明单位、文明家庭创建持续推进；道德讲堂、公益广告、文明劝导、文明交通等“讲文明、树新风”活动如火如荼；截至目前，青海省 4 个市县荣获全国文明城市提名城市，29 个村镇荣获全国文明村镇，94 个单位荣获全国文明单位。在全省城乡百万家庭部署开展以“爱党爱国、诚信守法、勤劳奉献、团结风尚、卫生整洁”为内容的“五星级文明户”创建活动，将中华优秀文化观和精神文明建设向家庭延伸。

（三）先进典型不断涌现

昂嘎、尖措等一批体现青海精神、模范践行党的宗旨的重大典型不断涌现；张桂兰、贺频、陶恩德、徐善斌等凡人善举、身边好人层出不穷，全省选树各级各类道德模范1500余人，全省注册志愿者逾15万人；“关爱他人、关爱社会、关爱自然”学雷锋志愿服务行动深入开展；全民阅读、全民健身、广场文化、民族歌舞等群众文化活动丰富多彩。颁布《青海省公民道德规范（试行）》，出版《青海省公民道德规范读本》（以下简称《读本》），并将《读本》列入全省党的群众路线教育实践活动必读书目，建立“道德讲堂”“善行义举榜”，编写“青海好人”“最美家庭”故事集，举办“德耀昆仑”道德模范事迹图片展，组织道德模范巡回宣讲，广泛宣扬凡人善举和先进事迹，全省上下形成了学习道德模范、尊重道德模范、争当道德模范的传统文化意识和浓厚的社会氛围。

（四）生态文明建设成效显著

在习近平传统文化观与新时代中国特色社会主义思想指引下，青海省把生态文明建设放在突出位置，牢固树立社会主义生态文明观，推动形成人与自然和谐发展现代化建设新格局，为保护生态环境做出重要贡献，坚持生态保护第一，全面推进生态文明先行区建设，确保一江清水向东流。保持对严厉打击环境违法行为的高压态势，对破坏环境行为“零容忍”，凸显着“青海态度”。2013年以来，检查各类企业及项目17771家，环境违法企业1187家，依法取缔关闭“十五小”企业和不符合国家产业政策的企业76家，责令停产治理90家、限期治理112家、媒体曝光68家、约谈42家、按日连续处罚13家、查封扣押7家、限产停产6家，移送司法机关17件，实施行政拘留13人、刑事拘留4人、行政处罚664家，使青海生态状况得到有效改善，生态保护成效显著。

四 习近平传统文化观对青海优秀传统文化传承创新的指导与启示

（一）从青海特有的历史文化中了解青海，坚持青海特色和青海特色发展道路

习近平曾讲“要讲清楚每个国家和民族的历史传统、文化积淀、基本

国情不同，其发展道路必然有着自己的特色……讲清楚中国特色社会主义植根于中华文化沃土……独特的文化传统，独特的历史命运，独特的基本国情，注定了我们必然要走适合自己特点的发展道路”[①]。这为我们指明了方向，青海自古即为少数民族居住区，各民族长期相处，友好往来，在风俗习惯、道德信仰、文化教育、语言文字诸多方面互相影响，共同发展，在长期发展进程互相影响和相互渗透中奠定了自身独特的基础。昆仑文化、藏族文化、土族文化、德都蒙古文化，以回族、撒拉族为代表的伊斯兰文化以及衍生出来的神话、史诗、歌舞、民俗活动都是青海文化的根本，必须从青海各族人民创造的优秀传统文化中汲取营养和力量，从青海特有的历史文化中去了解青海，探索青海，积累青海传统文化资本，把优秀传统文化作为重要思想资源，从而激发全省各族人民的创造热情和创造能力，坚持和探索具有青海特色的发展道路。

（二）学习青海优秀思想文化，提高领导干部文化素养

习近平同志首次在我党全面系统地要求领导干部学习中华传统文化，以此作为加强领导干部队伍建设的重要手段。青海传统民族文化和宗教文化丰富，且思想文化中包含了许多正确反映人与人、人与社会、人与自然和谐生存发展的认识，通过在社会各界中弘扬和学习青海各民族、各宗教优秀的传统文化思想，使各级领导和干部树立和形成自重、自省、自警、自励，不断增强是非面前的辨别能力、诱惑面前的自控能力、警示面前的醒悟能力，不断提高慎权、慎独、慎微、慎友的自觉性。挖掘和阐释青海历史上各民族优秀廉政思想和宗教廉政文化，推广和宣传，积极教育和引导全社会树立清心寡欲、见素抱朴的生活主张。宣传青海历史上的廉政人物及其思想文化；进一步弘扬廉福章、尕布龙等同志严以律己、以身作则、优秀思想文化和“人民公仆”的情怀，吸收前人在修身处事、治国理政等方面的智慧和经验，不断提高人文素养和精神境界，提高我省各级领导和干部文化素养。

---

① 《习近平书记在中国政治大学座谈会上的讲话》，《中国青年报》2017 年 10 月 2 日。

（三）弘扬青海优秀传统文化，塑造良好青海形象

习近平同志非常重视运用中华优秀传统文化特别是“和”文化，向世界各国阐释和推广中国的主张和智慧，塑造了中国良好的国际形象。青海优秀历史文化积淀深厚，宗教、民族文化地域特色鲜明，是千百年来维育青藏高原各民族的重要因素和资源。对有利于个人素养、社会和谐、时代进步、健康文明的内容做进一步阐释和推广，为青海省良好文化形象发挥积极作用。此外，青海六大世居民族和四大文化系统，在漫长的历史发展过程中也已经形成和熔铸出一个多样统一、和而不同、和谐共存的青海民族文化格局，这也是青海已有的文化资源和文化形象。从青海多元丰富的民族历史文化出发，通过挖掘青海丰富的历史文化和独特的民族文化资源，牢牢把握青海特色，立足本地，开发具有张力和潜力的人文资源，突出青海的文化形象和内涵，提高青海的知名度、美誉度以及软实力，塑造青海良好形象。

（四）培育青海生态文化观，确保“一江清水向东流”

习近平同志在考察青海时做出重要指示，强调青海最大的价值在生态、最大的责任在生态、最大的潜力也在生态，必须把生态文明建设放在突出位置来抓，尊重自然、顺应自然、保护自然，筑牢国家生态安全屏障，实现经济效益、社会效益、生态效益相统一，确保“一江清水向东流”。青海各民族在与青海自然环境长期相互作用的过程中，形成和孕育了各自不同的生态文化，是千百年来维育青藏高原生态健康的重要因素，进入新时代，以习近平生态文明思想为指导，以传统生态文化为抓手，着重培育青海传统生态文化观，为青海生态环境发挥积极作用。

习近平关于精准脱贫的重要论述及其在青海的实践

朱学海*

精准脱贫重要论述是习近平新时代中国特色社会主义经济思想的重要组成部分，是全面建成小康社会、实现中国梦的重要物质基石。精准扶贫、精准脱贫不仅是促进经济社会协调发展的新思路、新方法，也是习近平同志心怀人民、以人民为中心的思想最生动的体现和诠释。在脱贫攻坚战中，青海省深入实践习近平精准脱贫重要论述，为精准脱贫工作取得最终胜利提供了巨大的思想动力。

一　加强组织建设，落实领导责任，着力提高组织效率

习近平强调，“要强化扶贫开发工作领导责任制，把中央统筹、省负总责、市（地）县抓落实的管理体制，片为重点、工作到村、扶贫到户的工作机制，党政一把手负总责的扶贫开发工作责任制，真正落到实处”。[①]在脱贫攻坚工作中，青海省牢固树立“四个全面”和“四个意识”，严肃党内政治生活，检查督导工作及时跟进，加强扶贫领域廉政建设。强化基层组织建设，着力发挥基层党组织在精准脱贫中的战斗堡垒作用。

全面落实中央部署，加强组织领导，扎扎实实开展扶贫工作。制定青海省《关于打赢脱贫攻坚战提前实现整体脱贫的实施意见》和《青海省“十三五”脱贫攻坚规划》，深入贯彻落实“四年集中攻坚，一年巩固提

* 朱学海，青海省社会科学院社会学研究所助理研究员。

① 习近平：《谋划好“十三五”时期扶贫开发工作确保农村贫困人口到2020年如期脱贫》，人民网，2015年6月20日。

升”的总体部署，确定主攻方向，确保全省精准扶贫工作取得实实在在的成效。全省各级领导高度重视扶贫攻坚工作，在工作开展之前就组建了由各级主要领导任组长的扶贫攻坚指挥部，加强协调部署，全面把握扶贫攻坚总体形势，制订切实可行的实施方案，做到提早谋划、主动作为。各级常委领导班子成员密切联系群众，深入联点帮扶的贫困村、户开展调查研究，详细了解贫困实际情况。扶贫工作全面开展后，省、州、县、乡、村逐级签订目标责任书，明确主体责任，逐级带，逐级抓，确保扶贫工作人人有责任、事事有着落，形成了上下联动、运行协调的组织体系，切实保障了精准扶贫工作的深入、有效开展。

确保扶贫工作廉洁推进，全面落实中央“四个意识”要求，在扶贫工作中全面加强党的建设。各级扶贫开发领导小组办公室、纪委等相关部门，就增强扶贫领域监督执纪问责工作做出明确规定，对集中整治专项工作进行安排，并与各地扶贫开发部门签订廉洁扶贫责任书，要求廉洁扶贫，确保通过扶贫工作增强政府公信力。加强人才建设，着力提高党政领导干部工作能力。借助赴外省参观学习，开展比学争优等活动，积极借鉴他人有效经验，使各级扶贫工作干部打开了眼界、拓展了思路。采取专题培训、观摩推进会等有效形式，提高了扶贫干部对精准脱贫工作的深入认识与总体把握，增强了扶贫开发领导小组各成员单位间工作协调衔接能力，确保扶贫组织体系精准高效运转。

二　着力改善民生，缩小城乡差距，全面促进社会公平正义

习近平同志强调，“全面建成小康社会突出的短板主要在民生领域，发展不全面的问题很大程度上也表现在不同社会群体民生保障方面。天地之大，黎元为先。要按照人人参与、人人尽力、人人享有的要求，坚守底线、突出重点、完善制度、引导预期，注重机会公平，着力保障基本民生”①。青海省在扶贫攻坚工作中着力提升城乡统筹发展水平，以基础设施建设为突破口，增强公共服务能力，促进公共服务均等化，充分发挥完善

① 习近平：《在党的十八届五中全会第二次全体会议上的讲话（节选）》，《求是》2016年第1期。

的公共服务体系建设对缩小城乡差距、消除贫困具有重要推动作用。

加大农牧区公共基础设施建设资金投入力度，增强其辐射带动作用。进一步提高了农牧区集中式供水受益人口比例、农村自来水普及率、安全饮水比例，巩固提升饮水安全规划。加大水利基础设施建设投入，提升饮水安全规划，为农业可持续发展、农民脱贫致富奠定基础。持续实施农牧区电网改造升级和易地搬迁扶贫村通电工程，全面启动高标准村村道路建设规划，为农牧民脱贫致富创造了便利条件。

加强基层医疗、教育、文化等基础设施建设。青海省在扶贫攻坚工作中，加强新型农村合作医疗和大病保险制度对贫困人口实行政策倾斜，除门诊统筹率先覆盖所有贫困地区外，对新型农村合作医疗和大病保险支付后自负费用仍有困难的，加大医疗救助、临时救助等帮扶力度，将贫困人口全部纳入重特大疾病救助范围，降低贫困人口大病费用实际支出，同时加大医疗体制改革，探索实现分类救治、分级诊疗和先诊疗后付费的结算机制，使贫困人口大病医治得到有效保障。强化项目，加大投入，推进教育基础设施建设。整合各类资金建设学校教学及生活用房、教师周转宿舍、初中校舍改造等项目，为提高农牧区教育水平打下坚实基础。加大农牧区文化基础设施建设，在全省贫困村实施“四覆盖两提升”工程，加大村级基层综合性文化服务中心、农牧民体育健身、农家书屋等文化工程建设，使农牧区群众共享文化发展成果。

因地制宜实施农牧居民住房改造，优化村庄环境，建设高原美丽乡村，提升村庄公共设施供给水平，有力改善了农牧民生活质量。以解决“最困难群众、最危险房屋”为目标，展开对全省农牧民危旧房进行详细的普查，重点对五保户、低保户和建档立卡贫困户住房现状进行摸底，并结合脱贫目标要求和进度安排对贫困户安排住房改造。通过统筹城乡一体化发展、大幅提高农村道路等市政公用事业设施建设，不断完善其综合服务功能。加强农村环境连片整治等项目的实施，有效提高了农村垃圾收集转运设施购置及污水管网建设水平。借助家园美化行动和高原美丽乡村建设，围绕治理“脏乱差”、建设“洁净美”、改善“吃住行”，积极实施以“改路、改房、改渠”等为主要内容的村容村貌整治，有效改善了村庄人居环境。

三　坚持市场导向，促进三产融合，探索脱贫攻坚新思路

产业扶贫是脱贫致富的基础，在《在中央扶贫开发工作会议上的讲话》中习近平同志指出，“对贫困人口中有劳动能力、有耕地或其他资源，但缺资金、缺产业、缺技能的，要立足当地资源，宜农则农、宜林则林、宜牧则牧、宜商则商、宜游则游，通过扶持发展特色产业，实现就地脱贫”。[①] 青海省在扶贫工作中紧紧依靠优势产业及资源禀赋，坚持市场导向，积极培育农牧业新兴产业发展，促进三产融合发展，通过提高农牧业综合收益增加农牧民收入。

深入推进特色优势产业转型发展。加快制定枸杞等特色农作物种植标准，大力发展设施农业，延伸精深加工生产产业链，加快特色农业发展步伐。以建设全国生态畜牧业试验区为契机，加快生态畜牧业养殖和精深加工基地建设。通过传统优势产业的转型发展，拓展产业发展空间，提高市场竞争优势。

立足省情实际，积极推动新型农牧业合作社发展。以股份合作制经营为突破口，组建各种农牧业合作社，鼓励贫困农牧户以土地、草场、产业发展资金等入股合作社。通过合作社发展，农牧民组织化程度明显提高，在原来村社组织管理的基础上成立实体引入市场管理机制，把农牧民组织到产业社会化大生产的各个环节中，积极参与市场，实现自我发展。同时推行“支部＋合作社”的组建模式，实行“四议两公开”制度，进一步提高合作社科学决策和民主自治管理能力。

建构不同产业间的利益联结机制，有效推动三产融合发展，提升农牧业综合效益。农牧民通过加入合作社或依托产业化龙头企业，分享产业发展红利，形成稳固的购销关系和紧密的利益联结机制，为贫困户脱贫奠定了坚实基础。通过使特色产业最大限度地覆盖贫困村和贫困户，鼓励工商资本进入产前、产后环节，把农牧业生产领域更多地留给贫困户，有效提高了贫困户收入。延伸农牧业“接二连三”的产业链和价值链，发展都市农牧业、休闲农牧业、旅游农牧业等新兴业态，提升农牧业综合效益。

---

① 习近平：《在中央扶贫开发工作会议上的讲话》，《人民日报》2015 年 11 月 29 日。

加快农牧区土地流转，促进土地收益多样化。积极引导贫困农牧民依法流转承包土地草场，提高土地使用效率。在贫困农牧户自愿的基础上，采取多种方式，使农牧民土地草场流转收益多样化，确保土地收益稳定可靠。贫困农牧户以土地草场承包经营权入股形式与其他农牧户组建合作社，按股分红；鼓励流入方优先流转贫困户的土地草场，引导贫困农牧户按照不低于当地土地草场流转价格将土地流转给新型经营主体，农牧户获得土地租金收益；贫困农牧户可以按照土地草场流转价格折算成股份入股，参与产业发展，并获得股份收益；贫困户将扶贫贷款、产业资金、扶贫资金等到户资金作为股本金入股，参与产业发展，按股份进行利润分配。

织密政策体系，加快转移就业步伐，增加贫困人口收入渠道。整合多种资金来源，为建档立卡贫困户提供公益林看护等公益性岗位，奠定贫困户基本收入来源。整合各预算单位国有资产出租收益，按贫困户分红和贫困人口分红两种方式，按比例发放资金，拓宽了贫困人口收入来源。

四　转变观念，提升自我发展能力，构建精准脱贫内生动力

贫困人口转变观念，树立勤劳致富意识，坚定脱贫信心，不断提升自我发展能力是脱贫的基本条件。习近平同志指出，“贫困群众既是脱贫攻坚的对象，更是脱贫致富的主体。要加强扶贫同扶志、扶智相结合，激发贫困群众积极性和主动性，激励和引导他们靠自己的努力改变命运。改进帮扶方式，提倡多劳多得，营造勤劳致富、光荣脱贫氛围”[①]。扶贫攻坚不仅要使贫困人口脱贫，更根本的着眼点在于促使其转变观念、摆脱“等靠要”等消极思想，激发贫困群众的内生动力，增强脱贫致富技能和自我发展能力，青海省在扶贫过程中切实加强贫困人口的反贫困能力建设，为建构可持续发展模式奠定了基础。

加强思想引导，树立贫困人口自力更生、艰苦奋斗的自强致富观念。在脱贫攻坚工作中，切实加强党和政府惠农利民政策的宣传，引导群众破

① 习近平：《在十八届中央政治局第三十九次集体学习时的讲话》，新华网，2017 年 2 月 22 日。

除“等靠要”等消极思想，着力树立其脱贫信心，塑造其自尊自强向上的精神风貌，增强“能创业”“敢创业”的勇气，拔掉精神上的穷根，坚定依靠勤劳双手摆脱贫困的信心。

加大宣传力度，营造脱贫攻坚浓厚氛围。各级党委政府通过中央等传统媒体和新媒介，重点宣传扶贫攻坚工作相关信息，提高了脱贫攻坚政策在群众中的知晓率。开展文化“三下乡”活动，以群众喜闻乐见的形式，宣传扶贫政策，展示扶贫丰硕成果，不仅丰富了群众文化生活，而且营造了各行各业和社会各界共同参与扶贫开发的浓厚氛围。

加大技术支持力度，着力提高贫困人口自我发展能力。加大科普宣传力度，营造科技致富浓厚氛围。积极开展科普宣传与下乡活动，提高了贫困地区农牧民科技知识认知水平。借助“基层科普行动计划”等活动，大力宣传国家及省州县科技扶贫政策，激发了贫困人口科技脱贫的热情。推进科技成果转化和实用技术的应用，合理确定贫困村产业发展思路，推动产业发展转型升级，精心打造科技扶贫示范点，充分发挥科学技术在脱贫攻坚工作中的重要作用。探索科技人员通过技术入股、技术承包、收益分成等方式深入农村开展科技创新创业服务，支持基层农牧区发展研究院所等新兴科技服务机构建设，构建科技服务“三农”的长效机制，促进农牧业可持续发展。选派科技特派员深入贫困县乡村，依照贫困人口年龄结构、个人特长等个人特点开展农牧业实用技术培训与指导服务，着力提高农牧民运用新技术脱贫致富能力，提高其发展生产、就业脱贫的能力。

民族宗教篇

改革开放以来中央历代领导治藏理政方略及其历史贡献

拉毛措[*]

具有悠久历史和灿烂文化的藏族人民是中华民族大家庭中的重要成员，依据特殊的社会发展历程和全民信教的意识形态，制定实施科学有效的治藏理政方略成为中国共产党一直以来十分关注的问题。改革开放四十年来，中国共产党的历代领导秉持求真务实、与时俱进、开拓创新的时代精神，继承和发展了中国共产党的治藏理政方略，使藏区经济社会取得了历史性的成就。本文就邓小平、江泽民、胡锦涛和习近平等几代领导的治藏理政方略及其历史贡献做一探讨分析。

一　邓小平理论与治藏理政方略

邓小平理论是一个完整的科学体系，是以邓小平为主要创立者、以建设中国特色社会主义为主题的理论，是中国共产党在继承马克思主义和毛泽东思想的基础上结合中国实践的时代特征提出来的理论观点，这个观点的提出与中国改革开放大背景是分不开的，它包含了极其丰富的内容，特别是邓小平理论站在改革开放的时代高度，提出了一系列涉及民族宗教问题的治藏理政新理论新思想，为丰富和完善中国共产党治藏理政科学内涵奠定了基础。

* 拉毛措，青海省社会科学院社会学研究所所长，研究员。

（一）强调了新时期民族问题的重要性

新时期民族问题一直是党和国家十分关注的问题，邓小平强调“少数民族问题解决不好，国防问题就不可能解决好，单就国防问题考虑，也应该把少数民族工作摆在很高的位置”。[①] 一是新型的社会主义民族关系得以巩固和发展。改革开放后，中国的民族关系已经形成了汉族和各少数民族谁也离不开谁的亲密关系。对此，邓小平曾明确指出，我国各民族已经陆续走上了社会主义道路，结成了社会主义团结友爱、互助合作的新型民族关系。[②] 同时，邓小平重新阐释了“民族平等”的基本内涵，提出了民族工作要切实立足于民族平等的思想。在此基础上，邓小平又科学分析了我国的民族关系，强调了“两个离不开”的观点。1984 年召开的第二次西藏工作座谈会上邓小平强调：“要继续认真落实党的民族政策，加强民族团结的工作。要在藏汉等各族干部和群众中经常进行民族政策的教育，进行汉族离不开藏族和其他少数民族，藏族和其他少数民族也离不开汉族的教育。要切实保障藏族实行民族区域自治的自治权利，使藏族干部和人民做到当家又做主。要尊重少数民族的风俗习惯，十分重视藏文藏语的学习和使用。”[③] 对此，中华人民共和国 1982 年宪法和 1984 年宪法通过的《民族区域自治法》也确定了我国平等、团结、互助合作的社会主义民族关系的性质。二是民族区域自治制度得以坚持和完善。改革开放后，中国共产党重新肯定了民族区域自治是解决中国民族问题的基本政策。1979 年 4 月召开的全边防工作会议重申了党的民族政策。1980 年，邓小平强调：“要使各少数民族聚居的地方真正实行民族区域自治。”[④] 为此，中华人民共和国 1982 年宪法增加了民族区域自治原则的相关内容。1984 年颁布的《中华人民共和国民族区域自治法》使民族区域自治纳入了法制化轨道，标志着民族区域自治成为我党解决民族问题的一项基本制度和基本政策。2001 年 2 月 28 日第九届全国人民代表大会常务委员会第二十次会议通过了《关于

---

① 中共中央统战部：《新时期统一战线文献选编（续篇）》，中共中央党校出版社，1997，第 385 页。

② 《邓小平文选》第 2 卷，人民出版社，1994，第 186 页。

③ 中共中央文献研究室、中共西藏自治区委员会编《西藏工作文献选编》，第 367 页。

④ 《邓小平文选》第 2 卷，人民出版社，1993，第 339 页。

修改〈中华人民共和国民族区域自治法〉的决定》。它作为实施宪法规定的民族区域自治制度的基本法律，在新的历史时期，为促进各民族共同繁荣发展起了十分重要的作用。

（二）促进宗教工作走向正常化和法制化

改革开放后，我国社会主义现代化事业呈现出蓬勃发展的新局面，民族宗教工作也步入良好发展轨道。一是宗教工作逐步走向正常化。改革开放后，我国社会各项事业呈现出蓬勃发展的新局面，涉及宗教的理论、路线、方针和政策逐步得以恢复和落实，使宗教工作走向正常化。1982 年颁布的《关于我国社会主义时期宗教问题的基本观点和基本政策》是指导新时期宗教工作的纲领性文件，完成了我党在宗教问题上的拨乱反正。同时，邓小平在全国政协五届二次会议上强调指出，新中国成立三十年来各民族不同宗教的爱国人士有了很大的进步，明确否定了“文化大革命”对宗教界人士的不公正待遇。1980 年，邓小平在与第十世班禅额尔德尼谈话时指出：“对于宗教，不能用行政命令的办法；但宗教方面也不能搞狂热，否则同社会主义，同人民的利益相违背。”① 邓小平在这里阐明了我党处理社会主义与宗教之间的关系的关键所在。二是宗教活动逐步纳入法制化轨道。改革开放后，宗教立法成为宗教活动正常化的重要保障。1979 年通过的《中华人民共和国刑法》第二百五十一条规定：“国家机关工作人员非法剥夺公民的宗教信仰自由和侵犯少数民族风俗习惯，情节严重的，处二年以下有期徒刑或者拘役。”1982 年通过的《中华人民共和国宪法》第三十六条规定：“中华人民共和国公民有宗教信仰自由。任何国家机关、社会团体和个人不得强制公民信仰宗教或不信仰宗教，不得歧视信仰宗教的公民和不信仰宗教的公民。国家保护正常的宗教活动。任何人不得利用宗教进行破坏社会秩序、损坏公民身体健康、妨碍国家教育制度的活动。宗教团体和宗教事务不受外国势力的支配。”1984 年通过的《中华人民共和国民族区域自治法》第十一条规定：“民族自治地方的自治机关保障各民族公民有宗教信仰自由”；第五十三条规定：“教育各民族的干部和群众互相信任，互相学习，互相帮助，互相尊重语言文字、风俗习惯和宗教信

---

① 《邓小平年谱（1975～1997）》（上册），中央文献出版社，1998，第 167 页。

仰，共同维护国家的统一和各民族的团结。”上述的法律法规促使新时期的宗教走上了法制化的轨道。

（三）“两个大局”思想为藏区发展创造了历史机遇

随着改革开放的不断推进，东西部地区发展差距过分扩大成为一个影响全局性工作的严峻问题。1988 年，邓小平提出了“两个大局”的战略思想。即，“沿海地区要加快对外开放，使这个拥有两亿人口的广大地带较快地先发展起来，从而带动内地更好地发展，这是一个事关大局的问题。反过来，发展到一定的时候，又要求沿海拿出更多力量来帮助内地发展，这也是个大局”①。根据邓小平的设想，1999 年 11 月，中央经济工作会议部署实施西部地区大开发战略。可见，西部大开发是中共中央贯彻邓小平关于中国现代化建设“两个大局”战略思想做出的重大战略决策和全面推进社会主义现代化建设的重大战略部署，它对于促进东西部地区经济协调发展，实现共同富裕，对于维护社会稳定和巩固边防都具有重要的意义。

西部大开发的范围包括西藏自治区、青海、四川、云南、甘肃等 12 个省、自治区、直辖市，面积为 685 万平方公里，占全国的 71.4%。在中国发展的全局战略中，西部的战略位置十分重要，它是实现全国现代化必不可少的前提。但是，由于自然、历史、社会等因素影响，西部地区经济社会发展相对比较落后，特别是少数民族地区迫切需要加快改革开放和现代化建设步伐。2000 年 1 月，国务院西部地区开发领导小组召开西部地区开发会议，部署实施西部大开发的重点工作。2000 年 10 月，《中共中央关于制定国民经济和社会发展第十个五年计划的建议》，强调实施西部大开发战略、加快中西部地区发展，关系经济发展、民族团结、社会稳定，关系地区协调发展和最终实现共同富裕，是实现第三步战略目标的重大举措。2001 年 3 月，《中华人民共和国国民经济和社会发展第十个五年计划纲要》对实施西部大开发战略再次进行了具体部署。2006 年 12 月 8 日，国务院常务会议审议并原则通过《西部大开发“十一五”规划》。此后，中共中央又陆续出台了一系列关于西部大开发的倾斜政策。经过近二十年的西部

① 《邓小平文选》第 3 卷，人民出版社，1993，第 277 ~ 278 页。

大开发战略的实施，广大西部地区（包括藏区），特别是民族地区的经济社会实现了跨越式发展，城乡面貌发生了根本性变化，教育、卫生等基本公共服务均等化取得新成效，人民生活水平持续稳定提升为生态环境建设取得新突破，西部大开发关于建成一个经济繁荣、社会进步、生活安定、民族团结、山川秀美、人民富裕的新西部的目标正在全新呈现。这一系列取得的西部改革发展成果都是邓小平“两个大局”设想所提供的重要发展战略机遇，促使西部地区积极进取，进一步解除思想束缚，增强自我发展能力，探索走出了一条符合西部地区发展的改革发展之路。

二 “三个代表”重要思想与治藏理政方略

“三个代表”重要思想是对马克思主义唯物论的新贡献，它包括中国共产党始终代表中国先进生产力的发展要求、中国先进文化的前进方向、中国最广大人民的根本利益，是我们党的立党之本、执政之基、力量之源。“三个代表”重要思想，集中概括了党和国家全部理论活动、实践活动，它成为指引党和国家新世纪伟大进军的行动指南。江泽民“三个代表”重要思想在国际国内形势不断变化的大背景下，审时度势提出了一系列符合藏区特点的治藏理政新理论新思想。

（一）藏区的稳定对全国具有深刻意义

随着国际国内形势的不断变化，藏区的社会稳定问题已日渐成为影响国家大局的重要问题，党和国家历来十分重视藏区的稳定问题。邓小平曾提出了“中国的问题，压倒一切的是需要稳定”① 的重要论断，并运用辩证唯物主义的原理，对发展与改革、稳定之间的相互依存、相互促进及相互制约的辩证统一关系做了深刻的阐述。江泽民在第三次西藏工作座谈会上发表了题为“围绕发展和稳定两件大事，开创西藏工作新局面”② 的重要讲话，他指出：“西藏的稳定，是保证西藏各项事业持续发展和人民生活水平逐步提高的前提，没有稳定一切都谈不上。西藏的稳定，对于全国

① 《邓小平文选》第3卷，人民出版社，1993，第16页。

② 中共中央文献研究室、中共西藏自治区委员会：《西藏工作文献选编（1949～2005）》，中央文献出版社，2005。

的改革、发展、稳定也具有重大意义。"① 将稳定同发展并列为西藏等藏区工作的主题，这是站在历史的高度对当时西藏等藏区工作指导思想总的概括，在中国共产党治藏史上具有里程碑意义。1994 年 8 月 29 日《中共中央、国务院关于加快西藏发展，维护社会稳定的意见》指出："稳定是前提，发展是根本，两者互为条件，互相促进。要坚持两手抓、两手都要硬的方针。没有稳定，当前就不能发展，长远就难以稳定。没有发展，长远就难以稳定，实现西藏长治久安的根本途径是加快西藏经济社会的发展。"② 这充分表明党的治藏理政方略站在历史和全局的高度，切实从藏区实际出发，深刻认识稳定问题的极端重要性和发展对藏区的重大意义。此后的历次西藏工作座谈会的重要议题之一就是藏区的稳定问题。做好藏区的稳定工作，必须要高举维护祖国统一和加强民族团结的旗帜，紧密依靠各族人民群众，深入开展反分裂反渗透斗争，坚持原则，认真对待达赖问题。江泽民在第三次西藏工作座谈会上指出："对于达赖喇嘛，我们的态度是，他必须放弃'西藏独立'的主张，停止分裂祖国的活动，搞独立不行，搞变相独立不行，搞'大藏国'不行，搞'大藏区'也不行，其他一切问题都可以谈。"③ 江泽民在《关于中国政府对达赖问题的立场和政策》一文中指出："中国政府对达赖的政策是明确的、一贯的。我们不是不愿意同达赖进行谈话。只要达赖真正放弃'西藏独立'的主张，停止一切分裂祖国的活动，公开承认西藏是中国不可分割的一部分，承认台湾是中国的一个省，承认中华人民共和国政府是代表全中国的唯一合法政府，谈判的大门是敞开的。"④ 这一系列维护藏区稳定的战略决策和政治原则，对解决藏区社会稳定问题具有十分重要的指导意义。

（二）藏区的发展问题提升到政治高度

发展，是人类社会的永恒主题，中国发展的中心任务是让全国人民尽

---

① 中共中央文献研究室、中共西藏自治区委员会：《西藏工作文献选编（1949～2005）》，中央文献出版社，2005，第 459 页。

② 中共中央文献研究室、中共西藏自治区委员会：《西藏工作文献选编（1949～2005）》，中央文献出版社，2005，第 480 页。

③ 中共中央文献研究室、中共西藏自治区委员会：《西藏工作文献选编（1949～2005）》，中央文献出版社，2005，第 459 页。

④ 中共中央文献研究室、中共西藏自治区委员会：《西藏工作文献选编（1949～2005）》，中央文献出版社，2005，第 519 页。

快富起来，加快现代化建设事业的步伐，发展也是一个民族振兴的基础。党和国家在领导全国人民踏上新征程的同时，对藏区发展给予了更大的关注。邓小平曾在《立足民族平等，加快西藏发展》的重要讲话中提出了检验西藏工作标准的著名论断："关键是看怎样对西藏人民有利，怎样才能使西藏很快发展起来，在中国四个现代化建设中走进前列。"① 这一判断标准的提出，给藏区各族人民指明了发展方向，指引着西藏的现代化建设事业健康向前发展。对于发展问题，江泽民指出，"少数民族和民族地区的经济社会发展，直接关系到我国整个现代化建设目标的顺利实现。民族地区的现代化同整个中华民族的振兴，是密不可分、互相促进的。推动各民族发展进步和共同繁荣不仅是经济问题，而且是政治问题"。自 20 世纪 80 年代以来，党中央做出了全国支援西藏的战略部署，通过经济援藏和人才援藏等一系列援藏举措，藏区的软件和硬件建设得到很大改善，中央的优惠政策和援藏项目取得了显著的效益。同时，江泽民又指出，"经济发达地区要加强对口支援，积极有效地帮助少数民族地区发展经济和文化。少数民族地区要自力更生，发挥自己的优势"。他指出，西藏的稳定和发展，最根本的是要靠西藏广大干部群众发扬自力更生、艰苦创业的精神。同时也需要全国的支援。关心西藏、支援西藏是党和国家的一贯政策，是全国各族人民的共同责任。江泽民指出："实现西藏的快速发展，最根本的要靠西藏广大干部群众自力更生、艰苦奋斗。要进一步解放思想，更新观念，坚持把发展作为主题，把结构调整作为主线，把改革开放和科技进步作为动力，以提高人民生活水平作为根本出发点，以创新的思路解决西藏经济社会发展中的突出问题，使之步入良性循环的轨道。要根据建立社会主义市场经济的要求，坚持按客观经济规律办事，把国家支持同发挥市场机制的作用结合起来，把国家的优惠政策与发挥资源优势结合起来，不断提高经济增长质量和效益，走出一条既有较高发展速度，又有很好效益的新路子。要在保持社会稳定的同时，加大改革开放的力度，调整经济结构，壮大特色产业，实行科教兴藏和可持续发展战略。要始终把提高全区各族人民的生活水平作为战略任务抓紧抓实。要把国家对西藏的巨大投入同实现各族群众的根本利益结合起来，加大扶贫力度，千方百计扩大就

① 《邓小平文选》第 3 卷，人民出版社，1993，第 247 页。

业，不断改善城乡人民生活。”[①] 1991 年，江泽民在四川省甘孜州视察时提出“稳藏必先安康”。以江泽民同志为核心的中央领导集体，在第三、第四次西藏工作座谈会上提出两个绝不能：绝不能让西藏从祖国分裂出去，也绝不能让西藏长期落后下去。提出了西藏的发展、稳定和安全事关西部大开发战略的实施，事关民族团结和社会稳定，事关祖国统一和国家安全，事关国家形象和国际斗争的“四个事关论”论断。党的十五届五中全会审议通过的《中共中央关于制定国民经济和社会发展第十个五年计划的建议》，把实施西部大开发战略，加快民族地区发展问题摆在了更加重要的位置。另外，中央制定出台了一系列税收优惠和财政补助等专项政策，加快和支持少数民族地区的健康发展。同时，“中央关心西藏，全国支援西藏”也是党中央和国务院为稳定西藏政治局势和加快西藏经济社会发展而做出的重大战略决策。江泽民在第四次西藏工作座谈会谈到援藏工作时指出：“各有关省区市要继续高度重视并切实做好支援西藏的工作。承担对口支援的省市，应该把加快西藏受援地区的发展视为本省市的一项特殊任务，把那里的经济社会发展纳入本省市整体发展计划，实施全方位援助。新时期的援藏工作，要多搞一些能够使广大群众直接受益的项目。”江泽民强调，维护西藏稳定和发展，维护祖国统一和安全，是西藏工作的一项重要政治任务。要旗帜鲜明，针锋相对，主动治理，强基固本。坚持标本兼治，重在治本。[②] 总之，改革开放以来，中央对藏区实行了一系列政策倾斜，持续加大对藏区基础设施建设的投入力度，如青藏铁路、林芝机场等交通设施建设，特别是出台了很多加快发展的优惠政策，这些特殊政策和战略举措为藏区的繁荣发展奠定了坚实的基础。

（三）宗教工作在发展大局中占据重要地位

改革开放后，党对宗教工作进行了拨乱反正、科学立法等一系列行之有效的举措，使宗教工作走向了正常化和法制化的轨道。中央第三代领导集体对民族宗教问题尤为重视，江泽民指出，“宗教是一种历史现象，在社会主义社会中将长期存在，如果宗教与社会主义社会不相适应，就会发

---

① 西藏工作座谈会，https：//baike. so. com/doc/7206784 - 431468. html。

② 中共中央文献研究室、中共西藏自治区委员会：《西藏工作文献选编（1949～2005）》，中央文献出版社，2005，第 533 页。

生冲突……同时，改革不适应社会主义的宗教制度和宗教教条，利用宗教教义、宗教教规和宗教道德中的某些积极因素为社会主义服务"。江泽民在西藏强调指出，西藏问题"有民族问题，也有宗教问题"，"宗教问题是个大问题。因为它关系到我们整个社会主义物质文明和精神文明的建设，也关系到渗透与反渗透、和平演变与反和平演变的斗争"。他还指出，"宗教工作是党和国家工作中的重要组成部分，在党和国家事业发展的大局中有着重要的地位"。[①] "做好宗教工作，关系到加强党同人民群众的血肉联系，关系到推进两个文明建设，关系到加强民族团结、保持社会稳定、维护国家安全和祖国统一，关系到我国的对外关系。"[②] 他强调，"从国内国际形势的发展变化出发，科学分析宗教问题，深刻认识宗教问题的特殊复杂性，正确把握宗教的活动规律，是我们做好宗教工作的前提"。[③] 要了解当今世界必须了解宗教，对宗教问题在当今世界政治社会生活中的影响，绝不可低估，要坚持以科学的观点和方法对待宗教，正确认识宗教自身的规律。另外，江泽民针对我国的国情强调指出："民族宗教无小事。"[④] 先后发表题为《高度重视民族工作和宗教工作》《必须树立马克思主义的民族观和宗教观》《一定做好宗教工作》的讲话。1991 年印发的中共中央、国务院《关于进一步做好宗教工作若干问题的通知》中指出："依法对宗教事务进行管理"，即"政府对有关宗教的法律、法规和政策的贯彻实施进行行政管理和监督""对宗教事务进行管理，是为了使宗教活动纳入法律、法规和政策的范围，不是去干预正常的宗教活动和宗教团体的内部事务"。[⑤] "依法进行管理，就是要切实保障宗教信仰自由，保证正常宗教活动的有序进行，保护宗教团体的合法权益。"[⑥] 江泽民提出如何积极引导宗教与社会主义社会相适应的问题时强调："引导宗教与社会主义社会相适应是一个长期过程，需要党和政府积极引导，也需要宗教界自身不断努力。要采取慎重严谨的态度，耐心细致地做工作，根据各个宗教、各个地方的实际，坚持求同存异、团结多数的原则，把握方向，抓住重点，稳步

① 《江泽民文选》第三卷，人民出版社，2006，第 381 页。
② 《江泽民文选》第三卷，人民出版社，2006，第 381 页。
③ 《江泽民文选》第三卷，人民出版社，2006，第 372 页。
④ 《当代中国的宗教工作（下）》，当代中国出版社，第 396 页。
⑤ 《当代中国的宗教工作（下）》，当代中国出版社，附录三。
⑥ 《江泽民文选》第三卷，人民出版社，2006，第 385 页。

推进，取得实效。”[①]“积极引导宗教与社会主义社会相适应”理念的提出，对于在新时期开拓宗教工作新局面具有重大的指导意义。

三 科学发展观与治藏理政方略

科学发展观是马克思主义中国化的最新成果，它是立足社会主义初级阶段基本国情，总结我国发展实践，借鉴国外发展经验，适应新的发展要求提出的重大战略思想。胡锦涛科学发展观对中国共产党的治藏方略也做了进一步完善和推进，提出了人本治藏等一系列新理论和新思想，对推动藏区工作起了十分重要的作用。

（一）治藏兴藏稳藏确立科学治藏目标

随着国际形势的风云变幻和国内社会转型加剧，藏区的社会稳定和发展问题的重要性日益凸显，党和国家在科学发展观指引下，更加重视制定治藏理政方略。胡锦涛担任总书记期间（2003～2012），提出了许多治藏兴藏稳藏的新思想新理论。2005 年胡锦涛谈到做好民族工作时强调：“新世纪新阶段的民族工作必须把各民族共同团结奋斗、共同繁荣发展作为主题”，“抓住了共同团结奋斗、共同繁荣发展这个主题，就抓住了新形势下正确处理民族问题、切实做好民族工作的根本，就能在全面建设小康社会的历史进程中不断开创民族工作新局面。”[②] 在第五次西藏工作座谈会上胡锦涛对西藏工作的指导思想、主要矛盾、同分裂势力斗争的方针，做出了明确判断，先后提出了谋长久之策、行固本之举、牢牢把握主动权的要求，提出了“新四个事关论”：西藏工作事关全面建设小康社会全局，事关中华民族长远生存发展，事关国家安全和领土完整，事关我国国家形象和国际环境；提出了“两个屏障论”，即把西藏建成国家安全屏障、国家生态安全屏障，以及六个“重要地”，即除了以上两个屏障外，要把西藏建成重要的战略资源储备地、重要的高原特色农产品基地、重要的中华民族特色文化保护地、重要的世界旅游目的地，提出西藏要走出一条中国特

① 《江泽民文选》第三卷，人民出版社，2006，第 388 页。
② 《胡锦涛文选》（第二卷），人民出版社，2016，第 314 页。

色西藏特点的发展路子。强调做好新形势下西藏工作，必须“深入贯彻落实科学发展观，正确处理经济发展、社会稳定、民生改善、生态保护的关系”；强调要大力保障民生，切实把保障和改善民生作为西藏经济社会发展的出发点和落脚点。兴藏规划从邓小平提出的“加快西藏发展”，到江泽民提出的“跨越式发展”，再到胡锦涛提出的“在科学发展的轨道上推进跨越式发展”，这个规划既一脉相承，又与时俱进，进一步丰富了关于西藏发展问题的战略思想，在新的兴藏方略指引下，中央政府将西藏生态安全屏障保护与建设工程确定为国家重点生态工程，计划投资155亿元，实施三大类10项生态环境保护与建设工程，到2030年基本建成西藏生态安全屏障。藏区的发展，不仅具有兴藏的目标，同时具有“稳边固本”的内涵。

（二）人本治藏重点体现了民生为重理念

科学发展观的核心是以人为本，也是现代政治文明的基本要求。藏区的发展关键是为了让西藏等藏区各族、各阶层人民都得到实惠，分享发展成果，充分体现人本治藏的新理念。胡锦涛在第五次西藏工作座谈会上强调，“要大力保障民生，切实把保障和改善民生作为西藏经济社会发展的出发点和落脚点，继续实施‘富民兴藏’战略，提高各族群众生活水平和质量，把更多关怀和温暖送给广大农牧民和困难群众，着重解决他们迫切需要解决的问题特别是农牧区条件艰苦、农牧民增收困难等问题”[①]，为了更好地落实保障四省区民生问题，胡锦涛进一步强调：“从四省藏区实际出发，把不断提高各族群众生产生活水平特别是农牧民生产生活水平作为经济社会发展的首要任务，坚持民生改善程度和经济发展速度相适应，坚持经济社会发展和生态环境保护相统一，坚持加快推进发展和维护团结稳定相促进，坚持强化政策支持和发挥自身潜力相结合，加快改变贫困落后面貌，不断提高可持续发展能力，使各族群众过上更加幸福美好的生活。”[②] 胡锦涛在第五次西藏工作座谈会上具体部署民生工作：“继续推进以安居工程为突破口的社会主义新农村建设，加快农村水电路气房和通信等设施建设。完善和落实各项增收政策，千方百计增加各族群众特别是农

① 《胡锦涛文选》（第三卷），人民出版社，2016，第316页。

② 《胡锦涛文选》（第三卷），人民出版社，2016，第325页。

牧民收入。加大中央扶贫资金投入力度，重点向农牧区、地方病病区、边境地区倾斜。健全公共文化服务网络，完善公共文化机构运行保障机制，推进基本文化设施建设。"[①] 可见，胡锦涛的人本治藏新发展理念成为一切治藏方略的根本出发点。中国共产党始终以藏族人民的利益为重，坚持民族区域自治制度，重视对西藏等藏区普通民众的优惠政策，让每个人都充分享受到改革开放的成果。

（三）实施符合藏区治理实际的"安藏必须重教"方略

藏区特殊的地理和人文环境造就了独特的宗教信仰，其中藏传佛教不仅是民众的信仰，而且对于整个藏区影响极为巨大，在广大藏族民众中具有很大的号召力，对人们的生活起支配作用。因此，治理藏区，离不开宗教。胡锦涛指出："加强寺院管理对掌握反分裂斗争主动权具有关键作用。要全面贯彻落实党的宗教工作基本方针和国家管理宗教事务的法律法规，以实现寺院管理规范化、法制化为着眼点，以解决寺院存在的重点难点问题为突破口，以各方面齐抓共管为保障，推动形成寺院管理长效机制。"[②] 改革开放后，党和政府不断修订、完善和出台了一系列宗教政策，实行宗教信仰自由，投资修缮寺院，注重发挥宗教人士在维护寺庙和社会稳定中的积极作用，将寺院纳入社会治理范围，强化服务。胡锦涛强调："要坚持政府依法管理同寺庙内部民主管理相结合，坚持管理与服务并重，依法保护正常宗教活动，维护宗教团体、宗教活动场所以及宗教界人士和信教群众合法权益。"[③] 总之，胡锦涛的科学发展观坚持了党和政府客观科学的治藏理念和治藏战略，为新时期坚决防范和打击达赖集团渗透破坏活动，全力维护社会和谐稳定奠定了坚实基础。

四　习近平新时代中国特色社会主义与治藏理政方略

新时代中国特色社会主义思想是马克思主义中国化最新成果，是党和人民实践经验和集体智慧的结晶，是中国特色社会主义理论体系的重要组

① 《胡锦涛文选》（第三卷），人民出版社，2016，第316页。

② 《胡锦涛文选》（第三卷），人民出版社，2016，第321页。

③ 《胡锦涛文选》（第三卷），人民出版社，2016，第321页。

成部分，是全党全国人民为实现中华民族伟大复兴而奋斗的行动指南。习近平新时代中国特色社会主义思想中也蕴含着许多具有创新性的治藏理政新理论新思想，这些新理论新思想符合新时期藏区经济社会发展的客观规律，切实加快了藏区和谐稳定发展的步伐。

（一）首提“治国必治边、治边先稳藏”战略新思想

习近平执政以来一直关注藏区的稳定与发展，曾先后赴西藏、青海等藏区调研，并根据国际国内形势，总结经验，于2013年3月9日，明确提出“治国必治边、治边先稳藏”的重要战略新思想，并以此为核心形成新一届中央领导集体的“治藏方略”。这是习近平同志对新时期治藏方略的创造性发展，也是历届中央领导集体治国理政、稳边兴藏方略的新概括、新发展，它既体现了西藏稳定在维护国家安全和稳定中的分量和重要地位，也表明了我们党和国家治藏稳藏的信心和决心。习近平在第六次西藏工作座谈会上详细阐述了“治国必治边、治边先稳藏”的深刻内涵和意义。这是对中国共产党人治藏兴藏思想的继承和发展。如何实施这一战略新思想，习近平在第六次西藏工作座谈会上提出“六个必须”：“必须坚持中国共产党领导，坚持社会主义制度，坚持民族区域自治制度；必须坚持治国必治边、治边先稳藏的战略思想，坚持依法治藏、富民兴藏、长期建藏、凝聚人心、夯实基础的重要原则；必须牢牢把握西藏社会的主要矛盾和特殊矛盾，把改善民生、凝聚人心作为经济社会发展的出发点和落脚点，坚持对达赖集团斗争的方针政策不动摇；必须全面正确贯彻党的民族政策和宗教政策，加强民族团结，不断增进各族群众对伟大祖国、中华民族、中华文化、中国共产党、中国特色社会主义的认同；必须把中央关心、全国支援同西藏各族干部群众艰苦奋斗紧密结合起来，在统筹国内国际两个大局中做好西藏工作；必须加强各级党组织和干部人才队伍建设，巩固党在西藏的执政基础。”① “六个必须”的治藏新方略，在广大藏区受到积极而广泛的反响和认同，藏区人民群众在充分享受改革开放成果的同时对未来充满热切期待。

---

① 《在中央第六次西藏工作座谈会上的讲话》，中国访谈，http：//www. china. com. cn/lianghui/fangtan/2016 - 03/01/content_ 37908757. htm。

（二）“谋长久之策，行固本之举”为藏区稳定奠定基础

在第六次座谈会中，习近平指出：“西藏工作的着眼点和着力点必须放到维护祖国统一、加强民族团结上来，把实现社会局势的持续稳定、长期稳定、全面稳定作为硬任务，各方面工作统筹谋划、综合发力，牢牢掌握反分裂斗争主动权。”① 这是在全面把握西藏的主要矛盾和特殊矛盾的基础上做出的重大决策，实现西藏的社会稳定和长治久安必须维护祖国统一加强民族团结，而其核心是要把握反分裂的主动权。在新形势下，习近平高瞻远瞩提出了维护藏区稳定的战略新思想，他指出：“实现西藏和四省藏区长治久安，必须常抓不懈、久久为功，谋长久之策，行固本之举。”为了更好实施这一战略意图，他强调“六要”：“要把基础性工作做深做实做细，坚持依法治理、主动治理、综合治理、源头治理相结合，紧紧依靠各族干部群众。要大力加强民族团结，促进各民族群众相互了解、相互帮助、相互欣赏、相互学习。要大力培育中华民族共同体意识，广泛开展民族团结进步宣传教育和创建活动。要大力做好藏传佛教工作，发扬藏传佛教界爱国爱教传统，推进寺庙管理长效机制建设，支持藏传佛教按照与社会主义社会相适应的要求进行教规教义阐释。要坚持不懈开展马克思主义祖国观、民族观、宗教观、文化观等宣传教育活动，凝聚中国特色社会主义思想共识。要落实依法治藏要求，对一切分裂祖国、破坏社会稳定的行为都要依法打击。”② 总之，在“四个全面”的战略布局下，随着习近平一系列治藏新方略的逐步实施，在全国人民的共同努力下，一个团结、民主、富裕、文明、和谐、美丽的社会主义新藏区将屹立在中国西部。

（三）“四个坚定不移”新方略为藏区发展保驾护航

做好藏区工作，实现藏区经济社会跨越式发展，让广大藏族群众充分享受到改革开放的成果是一项艰巨而伟大的民心工程，具有十分重要的政

---

① 《依法治藏富民兴藏长期建藏加快西藏全面建成小康社会步伐》，《人民日报》2015 年 8 月 26 日，第 1 版。

② 《在中央第六次西藏工作座谈会上的讲话》，中国访谈，http：//www. china. com. cn/lianghui/fangtan/2016 - 03/01/content_ 37908757. htm。

治内涵和现实意义。习近平在第六次西藏工作座谈会上首次提出“四个坚定不移”战略新思想，即：“坚定不移开展反分裂斗争，坚定不移促进经济社会发展，坚定不移保障和改善民生，坚定不移促进各民族交往交流交融，确保国家安全和长治久安，确保经济社会持续健康发展，确保各族人民物质文化生活水平不断提高，确保生态环境良好。”① 这一战略思想为维护藏区稳定，维护群众利益，加速经济发展步伐，提升百姓生活水平，优化生态环境等具有极其重要的意义和作用，同时也奠定了坚实的理论基础，极大丰富了新时代中国特色社会主义理论，进一步科学完善了中国共产党治藏理政方略。为了更好实施坚定不移促进经济社会发展，坚定不移保障和改善民生，确保经济社会持续健康发展，确保各族人民物质文化生活水平不断提高，习近平进一步指出：“要按照努力使全区各族群众学有所教、劳有所得、病有所医、老有所养、住有所居的要求，在经济发展的基础上加快推进以保障和改善民生为重点的社会建设，继续推进社会主义新农村建设，落实教育优先发展各项政策措施，大力发展医疗卫生事业，加快建立和完善覆盖城乡居民的社会保障体系，加大扶贫开发力度，着力解决好西藏各族人民最关心最直接最现实的利益问题。”② 从上述一系列讲话中凝聚着作为国家领导人的习近平对藏区人民的深厚情感和心系百姓的领袖情怀。

五 历史贡献

改革开放四十年来，中央历代领导继承老一辈国家领导的治藏方略，坚持正确的治藏方针，深刻研究藏区特点，探求治藏经验演变的规律，制定出台了一系列符合藏区发展特点和人民群众满意的治藏理政方略，为各个时期藏区经济社会发展奠定了坚实的政策基础和理论基础，他们的历史贡献功在千秋，主要体现在以下几个方面。

① 《在中央第六次西藏工作座谈会上的讲话》，中国访谈，http：//www.china.com.cn/lianghui/fangtan/2016－03/01/content_ 37908757.htm。

② 《在中央第六次西藏工作座谈会上的讲话》，中国访谈，http：//www.china.com.cn/lianghui/fangtan/2016－03/01/content_ 37908757.htm。

（一）为藏区实现跨越式发展创造了历史机遇

党中央每五年召开的西藏工作座谈会始自1980年，截至2017年共召开了六次，这是党中央专门针对藏区发展组织召开的高层次会议，中央历届领导都亲自主持这个座谈会，由中央专门研究藏区问题，并把中央根据不同发展时期的治藏方略贯彻于会议中，全面部署治藏方略，将治藏理政的具体指导思想、工作着力点和落脚点等战略决策加以重新调整和部署，力求抓落实见成效，其中第一次西藏工作座谈会开展拨乱反正工作，确立新的历史条件下西藏的中心任务和奋斗目标。这次会议使西藏实现了工作重心的转移，开启了西藏发展的历史性转折。第二次西藏工作座谈会全面拨乱反正，大力治穷致富，制定一系列符合西藏实际的经济政策和改革开放政策。这次座谈会标志着全国性的援藏工程的开始。第三次西藏工作座谈会进一步明确指导思想，落实加快发展和维护稳定的各项措施，开创西藏工作新局面。这次座谈会开创了全国支援西藏的新局面。第四次西藏工作座谈会确定新世纪全面推进西藏工作的重要任务，促进西藏经济从加快发展到跨越式发展，促进西藏社会局势从基本稳定到长治久安。第五次西藏工作座谈会对推进西藏实现跨越式发展和长治久安做出战略部署，对加快四川、云南、甘肃、青海省经济社会发展做出全面部署并要求青海等四省要切实把本省藏区工作摆到重要议事日程，同时加大政策支持力度，确保四省藏区到2020年实现全面建设小康。第六次西藏工作座谈会提出了党的治藏方略“六个必须”，以及“依法治藏、富民兴藏、长期建藏、凝聚人心、夯实基础”等西藏工作重要原则。这次座谈会站在了新的历史高度，必将对西藏等藏区产生深远影响。历时三十八年的六次西藏工作座谈会不仅付出了几代领导人的心血，也切实体现了几代中央领导根据国际国内形势变化和藏区发展的新情况而创新建立的治藏理政新思想和新方略，它成为中国共产党治藏理政的思想基础和指导方向，对藏区经济社会发展和人民福祉具有十分重要的历史和现实意义。

（二）为国际社会提供了解决民族宗教问题的中国方案

世界上约有2000多个大大小小的民族，分布在200多个国家和地区，宗教也是无处不在，它影响着所有民族、国家和地区，特别是多数人口信教的民族、国家，宗教氛围十分浓厚。因此，民族宗教问题一直以来是国际社会面临的共同问题。当今社会，随着东欧剧变、世界各地民族矛盾和种族仇恨加剧、宗教纷争激化、民族分离主义浪潮向世界多地蔓延等动荡形势，国际社会一直被纷繁复杂的民族宗教问题所困扰，民族宗教问题越来越与一个国家和地区的领土完整、国家统一、社会稳定、民族团结等有着密切联系，成为国际社会十分关注的焦点问题，如何有效解决这些棘手问题，国际社会没有寻找到一个有效方案。而在中国，中国共产党实施符合中国实际的治理方略，有效解决了中华民族多元一体格局中"一"和"多"的关系问题，为铸牢中华民族共同体意识奠定了基础，使五十六个民族和五大宗教共存的多民族多宗教社会构建和谐、平等相处，各民族建立了社会主义团结友爱、互助合作的新型民族关系，多元宗教和谐相处成为常态。在藏区，中央几代领导人的治藏方略成功解决了我国藏区民族宗教面临的许多问题，使藏区呈现民族团结、宗教和顺的良好局面，这一切中国智慧无疑为国际社会提供了解决民族宗教问题的中国方案。

（三）为实现我国民族和谐和社会长治久安奠定了战略基础

藏族主要居住在青藏高原地区，分布区域包括西藏、青海、甘肃、四川、云南等省自治区，国内人口约640万余人（2013年）。藏区如何构建和谐民族关系、如何实现长治久安一直是党和国家以及几代领导人十分重视的问题。关于民族和谐问题，中共中央十一届六中全会《关于建国以来党的若干历史问题的决议》中强调："改善和发展社会主义民族关系，加强民族团结，这对于我们这个多民族国家具有重大意义。"① 邓小平重新论证了"民族平等"的内涵，强调了"两个离不开"的观点，达成"各民族共同团结奋斗、共同繁荣发展"的共识；关于社会稳定问题，江泽民指出："西藏的稳定，对于全国的改革、发展、稳定也具有重大的意义。"② 胡锦涛曾针对西藏稳定问题指出："坚持一手抓改革开放和经济发展，一手抓维护社会稳定。必须明确发展需要稳定，稳定保障发展。正反两方面的经验告诉我们，没有稳定有序的社会环境和安定团结的政治局面，就不

① 《新时期民族工作文献汇编》，中央文献出版社，1990，第109页。

② 中共中央文献研究室、中共西藏自治区委员会编《西藏工作文献选编》，第459页。

能集中力量搞建设，已有的成果也有可能丧失；没有经济社会发展和人民生活改善，就不可能实现长期稳定。”① 习近平重申“谋长久之策，行固本之举”战略，提出“治国必治边、治边先稳藏”战略新思想。这一系列关于藏区如何构建和谐民族关系，维护社会稳定，实现长治久安的战略决策，不仅对维护藏区的社会稳定，促进繁荣发展奠定了战略基础，对促进我国民族团结进步事业，构建和谐民族关系，实现国家长治久安也都具有十分重要的指导意义和实践价值。

（四）为实现藏区全面小康和伟大复兴中国梦开辟了远大前景

新时代中国特色社会主义思想是全党全国人民为实现中华民族伟大复兴而奋斗的行动指南，他的总任务是实现社会主义现代化和中华民族伟大复兴，为此，中国共产党向全国人民和全世界庄严宣告：“在中国共产党成立一百年时全面建成小康社会，在新中国成立一百年时建成富强民主文明和谐的社会主义现代化国家。”② 决胜全面小康，任务艰巨，特别是包括藏区在内的民族地区任重道远。但是，习近平反复强调，全面建成小康社会，一个民族都不能少。为了实现共同富裕、全面小康的目标，几代领导人倾注了大量心血和智慧，提出和实施了加快包括西藏等藏区在内的西部地区经济社会发展的一系列方针政策，使这些地区迎来了历史性发展机遇。同时，已经召开了六次的西藏工作座谈会对西藏等藏区加快经济发展和社会进步、全面改变落后面貌产生了巨大的推动作用。党的十八大以来，中央十分关注民族地区发展问题，制定实施了力度空前的支持政策，推动民族地区加快发展取得历史性成就。党的十九大提出了决胜全面建成小康社会战略部署，为新时代民族地区发展提供了空前机遇，也为藏区实现全面小康和伟大复兴中国梦开辟了远大前景。

参考文献

中共中央统战部：《新时期统一战线文献选编（续篇）》，中共中央党校出版

---

① 中共中央文献研究室、中共西藏自治区委员会编《西藏工作文献选编》，第513页。

② 胡锦涛：《坚定不移沿着中国特色社会主义道路前进为全面建成小康社会而奋斗》，2012年11月8日。

社，1997。

《邓小平文选》第 2 卷，人民出版社，1994。

中共中央文献研究室、中共西藏自治区委员会编《西藏工作文献选编》。

《邓小平年谱（1975～1997）》（上册），中央文献出版社，1998。

《江泽民文选》（第三卷），人民出版社，2006。

《胡锦涛文选》（第二卷），人民出版社，2016。

《习近平治国理政》，中央文献出版社，2017。

改革开放以来青海促进各民族交往交流交融的成功实践与经验启示

鄂崇荣*

各民族交往交流交融是中华民族形成、发展和繁荣的内在动力，是社会发展不可阻挡的历史潮流，是新时代继续巩固发展平等团结互助和谐的社会主义民族关系的重要方向。青海是多民族聚居、多宗教共生、多语言并存、多文化交融地区。在青海历史上，迁徙驻足青海的各民族交往交流交融一直没有中断，各民族在迁徙、生产、商贸、婚嫁，甚至在矛盾冲突中交往交流范围不断扩大，交融程度不断加深。特别是改革开放四十年以来，特别是党的十八大以来，青海各级党委政府认真贯彻落实中央强调的"促进各民族交往交流交融"等重要精神，将促进各民族交往交流交融作为加强民族团结的关键点大力推进，培育铸牢了青海各族干部群众中华民族共同体意识。四十年以来，青海各族人民守望相助、休戚与共、和衷共济、水乳交融、共同演绎了你中有我、我中有你，各民族交往交流交融的生动历史。

一 改革开放四十年以来"民族交往交流交融"理论的提出与发展

（一）"民族交往交流交融"理论的提出

2010 年 1 月，胡锦涛同志在中央第五次西藏工作座谈会上强调："要

* 鄂崇荣，青海省社会科学院民族与宗教研究所所长、研究员。

毫不动摇地坚持和完善党的民族理论和民族政策，坚持和完善民族区域自治制度，把有利于民族平等团结进步、有利于各民族共同繁荣发展、有利于民族交往交流交融、有利于国家统一和社会稳定作为衡量民族工作成效的重要标准，推动各民族和睦相处、和衷共济、和谐发展。”[①] 这是改革开放四十年以来，随着各民族交往交流交融日益加深，党和国家领导人第一次提出“民族交往交流交融”。

（二）“民族交往交流交融”理论的发展

2014 年 6 月，习近平同志在主持第二次中央新疆工作座谈会上继续使用这一提法，并加以丰富完善，指出“要加强民族交往交流交融，部署和开展多种形式的共建工作，推进‘双语’教育，推动建立各民族相互嵌入式的社会结构和社区环境，有序扩大新疆少数民族群众到内地接受教育、就业、居住的规模，促进各族群众在共同生产生活和工作学习中加深了解、增进感情”[②]。这些论述将民族交往交流交融从理论层面引向了实践层面，具有针对性和可操作性。2014 年 9 月，习近平同志在中央民族工作会议暨国务院第六次全国民族团结进步表彰大会上又一次加以强调，指出“要加强各民族交往交流交融，尊重差异、包容多样，让各民族在中华民族大家庭中手足相亲、守望相助”[③]。此次会议系统阐释了“各民族交往交流交融”理念，认为这是中华民族发展的历史大势，是社会发展的必然趋势，是我国社会主义民族关系的发展方向。习近平同志特别指出“我国各民族在分布上的交错杂居、文化上的兼收并蓄、经济上的相互依存、情感上的相互亲近，形成了你中有我、我中有你，谁也离不开谁的多元一体格局”[④]。“改革开放后，各民族的联系比任何时候都更紧，这有利于加强民

---

① 《中共中央国务院召开第五次西藏工作座谈会》，《人民日报》2010 年 1 月 23 日，第 1 版。

② 《习近平在第二次中央新疆工作座谈会上强调坚持依法治疆团结稳疆长期建疆团结各族人民建设社会主义新疆》，《人民日报》2014 年 5 月 30 日，第 1 版。

③ 《中央民族工作会议暨国务院第六次全国民族团结进步表彰大会在北京举行》，《人民日报》2014 年 9 月 30 日，第 1 版。

④ 《中央民族工作会议暨国务院第六次全国民族团结进步表彰大会在北京举行》，《人民日报》2014 年 9 月 30 日，第 1 版。

族团结、增强中华民族凝聚力”[①]，习近平同志站在中华民族发展的历史视野中考察各民族交往交流交融，指出这符合中国历史发展规律和中华民族多元一体格局现实。并提出“多看民族团结的光明面”“全社会一起做交流、培养、融洽感情的工作”“尊重差异、包容多样”“用法律来保障民族团结”“让各民族在中华民族大家庭中手足相亲、守望相助”[②] 等促进各民族交往交流交融的基本原则、路径方法和目标远景。

（三）“民族交往交流交融”理论的升华

2017 年 10 月 28 日，习近平同志在党的十九大报告中指出：“全面贯彻党的民族政策，深化民族团结进步教育，铸牢中华民族共同体意识，加强各民族交往交流交融，促进各民族像石榴籽一样紧紧抱在一起，共同团结奋斗、共同繁荣发展。”[③]“加强各民族交往交流交融”“铸牢中华民族共同体意识”“各民族像石榴籽一样紧紧抱在一起”等重大论断第一次写入中国共产党全国代表大会工作报告，并得到了理论升华。这些论述内容立意高远，内涵丰富，相辅相成，紧密联系，深刻洞察了我国民族关系发展的历史主流和未来趋势，揭示了我国民族历史发展过程的内在规律，是进一步做好新时代民族交往交流交融的指向标，这将作为重要指导思想在党的民族工作中发挥重要作用。

二　改革开放四十年以来青海各民族交往交流交融实践

（一）创建活动开展扎实，有效解决了影响青海多民族交往交流交融的突出问题

青海各级党委政府高度重视民族团结进步创建活动，长期以来坚持开展“三个离不开”“五个认同”等一系列的宣传教育活动，不断筑牢了各

---

① 《中央民族工作会议暨国务院第六次全国民族团结进步表彰大会在北京举行》，《人民日报》2014 年 9 月 30 日，第 1 版。

② 《中央民族工作会议暨国务院第六次全国民族团结进步表彰大会在北京举行》，《人民日报》2014 年 9 月 30 日，第 1 版。

③ 习近平：《决胜全面建成小康社会　夺取新时代中国特色社会主义伟大胜利》，《人民日报》2017 年 10 月 28 日，第 1 版。

族人民交往交流交融思想根基。深入开展创建活动进家庭、进机关、进社区、进乡村、进学校、进企业、进寺院、进军营“八进”活动，形成了工作触角向基层延伸，有效解决了影响青海多民族交往交流交融的突出问题。不断营造出各民族交流交往交融，各民族和睦相处、手足相亲、守望相助良好氛围，各地区各民族间相互尊重、和衷共济、和谐发展生动局面不断形成。

（二）顶层设计不断完善，持续推进青海多民族交往交流交融

2015 年 2 月 13 日，青海省民族工作会议暨创建民族团结进步先进区表彰大会强调：要深化各民族交往交流交融，进一步增强凝聚力和向心力……鼓励各族群众交知心朋友、做和睦邻居，相互了解、相互尊重、相互包容、相互欣赏、相互学习、相互帮助，在统一的大家庭中手足相亲、守望相助。[①] 2017 年 7 月 14 日，青海省人民政府与国家民族事务委员会在西宁签署了《建设民族团结进步大省合作协议》，开创了党的十八大以来全国民族团结进步省部合作共建机制先例。双方根据协议，通过共同努力，到 2020 年将青海建成全国各民族交往交流交融示范区，成为全国民族团结进步大省。2018 年 7 月《中共青海省委青海省人民政府关于坚持生态保护优先推动高质量发展创造高品质生活的若干意见》指出：新时代要有“交往交流交融、不断融入全国和世界发展格局的自信开放精神”[②] 等新精神，激励青海各族人民走向全国走向世界。

（三）开放融入水平提升，不断扩大各民族交往交流交融广度

青海各族人民在政治文化认同、经济社会利益诉求、核心价值追求等方面的一致性，各民族间共同因素不断增多，相互之间交往交流日趋频繁。改革开放四十年以来，随着市场经济的发展，青海农牧区人口向城镇、城市流动，一些唐卡艺人、商人等向北京、上海、杭州等地区流动，而青海省外以旅游、休闲为主的外地游客和从事建设工程的外地工人来到

---

① 《全省民族工作会议暨创建民族团结进步先进区表彰大会召开 骆惠宁作重要讲话 郝鹏王建军讲话》，《青海日报》2015 年 2 月 14 日，第 1 版。

② 《大力弘扬“新青海精神”深入实施“五四战略”奋力推进“一优两高”不断开创新青海建设新局面》，《青海日报》2018 年 7 月 25 日，第 1 版。

青海，各民族交往交流交融趋势更加明显。为积极引导各民族交往交流交融积极健康发展，2017 年青海统战民宗部门主动与北京、上海、广东等 13 个省区市建立联系交流合作机制，建立少数民族务工人员对接机制。此外，随着青海各民族交往交流交融不断加深，不同民族之间通婚现象已在各州县较为普遍。海北、海南、海西州、大通、互助、门源等地区家庭户中有两个民族的家庭户户数均高于全省平均水平。①

特别是党的十八大以来，33 个中央国家机关、18 家中央企业、6 个对口支援省市先后从政策、资金、产业、智力等方面，全方位、多层次开展援青工作，协调落实帮扶资金 75 亿元，实施援助项目 1200 多个。支援地各层级领导、各方面人员来青考察调研、看望慰问、互访交流达 4.2 万人次，异地办班、干部人才培训、农牧民实用技术培训及职业培训达到 5.32 万人次。② 援助地区和单位以雄厚的物资援助，先进的理念技术，推动了受援地区和单位进一步开放融入。受援地区干部群众不仅感受到来自支援方的真挚情谊，而且真切体会到了中华民族大家庭的温暖。许多援青干部通过实践锻炼感受到了青海精神高地上的诸多精神，彼此都增强了中华民族共同体意识。

（四）宗教信仰和顺相容，不断深化各民族交往交流交融深度

改革开放四十年来，青海各级党委政府，认真贯彻党的宗教工作基本方针，提高宗教工作水平，不断完善政策措施，有力促进宗教关系和顺，保持了宗教领域的和谐稳定。各民族在宗教信仰呈现出彼此尊重理解、和顺相安，甚至在一些建筑风格、信仰空间、仪式活动中出现包容融汇的状态。如青海一些民间信仰仪式中藏传佛教文化、道教、苯教、萨满教元素常常浑融一体。青海许多城镇中都可以看到藏传佛教寺院、伊斯兰教清真寺、民间信仰庙宇相邻而立。一些清真寺的建筑风格上不仅融合了撒拉族、藏族、汉族、回族等民族文化元素，而且还在修建时还得到了藏族僧俗群众的积极支持和帮助。

---

① 《青海少数民族人口发展状况及特点》，青海统计信息网，http：//www.qhtjj.gov.cn/info-Analysis/tjReport/201307/t20130704_4102.html，2013 年 7 月 3 日。

② 《党的十八大以来对口援青工作综述》，人民网青海频道，http：//qh.people.com.cn/n2/2017/1017/c181467-30838330.html，2017 年 10 月 17 日。

三　改革开放四十年来推动青海各民族交往交流交融的经验启示

（一）坚持在发展中保障和改善民生是推动多民族交往交流交融的重要基础

青海省始终把改善民生摆在优先位置，全面落实各项惠民政策，推出为民利民措施，坚持财力向民生倾斜，扎实办好惠民实事。近年来青海省将75%以上的财政支出用于民生事业，统筹推进教育文化、医疗卫生、社会保障、收入分配、人居环境等民生工作，使各族群众共享民族团结成果，改革发展红利，为促进青海多民族交往交流交融奠定了重要基础。

（二）民族团结进步创建是推动各民族交往交流交融的重要抓手

从开启民族团结进步创建活动月到民族团结进步先进区创建升级，再到建设民族团结进步大省新战略，青海各级党委政府牢牢把握各民族共同团结奋斗、共同繁荣发展主题，积极主动将民族团结进步创建活动作为推动青海各民族交往交流交融的重要抓手。有力推动了民族团结进步创建活动更加精准化、精细化，使之拓展到更广领域、更大范围、更高层次，有力促进了青海各民族交往交流交融的深度和广度。

（三）依法治理民族宗教事务是推动多民族交往交流交融的重要保障

依法治理民族宗教事务是全面依法治国的重要内容，既是推进青海各民族交往交流交融必须坚持的重要原则，也是保证青海各民族交往交流交融积极健康发展的基本路径。青海省结合省情特点，始终把依法治理民族宗教事务摆在重要位置，提高运用法治思维、法治理念和法治方式处理解决民族宗教事务的能力；用法律来保障各民族交往交流交融，促进民族团结；在法治原则下尊重差异、包容多样，促进各民族手足相亲、守望相助。

（四）注重文化引领是推动青海各民族交往交流交融的关键所在

改革开放四十年以来，青海各级党委政府注重思想文化引领作用，积极引导各族群众正确认识民族关系的主流与支流，旗帜鲜明反对各种错误思想观念，把培育和弘扬社会主义核心价值观作为引领建设各民族共有精神家园的发展方向，不断增强了各族干部群众抵御国内外敌对势力思想渗透、识别大是大非的政治定力，不断筑牢青海各民族交往交流交融的共同思想基础。

四　进一步促进青海各民族交往交流交融的几点思考

民族间差异是交往交流的前提，是共生共荣互补的需要，民族间共同性是中华民族形成的根基。正确处理差异性与共同性，才能促进青海各民族手足相亲、守望相助。青海各民族交流交往交融是社会自然发展过程，不可能凭借行政力量一蹴而就。随着未来经济全球化不断向开放、包容、普惠、平衡、共赢方向发展，中华民族伟大复兴宏伟目标日益接近，青海各民族交往交流交融不断加深，中华民族共同体意识将不断铸牢。

一是坚持生态保护优先，继续加快民族地区各种基础设施建设，不断提升基本公共服务均等化水平，补齐民族地区发展短板，培育壮大民族地区特色优势产业，发展新动能。推动民族地区高质量发展，不断改善民生，持续增加民生福祉，创造各族人民高质量生活，使各民族获得感幸福感不断增加，为各民族平等交往交流交融奠定基础。

二是以社会主义核心价值观为引领，共同建设美好精神家园。进入新时代，站在新起点，建设新青海，要有新精神。不断深化中共青海省委在新时代提出的登高望远、自信开放、团结奉献、不懈奋斗的“新精神”①，凝聚青海各族干部群众共识，不断深化和放大内涵和外延。

三是不断铸牢各族干部群众中华民族共同体意识。交往交流交融进程

① 《大力弘扬“新青海精神”深入实施“五四战略”奋力推进“一优两高”不断开创新青海建设新局面》，《青海日报》2018 年 7 月 25 日，第 1 版。

是自我文化认同、他文化认同、国家认同等多重认同加深理解和理性认知的过程，是铸牢中华民族共同体意识的重要途径。牢固树立各民族水乳交融、唇齿相依、荣辱与共的观念，始终把中华民族的共同利益摆在首位；将五十六个民族每一个民族文化视为中华文化的一部分，尊重差异、包容多样、相互欣赏。进一步推进各民族文化创造性转化和创新性发展，使各民族文化交流、和美共荣过程成为各民族文化理解认同和尊重互鉴的过程，不断铸牢中华民族共同体意识。

四是通过教育宣传让广大各族干部群众认识到坚持尊重民族差异和民族共性，不人为强化差异，保持民族共性和特性兼容，不单一强化共性和特性，不断营造客观认知共性，尊重不同民族文化、不同地域和民族风俗习惯的社会氛围。积极引导建立相互嵌入式的社会结构和社区环境，正确看待不同民族青年间恋爱和通婚等问题，不强制人为推行和阻止。

五是从居住生活、工作学习、文化娱乐等日常环节入手，将民族团结意识渗透于各族干部群众日常工作生活、平时交往交流当中。积极引导各族群众在工作学习、生产生活、商贸往来中相互尊重、加深了解、相互包容、增进感情，成合作伙伴、和睦邻居、知心朋友，结美满姻缘，和谐发展，共同繁荣。

六是探索建立本地与流动人口出入地沟通协作机制，进一步做好流入地和流出地两头对接，互动互融，促进文化尊重、理解和借鉴。积极引导进入城镇的各族群众及早适应融入城镇社区生活，积极帮助各族流动人口解决子女上学就业、医疗保障、社区参与、交通出行、法律援助等方面的实际问题，真正实现各族流动与周围原有居民互动交融，和睦共处，和谐发展。

新时期“三个离不开”思想的重大拓展和升华

——兼论青海创建民族团结进步大省的理论创新及实践推进

谢 热*

根据新的历史条件和时代发展要求，对青海发展特点和发展规律的把握和认识日趋深刻、科学，特别是创造性提出实现青海“从人口小省向民族团结进步大省转变”新部署，符合中央要求，切合青海实际，这是历史发展的必然和现实的重大抉择。审视这一新思路新举措的推出、实施，它是对民族团结进步事业“青海历程”和“青海实践”经验启示的高度凝练和新的拓展，是一次更高起点和更大层面推进创建青海民族团结进步大省的创新之举和智慧之见。其理论逻辑清新、明确，实践推进稳步有序。它既遵循了青海民族关系基本规律的具体演进特征，又再现了各民族共同团结进步与共同繁荣发展的历史主题和时代精神。不仅极大地丰富和充实了我国民族关系的核心，即“三个离不开”重大思想的政治、经济、文化、教育等实质内涵，使之更生动、鲜活和具体化，而且进一步拓展和延伸了各民族交流交往交融的新形式新途径，集中体现了从“共享、统筹、协调、开放、绿色”发展的具体落实过程中不断增进和发展“三个离不开”的新理念新思想，完全表达了通过全面加强各民族政治权益保障、大力改善民生、加速推进文化教育现代化而更好造福人民，创造更美好幸福生活，并让人们更切身体认和领悟“三个离不开”的深刻内涵，更懂得维护、拥戴和珍惜“三个离不开”重要价值的美好期望、殷殷嘱托，使之更富有新的活力和新的展现，使其社会效益更广泛、更显著，民心民意基础

* 谢热，青海省社会科学院藏学研究所副所长，研究员。

更坚实、更强大，从而把“三个离不开”重大思想推进到一个新高度新境界，为新时期全面推进各民族共同团结进步和共同繁荣发展注入新活力、新动能，不断开创民族团结进步事业新局面、新境界。

一 各民族政治上的相互离不开是“三个离不开”的根本基础

青海“创建民族团结进步大省”是对“三个离不开”重大思想基于各民族政治制度上的平等和民主而做出的对民族关系其根本基础的科学认识的又一推进和深化。毋庸置疑，“三个离不开”并不是一个空洞、虚构和乏力的词语，也并非简单、模糊的说教。透过表象看，实质是指各民族历史和现实的政治、经济、文化、教育等根本利益上的“三个离不开”，而保障政治制度上的平等和民主、自由则成为“三个离不开”内在规定性和必然性的根本基础。正因如此，青海从创建民族团结进步大省伊始，就把民族地区政治建设特别是维护和保障各民族政治权益放置于首要位置抓紧抓实，从而巩固和发展了其他各领域的“三个离不开”，也使这一思想更加放射出实践的光芒，彰显出巨大的感召力和亲和力。具体而言，一是通过全面贯彻落实《民族区域自治法》，进一步夯实“三个离不开”重大思想的根本基础。着眼于民族地区经济社会发展长远目标，紧紧围绕“团结”和“进步”两大思想主题，统一思想认识，强化政治责任，深入查找实施《民族区域自治法》重视不够和重形式轻落实以及配套法规亟待加强等突出问题症结的同时，着力从健全落实《民族区域自治法》监督保障机制、及时实现青海民族地区经济社会发展成熟政策的法制化以及积极争取中央对青海民族地区地方立法力量的支持等方面，加强和推进落实，从政治制度与民生事业的内在联结性上再现“三个离不开”其政治内涵的根本基础作用，不断巩固和完善各民族政治上的相互离不开，让各民族群众更切身地体认和感受国家赋予自己的优厚政治待遇和政治保障，使其政治情怀、国家意识、政府意识和团结进步意识以及社会责任感、无私奉献精神等良好思想情操自觉生成，迸涌不止，从而使“三个离不开”重大思想其政治上的内在规定性和必然性更加牢固、坚实，也使其在经济、文化、教育等其他领域内的展现和张扬有了可靠的依托。二是通过加强民族地区基层政权建设，不断巩固和完善“三个离不开”重大思想的政治组织保证。

结合开展民族团结进步“八进”活动，深入推进民族地区特别是偏远落后地方“三基”建设的细化落实，巩固和夯实基层基础，有效提升组织协调和治理服务能力，全面塑造廉洁、高效政府新形象，实现社会大局的更加和谐稳定，从而使“三基”建设更具内涵和品质，也使“三个离不开”其政治制度内涵的基础地位和核心作用更充分得到体现、发挥。三是通过实施民族团结同心工程，进一步提高和增强“三个离不开”的思想认识。全面加强社会主义核心价值观和新时期中央一系列重大治藏方略、民族宗教工作基本方针以及法治青海建设等思想宣传教育，使全社会法治意识和法治方式普遍树立，尤其是在培育和树立正确价值观、民族观、发展观和筑牢各民族共有精神家园上取得新提升。与此同时，群众科学文化素养、政治觉悟明显提高，公民意识、爱国意识、中华民族意识极大增强。真正从对党的政策、国家情怀和民族团结力量的切实感知和深刻体会中更懂得各民族一家亲、谁也离不开谁的历史必然性和内在亲情，也更懂得怎样维护和发展相互离不开的各民族情缘关系，从而使“三个离不开”内化于心外化于行，成为思想和行动的座右铭，模范履行民族团结进步光荣、神圣使命。

二 各民族经济发展上的相互离不开是“三个离不开”的重要内容

青海“创建民族团结进步大省”是对“三个离不开”重大思想基于各民族经济发展上的共同性和一致性而做出的对民族关系其内在规定性和必然性的科学判断的又一生动诠释。作为类存在，人有着共同的类别属性，在基本价值层面有着共同的价值取向。而追求经济发展，满足物质和精神利益需求则是全人类的共同价值。显然，“三个离不开”蕴含着的经济发展上的“离不开”就成为其综合性重大要素和主要指标而凝结于各民族交流交往交融的全过程。因此，青海创建民族团结进步大省，其中花精力最多和下功夫最大的主要也是在推动民族地区经济发展上，实现各民族共同价值的共建共赢共享作为主要任务和目标全面推进落实，从而使“三个离不开”其经济发展要素的重要黏合作用得到更充分释放，也使各民族平等交往、相互促进、共同进步的生动实践得到更具体的体现。概括而言，一是通过加快基础设施建设，着力改善和优化生产生活环境，进一步夯实

“三个离不开”重大思想的物质基础与环境条件。全面贯彻落实国家《“十三五”促进民族地区和人口较少民族发展规划》，加快实施民族地区水、电、路、天然气、网络等畅通工程，大力推进住房、公共服务设施、自然生态、村容村貌等基础条件和环境质量的改造、修复和优化。可以看到，方便、安全、快捷的社会生活条件和舒适、安逸的现代化生活品质，极大地促进了民族感情、民族交往、民族团结的深度融合发展，赋予“三个离不开”以更广阔、更多样的展现空间和更丰富的载体以及更饱满的内涵，使各民族共同团结进步与共同繁荣发展的时代主题得到全面的诠释和宣传、弘扬。二是通过全面实施脱贫攻坚战，实现“真脱贫、脱真贫”，不断赋予“三个离不开”重大思想以新动力、新活力。因地制宜、因村因户因人施策，精准发力，采取产业扶贫、教育扶贫、金融扶贫、健康扶贫等多元化帮扶措施和办法，并与扶志、扶智、扶精神相结合，实现了经济、文化、思想、智力等多方面的同步脱贫。这种部门协同联动、社会集中攻克、人人共享发展的脱贫攻坚实践运行，不仅使“三个离不开”重大思想得到进一步的放大和增强，而且也充分证明了只有实现各民族经济上的繁荣、发展，才能使“三个离不开”得到更充分的体现和加强。三是通过全面加强社会保障，提升人民群众幸福指数，不断丰富和壮大“三个离不开”重大思想的价值内涵及其生命力。民族地区各项社会保障标准全面提升，特别是养老保险、医疗保险、免费教育、住房改善等部分民生工作持续走在西部前列；同时基础设施更加完善、优良，基本公共服务能力及均等化达到全国平均水平。我们看到，之所以取得上述如此好的成效，既是东部发达省份大力支援的结果，又是省内各区域之间相互合作、共同发力的结果。所以，民族地区的发展，始终与“三个离不开”紧密相连，从“三个离不开”的相互促进和共同发展中不断得到发展，从发展的共赢共享中进一步促进了“三个离不开”的不断巩固和增强。

三　中华民族命运共同体是“三个离不开”的本质要求

青海“创建民族团结进步大省”是对“三个离不开”重大思想基于各民族历史实践和历史发展的共同命运而做出的正确结论的又一提升和发展。关怀人类命运是马克思主义的内在理论品质。中华民族长期的历史实践和历史发展维系着的各民族共同的理想信念和共同的命运追求，一直成为“三个离不开”思想的主导方向和生命线，而青海通过创建民族团结进步先进区，不仅把这一理论主线贯穿得更加富有张力和活力，使其实践推进显得更加符合人民意愿、群众需求，而且也极大地丰富和拓展了“三个离不开”思想内涵、价值意义。具体而言，一是通过全面实施“五同工程”，不断丰富和充实“三个离不开”重大思想的命运共同体利益共享体系。二是通过着力打造“大美青海”“灿烂青海”“幸福青海”新气势、新形象，赋予“三个离不开”重大思想以更完美和更生动的新展现、新面貌。三是通过深入开展民族团结进步宣传教育，更加彰显“三个离不开”重大思想的精神价值，使其更加深入人心，赢得广泛认同和拥护。

从管理到治理：改革开放四十年宗教治理理论与实践的变迁

马文慧*

改革开放四十年来，中国共产党立足于社会主义初级阶段这一基本国情，着眼于改革开放这一最大实际，坚持以马克思主义宗教观为指导，逐步把宗教纳入国家治理体系，形成了中国特色社会主义宗教理论。在做好宗教工作、处理好宗教问题的实践中，从政策性管理到法制化管理，再到法治化治理，是我们党长期依法对宗教事务进行治理的理论创新的升华和实践经验的总结，体现了中国特色社会主义发展的要求，蕴含着深刻的现实意义和时代价值。

一　宗教治理新局面的开创阶段（1978～1989年）

以邓小平同志为核心的党的第二代领导集体，对我国社会主义时期宗教问题基本理论和基本政策的系统阐述，标志着中国特色社会主义宗教理论和实践的创立。《关于我国社会主义时期宗教问题的基本观点和基本政策》（中发〔1982〕19号）为这一阶段的理论结晶，“这份影响深远的纲领性文件是马克思主义关于宗教问题的基本理论同中国宗教工作的具体实践相结合的典范，为开创宗教工作新局面和中国特色宗教治理奠定了坚实的理论基础”。①

这一阶段，党着眼于工作中心的转移和体制转轨，正本清源，重申了

* 马文慧，青海省社会科学院社会学所研究员。

① 曾传辉：《改革开放四十年我国在宗教治理方面对马克思主义宗教理论的发展》，《中国民族报》2018年5月15日。

马克思主义宗教观的基本原理，对新中国成立以来党在认识和处理宗教问题上正反两方面的历史经验进行了系统而全面的总结，将党的宗教理论从“左”的禁锢下解放了出来，对宗教的性质、规律和社会作用的基本认识及我们党的宗教政策等都分别做出了深入明确的阐述，对一些长期争论的重大问题给予了科学回答，并提出了关于社会主义时期宗教问题的一系列观点。彻底清除了“文化大革命”时期的“左”倾错误路线对我党宗教理论的歪曲，实现了党在宗教工作指导思想上的拨乱反正，奠定了我国社会主义初级阶段马克思主义宗教观的理论基础，使我国的宗教工作重新回到马克思主义的科学轨道上来，我国社会主义时期宗教问题的基本理论和基本政策初步形成。“1982 年 19 号文件为宗教治理奠定了理论和政策基石”,[①] 是里程碑式文献。

这一阶段依据新中国成立以来中共中央第一个专门性的关于社会主义时期宗教问题的纲领性文件，并成为后来宗教工作步入正轨的指导性文件，成功地指导党完成了在宗教领域的拨乱反正，全面恢复和贯彻落实宗教信仰自由政策，平反宗教领域的冤假错案、落实宗教房产政策、恢复开放宗教活动场所、各级爱国宗教团体和宗教院校相继恢复建立、推动爱国宗教界人士队伍建设、支持宗教界积极开展对外友好交往、防范境外利用宗教进行渗透，宗教事务管理部门逐步恢复正常工作，建立健全了宗教事务管理部门和机构，宗教工作干部队伍建设得以加强，使得改革开放条件下处理宗教事务的能力得到提高，宗教事务管理工作逐步走上正轨，“宗教工作的迅速恢复和宗教政策的全面落实开创了宗教治理的新局面”。[②]

这一时期就全国范围而言，专门的宗教方面的法律法规尚未出台，相关管理制度还未成型，依法管理宗教事务还没有正式提出，各级政府主要依据宗教政策管理宗教事务。“这一阶段，我们对待宗教的主要原则是政治上团结合作、信仰上互相尊重；管理宗教事务的体制是自上而下、内部循环的封闭体制，主要手段是行政手段，主要方式是统战方式；宗教工作

---

① 曾传辉：《改革开放四十年中国宗教治理的回顾与反思》，《中央社会主义学院学报》2018 年第 2 期。

② 曾传辉：《改革开放四十年中国宗教治理的回顾与反思》，《中央社会主义学院学报》2018 年第 2 期。

的主要特征是拨乱反正、落实政策，并探索建立规范宗教事务的制度和机制。”①

二 宗教治理的发展阶段（1990～2003 年）

以江泽民同志为核心的党的第三代领导集体，着眼于这一时期世界两极对峙格局解体、世界范围内宗教呈现大量新变化的现实，深入总结其他社会主义国家处理宗教问题的经验教训，对社会主义初级阶段的宗教问题、宗教工作基本方针以及共产党人对待宗教的态度等有了深刻认识，提出了一系列思想、观点和论断。其理论结晶为《中共中央、国务院关于进一步做好宗教工作若干问题的通知》（中发〔1991〕6 号）和《中共中央、国务院关于加强宗教工作的决定》（中发〔2002〕3 号），以及江泽民同志的《论宗教问题》，具有中国特色的马克思主义宗教理论初步形成。

经过改革开放后十多年持续、全面落实宗教信仰自由政策，各个宗教都出现了较快的恢复性增长和新的变化，同时不少地方也出现了一些不正常现象，如乱建滥建寺观庙堂、宗教狂热、利用宗教从事违法犯罪活动等，而境外利用宗教进行的渗透活动也不断加剧。为此，中央提出加强宗教事务管理和宗教法制建设。2001 年 12 月时任中共中央总书记的江泽民首次以党的总书记身份发表《论宗教问题》的重要讲话，科学阐述了宗教问题的复杂性和做好宗教工作的重要性，以及加强党对宗教工作的领导，从历史和现实的角度分析了世界宗教的主要特点，较为系统地阐明了党的宗教工作的政策方针。② 首次将党对宗教问题的基本观点和基本政策概括为十个方面，指出“宗教工作是党和国家工作中的重要组成部分，在党和国家事业发展的大局中有着重要地位”③。提出“民族、宗教无小事”的科学论断，强调要“高度重视民族工作和宗教工作”。④ 简而言之，这一时期

① 国家宗教局政法司：《实践创新：宗教事务管理模式的三个阶段》，《中国宗教》2008 年第 12 期。

② 《中共中央、国务院关于进一步做好宗教工作若干问题的通知》（中发〔1991〕6 号），1991 年 2 月 5 日。

③ 《中共中央、国务院关于加强宗教工作的决定》（中发〔2002〕3 号），2002 年 1 月 20 日。

④ 《中共中央、国务院关于加强宗教工作的决定》（中发〔2002〕3 号），2002 年 1 月 20 日。

宗教工作就是贯彻政策，依法管理，坚持自办，引导适应。[①] 中国特色社会主义宗教理论的理论框架基本成型，并直接推动了宗教政策体系的形成，“宗教工作基本方针树立起了宗教治理的政策支柱”[②]。

这一时期，党根据依法治国方略的要求，逐步将宗教工作作为社会公共事务的组成部分，由政府对宗教事务进行依法管理，宗教工作逐步向规范化、制度化、法制化迈进，[③] 可以说，依法管理宗教事务的提出和遵行“为宗教治理提供了操作遵循”[④]。1994 年国务院颁布了两部行政法规[⑤]，国家宗教局颁布了三部配套部门规章[⑥]，2000 年公布一部部门规章[⑦]，各省（区、市）也都根据国家有关法规，结合各地实际，制定了地方性行政法规和政府规章。各级政府管理宗教事务既依据宗教政策，也依据法规，即宗教工作管理方式从单一的政策管理转变为依法管理和政策指导双重并重。“这一阶段宗教工作的主要特征：一是针对全面落实政策后宗教大量恢复性发展出现的混乱现象，加快宗教法制建设的步伐，依法加强对宗教事务的管理。二是针对国际国内形势的巨大变化和宗教方面不断涌现的新情况、新问题，党对宗教的认识发生了深刻变化，党的宗教理论和方针政策有了重大发展。如，集中、深刻阐述了宗教问题的‘三性’，逐步形成了‘四句话’的宗教工作基本方针等。”[⑧]

---

① 1993 年，江泽民在全国统战工作会议上的讲话中指出：“在宗教问题上我也想强调三句话：一是全面、正确地贯彻执行党的宗教政策，二是依法加强对宗教事务的管理，三是积极引导宗教与社会主义社会相适应。”2001 年江泽民在全国宗教工作会议上的讲话中，将“坚持独立自主自办原则”作为工作要点与前面三句话并列，至此宗教工作“四句话”的内容全部提炼出来。2003 年，中共中央有关内部文件开始将这四句话明确为党的宗教工作基本方针，并把第三句与第四句次序作了调换。

② 曾传辉：《改革开放四十年中国宗教治理的回顾与反思》，《中央社会主义学院学报》2018 年第 2 期。

③ 中共中央文献研究室综合研究组、国务院宗教事务局政策法规司编《新时期宗教工作文献选编》，宗教文化出版社，1995，第 217 页。

④ 曾传辉：《改革开放四十年中国宗教治理的回顾与反思》，《中央社会主义学院学报》2018 年第 2 期。

⑤ 《宗教活动场所管理条例》《中华人民共和国境内外国人宗教活动管理规定》。

⑥ 《宗教社会团体登记管理实施办法》《宗教活动场所登记办法》《宗教活动场所年度检查办法》。

⑦ 《中华人民共和国境内外国人宗教活动管理规定实施细则》。

⑧ 国家宗教局政法司：《实践创新：宗教事务管理模式的三个阶段》，《中国宗教》2008 年第 12 期。

三　宗教治理发展和完善阶段（2004～2012年）

以胡锦涛同志为核心的第四代中央领导集体，面对构建和谐社会、建设和谐世界以及民主政治、公民社会进一步发展的时代背景，立足于中国的国情、党情和宗教的实际情况，正确认识中国特色社会主义社会中的宗教关系问题，立足党和国家全局工作的战略高度提出构建和谐宗教关系的思想，不断推进宗教工作，马克思主义宗教理论的中国化初步实现，中国特色社会主义宗教理论进一步丰富和完善。党的十七大报告、党章和2006年全国统战工作会议及2007年中央政治局第二次集体学习时的讲话为这一阶段的理论结晶。

这一阶段，提出并阐述了构建社会主义和谐宗教关系的重要思想，认为宗教关系是“政治领域和社会领域中涉及党和国家工作全局的一些重大关系”[①] 之一。主要理论观点可以概括为七个“首次”：“首次在党的纲领性文件中明确‘宗教工作基本方针’；首次提出宗教关系是我国政治和社会领域‘五大关系’之一；首次提出‘发挥宗教在促进社会和谐方面的积极作用’；首次提出‘发挥宗教界人士和信教群众在促进经济社会发展中的积极作用’；首次提出做好新形势下宗教工作的‘两个关键’[②]；首次提出做好新形势下宗教工作的‘两个根本’[③]；首次提出做好宗教工作的‘四个关系到’[④]。”[⑤] 这些理论观点为我们发展中国特色社会主义宗教理论指明了方向，提供了基本理论框架体系。

这一阶段对于宗教工作的目标、方式、方法，有了新的认识并提出了一系列新的要求，明确强调贯彻党的宗教工作基本方针的重要性，新闻媒

① 胡锦涛：《论构建社会主义和谐社会》，中央文献出版社，2013，第95页。

② 两个关键——全面贯彻落实宗教工作基本方针，落实宗教事务条例。

③ 根本要求——发挥宗教界在促进经济社会发展中的积极作用；根本任务——做好信教群众工作。

④ 四个关系到是指：宗教工作关系到党和国家工作全局，关系到社会和谐稳定，关系到全面建设小康社会进程，关系到中国特色社会主义事业发展。

⑤ 国家宗教局政法司：《实践创新：宗教事务管理模式的三个阶段》，《中国宗教》2008年第12期。

体首次进行公开报道，这是中央领导第一次公开谈到宗教工作基本方针。[①]党和政府对宗教工作给予高度重视，对宗教问题积极面对。2007 年党的十七大正式确立了党的宗教工作基本方针："全面贯彻党的宗教信仰自由政策，依法管理宗教事务，坚持独立自主自办的原则，积极引导宗教与社会主义社会相适应。"这一基本方针的确立在党的宗教工作理论及实践上具有深远的历史意义和重大的现实意义，从此，中国共产党关于宗教工作的审视更加全面、更为科学。党的十七大报告中首次系统论及"全面贯彻党的宗教工作基本方针"，明确指出"全面贯彻党的宗教工作基本方针，发挥宗教界人士和信教群众在促进经济社会发展中的积极作用"，并将宗教关系作为新时期的"五大关系"之一，强调"促进政党关系、民族关系、宗教关系、阶层关系、海内外同胞关系的和谐，对于增进团结、凝聚力量具有不可替代的作用"。此外，在新修改的党章中，"全面贯彻党的宗教工作基本方针，团结信教群众为经济社会发展做贡献"也被写入"总纲"的内容。这种理论充实和政策完善，使党和政府的宗教工作得以提升和健全，体现出与时俱进的飞跃发展。[②] 党的十八大重申了"全面贯彻党的宗教工作基本方针，发挥宗教界人士和信教群众在促进经济社会发展中的积极作用"这一指导思想。十八大《党章》沿袭了十七大《党章》对宗教的提法。

随着依法治国方略的实施，党对宗教问题的认识进一步深化。作为社会管理和公共服务的一部分，宗教事务逐步纳入法治轨道，更加法律化和规范化。2004 年 7 月《宗教事务条例》由国务院颁布，成为我国第一部宗教方面的综合性法规，标志着我国宗教领域法制建设取得关键进展，依法管理宗教事务迈上了新台阶。这部条例按照依法治国、依法行政的要求，把党对宗教的方针政策具体化为行政法规，为依法管理宗教事务提供了较为全面的法律依据。此后国家宗教事务局又陆续颁布了一系列配套规章，[③]

① 《胡锦涛在全国统战工作会议上的讲话》，2006 年 7 月。

② 卓新平：《积极引导宗教与社会主义社会相适应的理论创新》，《中国宗教》2016 年第 4 期。

③ 例如，《宗教活动场所设立审批和登记办法》（2005 年 4 月）、《中国穆斯林出国朝觐报名排队办法（试行）》（2006 年 6 月）、《宗教活动场所主要教职任职备案办法》、《宗教教职人员备案办法》和《宗教事务方面部分行政许可项目实施细则》（2006 年 12 月）、《藏传佛教活佛转世管理办法》（2007 年 7 月）、《宗教院校设立办法》（2007 年 8 月）、《宗教活动场所财务监督管理办法（暂行）》（2010 年 1 月）、《藏传佛教寺庙管理办法》（2010 年 10 月）、《中华人民共和国境内外国人宗教活动管理规定实施细则》（转下页注）

各省（直辖市、自治区）也都陆续制定或修订了地方性宗教事务法规和部门规章，构建起宗教事务管理的法律框架，各级政府宗教事务管理部门依法行政、管理和决策的能力不断增强，各级宗教事务管理人员的法制观念和执法水平逐步提高，依法管理宗教工作的局面基本形成。

这一阶段，宗教事务管理主要是依据法规，宗教工作开始走上法治化轨道，宗教治理法制化进入快车道。这一阶段宗教工作的主要特征：一是党的宗教理论和政策有了进一步发展和完善，突出表现为：更加重视宗教工作，更加重视发挥宗教的积极作用，更加重视宗教的社会属性；二是宗教工作模式发生了历史性变革。①

四　宗教治理创新与深化阶段（2012 年底至今）

党的十八大以来，以习近平同志为核心的党中央根据所处的历史方位、所面临的国内外形势、所肩负的历史使命，针对我国宗教领域出现的新情况新问题，进行了全面深入的理论分析与政策把握和指导，对宗教治理的理论和实践创新全面推进，为新时代宗教工作提供了根本遵循。2015 年中央统战工作会议、2016 年全国宗教工作会议、十九大报告为这一阶段的理论结晶。

这一时期，党中央统筹国内国际两个大局，科学研判形势，直面宗教领域的突出问题，结合我国宗教的发展变化和宗教工作的实际，指出“宗教问题始终是我们党治国理政必须处理好的重大问题，宗教工作在党和国家工作全局中具有特殊重要性”②，指出要在全面建成小康社会、实现中华民族伟大复兴中国梦进程中定位宗教工作，提升了宗教工作的重要性，肯定宗教是人类文明的组成部分。强调“做好宗教工作，必须坚持党的宗教工作基本方针”，指出“党的宗教工作基本方针是我们党坚持马克思主义

（接上页注③）（2010 年 11 月，修订）、《宗教院校教师资格认定和职称评审聘任办法（试行）》、《宗教院校学位授予办法（试行）》（2012 年 11 月）等，2010 年发布了对《中华人民共和国境内外国人宗教活动管理规定实施细则》的修订。

① 国家宗教局政法司：《实践创新：宗教事务管理模式的三个阶段》，《中国宗教》2008 年第 12 期。

② 习近平：《发展中国特色社会主义宗教理论　全面提高新形势下宗教工作水平》，《人民日报》2016 年 4 月 24 日。

宗教观，从我国国情和宗教具体实际出发，汲取正反两方面经验制定出来的”。[①] 从而明确提出了新时代中国特色社会主义宗教理论。

这一时期，对宗教工作做出一系列决策部署，推动宗教工作创新推进，开创了新时代宗教工作的新局面，要求“精心”、善于“按照宗教规律”做好宗教工作，突出宗教工作本质上是群众工作，将遏制极端作为处理宗教问题的基本原则之一；坚持党的宗教工作基本方针关键要在“导”上下功夫，做到“导”之有方、“导”之有力、“导”之有效，牢牢掌握宗教工作主动权[②]；坚持我国宗教中国化方向在当前宗教工作中具有特殊重要性[③]。强调积极引导宗教与社会主义社会相适应，要坚持“四个必须”[④]，指出进一步全面贯彻落实党的宗教政策，既要辩证地看宗教，也要有创新性的胆略和勇气来开展宗教工作，“引导宗教努力为促进经济发展、社会和谐、文化繁荣、民族团结、祖国统一服务”[⑤]。为贯彻落实党的宗教工作基本方针指明了着力方向，具有丰富的内涵和现实针对性。党的十九大报告强调“全面贯彻党的宗教工作基本方针，坚持我国宗教的中国化方向，积极引导宗教与社会主义社会相适应”。十九大《党章》继续沿袭十七大《党章》对宗教的提法：“全面贯彻党的宗教工作基本方针，团结信教群众为经济社会发展做贡献。”

这一阶段，根据全面依法治国的本质要求和深化实践，形成以宪法为核心、其他法律为支持，《宗教事务条例》为主体、其他行政法规和规章为补充的依法管理宗教事务的框架体系。“坚持政府依法对涉及国家利益和社会公共利益的宗教事务进行管理。要提高宗教工作法治化水平，用法律规范政府管理宗教事务的行为，用法律调节涉及宗教的各种社会关系。

---

① 习近平：《发展中国特色社会主义宗教理论　全面提高新形势下宗教工作水平》，《人民日报》2016 年 4 月 24 日。

② 习近平：《习近平谈治国理政》第 2 卷，北京外文出版社，2017，第 302 页。

③ 习近平：《发展中国特色社会主义宗教理论　全面提高新形势下宗教工作水平》，《人民日报》2016 年 4 月 24 日。

④ 四个必须是指，必须坚持中国化方向，必须提高宗教工作法治化水平，必须辩证看待宗教的社会作用，必须重视发挥宗教界人士作用。

⑤《巩固发展最广泛的爱国统一战线　为实现中国梦提供广泛力量支持》，《人民日报》2015 年 5 月 21 日。关于积极引导宗教与社会主义社会相适应的理论创新，表明了党中央在新时期对待宗教的真正态度，其阐述、论证则是中国共产党在当前世情及中国处境中对马克思主义宗教观的重大思想推进和理论贡献，其开拓和创新意义深远。

要保护广大信教群众合法权益，深入开展法治宣传教育，教育引导广大信教群众正确认识和处理国法和教规的关系，提高法治观念。”① 依法管理宗教工作的局面已经形成，“这是中国特色社会主义宗教治理达到成熟阶段的一个标志”。这期间，《宗教事务条例》进行了修订（2017 年 8 月公布），一部部门规章颁布②，标志着我国宗教工作法治化迈向新的高度。政府对宗教的治理，更多地表现为对于宗教事务的协调和服务，充分发挥各个治理主体的有效功能，实现治理主体各归其位、各尽其能、良性互动，推进实现宗教治理体系和治理能力的现代化，“习近平新时代中国特色社会主义思想中关于宗教工作的重要论述，将我国宗教治理水平提升到一个历史新高度”③。

这一阶段，宗教事务依法管理主要依据法规和规章，宗教工作开始走上法治化轨道，开启了宗教工作新的历史阶段。宗教的社会属性逐渐得以凸显，宗教的社会治理是国家治理体系的重要一部分，宗教治理法治化进入快车道。这一阶段宗教工作的主要特征：一是党的宗教理论和政策有了新的创新和深化，从国家安全、意识形态安全、文化安全和巩固加强党的执政地位的战略高度来认识和处理宗教问题；二是对宗教治理的理念从管控思维向引导思维转变，坚持系统、依法、综合、源头治理，治理主体由单一走向多元，治理方式也由政府部门的单向管理转向多元主体的交互共治、多元共治、良性互动的宗教治理体制。④

五　结语

改革开放四十年来，我们党从恢复宗教信仰自由政策起步，逐步把宗教纳入国家治理体系，形成了新时代中国特色社会主义宗教理论，实现了由行政依政策直接管理向多元主体依法管理转变，由防范性的非常态管理向服务型的常态管理转变的宗教治理实践。由宗教事务管理到宗教治理，

① 习近平：《发展中国特色社会主义宗教理论　全面提高新形势下宗教工作水平》，《人民日报》2016 年 4 月 24 日。

② 2015 年 7 月《藏传佛教学衔授予办法（试行）》颁布。

③ 曾传辉：《改革开放四十年我国在宗教治理方面对马克思主义宗教理论的发展》，《中国民族报》2018 年 5 月 15 日。

④ 张祎娜：《新时代宗教治理能力现代化的实现路径》，《中国民族报》2017 年 11 月 29 日。

不仅是字面和概念上的变化，而且是蕴含着理念、价值引领、政策、方法、手段、体制和法治精神等多个层面深刻调整，贯穿决策、执行和评估全过程的全面变革，正如习近平同志在2014年全国两会期间参加上海代表团审议时强调的："治理和管理一字之差，体现的是系统治理、依法治理、源头治理、综合施策。"

改革开放四十年宗教治理理论与实践的变迁轨迹表明，中国特色社会主义宗教理论与实践与改革开放四十年同行，和宗教现状的巨大变迁互为表里，是理论创新与实践探索有机结合的过程，既是四十年宗教治理的生动见证，也是我国改革开放四十年来巨大变化在宗教领域的体现。

改革开放以来青海伊斯兰教工作概述

韩得福*

1978年党的十一届三中全会以后，随着党的宗教信仰自由政策的恢复，同全国一样，青海全省范围清真寺逐渐开放，信教群众的宗教活动逐渐正常，特别是1982年中共中央颁发了《关于我国社会主义时期宗教问题的基本观点和基本政策》（中发〔1982〕19号）文件，青海省委认真贯彻落实，经过指导思想上的拨乱反正，重申和全面贯彻落实了党的宗教信仰自由政策，全省各级党委和政府主管部门对宗教的工作重新走上了正轨，开创了宗教工作新局面。根据工作开展情况，改革开放以来的青海伊斯兰教工作可以分为两个阶段。

一　改革开放至20世纪末

（一）建立健全宗教工作机构和宗教团体

1978年党的十一届三中全会拨乱反正，青海省委省政府逐步恢复、建立民族宗教事务管理机构。1978年10月中共青海省委决定，恢复青海省民族事务委员会。1979年3月中共青海省委批转省委统战部《关于贯彻中央两个文件的意见》，提出继续肃清林彪、“四人帮”极“左”路线在宗教工作方面的流毒和影响；向广大干部和群众进行党的宗教政策的再教育；加强对信教群众的工作，积极向他们进行政治思想和科学文化教育；抓紧做好对宗教界人士落实政策的工作，彻底平反，纠正一切冤假错案；

* 韩得福，青海省社会科学院民族宗教研究所助理研究员。

采取有力措施，加强对宗教活动的管理。1979 年 7 月省编委批复省委统战部，同意恢复“青海省革委会宗教事务处”，同省民委合署办公；恢复“青海省伊斯兰教协会”，由省民委代管。1989 年 2 月根据省委意见，撤销青海省民族事务委员会、青海省宗教事务局，同时成立青海省民族宗教事务委员会，作为省政府统一管理全省民族和宗教工作的部门。1994 年 4 月经省委、省人民政府讨论通过，省政府机构中民族宗教事务委员会更名为民族事务委员会，与宗教事务局一个机构两块牌子，作为省人民政府工作部门。1983 年后，全省各州、地、市和绝大部分县都成立了民族宗教处（局），配备了工作人员。全省各级宗教部门的恢复和成立，是贯彻落实宗教政策的体现，标志着青海省宗教管理工作步入正常。

1980 年 3 月青海省委统战部提名韩四十三、马明基、马文奎、马镇邦 4 人为中国伊斯兰教协会四届委员会委员候选人，青海省 10 名代表出席全国伊斯兰教第四次代表会议。1980 年 6 月中共青海省委统战部与省民委共同召开青海省宗教界爱国人士学习会，97 名宗教界人士参加学习，会议讨论制定《青海省宗教界人士爱国公约》；并酝酿产生了青海省伊斯兰教协会筹委会的理事及委员。1980 年 9 月，省委统战部提名韩生贵、马文奎、韩四十三等任青海省伊斯兰教协会筹委会副会长，白玉祥任青海省伊斯兰教协会筹委会副会长兼秘书长。1981 年 9 月，青海省伊斯兰教协会第一届全省代表会议召开，与会代表经充分酝酿协商，推选马明基为主任，马文奎、韩生贵等为副主任，一致通过《青海省伊斯兰教协会章程》和《青海省伊斯兰教协会第一届全省代表会议决议》，正式组成青海省伊斯兰教协会。之后在省内穆斯林人口集中的各市、行署、县也相继成立了伊斯兰教协会。

（二）落实宗教界人士政策

从 1978 年开始，根据党的实事求是的思想路线，落实对宗教界人士的各项政策，平反冤假错案，解决宗教界人士错划右派和在平息 1958 年局部地区反革命武装叛乱以及宗教制度改革中的扩大化问题。1982 年 6 月，中共青海省委做出决定，对青海省原政协第三届委员会常务委员、西宁市东关清真大寺教长买成章予以平反、恢复名誉。与此同时，各州、市、县先后平反纠正了一批宗教界人士的冤假错案。“文化大革命”中被查抄的宗教界人士的财物给予适当补助，停发的工资予以补发。根据“着重在政治上解决，经济上适当补助”的原则，集中进行了落实和补助工作，据1985年4月统计，中央和省财政共同拨款向各寺观教堂集体和宗教人员个人补偿金额达1300多万元。

通过平反冤假错案，落实政策，对爱国的宗教界人士在政治上还做了适当的安排。分别安排在各级人民代表大会常务委员会、政治协商会议、伊斯兰教协会；对原来做过安置的宗教界人士，又重新进行了调整安排。安排面之广、人数之多是前所未有的。并帮助一些散居在社会上的失去劳动力的老年宗教职业人员解决生活方面的困难，使他们安心从事正常的宗教活动。宗教界代表人士成为党和政府开展工作和联系信教群众的桥梁和纽带。这体现了宗教教职人员在国家政治生活中享有的平等权利和党和国家宗教政策的贯彻落实。

（三）恢复开放宗教活动场所，施行团结开寺原则

随着宗教信仰自由等政策的逐步恢复和落实，为了进一步使宗教教职人员和广大信教群众进行正常的宗教活动和宗教仪式，中共青海省委省政府遵照中央和国务院的有关规定，陆续在各种宗教中恢复开放了一批寺观教堂，为信教群众提供了活动场所，有的地方还临时设立了宗教活动点。

至1995年底，全省开放伊斯兰教清真寺和活动点1339座，宗教教职人员2234人，其中开学阿訇1334人。对于历史上有一定影响的清真寺，如西宁东关清真大寺等，有的被分别列为全国和省一级文物保护单位，政府有关部门逐年拨专款维修。1990年2月，青海省民族宗教事务委员会根据国务院宗教事务局精神，结合我省情况，将张尕、苏只、孟达、阿河滩、昂思多、前沟、白崖、北关、南关、碾伯、汉东、南庄子、川口北寺、希里沟、中庄、康家16座清真寺补报为全国重点清真寺。

对宗教界人士的平反和宗教活动场所的恢复是我省改革开放后宗教工作的重大转折点，党的宗教信仰自由政策得以全面落实，开创了青海宗教工作新局面。

改革开放之后，信教群众一度被压抑的信仰热情空前高涨，但由于“文化大革命”造成的伊斯兰教学识断层，以及个别宗教学识不完备的教职人员宣扬的狭隘教派观点，诋毁与自己不同的教派，引发较为严重的教派矛盾，青海多地出现按教派分寺建寺现象。为有效遏制当时的教派矛盾

和纠纷，从社会稳定、民族团结、宗教和谐的大局出发，1983 年，青海省委 119 号文件首次提出清真寺“团结开寺”的原则，1988 年省委 16 号文件和 1991 年省委 29 号文件再次重申并强调这一原则。由于全省大部分地区坚持了团结开寺的原则，有效地遏制了伊斯兰教按派分寺建寺的现象，对缓解教派纠纷、控制清真寺数量起到了积极作用。

（四）依法管理宗教事务

青海省各级人民政府及宗教工作部门坚决按照宪法规定和宗教信仰自由政策开展宗教工作，并以此作为全部工作的根本出发点和落脚点，保护和尊重公民信教自由的权利，保障爱国宗教组织和信教群众的合法权益。1990 年 7 月，省人民政府办公厅转发省宗教事务局《关于加强宗教活动场所管理的规定（试行）》。1992 年 8 月，经青海省人大常委会审查、批准，颁布实施了《青海省宗教活动场所管理规定》和《青海省宗教教职人员管理规定》，1994 年，国务院颁布实施《中华人民共和国宗教活动场所管理规定》《中华人民共和国境内外国人宗教活动管理规定》。1999 年 9 月，省宗教局协同省伊协就西宁市东关清真大寺等 27 座清真寺传发禁酒倡议书一事进行调查，认为这种做法超出了清真寺的职责范围，是少数人妄图恢复宗教封建特权、影响民族团结和社会稳定的举动，是违背党的宗教信仰自由政策，侵犯餐饮业合法经营权和宗教干预行政的行为，必须坚决加以制止。通过宣传教育明确教法与国法的关系，明确宗教与社会主义社会谁适应谁的关系，全力维护来之不易社会稳定局面。

为保障清真寺的正常宗教活动，维护清真寺的合法权益，规范清真寺的管理，1993 年，中国伊斯兰教协会根据《中华人民共和国宗教活动场所管理规定》等国家有关规定和伊斯兰教教义、教规及传统，制定了《清真寺民主管理试行办法》，进一步明确清真寺的所有宗教活动须在法律允许范围内进行，避免妨碍社会秩序、生产秩序和工作秩序，防止发生教派纠纷和其他事端，实现了伊斯兰教领域总体和谐稳定的良好局面。

（五）设立经学院，培养教职人员

1984 年 4 月，省编制委员会批复省人民政府宗教事务局，同意开办伊斯兰教阿訇进修班，隶属省政府宗教事务局领导，由省伊斯兰教协会出面筹办。每期30人，进修时间为半年，列事业编制2人。1985年2月，国务院宗教事务局发出《关于确定甘、宁、青三省区各办一所伊斯兰教经学院的通知》，同意将原拟在兰州合办一所伊斯兰教经学院改为由三省区分别在兰州、银川、西宁各办一所。青海省人民政府批复省宗教事务局，同意开办省伊斯兰教经学院，为县级事业单位，在校学生60人，学制5年。5月，省编制委员会批复省宗教事务局，同意省伊斯兰教经学院教职工编制与学员的比例为1∶4（其中教员与学员的比例为1∶8）。在校学生按60人计，列事业编制15人。为了便于工作，经学院下设办公室，负责教学和日常行政事务。1986年9月，省、市伊斯兰教协会联合召开在宁部分委员和部分清真寺开学阿訇、管委座谈会，就开办青海省伊斯兰教经学院问题进行座谈。1987年4月23日，青海省第一所伊斯兰教经学院在西宁举行开学典礼，省政协副主席、省伊协主任韩生贵（回族）任院长。1992年1月，省伊斯兰教经学院首届19名学生毕业。根据省政府关于“学员毕业后，仍坚持从哪里来到哪里去的原则，国家不予分配”的规定，省民宗委决定这批首届毕业生仍回派遣县安排。4月，青海省民族宗教事务委员会批复省伊协，同意在西宁市修建青海省伊斯兰教经学院。三年制大专班从1994年停止招生。

（六）将朝觐活动纳入宗教管理工作范畴

朝觐是伊斯兰教五项功课之一，也是世界上穆斯林各族人民规模最大的跨国性宗教活动。改革开放以来，随着经济社会的发展，信教群众生活水平的提高，穆斯林群众朝觐的愿望更加强烈。1985年7月3日，国务院宗教事务局发布了《关于自费朝觐问题的通知》。从此，自费朝觐工作被列入宗教工作日程。

二　2000年至今

在第一阶段内，青海省伊斯兰教管理的各种机制、制度已初步建立，并积累了一定的“青海经验”。2000年以来，则更多的是健全和完善这些管理机制、制度，以应对新问题、新情况，引导青海伊斯兰教与社会主义社会相适应。

随着改革开放的深入，人们物质生活水平的提高、现代网络传媒的发展及对外交流的不断扩大，信教群众外出留学、经商、旅游和朝觐人员增多，青海伊斯兰教出现新情况新问题，青海伊斯兰教管理工作也及时相应调整。主要表现在以下方面。

（一）进一步完善依法管理机制

这一时期，通过各方宣传，依法管理伊斯兰教事务、依法解决伊斯兰教内部矛盾理念已深入人心，也取得了一定的成效。如2004年，民和回族土族自治县着力解决了一些宗教方面久拖不决的问题，依法解决长达13年之久的满坪拱北矛盾后，进一步加强化解矛盾的工作力度，经过认真细致地工作和多方调解，相继解决了前河乡前河村毛家清真寺、中川乡大马家清真寺和官亭镇官亭清真寺之间的矛盾等问题。对已化解矛盾的拱北寺院进行回访，通过回访工作，了解到信教群众间相互团结，化解前怨，更加珍惜团结稳定的局面。随之在2006年，根据《宗教事务条例》（2004年）修订通过了《清真寺民主管理办法》，进一步明确规定了清真寺是信仰伊斯兰教的各民族穆斯林举行宗教活动、讲经宣教、培养宗教教职人员、办理教务的场所。清真寺的宗教活动，如礼拜、诵经、讲经、宣教、斋月功课以及宗教节日的教务活动，应邀办理穆斯林群众的诵经、起经名、婚丧等事宜，必须在国家宪法、法律、法规、规章和政策规定的范围内进行。清真寺的一切宗教活动要避免妨碍社会秩序、生产秩序和工作秩序，防止发生教派纠纷和其他事端。对超越正常范围的宗教活动，寺管会和阿訇、伊玛目、海推布有责任劝阻和制止，防范清真寺内发生重大事故或者发生违犯伊斯兰教禁忌等伤害穆斯林群众宗教感情、破坏民族团结、影响社会稳定的事件。2009年，青海省人大常委会颁布实施了《青海省宗教事务条例》，宗教工作逐步走上法治化轨道。依法依规对伊斯兰教事务进行严格管理，实现了伊斯兰教领域总体和谐稳定的良好局面。

（二）依法规范宣教活动

部分从国外学习回来的人员，将境外的一些宗教流派观点或宗教学术观点带入国内和家乡进行宣传和散布，如出现的“达瓦宣教团”现象就是一个很有代表性的例证，其活动在2000～2010年比较频繁，企图在信教群众中与清真寺争夺话语权或将清真寺作为其落脚点和宣传平台，给数百年来已经形成的以清真寺为主要场所、以阿訇教长为核心的传统讲经传教形式带来了不小的冲击，在当地穆斯林宗教生活中激起了不小的涟漪，成为引发一些地区矛盾和不安定的新兴因素。“达瓦宣教团”引起青海省委省政府、国家安全厅等相关部门高度重视，对该宣教团窝点进行打击，对宣教人员进行劝解，起到了一定的作用。

（三）进一步推广团结开寺原则，控制清真寺数量

近年来，青海伊斯兰教伊赫瓦尼派内部矛盾突出，分化为“硬派”“软派”“中间派”，个别阿訇肆意妄断，引发矛盾，导致提出分派建寺要求。同时，个别开放政策富裕起来的老板，凭借经济势力，插手和干扰清真寺正常管理，争夺管理权和话语权，鼓动和怂恿信教群众分派建寺。青海省民宗委、伊斯兰教协会等多方努力，在摸索中进一步推行团结开寺。多年来青海清真寺团结开寺取得的实践经验和良好的社会效益，深受广大穆斯林群众欢迎，团结开寺已经成为绝大多数信教者的共识。通过不断提高阿訇的学识水平和政策水平，阿訇之间互相不断对与错，互相不指责、不干涉，互相尊重，无论是给满拉上课，还是给老年穆斯林扫盲，新教、老教阿訇都会讲做礼拜等方面的异同，而不妄加论断对与错，明确“教门是干的，而不是说的”“各干各得”的思想，团结开寺成为所有阿訇的自觉行动。信教群众，无论老教、新教，认识到了团结开寺所带来的积极效果，现在自愿团结一致，共同开寺。

截至 2016 年底，全省现有依法登记的清真寺 1349 座，另有未批先建的清真寺及活动点 160 余处，伊斯兰教持证教职人员 2997 人，批准开放的拱北 8 处。所有批准开放的宗教活动场所，依据《中国伊斯兰教协会章程》和《清真寺民主管理试行办法》（1993 年），设立民主管理委员会（简称寺管会），实行民主管理，负责教务、寺务和其他有关事务的管理。

事实证明，团结开寺符合青海省伊斯兰教实际和广大穆斯林群众的根本利益和意愿，不但可以增进青海伊斯兰教内部团结、民族内部团结、信教群众之间团结，而且还是有效缓解教派矛盾和纠纷，遏制极端思想传播和渗透的坚固壁垒，必须在新时代坚持好、发展好。

（四）强化青海省伊斯兰教协会的社会作用

作为由全省伊斯兰教界人士和穆斯林群众组成的爱国宗教社会团体，代表全省伊斯兰教界和穆斯林群众合法权益的群众组织，党和政府团结、教育、联系伊斯兰教界和穆斯林群众的桥梁和纽带，青海省伊斯兰教协会始终发挥着重要作用。其以协助党和政府认真贯彻宗教信仰自由政策为宗旨，始终坚持独立自主自办的原则，贯彻执行党的宗教政策加强民族团结、教派和教派内部的团结，是青海伊斯兰教宗教活动正常化的组织保证。在团结各族穆斯林群众、发扬伊斯兰教优良传统、引导穆斯林群众积极参加社会主义物质文明和精神文明建设方面，做出了应有的贡献。

（五）建设青海省伊斯兰教经学院，加强爱国爱教教职人员培养

作为一所省级宗教院校，青海省伊斯兰教经学院从 1985 年成立至今，一直没有自己的办学场所，长期租用西宁东关清真大寺房屋开展教学和学术研究工作，也是目前全国 10 所伊斯兰教经学院中唯一没有独立校址和自主院产的经学院。随着党的宗教政策深入和我省信奉伊斯兰教群众的逐步增加，加快省伊斯兰教经学院建设、加强对阿訇和民管会成员培训，迫在眉睫。对此，青海省委省政府非常重视，进行多次研究，在《关于进一步加强和改进新形势下伊斯兰教事务管理工作的意见》中，明确要求加快省伊斯兰教经学院建设，力争用五年时间将全省持证阿訇轮训一遍。2015 年经省委常委会研究，同意新建青海省伊斯兰教经学院。

为把这个全省宗教界人士和广大信教群众期盼已久的好事办好，省民宗委党组高度重视，按照省委省政府部署，成立了由省民宗委主任开哇为组长的青海省伊斯兰教经学院项目建设领导小组，按照建设项目相关要求，积极开展项目前期各项工作。青海省伊斯兰教经学院的建设，对于改善经学院办学条件，提高办学质量，加强对伊斯兰教教职人员教育和培训，培养拥护党的领导和爱国爱教的伊斯兰教人才具有重要意义；同时，对开展较大规模伊斯兰教文化研究和学术交流，促进宗教和谐、民族团结进步，教育引导广大信教群众积极参与社会主义经济建设，弘扬爱国爱教的民族传统文化等方面也具有深远意义。

2016 年 7 月，位于循化撒拉族自治县积石镇河北波浪滩的青海省伊斯兰教经学院动工建设，预计于 2018 年内建成并投入使用。该项目总投资约 7000 余万元，项目占地面积约 50 亩，总建筑面积 15087 平方米，建设内容包括综合教学楼、教职工周转房、学生宿舍、礼拜殿、会议室、食堂、综合室内活动楼等主体工程，以及锅炉房、消防水泵房、门卫值班室等室外配套工程。

（六）进一步完善朝觐管理办法

随着青海省穆斯林人口的繁衍增多和地方经济社会的不断发展，越来越多的穆斯林群众有条件去朝觐，国家分配的朝觐名额已远远不能满足青海穆斯林的朝觐需求，于是越来越多的穆斯林群众以个人旅游方式去朝觐，并出现不少问题。为此，2006 年 11 月，青海省伊斯兰教协会在西宁召开扩大会议，传达学习了国家宗教局和省委省政府领导关于坚决贯彻有组织、有计划朝觐政策和制止零散朝觐的批示精神。2007 年 3 月，为了规范我省穆斯林朝觐活动，提高对朝觐事务的管理水平，有效制止零散朝觐现象，切实减轻穆斯林群众的经济负担，中共青海省委办公厅、省政府办公厅转发青海省朝觐工作领导小组制定的《青海省穆斯林朝觐管理办法》，加强了全省穆斯林朝觐工作信息化建设，实现了穆斯林朝觐网上报名常态化管理，严格依照网上排队报名次序分配名额，并将拟成行人员名单进行公示，杜绝了拉关系、暗箱操作等不良现象，提高了朝觐报名排队工作的透明度和宗教工作部门的公信力。同时各地设立穆斯林朝觐服务窗口，为穆斯林群众提供朝觐政策咨询、朝觐报名、成行朝觐人员相关手续办理等服务工作。对进一步有组织、有计划开展朝觐，依法管理伊斯兰教事务，有效遏制零散朝觐活动，坚决抵制境外敌对势力利用朝觐对我进行渗透，对维护民族团结和社会稳定起到了十分重要的作用。7 月，省委省政府召开省、州（地、市）、县（区）三级领导干部参加的全省制止零散朝觐工作联席会议。省政府与 6 个州（地、市）及 8 个重点县（区）的党政领导签订《制止零散朝觐工作目标责任书》。从 1985 年到 2017 年，青海省共组织朝觐 32 次，朝觐人数达 2 万多人（次），有力保障了穆斯林群众正常的宗教生活，实现了平安、有序、文明朝觐，形成了具有青海特点的朝觐模式，不仅保障了信教群众的合法权益，同时也维护了我国的国际形象，得到国家有关部门和省委省政府的充分肯定，赢得了穆斯林群众的好评。

（七）开展集中整治，伊斯兰教事务管理工作日趋严格和规范

2016年以来，我省对开斋节时间混乱、不符合政策及规定的学经班、阿訇聘任、乱讲“卧尔兹”等问题开展专项整治。青海伊斯兰教界关于伊斯兰历的常识缺乏普及，导致群众部分阿訇和信教群众将农历和伊历混淆使用，青海穆斯林对伊斯兰教斋月的始入和结束（即开斋节）日期发生严重分歧，甚至造成众多矛盾和纠纷。为此，自2017年斋月开始，青海省伊协与各县伊协根据伊斯兰教的指导思想，同时利用现代天文数据，做出果断、英明的决定，下发了有关全省统一入斋、开斋的通知，顺利解决了青海穆斯林长久以来深受困扰的一大难题，受到穆斯林群众高度欢迎。从此，青海伊斯兰教斋月、开斋节被纳入宗教事务管理范畴。海东市清理无证开学阿訇23名，清理未经政府备案审批聘请的外县籍阿訇7名，化隆县2016年约谈15人次，吊销教职人员资格证2人，责令辞学1人，行政拘留1人，通报批评8人；西宁市2016年拆除伊斯兰教非法活动点1处，取缔6处，2017年查处非法学经班3处，关闭了大通县中岭女子学校。各级党委政府提高认识，明确责任，完善管理制度，健全责任追究机制，伊斯兰教事务管理工作日趋严格和规范，提升了伊斯兰教事务管理的制度化、规范化水平。

近年来，我省加强对伊斯兰教工作的领导，建立健全了“党委政府负责，统战部门协调，民宗部门和相关部门依法管理、乡镇和村（社区）负责日常管理”的清真寺管理长效机制，形成了管理主体明确、各部门积极参与，纵向齐抓共管、横向联动协调的工作格局。各级宗教工作部门和伊斯兰教协会进一步建立健全宗教场所、教职人员、宗教活动等一系列规章制度，夯实了伊斯兰教工作法治基础。坚持分类指导、区别对待的原则，创新建立县、乡、村分层分级管理并进行动态调整的新机制，构建了“主体在县、延伸到乡、落实到村、规范到点”的宗教工作网络，促进了伊斯兰教事务管理的规范化、法治化，引导宗教发挥积极作用与社会良性互动，有效促进了伊斯兰教与社会主义社会相适应。2018年，青海省民宗委、伊协组织伊斯兰教界学习宣传党的十九大精神暨新编“卧尔兹”巡回

宣讲团，分赴西宁、海东、海南、海西、海北、黄南州的17个县（区）和53座重点清真寺开展巡回宣讲活动。宣讲期间，在各县区举办集中宣讲会17场次，在重点清真寺举办宣讲会53场次，5万余名清真寺开学阿訇、民管会成员、乡镇宗教干部和信教群众聆听宣讲。活动中，宣讲组成员紧紧围绕党的十九大精神，结合伊斯兰教教义教规，向伊斯兰教界人士和广大信教群众宣讲了十九大精神、新修订《宗教事务条例》、新修编“卧尔兹”、社会主义核心价值观等方面内容，号召开学阿訇弘扬伊斯兰教中道思想，自觉抵制偏激主张的传播蔓延；引导广大信教群众爱国爱教，发扬伊斯兰教宽容、诚信的美德，不断提高自身修养，切实维护民族团结、宗教和顺。伊斯兰教界人士和信教群众一致认为，通过巡回演讲，不仅进一步理解掌握了党的十九大精神实质，深刻体会到了新时代伊斯兰教工作的新思想、新要求，而且在不同宗教派别之间进行了有效的交流互动，这在青海历史上属首次，也是青海伊斯兰教中国化进程中的一个重要转折点。青海穆斯林群众纷纷转发阿訇们巡回演讲的内容，表达了对这一举措的热烈欢迎和大力支持。青海穆斯林群众的热烈反应体现了团结、和谐、宽容的传统美德是众心所向，是符合伊斯兰教教义和创建社会主义和谐社会的要求。今后应继续加以推广，切实统一宗教界思想，按照教义教规，把握政治方向，正确认识和处理国法与教法的关系，增强法治观念，始终把握青海伊斯兰教中国化方向，为维护民族团结、宗教和顺做出积极贡献。

党的十一届三中全会以来，青海省各级党委和政府认真贯彻中共中央《关于我国社会主义时期宗教问题的基本观点和基本政策》，党的宗教信仰自由政策得到全面贯彻落实，信教群众正常的宗教活动得到充分保障；绝大多数伊斯兰教界人士爱国爱教，遵纪守法，拥护党的领导和社会主义制度，接受政府的管理，在宪法、法律允许的范围内开展宗教活动；宗教管理机制不断健全和完善，依法管理宗教事务的力度不断加强；普遍进行了寺院整顿登记工作，对部分清真寺的管理进一步规范化。改革开放四十年来，党和政府通过不断调整和完善管理机制，使青海伊斯兰教主动与社会主义社会相适应，始终走在中国化的正确道路上。但是，我省伊斯兰教工作仍存在一些热点、难点问题：如一些地区教派矛盾、冲突时有发生，分派建寺现象影响团结开寺，互联网中针对穆斯林群体的攻击导致穆斯林群众出现消极心理等。出现这些问题既有政策上的问题，也有管理上的问题，有的是管理上“失之于宽，失之于软”造成的，有的是调查研究不够，对问题吃得不透、看得不准、处理不及时造成的，这些问题需要进一步调研、分析和研究。

改革开放四十年青海民族教育事业发展成就

旦正加*

青海是多民族聚居的西部内陆省份，少数民族人口占全省总人口的46.98%①。因此，民族教育的发展在很大程度上关系到青海省的社会稳定和经济发展。改革开放以来，在党中央、国务院的正确领导下，在全社会的关心和支持下，青海省民族教育事业有了长足的发展，九年义务教育全面普及，高中教育和职业教育较快发展，学前教育、幼儿教育稳步推进，已经形成了具有青海地方特点和民族特色的社会主义现代民族教育体系，为加快青海民族地区经济社会可持续发展做出了不可磨灭的贡献。

一　20世纪70年代末到80年代初是青海民族教育事业全面恢复并走向正常发展的阶段

党的十一届三中全会后，中央高度重视发展民族教育事业，先后制定出相应的方针、政策，投入了大量的人力、财力和物力。青海省委省政府根据中央有关指示精神，立即开展工作，拨乱反正，清除“左”倾错误思想在民族地区的影响，进一步加强民族教育工作。自1981年以来，青海省每年从民族地区补助经费和支援经济欠发达地区发展资金中拿出30%用于民族教育事业，使民族基础教育得到很快恢复，并开始走向正常化轨道。据资料统计，“1983年，全省有民族小学1200所，民族中学51所，民族

---

*　旦正加，青海省社会科学院藏学研究所副研究员。

①　青海省民族宗教事务委员会：《青海省民族教育发展情况》，http：//www.qhsmzw.gov.cn，2012年11月19日。

中专13所，民族院校1所；少数民族在校学生中（包括各类普通学校在校的少数民族学生），有小学生15.09万名，中学生2.75万名，中专生3563名，大学生1360名”①。这与解放初期相比，无论从建校数量上，还是从学生数量上，都有了倍增。同时采取降低少数民族大中专录取分数线、在部分院校举办民族办和预备班等支持民族教育事业的办法和措施，拓宽了培养少数民族人才渠道，提高了教育培训质量。“从1977年到1983年底，全省有2780名少数民族考生考入省内外各类大学，占全省大学录取考生总数的17%；24794名少数民族考生考入省内外各类中等专业学校，占全省中专录取考生总数的25%。”② 到20世纪80年代中期，已恢复或开办民族学院、民族中专、民族中学、民族小学已达上千所，初步形成了具有青海特点的民族教育体系。

二　20世纪80年代中期到90年代初是青海民族教育事业狠抓改革机遇、开拓奋进的阶段

这一阶段是青海教育体制改革的关键时期。1985年底，青海省委省政府围绕中共中央颁发的《关于教育体制改革的决定》，制定了《关于贯彻执行〈中央关于教育体制改革的决定〉的意见》，并根据青海实际情况，以“分级办学，分级管理”的方针进行“分类规划，分类指导”，初次规划了全省三类不同地区实施九年义务教育的目标、步骤，以试点形式逐步推广至全省。同时提倡“人民教育人民办”的教育理念，进一步推动社会群体积极参与民族教育基础建设。并根据农牧区社会生活、居住环境的特殊性，实行“多种形式办学”方针，开办民族中小学和寄宿制学校，在大专院校继续开设民族班等，取得了较好的成效。“1987年，在全省各级各类民族学校就读的少数民族学生达29万多名，占全省学生总数的40.43%，是1949年的59.5倍。其中，民族小学1477所，在校生达15.5万人；民族中学（含职业学校）190所，在校学生2万多人。牧区寄宿制小学已发展到313所。”③ 各州县办起了民族中学，从而结束了纯牧区没有

① 青海省情编委会：《青海省情》，青海人民出版社，1986，第419页。

② 青海省情编委会：《青海省情》，青海人民出版社，1986，第419页。

③ 吕建中：《青海民族教育发展的历史与现状》，《青海民族研究》2004年第2期。

中学的历史。另外，“全省共有民族中专13所，民族高校2所，省属普通高校和中专共举办近80个班次的民族班，开设专业达38个，累计招生达3000人，在校学生2200多人，毕业生2600多人”①，初步形成了融省、州、县、乡、村为一体的民族教育体系。

三　20世纪90年代初到90年代末是青海民族教育事业进一步深化改革、全面发展的阶段

青海省围绕全国第四次民族教育工作会议和国家教委、国家民委印发的《关于加强民族教育工作若干问题的意见》以及《全国民族教育发展与改革指导纲要（试行）》，开始对青海民族教育的发展工作做了部署，要求从青海实际出发，首先打好教育基础，进一步改革开放，明确办学思路，缩小东西部地区差距，继续为本地区培养优秀人才。据统计，“1999年，全省专设民族学校为1571所，占全省普通学校总数的37.48%。其中，民族高校2所，民族中专13所，民族中学74所，民族小学1478所。少数民族在校生（含普通学校少数民族学生）330784人，占在校生总数的40.84%；其中，少数民族大学生3716人，占全省高校学生总数的39.63%；少数民族中专生6279人，占49.83%；少数民族中学生64291人，占31.02%；少数民族小学生234170人，占46.77%。民族中小学中用少数民族语言文字授课的学校868所，在校生105247人。全省各级各类学校中少数民族专任教师15569人”②。

四　新世纪初到2010年是青海民族教育事业稳中有序、快速发展的阶段

这一阶段，基于青海实际，实施科教兴青战略，努力争取国家项目，加大教育投入力度，加强民族地区基础教育建设，努力普及九年义务教育。特别是党的十六大以来，全省教育系统以邓小平理论和“三个代表”

① 吕建中：《青海民族教育发展的历史与现状》，《青海民族研究》2004年第2期。

② 青海省地方志编纂委员会：《2000年青海年鉴》，2000，第265页。

重要思想为指导，认真贯彻落实科学发展观，进一步解放思想，紧密结合实际情况，扎实推进教育改革和发展，各项工作取得了很大进展，具体表现在以下几个方面。

（一）学校规模和学生数量不断扩增

"2004 年，全省共有民族学校 1222 所，占全省普通学校总数的 21%。其中，民族高校 1 所，民族中专 7 所，民族中学 61 所，民族小学 1141 所，各类寄宿制中小学 397 所。全省在校少数民族学生总数达 34.3 万人。职业教育稳步发展，全省民族地区办起中等职业学校 15 所，9 所中学附设了职业技术班。这与 1949 年全省只有民族小学 109 所、学生 4800 人相比，青海民族教育事业发生了翻天覆地的变化。"①

（二）"两基"工作逐步实现

到 2005 年，除了青南 18 个纯牧业县外基本实现"两基"。全省各级各类少数民族在校生达到 45 万人，占全省在校学生总数的 46.3%，比"九五"期间提高了 4.4 个百分点。民族自治地方学龄儿童入学率从 1996 年的 79.55% 上升到 95%。

（三）教育对口支援与合作交流工作有了新的进展

从 20 世纪 90 年代起，青海省根据党中央、国务院关于教育对口支援的要求和部署，与东部省份建立了帮扶对子关系，进一步加强合作，接受支援。从 1996 年开始与辽宁省建立对口支援关系以来，两省从社会、经济、教育、生态各方面进行合作交流，以挂职锻炼、技术培训、学校交流、培养学生等多种方式展开了一次次的教育援助，成果显著。"'十五'期间，全省 8 个州（地、市）、245 所学校分别与辽宁等省的有关地、市、学校建立了对口帮扶关系，开展了多种形式的教育对口支援交流，2000 多名少数民族学生在省内外重点高中异地就读。"②"十一五"期间通过积极开展省内外合作办学、异地办学等途径，送更多的贫困地区学生到省内外

---

① 毛翠香：《青海省民族教育硕果累累》，http：//www. sina. com. cn，2004 年 8 月 3 日。

② 《建对口帮扶关系青海少数民族学生入学率上升》，http：//www. 365zhaosheng. com/html/2006/23/200623987. Shtml。

重点中学就读。除此之外，为了配合生态移民工程，省教育厅等有关部门还专门拟定出《三江源生态移民区异地办班方案》，从2004年起，在省内外教育相对发达地区为移民子女办班，资金由省、州、县各负担三分之一，解决了一部分移民子女上学难的问题。

（四）“双语”教学改革试点工作有序开展

2002年至2005年，在青海同仁地区和刚察地区10所民族小学进行了为期三年的藏汉“双语”教学改革试验，从课程设置到音响教材的配置都有了新的突破。省教育厅、青海民族学院和青海师范大学民族部等部门还多次承担“双语”教学改革科研项目。如“青海师范大学藏汉双语教学调查与研究”“平安县当彩小学双语教学实验研究”“普通高校民族班藏汉双语教学探索”“培养藏汉双语理科师资教学实践与教材建设”等，为进一步推动民族地区“双语”教育改革试点工作及其办学思路提供了理论保障。

（五）对民族教育的扶持力度逐年增强。

“十五”期间，青海省进一步实施了国家贫困地区义务教育工程、中小学危房改造工程、农村牧区寄宿制学校建设工程等，总投资达10亿余元，新建扩建校舍达109万平方米，极大地改善了民族地区中小学的办学条件。“十一五”期间，再投入14亿元，重点扶持民族贫困地区、三江源生态移民区中小学教育和民族高中、民族职业学校的建设，并为尚未实现“两基”的青南18个纯牧业县进一步培养骨干人才，千方百计为民族贫困地区发展教育注入新活力。另外，2007年至2011年间，“青海省教育厅通过省内外高等师范院校，培训中小学校长和骨干教师2万人次，其中青海省6个民族自治州民族中小学教师占70%；州、县和校短期培训人数达到7.12万人次，从而使‘双语’教师队伍的学历层次、专业结构、知识水平、教学技能得到了一定程度的改善和提高”。①

五　2011年至今是青海民族教育事业进一步巩固和发展阶段

这一阶段中央出台了一系列关于义务教育和民族教育方面的政策文

① 顾玲：《青海着力培养“双语”教师推进民族地区教育》，新华网，2011年1月22日。

件。2010年青海省根据第四次全国教育工作会议精神和《国家中长期教育改革和发展规划纲要（2010～2020年）》（2010年7月13日），制定了《青海省中长期教育改革和发展规划纲要（2010～2020年）》，对青海省发展民族教育事业做出了明确规划，提出了具体方案和改革举措，并在全省范围内逐一推行，取得了良好的效果。

（一）民族地区九年义务教育普及率和巩固率不断提高

“十二五”期间，巩固“普九”成果，进一步加强民族教育事业发展。到2012年，“全省民族中小学1046所，占全省中小学学校数的46.99%。其中民族小学924所，占小学学校数的51.56%；民族普通中学122所，占普通中学学校数的28.11%。小学少数民族适龄儿童毛入学率113.69%，比上年增加了1.41个百分点；民族自治州、县适龄儿童入学率达99.38%；青南三州适龄人口毛入学率达90.82%。民族高校1所，在校生达11385人，比上年增加546人，增长5.04%，其中少数民族学生7313人，占在校生总数的64.23%。各级各类学校共有少数民族学生560625人，占学生总数的50.88%”。[①] “十三五”期间，主要“聚焦民族教育发展薄弱环节，加快普及学前教育、高中阶段教育，加强民族地区职业教育，加强民族地区教师队伍建设，完善幼儿园、学校配套设施，推进异地办班，完善差别化区域政策，分区规划，分类指导，夯实发展基础，创新民族地区教育模式，缩小发展差距。到2020年民族地区学前教育毛入园率达到80%，九年义务教育巩固率达到95%，初中毕业生升学率达到90%，教育发展水平有大幅提升”。[②]

（二）对民族干部和中小学骨干教师“双语”培训力度不断加大

2010年青海省制定出台了《青海省藏区基层干部藏语学习培训实施意见》，指导各州地结合实际，因地制宜地开展基层干部藏语培训。通过集

---

① 青海省民族宗教事务委员会：《青海省民族教育发展情况》，http://www.qhsmzw.gov.cn，2012年11月19日。

② 青海省人民政府办公厅、青海省教育厅：《青海省“十三五”教育改革和发展规划》（青政办〔2016〕177号），2016年9月9日。

中培训、网络授课、分批挂派、实践锻炼、微信交流、电视授课等多种形式，分层分类和阶段递进式培训，建立藏汉“双语”培训对象库、师资库、教材库和学员培训档案为主的“四库一档”，通过结对帮学，设立“流动课堂”和“双语”学习日等方法，有目的地开展基础培训和强化培训，全面提升基层干部藏汉“双语”技能。在此基础上，从2011年开始，省委组织部每年举办青海省基层干部藏语主体班2期以上，共举办了20多期省级示范班，接受培训人员达1000余人次，产生了规模与制度成果双重效应。2014年青海省委印发《2014～2017年青海省干部教育培训规划》，把开展基层干部藏语培训工作列入“十大”系列工程，主要培养对象为市州40岁以下年轻基层干部，以学习培训“双语”口语为重点，锻炼听、说、读、写能力。计划到2021年，力争全省藏区基层干部基本掌握和运用藏汉“双语”，使青海省“双语”培训规模突破5000人次大关。[①] 除此之外，为了进一步推动六州藏区中小学“双语”教师队伍建设，“青海省藏汉双语教师培养培训基地”（其前身为“青海省双语师资培训基地”）从2011至2015年，青海民族大学共举办民族中小学藏语文骨干教师培训班4起、民族中小学校长培训班1期，培训人数达700余人次，[②] 有力地改善了藏区中小学“双语”教师严重不足的局面。

（三）民族地区“双语”教育改革稳步推进

“十一五”“十二五”期间，青海省本着国家通用语言文字和本民族语言文字“双加强、双改革、双提高”的原则，努力推动民族“双语”教育体系建设，在不断改善现有民族小学、民族中学、民族高中和民族职业学校办学条件的基础上，进一步加大对民族学前教育和“双语”幼儿园建设投入力度。到2014年，青海省六州藏区共有幼儿园394所，在园幼儿48122人，学前三年毛入园率为50.87%，学前一年毛入园率为96.07%；藏区幼儿园教职工总数2159人，专任教师1254人。藏汉“双语”中小学学校共有450所，在校生16.1万人，专人教师9400人，占全省中小学

① 李彩霞：《“双语”培训：青海架起藏区干群交流“连心桥”》，青海省人民政府网，2017年9月26日。

② 青海省民族宗教事务委员会：《青海省藏汉双语教师培养培训基地在青海民族大学正式挂牌》，http：//www.qhsmzw.gov.cn，2015年4月10日。

“双语”专任教师的97.5%。[①] 已经形成了少数民族聚居的乡有民族小学、县有民族中学、州有民族师范学校、省有民族院校的“双语”教学体系。“十三五”期间规划，进一步“完善双语教育体系。坚定不移推行国家通用语言文字教育，确保少数民族学生基本掌握和使用国家通用语言文字，少数民族高校毕业生能够熟练掌握和使用国家通用语言文字。尊重和保障少数民族使用本民族语言文字接受教育的权利，不断提高少数民族语言文字教学水平。在国家通用语言文字教育基础薄弱地区，以民汉双语兼通为基本目标，建立健全从学前到中小学各阶段有效衔接，教学模式与学生学习能力相适应，师资队伍、教学资源满足需要的双语教学体系”。[②]

（四）藏区职业教育投入力度逐年加大

青海省在巩固和发展义务教育的同时不断加大对职业教育的投入力度，努力发展民族职业教育。“十五”期间，“中央和地方给民族地区职业学校投入2903.5万元，占同期全省职业教育总投资的26%，重点建设骨干职校，培训骨干教师，对职业学校校长进行了全员培训”。[③] “十一五”期间通过资源整合，将原有的各州卫生学校、民族师范学校和职业技术学校合并，在6个民族自治州、5个民族自治县分别建成了一所综合性的中等职业学校。“十二五”期间，全省少数民族自治地区中等职业学校达12所，其中包括3所省级重点中等职业学校，民族职业学校占全省中等职业学校总数的34%，在校生达6765人，占全省中等职业学校在校生的22%。[④] 并不断加强地方民族职业学校与省内外职业学校联合办班和职业技能培训班的工作，输送了更多职校毕业生为民族地区经济社会发展服务。2016年，青海省再投入1.79亿元发展藏区职业教育。不但免除中等职业学校全日制在校生的学费和教材费，而且三江源地区生源每人每年补

① 王荣、尚玛：《青海藏区藏汉双语教育发展现状与展望》，《青海师范大学学报》（哲学社会科学版）2014年第7期。

② 青海省人民政府办公厅、青海省教育厅：《青海省“十三五”教育改革和发展规划》（青政办〔2016〕177号），2016年9月9日。

③ 青海省民族宗教事务委员会：《青海省民族教育发展情况》，http://www.qhsmzw.gov.cn，2012年11月19日。

④ 青海省民族宗教事务委员会：《青海省民族教育发展情况》，http://www.qhsmzw.gov.cn，2012年11月19日。

贴超过3000元，使藏区职校学生较快增长，在校人数已超过2.1万名。[①]“十三五”期间，青海省将继续加强对藏区职业教育的政策和资金支持，进一步推动藏区职业教育迈向新时代。

（五）异地办学和教育对口支援工作不断加强

“十二五”期间，青海省进一步加强民族地区异地办校和异地办班工作。计划到2020年时，在2015年省外异地就学人数累计达到6000人的基础上翻一倍，要达到12000人以上。[②]与此同时，将提升教育对口支援工作水平，建设青海民族大学预科教育基地，实施“一州一校”职业学校建设规划，重点加强学前教育、民间传统工艺等12个传统特色，旅游服务与管理、弄畜产品加工等10个新兴特色专业建设。“十三五”期间，“全省民族地区教育整体发展水平及主要指标达到或接近全省平均水平，各级各类教育质量显著提高，服务民族地区全面建成小康社会的能力显著提高，逐步实现基本公共服务均等化”。[③]

总之，改革开放四十年来，青海民族教育事业发展较快，无论在办学理念上，还是在学校规模上，都有了质的飞跃，民族地区教育状况有了明显改善，培养了一大批少数民族专业技能人才，已招配到农村牧区最需要的地方，为民族地区经济社会文化发展带来勃勃生机。

---

① 张宏祥：《青海着力推动藏区职业教育发展》，青海省人民政府网（来源：青海日报社），2017年3~22日。

② 《青海中长期教育改革和发展规划纲要（2010~2020年）》，《中国教育报》2010年9月23日。

③ 青海省人民政府办公厅、青海省教育厅：《青海省“十三五”教育改革和发展规划》（青政办〔2016〕177号），2016年9月9日。

改革开放四十周年藏族妇女研究的回顾与展望

益西卓玛*

2010年的第六次人口普查资料显示，藏族总人口约为628万人，藏族是个全民信教的民族，在其发展的历史进程中，宗教信仰是无所不在的。有史以来，宗教和政治的权威掌控在男人手里，藏族妇女的宗教与社会地位比较低。目前，藏学已成为国际热门学科，但涉及妇女问题的系统研究还不太多。2002年，西藏自治区妇女联合会创办了内部刊物《西藏妇女杂志》，在西藏大学成立了妇女与性别研究中心。2004年，西北民族大学藏学院亦创办了《藏族妇女报》，四川色达喇荣五明佛学院成立了喇荣度母丛书编辑部，但专门的研究机构及研究人员非常紧缺。本文以现有的资料为基础，对改革开放四十年来藏族妇女研究的历史、概况进行粗略回顾与展望。

一 藏族妇女研究历史

在近1400年的历史长河中，藏民族经历了辉煌的吐蕃时期并为我们留下了灿烂的文化。公元7世纪，松赞干布主政时派吞弥桑布札等远赴印度留学，回来后创制了藏文。从此，藏族历史掀开了崭新的一页。松赞干布颁布了一系列法令，其中《十善法》明确规定“不听妇人之言”，藏族妇女参与社会活动的极少，只是局限在以家庭为单位的狭小空间，但贵族上层妇女仍有一定的政治地位与权利。在特殊的历史环境下，也涌现出来不

* 益西卓玛，青海省社会科学院藏学研究所副研究员。

少女性政治任务及宗教杰出人物。

公元7世纪后期，出现了王母赤玛伦代子摄政及代孙主政的局面，可以说迈出了藏族妇女参与社会政治事务的第一步。此后公元8世纪赤松德赞执政时，为弘扬佛法从印度邀请了莲花生等高僧大德。赤松德赞将王妃益西措嘉许配给莲花生为明妃，莲花生大师亲自给她传授了密宗法和显宗的全部内容，在莲花生大师的二十五位弟子中，她是授传密宗法规最全最多的一位并撰写了《莲花生大师广传》。她为弟子传授《女尼耳传秘诀百法》《双运修持法》《观修大手印》等密宗修持法，并培养了近千名僧尼子。她留下了很多著作，这些典籍因为当时无法传播而只好埋在地下，后来成为藏传佛教宁玛派的伏藏。益西措嘉成为佛教宁玛派的最早密宗大师和女性高僧。益西措嘉的成就开启了贵族妇女崇信佛教的先河，越来越多的贵族、平民妇女开始受戒成为在家居士，藏族妇女在宗教发展进程中开始有了自己的一席之地。虽然没有专门的研究论述藏族妇女的吐蕃文献，但从现存有关文献资料中可以看到藏族妇女的政治、宗教、社会等地位。

公元12世纪的玛久拉仲是藏族历史上著名的女密宗师。她拜印度班智达陀巴为师，并与他结为夫妻，后来投拜帕当巴桑吉，成为能断派女传觉宇法的开创者。她不但精通各种佛法经典，自己还著有《断我执广论集东》《断我执再论》《断我执三论》《章组》《地印》《信息密法》《三定》《竖立基道》《特殊秘诀》等十部佛学论著。此后也出现过一些比较著名的藏族妇女，如杰尊米觉华准（有零星的传记）、玛吉夏玛、觉姆满措、休色劳钦（有传记）等，不再一一列举。

过去的一千多年中，在藏族文献中涉及妇女的资料非常零散，只是在历史或宗教文献中一笔带过，所以谈不上研究。除吐蕃时期有个别的妇女参与政治事务外，历代著名的藏族妇女的社会活动仅限于宗教和医学方面。

二　改革开放四十年来藏族妇女研究概况

改革开放四十年来，藏族社会发生了很大变化，藏族妇女开始扮演更多的社会角色，对藏族妇女发展问题的关注也逐渐增加，出现了很多谈及藏族妇女宗教、政治、生活、婚姻家庭、身心健康等方面的研究成果，用汉文和藏文发表了较多的论文及少量专著。

（一）专著

马克思主义认为，妇女的发展水平是社会发展的重要标志，也是衡量社会进步程度的重要尺度。近年来随着社会文明程度的快速提高，藏族妇女的文化知识水平也在不断提高，研究藏族妇女的学术作品也在增多，藏族妇女研究的内容更是包罗万象。藏族妇女研究虽不是研究的热门课题，但至少吸引了很多人的目光和兴趣。藏族妇女研究领域的专著不及论文多，但是很有代表性。

（1）《藏传佛教出家女性研究》是一部系统介绍藏族女性队伍中最特殊的一群人即出家女性的学术专著。全书分为五章，分别论述了佛教最早传入吐蕃地区及王室贵族皈依佛门的历史、吐蕃王妃主持修建佛寺与佛堂的历史、出家女性在吐蕃产生与发展的历史；介绍了僧伽比丘尼僧团的建立及尼僧的戒律；对空行母益西措嘉的生平事迹做了清晰的梳理，高度赞扬了她对佛教传播和发展，开辟妇女习文识字、学法修行所做出的积极贡献；对佛教复兴与各派尼僧及其教团组织、生活模式、妇女剃度出家等问题阐发了作者的观点，对藏传佛教出家女性问题做了全面、系统的研究，具有很高的实用价值及学术价值。

（2）《圣殿中的莲花·度母信仰解析》将藏族普遍信仰的“度母”置于其学术视野，集知识性、学术性于一体，是国内第一部系统探讨解析“度母”信仰的学术成果。在藏传佛教中，度母与观世音菩萨、莲花生大师同为“世间三殊胜之神”。她以一个大慈大悲的女性形象和“度诸若之母”的身份存在于世，形成了独特的文化形态和基本精神。度母最早产生于古代印度，她的原型是古印度一位美丽善良的公主。本书中探索了度母的缘起、类型、仪轨、在藏区的发展过程等，把一个真实的度母介绍给世人，力图使人们能够准确地认识、科学地理解这位在藏民族中具有很大影响力和生命力的女神和菩萨。

（3）《拉萨尼寺梵呗——阿尼仓空宗教仪规供品研究》是第一部全面介绍藏传佛教尼姑寺的历史与宗教仪规的著作。全书分为五章，系统论述了阿尼姑仓空寺的历史沿革、管理组织结构、经济管理情况、尼姑个人生活及各种宗教活动，着重论述了对该寺朵玛及宗教供品所做的仪轨，并对其进行了全面系统的研究和分析，是一本集学术性和可读性于一体的专著。

（4）《藏族妇女文论》由作者不同时期发表的关于藏族妇女专题研究、专题调研、附录三部分组成，涉及了藏族妇女研究的历史、宗教信仰心理、社会经济生活中的地位与作用、婚姻、平等权利及其法律保障等问题的研究，分析了新世纪藏族妇女面对宗教信仰、婚姻、家庭等的心理状态及应对态度，是一部比较全面论述藏族妇女问题研究的论文集。该书不但获得了学术界的肯定，也产生了一定的社会影响，是一本可读性和知识性较强的文集。

（5）《藏族妇女口述史》分为导论和藏族妇女口述史两部分。导论部分谈了成书立意及调查范围、藏族历史文化概要、藏族妇女地位的历史变迁、藏族婚姻形态等。在藏族妇女口述部分共收录了22位藏族妇女的口述历史，她们包括藏戏表演艺术家、藏族第一代舞蹈家、藏族第一位女播音员、格萨尔说唱女艺人、鸣伦夫人、贵族夫人、女王部落后代、土司后代、藏族女医生、女活佛、女僧人、藏族家等。通过记录她们的生活经历、感情、事业等，展现新时代藏族妇女的飒爽英姿。

（6）《历代藏族杰出女性》通过对藏族历史典籍和历史文献的梳理，对藏族不同历史发展时期的杰出妇女人物的历史、人权、品质、心理、特点、命运、服饰以及女僧人的特殊生活、新时期藏族妇女地位及其作用等进行了分析。

（7）《藏传佛教觉域派通论——一个藏族女性创立的宗派》通过觉域派教法在宁玛派中流传、觉域派教法在噶举派中流传、觉域派教法在萨迦派中流传、觉域派教法在觉囊派中流传、觉域派教法在格鲁派中流传、觉域教法的苯教传统、觉域派教法的民间表达与实践等交代了藏传佛教觉域派这个由女成就者玛久拉仲创立的宗派在藏区的发展脉络。玛久拉仲不但创立了觉域派还著书立说，撰写了《般若波罗蜜多觉域派教法理义和秘诀精髓奥义心要》《般若波罗蜜多秘诀觉域派教理佛经大品》《精髓品》《心要品》等许多觉域派重要论典法本，使其教理更加完善和体系化。

（8）《空行母教言大集丛书》包括藏族女性圣者传记18本，专著32本，空行母赞颂集1本，教诫一本，目录1本，总计53本。是藏区第一套专门由女性学者著述的文集，为研究藏族妇女问题的人士提供了很好的资料素材，由西藏藏文古籍出版社于2017年正式出版发行。

（二）论文

关于吐蕃赞普芒松芒赞的王后赤玛劳的研究比较多，作者分别从不同的视角对这位杰出女性做出了评价：陈崇凯的《吐蕃女政治家赤玛伦考略》（《青海民族学院学报》汉文版，1999）介绍并考证了赤玛伦辅佐、代理主政的历史原因及她的重要贡献，并积极评价了她的政治业绩；吉太加的《女王卓萨赤玛劳》（《日月山》藏文版，1992 年第 1 期）以《敦煌藏文文献》为资料，简要介绍了卓萨赤玛伦的生平业绩。由华毛主编的《当代藏族女性作品选编之论文集》（藏文）由中国藏学出版社于 2006 年出版，这本书收录了藏族女性 1981～2006 年公开发表的用藏文撰写的各类学术论文，内容涉及了藏族古现代史和教育、民俗、语言学、医学等内容，向世人展示了藏族妇女的社会地位、人生观、信仰、理想追求，也向世人展示了藏族妇女的学术成果，为研究现代藏族女性心理具有很好的参考价值。唐茜的硕士论文《藏传佛教尼姑的修行生活与性别角色——基于拉卜楞王府尼姑寺的个案研究》，作者选择了多民族交汇地区一个代表性的尼姑寺院进行田野调查和访谈，综合前人的研究与多学科理论知识，从当地的历史文化背景入手，通过呈现尼姑出家前后和修行生活，来分析她们的性别角色，思考了在安多地区的尼姑面临的状况为何会呈现出与其他区域的不同，她们受到的误解又是什么，要如何消除等问题。贡保草的《30 年来藏族女性研究概略》对 1978 年至 2008 年的以汉文为载体的有关研究藏族女性的学术论文进行回顾与梳理。如巷秀措的《藏族女性成人礼仪的文化内涵及功能研究——以青海贵德藏区罗汉堂镇为例》。

另外，仓决卓玛的《西藏妇女研究综述》（《西藏研究》汉文版，2008 年第 1 期）运用汉文资料，系统介绍了藏族妇女发展问题研究的现状，对近年来的藏族妇女研究的学术成果进行了综合的评述，并提出了藏族妇女研究领域存在的问题以及对策建议，是一篇可读性和知识性极强的论文。其他还有一些涉及宗教关系、妇女地位、婚姻家庭、教育现状、生育保健、妇女服饰头饰、出家女尼等内容的藏族妇女研究论文，本文不再进行论述。

三　藏族妇女研究的展望

从研究队伍看，从事藏族妇女研究工作者大多数是兼职或业余爱好者，缺乏专业的理论素养及培训，制约了研究成果的学术质量。虽然这种情况目前正在好转，但被忽略的方面及需要我们关注的地方仍然很多。我们要多借鉴国内外的妇女研究、调查方面的经验，以充实我们的研究理论及方法，形成一个具有特色的学科队伍，促进藏族妇女研究的全面发展。同时，积极培养专业人员，并给予资金支持。

除了妇女与政治、宗教方面的基础研究外，我们更要注重妇女的现实问题研究。比如广泛关注藏族妇女的婚姻探求心理、学习兴趣、生活目标、就业理想等问题。近年来有些藏区家庭离异及婚外情现象比较严重，直接导致了孩子们的身心健康问题等也值得关注。自古以来，藏族有自己的生育文化，如何与周围自然环境和谐相处，如何利用特殊地理，如何改善生存环境等方面有自己特殊的经验和认知。因此，深入挖掘传统文化，并将传统文化与现代生殖保健医学相结合，是目前我们也要认真思考的问题。因为，母亲的身心健康关系到婴幼儿的健康成长，也关系到一个民族的未来。

另外，加强妇女各项生活技能的培训也是不容忽视的问题，如今大量的藏族妇女涌入城镇，但因受教育程度低，缺乏一技之长，就业困难，生活艰难。笔者认为，狠抓女童教育是当务之急，只有女童时期受到良好、平等的教育，走上社会后，才能在不同职业领域担当起重任。藏区的基础教育虽然有了很大的发展，但与内地相比较差距还是很大，入学率、巩固率比较低，造成这种局面的原因有很多，做相应的对策研究也是藏族妇女研究的重要内容之一。

总之，藏族妇女研究涉及的内容和范围非常广泛，其研究前景也是值得人们期待的。

参考文献

《谈谈藏族历史上的几位女性》，《西藏研究》1996 年第 1 期。

中国藏学研究中心历史所：《东噶藏学大辞典历史人物类（下）》，2005，第653页。

仓决卓玛：《西藏妇女研究综述》，《西藏研究》2008年第1期。

德吉卓玛：《藏传佛教出家女性研究》，社会科学文献出版社，2003。

华毛主编《当代藏族女性作品选编之论文集（藏文）》，中国藏学出版社，2006。

黄勇：《拉萨尼寺梵呗——阿尼仓空宗教仪规供品研究》，中国藏学出版社，2003。

拉毛措：《藏族妇女文论》，青海人民出版社，2004。

热斯贡觉加措：《历代藏族杰出女性》，西藏人民出版社，2003。

杨恩洪：《藏族妇女口述史》，中国藏学出版社，2006。

德吉卓玛：《藏传佛教觉域派通论——一个藏族女性创立的宗派》，中国藏学出版社，2014。

堪卓益西措嘉等：《空行母教言大集丛书》，西藏藏文古籍出版社，2017。

改革开放四十年藏族传统家风建设与社会主义核心价值观建构

罡拉卓玛*

改革开放以来，藏族传统家风建设成为藏学研究的重要内容，随着社会的发展而变化，在社会主义文化建设过程中起到促进社会稳定和民族团结的作用，社会主义核心价值观也积极容纳和接受藏族传统家风建设思想，既能起到引领作用，也能彰显其理论价值。

家风是家庭成员在举手投足间展现的气质，是具有民族共性和个体家庭特殊性双重性质的物质、精神、行为文化。家风最早萌芽于先秦；正式出现在人们视野中，始于西晋文学家潘岳的《家风诗》，其赞誉祖辈，以家族风气约束自己；西晋之后，家风开始普遍流行，尤其是在北朝；明清时期达到鼎盛①。每一个家庭是社会的基本细胞，家风是家庭内部逐步形成的较为稳定的道德规范、生活作风和为人处世之道的文化行为，是中华民族传统教育体系的重要组成部分，也是现代社会不可或缺的精神血脉，更是促进全民人文素养有效提升和推动社会整体文明科学发展的基础。藏族作为中华民族人家庭中历史悠久、民族文化底蕴深厚的一员，其传统家风建设思想由来已久，也深刻地影响着每一个藏族家庭及其家庭成员。正如藏族谚语“家无家风，家中无规矩”，藏族传统家风内容丰富，只有深刻挖掘与社会主义核心价值观相适应的内容，提高为公民的道德素养，养成遵纪守法、追求理性的个人日常习惯，才能成为社会主义核心价值观的理论支撑和实践基础，也对藏区的社会稳定和长治久安具有一定的推动

* 罡拉卓玛，青海省社会科学院藏学研究所助理研究员。

① 徐梓：《家风的意蕴》，《寻根》2014 年第 3 期。

作用。

藏族家风思想以藏族传统社会中部落或以家庭为单位和文化载体，以长辈或家长为主导代代相传的文化行为。藏族家风思想鲜见文本模式，主要以口传身授和行为教育为其重要承袭方式。藏族历史上除寺院教育之外，未曾在普通民众中出现过专门的教育体系。因此，藏族传统家庭是自然而然成为个人接受教育的文化空间，每个人一出生就处于藏传佛教以外的以某种特定的道德价值体系为核心的藏族传统家风思想当中，其教育对每个人的思维方式和道德价值的形成和完善起到奠基作用。很多人认为藏族的家风与藏传佛教教义紧密相连，其实藏族传统家风思想不仅是宗教内容，而且是一个长期和持续的教化过程，通过重复教育和长期强化，使爱国爱民、勤俭节约、团结和睦等道德价值观输入个人成长的日常生活当中，并成为个体行为规范的准则，更是整个藏族民众一种集体意识和约定俗成。藏族家风思想通常以家长的言传身教为主要教育模式，对其子女具有深刻的教育和教化作用，并且具有明显的针对性，对道德品行与价值取向的形成具有一定的作用。同样，家风思想代代相传的长期性，使得与社会主义核心价值观的内容相一致的藏族家风建设思想伴随一生，从而强化爱国爱民思想。

随着时代的发展，藏族家风内容及形式不断与时俱进，并发生着变化。藏族历史文化悠久博深，特殊的自然环境和人文生态造就了藏族自成一体的道德价值观念和民族性格。藏族的家规家训作为传统家庭道德教育实践的重要依据，也是藏族道德伦理文化和民族性格的具体体现①。那些与时代不符的宿命论和重男轻女等具有消极思想的家风在历史的长河中逐渐消失。从古至今，藏民族数千年的悠久历史孕育了丰富的文化精髓，在长期的社会生产过程中逐渐形成了具有民族特色的文化。现阶段，其文化内涵与社会主义核心价值观要义高度一致。2014 年中央政治局第十三次集体学习时，习近平同志指出："要深入挖掘和阐发中华优秀传统文化，使其成为涵养社会主义核心价值观的重要源泉。"在当下，作为社会主义核心价值观的微观载体，优良家风是对优秀传统文化的传承，家风的培育有助于社会主义核心价值观的培育和践行，是将社会主义核心价值观落小、

① 罡拉卓玛：《藏族的家风建设：敬老爱幼　和睦友善》，《青海日报》2016 年 12 月 2 日。

落细、落实的现实路径[①]。2015 年 2 月的春节团拜会上习近平同志发表重要讲话，指出“家庭是社会的基本细胞，是人生的第一所学校。不论时代发生多大变化，不论生活格局发生多大变化，我们都要重视家庭建设，注重家庭、注重家教、注重家风，发扬光大中华民族传统家庭美德，促进家庭和睦，促进亲人相亲相爱，促进下一代健康成长，促进老年人老有所养，使千千万万个家庭成为国家发展、民族进步、社会和谐的重要基点”。[②] 众所周知，社会是由诸多家庭构成的集体概念，相应的社会风气也是各种传统家风汇聚形成的文化行为，如果每个家庭都有良好的传统家风，每个孩童在这种家风的熏陶和影响下健康成长，就能建立良好的社会风气。反之，藏族传统的家风建设思想脱离了家庭单位，那么就会失去家风建设的意义。只有将家风建设与藏区群众紧密相连，由社会孕育共筑，才能引领时代的思想和价值潮流，具有不竭的生命力。从这个意义上来看，藏族传统的家风思想不仅是藏民族价值观形成和精神培育的重要出发点，也对中华民族大家庭中形成核心价值观提供了肥沃的文化土壤。

一 家风建设与社会主义核心价值观的文化同根性

社会主义核心价值观是国家制度的道义基础和立足发展的灵魂，决定着国家制度变革的基本方向。社会主义核心价值观是在我国社会主义建设和改革开放的实践中形成的文化精华，是社会主义新时期的理论保证，既与时代发展的要求相顺应，又在前进中为践行优良家风提供了有力的精神支撑。因此，在社会主义社会中，一如既往地发扬藏族传统家风需要一个正确的理论来指导。作为中国特色社会主义的道义基础，它明确了个人发展的价值目标和追求。只有以社会主义核心价值观为指导，才能使藏族传统家风建设迈向正确的路线。

党的十八大以来，党中央高度重视弘扬社会主义核心价值观。社会主义核心价值观是社会主义核心价值体系的文化内核，是所有公民的行为准

① 刘良芳：《社会主义核心价值观引领当代家风培育研究》，福建农林大学博士学位论文，2017 年 6 月。

② 习近平：《习近平同志系列重要讲话读本》，人民出版社，2016。

则和追求目标，成为规范公民必须恪守的基本道德准则。在基本道德准则中传统家风建设思想发挥着不可忽视的作用。藏族传统家庭是构成藏族社会和国家的重要基点和细胞，家风传承是以家庭为微观主体、以家风为载体传承藏族传统文化和社会伦理道德。自古以来，家风是传承藏民族传统美德的有效路径，是中华民族伦理道德教育的重要组成部分，是中华民族生生不息的动力源泉。以藏族家风建设思想为重点，充分利用优秀家风中所蕴含的价值追求和文化基因，是培育和践行社会主义核心价值观的重要抓手和有效载体。

家风内容如同社会主义核心价值观一样分为国家、社会和公民三个层面，但它们是一个相互渗透、相互连接、相互影响的有机整体，并不是割裂开的单一的文化单位。藏族传统家风具有客观实践性而在不同区域其形式略有相同，但纵观藏族社会家风发展历史，它们具有和社会主义核心价值观一致的共同精神思想和道德追求。这在加强社会主义社会公共道德建设，提高职业道德素养，将社会团结稳定的价值取向落实到实际行动上，争取每个人都能成为社会主义核心价值观的实践者和落实者等方面而言，是非常重要的文化基础，具有不可替代性。

长期以来，一种以爱国主义为前提和以社会公正、公平为基础的道德文化深入藏族家风建设思想和藏族道德价值体系中，建立了以家庭为单位的道德教育和道德修养的文化空间，逐渐成为国家和社会的一个坚实的道德基础。我们要在全社会培育知荣辱和讲正义的为构建社会主义和谐社会而努力的道德风尚，就必须积极宣扬传统的家风建设思想，不断地激活人们的道德意志和道德情感。藏族家风思想与社会主义核心价值观之间具有文化同根性，如“实话人人听信，谎言无人理会”“与其寡廉鲜耻地活着，不如正正当当地死去”“知恩不报恩，如同狗样蠢”等藏族传统家风思想中提倡的诚实守信、乐于助人、敬老爱幼、宽容他人等家风价值取向和精神追求与社会主义核心价值观有着内在的契合性。藏族传统家风建设思想能够使本民族精神的培养和孕育取得最好的教化效果，从而在建设社会主义社会的伟大事业中做出巨大的贡献。

家风作为一种社会意识，是民族文化领域的观念形态的具体表现，并随着本民族社会生产实践的变化而不断发生变化。藏族传统家风作为中华民族文化的重要组成部分，以爱国、修身、平天下愿望为主要目标，重孝顺、重道德、讲家庭和睦等，是藏民族优秀传统和伦理道德的文化积淀，是家庭和个人道德的行为准则，是藏族社会和文化领域中形成自由、平等、公正的道德基础。“伟大的时代需要高尚的精神，崇高的事业需要榜样的引领。榜样的力量在于榜样的内部特性所释放出来的并影响社会成员进行榜样学习、追求高尚道德品质的内在的、本质的力量。”① 在我国全面建成小康社会的关键时期，分别从国家、社会、公民等层面阐明培育和践行社会主义核心价值观的内在要求与家风建设思想内在的契合性反映了其具有的文化同根性。

二　传统家风建设中的社会主义核心价值观内涵

富强、民主、文明、和谐，自由、平等、公正、法治，爱国、敬业、诚信、友善等“三个倡导”概括了社会主义核心价值观，反映了中华民族共同的价值诉求和理想信念，彰显了社会主义价值取向，具有准确、凝练、容易接受和记忆的表述特征，形成了一个具有紧密联系和逻辑关系的科学理论体系。

社会主义核心价值观的“三个倡导”明确了价值目标和价值主体践行的规范与原则，形成了相互依存和互相影响的辩证关系，在价值目标的实现过程中遵循公正公平的价值导向，既能保证社会主义趋向于建成现代化国家的目标，也能促进价值目标的实现和价值原则的完善。

藏族传统家风建设思想所涉及的内容极为丰富，与社会主义核心价值观之间具有惊人的相似之处。社会主义核心价值观统摄藏族传统家风建设思想，只要积极引导和宣传藏族传统家风建设思想，就能使社会主义核心价值观在藏区得以广泛传播和弘扬，进而对藏区社会和谐稳定和长治久安产生巨大的推动作用。

在改革开放的时代背景下，藏族传统家风思想作为文化表述，承载着藏族社会与文化的发展历程，是藏族传统家庭教育的缩影。其文化内涵对藏民族的个人成长具有决定性的作用，且其内容与新时期党中央所

① 陈华洲、张明华：《榜样力量的构成及其转化条件和路径研究》，《思想理论教育导刊》2015 年第 6 期。

提倡的社会主义核心价值观理论体系层层重叠。积极引导藏族家风思想，不仅能补充中华民族道德理论体系，而且在社会主义文化建设过程中起到促进社会稳定和民族团结的作用。同样，社会主义核心价值观也积极容纳和接受藏族传统家风建设思想，既能起到引领的作用，也能彰显其理论价值。

经济生态篇

中央对口支援青海藏区发展的显著成效与经验启示

孙发平　崔耀鹏*

青海藏区是我国除西藏之外最大的藏区聚集区，党中央、国务院历来高度重视青海藏区工作。为推动青海藏区实现跨越式发展和长治久安，促进各民族共同团结奋斗、共同繁荣发展，确保与全国同步全面建成小康社会，2010 年中央做出对口支援青海藏区（以下简称“对口援青”或“援青”）的重大战略决策。2018 年李克强在国务院政府工作报告提出：“加大对革命老区、民族地区、边疆地区、贫困地区扶持力度，加强援藏援疆援青工作。”① 这是首次将援青工作写入政府工作报告。中央对青海藏区工作的高度重视进一步凸显了青海藏区在全国改革发展稳定大局中的重要地位和作用。在改革开放四十年的历史节点上，总结八年来特别是党的十八大以来中央对口支援青海藏区工作取得的显著成效及其基本经验，对加强和改进新时代对口支援工作，进而服务全国改革发展稳定大局，具有重要的理论价值和实践意义。

一　中央对口支援青海藏区发展的重大意义

对口援青是党中央、国务院推动区域协调发展，全面建成小康社会的重大战略部署，对青海藏区实现跨越式发展和长治久安以及促进各民族共

* 孙发平，青海省社会科学院副院长，研究员；崔耀鹏，青海省社会科学院政法所助理研究员。

① 参见国务院总理李克强在第十三届全国人民代表大会第一次会上的政府工作报告，2018 年 3 月 5 日。

同团结奋斗和共同繁荣发展具有重大意义。

（一）中央对口支援青海藏区发展是贯彻落实习近平新时代中国特色社会主义治藏方略的根本要求

习近平新时代中国特色社会主义治藏方略是新时代中国特色社会主义思想体系的重要组成部分，是对马克思主义民族理论与民族政策的继承与发展，是指导新时代我国藏区工作的根本指针。党的十八大以来，青海藏区工作取得显著成效的根本原因在于以习近平同志为核心的党中央的正确领导，更在于习近平新时代中国特色社会主义治藏方略的科学指导。习近平新时代中国特色社会主义治藏方略具有丰富的内涵，可概括为“治边稳藏、依法治藏、富民兴藏、长期建藏”①。青海藏区既是西藏之“边”，也是全国藏区不可分割的一部分，更是除西藏之外最大的藏区聚集区，中央对口支援青海藏区发展是习近平新时代中国特色社会主义治藏方略的具体应用与实践。稳藏兴藏需要把青海藏区纳入全国藏区依法治理的基本范畴之中，中央对口支援青海藏区发展体现了习近平新时代中国特色社会主义思想坚持以人民为中心的理念，体现了新时代藏区人民日益增长的美好生活需要和不平衡不充分的发展之间的矛盾变化，体现了中国特色社会主义制度的独特优势，有利于借助东部发达地区的经济实力，以改善民生、凝聚人心为出发点和落脚点，大力推动青海藏区经济社会持续健康发展。

（二）中央对口支援青海藏区发展是推动区域协调发展，全面建成小康社会的必然要求

中央对口支援青海藏区发展符合我国区域协调发展的基本要求。20 世纪 80 年代末，邓小平“两个大局”战略思想的实施极大地加速了我国东部沿海地区的发展，同时，也拉大了东西部地区之间的差距。为推动我国区域经济协调发展，1999 年中央做出实施西部大开发的重大战略决策，为促进包括青海藏区在内的西部地区加快经济社会发展提供了历史机遇。改革开放以来特别是西部大开发战略实施以来，在党中央、国务院的正确领

① 陈玮、鄂崇荣：《习近平新时代中国特色社会主义治藏方略研究》，《青海社会科学》2018 年第 1 期。

导下，青海藏区各族干部群众艰苦奋斗、锐意进取，使藏区的落后状况发生了根本性改变，进入经济社会快速发展、综合实力明显增强、各族群众得到实惠最多的时期。但是，青海藏区与东部沿海地区相比，甚至与我国其他民族地区相比，发展差距仍在扩大。青海藏区人均地区生产总值、城镇居民人均可支配收入、农牧民人均纯收入等主要经济指标不仅低于全国平均水平，而且与其他民族地区相比也较为落后。根据国家统计局全面建成小康社会指标体系测算，青海藏区实现小康程度居于全国后位，与全国同步实现全面建成小康社会目标任务十分艰巨。可以说，没有青海藏区的全面小康也就没有全国的全面小康。中央对口支援青海藏区发展有利于缩小青海藏区与其他地区不断拉大的差距，有利于青海藏区实现与全国同步建成全面小康社会的奋斗目标。

（三）中央对口支援青海藏区发展是实现藏区可持续发展和长治久安的重要保证

青海藏区孕育长江、黄河、澜沧江之源，具有十分重要的生态地位，也关乎全国藏区稳定和国家长治久安。由于历史、地理、自然和社会等多方面因素影响，青海藏区发展仍面临着不少特殊困难。比如，自然条件严酷，生态系统脆弱；基础设施较为薄弱，支撑保障能力不强；市场发育不健全，产业结构不合理，自我发展能力严重不足；公共和社会事业发展滞后，基层民生问题较为突出；反分裂反渗透斗争激烈，影响社会稳定的突发性事件频发等。要想实现经济社会可持续发展，仅凭青海藏区自身力量是难以实现的，必须借助于外力的支援与帮助。通过加强青海藏区与东部发达地区的对口支援与合作，引进当地经济社会发展所必需的资金技术、人才资源和管理理念，实现对现有优势资源的充分开发和科学利用，营造改革发展的良好环境，加快本地区产业结构和产品结构改造，才能提升青海藏区自我发展能力，实现藏区可持续发展和社会和谐稳定。

（四）中央对口支援青海藏区发展是促进各民族共同团结奋斗和共同繁荣发展的有效方式

实现我国各民族共同团结奋斗和共同繁荣发展是党的民族政策的出发点和归宿，是中国特色社会主义的内在要求，也是实现中华民族伟大复兴中国梦的必然要求。实践证明，运用对口支援的指导思想、基本要求和工作方法，能够提升包括青海藏区在内的民族地区经济社会发展效率和效益，不断提高各民族人民群众的生活质量和水平。青海藏区地域辽阔，资源富集，生态地位重要，而我国东部沿海地区拥有资金、技术、人才等优势，实施对口援青有利于促进各种要素在空间上的合理布局和优化组合，促进产业结构调整，取得良好的经济效益、社会效益和生态效益。加强东部沿海地区与青海藏区的交流与合作，也有利于开发利用其原材料、能源、初级产品和半成品，为自身发展开拓市场。中央对口支援青海藏区发展，有利于丰富和发展党的治藏方略，推动各民族共同团结奋斗、共同繁荣发展，体现社会主义制度的优越性。

二　中央对口支援青海藏区发展的主要举措与显著成效[①]

2010 年以来，特别是党的十八大以来，中央进一步重视和加强对对口支援和东西部扶贫协作工作的组织领导，中央第六次西藏工作座谈会和东西部扶贫协作座谈会召开后，各支援方贯彻中央决策态度坚决、行动务实，体现了政治意识、大核心意识、大局意识和看齐意识。青海省委省政府以习近平新时代中国特色社会主义思想为指导，进一步强化与支援方高层往来交流，增进友谊，深化支援合作。广大援青干部克服困难、勤思善谋、倾情奉献，为推动受援地民生改善和经济社会发展做出不懈努力和积极贡献。在中央的亲切关怀和大力支持下，通过青海和各支援方的共同努力，对口援青工作呈现出多级互动、广泛参与、扩围提质和升级加力的新局面。

（一）大力推进体制机制建设，政策制度体系不断完善

国家牵头协调部门持续加大对援青工作的指导协调力度，支援力量不断增强，截至 2018 年 4 月，承担援青任务的支援方达到 56 个，选派三批援青干部人才累计达 552 人。援青中央国家机关单位按照在行业政策上给予更多照顾、在项目安排上给予更多关心、在产业发展上给予更多支持、

① 相关数据资料由青海省支援合作办提供。

在业务工作上给予更多指导的原则，共计印发政策文件、工作方案、工作协议和备忘录等近 40 个（份），持续加大对青海藏区发展的指导支持力度。各援青省市和大部分援青央企将对口援青纳入本省市、本企业工作大局，做出制度化安排并不断加以完善，形成较为健全的援青政策体系，确保援青工作的持续深入开展。中央召开东西部扶贫协作座谈会后，按照国务院扶贫办的调整，江苏省与青海省建立东西部扶贫协作关系，南京、无锡两市及所属 9 个区分别与西宁、海东两市及所属 9 个区（县）结对，开展精准扶贫。根据对口支援工作新形势、新要求，青海加强对援青工作的领导，进一步统筹整合支援帮扶合作交流工作的机构及职能，调整完善省级对口援青工作领导机构，成立省支援帮扶合作交流工作领导小组，由省委书记和省长任双组长。2017 年 5 月，省委省政府邀请国家牵头协调部门和援青省市召开全省支援帮扶工作座谈会，共商支援帮扶和合作交流大计，会后印发《关于做好新形势下支援帮扶合作交流工作的意见》，进一步推动支援帮扶合作交流多级互动、广泛参与、扩围提质和升级加力，进一步完善援青干部、资金、项目管理等制度。青海省支援合作办与国务院国资委及部分援青省市共同协商制定印发援青工作协同机制。青海藏区各州、县也不断健全相应领导和工作机构，完善日常工作制度，确保援青工作规范有序开展。

（二）聚焦改善民生和结对帮扶，精准扶贫成效显著

2012 年 11 月至 2018 年 4 月，各支援方累计落实援青资金 72.42 亿元，其中，援青六省市落实资金共计 61.4 亿元，年均增幅 7.5%；援青央企落实资金共计 4.15 亿元，年均 8000 万元；各支援方累计捐赠 6.87 亿元。80% 以上的援青资金用于基层和民生领域，使基层群众直接受益、广泛受益、持久受益。累计确定援助项目 1400 多个，完成教育、卫生、农牧民住房、农村道路、户用光伏、人畜安全饮水、舍饲棚圈等建设项目 1000 余项。同时，各支援方紧紧围绕精准扶贫和脱贫攻坚任务，瞄准建档立卡户精准发力，累计投入援青资金 8.11 亿元，实施贫困村基础设施建设、扶贫产业发展、教育扶贫、医疗救助扶贫等项目，先后有 4 万多户贫困户得到帮助，支援方积极动员社会各级各界参与青海精准扶贫工作，结对帮扶受援地区贫困村、贫困户。江苏省编制对口帮扶西宁市和海东市规划，截至

2018 年 4 月，落实扶贫协作项目资金共计 1.3 亿元。

（三）加大公共事业援助力度，社会发展成就斐然

各支援方始终把推进受援地教育、医疗、卫生、科技、就业等社会和公共事业发展作为援青工作的重要内容，不断加大投入力度，努力提高服务能力和水平。一批支援帮扶项目的建成使用，使青海藏区公共基础设施进一步完善，基本公共服务能力有效提升，人民群众生产生活条件显著改善。

援受双方达成教育方面的支援与合作协议，从基础教育、职业教育、高等教育、人才队伍建设等方面加强支援与合作。加大投入力度，完善受援地教育教学基础设施，建设启用远程教育系统。山东省教育厅支持海北州实施名师建设工程、星级创建工程、立体教研工程等一系列项目，组织开展教育质量综合评估，加快中职学校升格高职院校进程，两地中小学及幼儿园结对实现全覆盖。江苏省启动“百名名师进海南”项目，引入江苏名师、专家赴海南州开展教学现场指导服务。浙江金融职业学院每年为柴达木职业技术学院选派 1 ~2 名骨干教师，帮助加强专业建设、人才培养。天津大学与青海民族大学开展结对帮扶，帮助培养博士生，开展专业教师短期研修和加强学科专业建设，每年组织 100 名黄南州中学生赴天津开展访学交流活动。北京市、上海市分别支持海东玉树中学、西宁果洛中学建设。2012 年 11 月至 2018 年 4 月，累计有 3000 多名藏区优秀学生在各支援省市异地高中班或中高职班就学，享受支援方优质教育资源。

医疗卫生方面，江苏、浙江、山东、天津共 21 所三级医院分别与受援州县医院结对，开展业务指导、人才培训、医疗管理、科室建设等方面的支援帮扶工作。海北州、海西州和黄南州利用远程医疗会诊系统与支援方医疗机构开展远程医疗、业务交流和医务人员培训，取得良好成效。援受双方充分发挥“博士服务团”作用，深入开展技术攻关，加强对外合作交流，大力培养骨干人才，共填补技术空白 41 项，获得课题资助经费 100 余万元，组建新型学科 7 个，对外交流合作 24 项，开展手术治疗 634 台，升级医院软硬件 86 项，为推动青海医疗卫生事业发展提供了强有力的智力支撑。

面对青海藏区吸纳就业能力弱、就业渠道狭窄、就业难度大的特殊困难，援受双方把解决就业问题作为改善民生的重要手段，通过支持职业教

育、开展就业创业和劳动技能培训、提供就业岗位等多种措施，加大就业支援力度。天津、浙江、江苏等组织高校毕业未就业学生开展创业就业技能培训，北京、天津等组织农牧民开展劳动技能培训，山东、江苏等提供就业岗位，组织劳务输出，进一步拓展就业渠道，增加农牧民收入。通过援青省市的帮扶，青海藏区农牧民与高校毕业生拥有了更多的就业创业机会，就业援青质量和效益不断提高。

科技方面，科技部、中国科学院、中国工程院、国家自然科学基金委员会与青海省联合发布《“十三五”科技援青规划》，明确将集成科技力量，支撑引领青海经济发展、社会进步与民生改善。进一步加大与支援方科研单位、科技企业的交流合作力度，联合开展科研攻关和科技研发，推进青海省产业科技创新能力和核心竞争力提升。天津药物研究院联合青海省相关企业开展新药研发和冬虫夏草安全性评价。青海藏区与支援方科研部门共同开展涉及新能源、新材料、特色生物资源开发、农作物新品种引进等科技合作项目，并取得重要成果。援受双方联合建设科学实验室、培养科技人才等工作积极推进。

（四）产业合作深入推进，助推青海优势产品“走出去”

充分挖掘受援地特色优势资源，青海藏区各自治州与支援方资金、技术、管理和市场等优势嫁接，探索实施一批生态畜牧业、文化旅游业、民族手工业、商贸服务业等产业支援项目。与此同时，各受援地区借“势”出“海”，多次在省外举办招商引资、产品展销等活动，有力推动青海特色优势产品“走出去”。党的十八大以来，国务院国资委两次牵头组织近100家央企开展“青海行”活动。山东省与海北州深度推进产业互融，“千牛万羊”入鲁工程全面展开。江苏省积极支持青海省新能源产业发展，帮助消纳新能源电量100万千瓦时。浙江多个国家级开发区、高新区与柴达木循环经济试验区及工业园区建立结对帮扶机制，在海西州举办“浙商先行·再走丝绸南路”活动并取得丰硕成果。与阿里巴巴、青岛港、苏宁集团、浪潮集团等支援方企业的合作进一步深化。通过深化援受双方产业交流与合作，进一步加强青海省与支援省市企业和中央企业在基础设施、资源能源开发、循环经济和信息技术产业等方面的合作力度，一批油气、矿产、新能源、农畜产品深加工等项目顺利实施，在保障青海藏区稳增长、调结构和惠民生等方面发挥了重要作用。

（五）援青干部不辱使命，人才智力援助效果凸显

广大援青干部在青履职期间牢记使命，以造福青海藏区人民和促进民族团结为己任，学习和发扬“五个特别”的青藏高原精神，克服高寒缺氧、条件艰苦等诸多困难，主动融入、积极适应、情系青海、扎实工作，为青海藏区的改革发展稳定做出了突出的、不可替代的贡献。通过广大援青干部牵线搭桥或积极争取，支援方与社会各界为受援地捐赠款物达6.87亿元，涌现出“焦裕禄式扶贫干部”“青海好人”等先进典型，得到省委省政府的充分肯定和全省各族干部群众的高度评价。同时，结合受援地最紧迫的人才需求，各援青省市积极选派教育、医疗等各类专业技术人才赴受援地进行咨询指导、巡回服务和“传帮带培”。北京市选派教育、医疗、城市管理等多领域专业人才支持新玉树建设。浙江各市县教育、卫生、旅游等部门与海西州签订对口帮扶协议，组织专家服务团、巡回医疗队等开展指导帮扶。山东省开展“师傅带徒弟”活动，为海北州培养专业技术人才。天津市实施“四个一百”计划，推进黄南州人才智力支援。上海、江苏等不断加大对受援地教育和基层医疗人员的长、短期业务培训和进修。各援青央企积极协调相关单位，大力开展培训学习、考察交流等活动，促进受援地干部人才能力提升。八年来，青海省先后选派600多名厅局级、县处级干部赴支援方挂职锻炼。通过“走出去”和“请进来”等方式，累计培训各类人员6.6万人次，有效提高了藏区干部人才队伍综合能力，增强了藏区的发展活力和后劲。

（六）交往交流频繁密切，“四个认同”更加牢固

随着对口援青工作的深入推进，青海藏区与内地的联系交流更加紧密和广泛，对外开放进一步扩大。特别是援受双方高层主要领导互访，极大地带动了支援方社会各界与受援地区的往来交流，也推动了地区、部门、个人间结对帮扶工作广泛开展。2016年底，青海省党政代表团赴援青六省市进行拜访交流和学习考察，达成重要共识，取得积极成果。上海、天津、浙江等支援省市主要领导先后率团来青考察指导，并与青海主要领导进行交流座谈，共商支援帮扶合作交流大计。支援方积极组织企业、商

会、社会团体等参加青洽会、清食展等大型经贸洽谈活动，青海省及各受援州也积极组团参加支援省市举办的大型展会和博览会。上海市政府在撤并各地办事机构的情况下，专门设立驻西宁办事处，以加强对援青工作的保障和与青海省的交流合作。以文化走亲为载体，“送文化”与“种文化”、“走进去”与“请出来”相结合，援受双方多次组织民族歌舞、优秀剧目、精品文艺节目、非物质文化遗产项目等进行巡回展演和互动交流。爱国宗教人士、青少年夏令营等交流活动也蓬勃开展起来。党的十八大以来，援受双方各层面往来交流近 2.8 万人次。日益密切的交流往来使藏区干部群众深切感受到祖国大家庭的温暖，感受到支援方人民的深情厚谊，更加坚定了“四个认同”，筑牢了民族团结进步的思想根基。

三　中央对口支援青海藏区发展的基本经验

与援藏和援疆工作相比，援青工作虽然开展时间较晚，但经过青海与各支援方的不断努力探索，在推动对口支援工作中也积累了丰富的经验，必须长期坚持。

（一）坚持中央集中统一领导与发挥地方积极性相结合是做好援青工作的根本保证

对口援青是党中央、国务院根据藏区发展情况，经过认真部署、精心策划所开展的一项系统工程。它涉及领域广、人口多、地域大，在实施过程中也涉及地方之间的沟通、交流、协调和合作，必须坚持中央的集中统一领导，根据中央的统一部署和统筹规划，有步骤、有计划地实施这项重大工程。深入开展对口援青工作是缩小藏区与全国发展水平差距的有效途径。通过发挥中央政府的权威和强制力，按照青海藏区发展水平与地方特色，将北京、天津、上海、山东、江苏、浙江分别与青海藏区六州结对帮扶支援，为青海藏区六州输入资金、人才、技术、教育等资源要素，实现资源的优化配置和地区之间的优势互补。坚持中央集中统一领导，保证了对口援青政策的科学性，促进全国范围内各种资源的合理调度和有效使用；保证了社会主义民族政策的贯彻落实，促进民族平等、民族团结和民族共同繁荣发展，维护国家长治久安和藏区社会和谐稳定；保证了对口援青工作迅速有力的开展，体现社会主义集中力量办大事的优越性。坚持中央集中统一领导是对口援青工作的基础和前提，而将中央的指示和精神落到实处，还必须发挥援受双方的积极性、主动性和创造性。可以说，援受双方积极性发挥状况，直接决定着对口援青工作的成败。对口援青工作开展以来，援受双方通过加强沟通和协调，建立起一套较为科学的对口支援管理体制，实现合理分工、各负其责、共同协作，使这项工作有条不紊地开展和进行下去。在机构编制方面，明确对口援青各级负责部门的名称、职责和工作内容，保证这项工作得以贯彻落实；在财政经费方面，对各级负责部门予以经费支持，保障其正常运转，发挥指挥、协调、沟通等功能；在制度建设方面，制定各项规章制度，完善工作内容和办事程序，为各级负责部门正常运行提供制度保证；在激励方面，对对口援青工作中做出突出贡献的单位和个人进行表彰奖励，支持其更加积极地参与到对口支援工作中去；在思想政治工作方面，大力宣传对口援青的重大意义和工作中涌现出的先进典型，提高援受双方对对口援青工作的认识水平。

（二）改善民生和凝聚人心是做好援青工作的重要内容和基本目标

把对口援青资金和项目主要用于民生领域，切实改善农牧民群众的生产生活条件，是对口援青工作的重要内容和基本目标。对口援青工作开展以来，牢牢把握中央“对口支援资金向基层倾斜、向农牧区倾斜”的要求，把支援资金主要用于保障和改善基层民生，让农牧民群众直接受益、广泛受益和持久受益，使受援地人民群众切实感受到中央的政策红利，顺应民意，凝聚民心，进而夯实了党在藏区的执政基础。援受双方高度重视教育援青，资金投入力度不断加大，基础设施建设不断加强，办学条件不断改善；支援方教育资源丰富、教育水平较高的优势得到发挥，受援方师资培养得到强化，教学、教育和管理水平不断提高；通过网络远程教育、师生互访等措施，受援方师生开阔了视野，更新了理念，提升了素质；北京、天津、江苏、山东等举办异地高中班，使一批青海藏区学生享受到发达地区的优质教育资源，起到典型示范作用；北京、天津等还举办异地中职班。天津、浙江、江苏等组织受援地高校毕业未就业学生开展创业就业技能培训，北京、天津等组织受援地农牧民开展劳动技能培训，山东等还为受援地提供就业岗位，组织劳务输出，拓宽就业渠道，增加农牧民收入。持续推进医疗卫生援青，帮助提高医疗服务水平。藏区州县医院、乡镇卫生院、村卫生室基础设施条件得到改善，公共卫生服务体系进一步健全，农牧民看病难、看病贵、看病远的问题得到一定解决。各支援方还加大民政社保、文化、体育等方面的投入力度，提高青海藏区基本公共服务均等化水平。

（三）坚持外部支援和自力更生相结合是做好援青工作的成功路径

青海藏区历史欠账多、发展困难多、特殊情况多，仅靠自身力量难以解决，需要各方面抓住用好对口援青这一重大政策机遇。如果没有中央的重视和各支援方的大力支援，青海藏区的发展远不如今天。可以说，是外部支援推动了青海经济社会的快速发展。各支援方安排基础设施、特色产业发展、生态环境保护、基层政权建设等项目，为青海藏区经济社会发展奠定坚实的物质基础；通过无偿援助和捐赠大量款物，有效缓解青海藏区财政支出困难局面。玉树“4·14”地震后，北京市率先参与对口援建，在玉树灾后重建中发挥重要作用。实现青海藏区跨越式发展和长治久安，不仅要依靠国家部委、央企和兄弟省市的支持帮助，更要依靠青海各族人民自身的自力更生、艰苦奋斗。对口援青工作开展以来，省委省政府领导全省各族人民把各支援方的倾情支援帮扶与自力更生相结，谱写了青海改革发展事业新篇章。因此，只有将外部支援和自力更生、艰苦奋斗结合起来，才能真正实现中央对口支援青海藏区发展的最终目标。

（四）发挥好援青干部人才作用是做好援青工作的关键所在

对口援青是一项宏大的事业，援青干部人才是其中的关键因素。放手使用好援青干部人才，并保持与离任援青干部人才的紧密联系，这是推动援青事业开拓创新的重要法宝。援受双方高度重视援青干部人才的服务管理工作，使他们在政治上得到信任，工作上得到支持，生活上得到关心，从而极大激发了他们干事创业的热情。对口援青工作开展以来，广大援青干部人才在扎根高原、服务藏区的过程中，主要发挥了五个方面的重要作用：一是在厘清受援地发展思路、破解发展难题等方面发挥了重要的专家参谋作用；二是在筛选和协调落实援青项目等工作中发挥了主导推动作用；三是在援受双方沟通对接、交流合作等工作中发挥了桥梁纽带作用；四是在受援地区干部群众转变发展理念、提升能力素质中发挥了引领带动作用；五是在分管业务工作中发挥了实干带头作用。[①] 援青干部人才为青海藏区带来开放的思想、开阔的视野、创新的精神、科学的管理、先进的理念，为促进青海藏区干部进一步树立自信、开放、创新的青海意识，树立解放思想、与时俱进的时代精神，建设富裕文明和谐美丽新青海发挥了重要的积极作用。

（五）强化受援能力建设是做好援青工作的重要支撑

对口援青是一项双方协调配合才能做好的事业，支援方及援青干部具有视野宽阔、理念先进、市场发达等优势，受援地区只有具备相适应的接纳吸收能力才能使各项工作落地生根、开花结果。受援方努力提高政策把握、总体规划、项目管理、创新开拓、协作配合以及服务保障能力，主动与支援方无缝对接，持续输入支援方的先进文化、创新精神和良好作风，强化援受双方各领域特别是产业方面的互利合作，最大限度地发挥每一份援青资源的效用。加强“三基”建设，选优配强援青工作机构和干部队伍，积极创造条件，强化服务保障。探索创办对口援青信息网和援青 App 平台，加强对党的民族理论政策、中央支持青海藏区政策、对口援青突出成效和典型事迹的宣传，使之成为宣传对口援青工作的主窗口、主阵地和主渠道。关心、关怀、关爱援青干部人才的工作和生活情况，帮助解决援青干部人才遇到的实际困难。强化援受双方对接合作和内部协调，在完善项目资金管理、人才培养、合作交流机制的同时，加快建立健全教育、就业、科技、产业、生态等援青协调推进机制，解决重大事项，形成工作合力，从而更好地落实中央对口支援青海藏区发展的政策精神。

四　加强和改进新时代对口支援工作的启示

中央对口支援青海藏区发展积累的经验弥足珍贵，存在的问题与不足

① 解丽娜：《大爱无言　情满高原——“十二五”对口援青系列报道之一》，《青海日报》2016 年 1 月 18 日。

也为加强和改进新时代对口支援工作给我们以深刻的思考和启示。

（一）做好援建干部的思想政治工作

援建干部是做好对口支援工作的决定性因素。援建干部为受援地干部队伍建设注入了新鲜血液，增添了有生力量。总体上看，援青干部群体的思想状况呈现积极、健康、向上状态，对援青之“识”“援”“感”“情”“得”都具有独到的见解。[①] 同时，援青干部的思想状况也存在值得关注的问题。如，社会舆论的一些误解、质疑和杂音消减了援青干部的工作热情；援青干部与援藏、援疆干部存在的差别化待遇上引发了思想上的疑虑，援青干部的心理健康和生理健康问题也值得进一步关注等。

积极主动向中央和国家反映青海藏区实情，提升援青干部的福利和待遇水平。支援方总领队既要发挥“领头雁”作用，又要做好“保姆”式服务管理，为援青干部群体营造一个温馨之家。支援方各级党委政府要加强与援青干部的沟通与联系，与慰问援青干部、调研援青工作、送达亲人祝福等融合起来，构建援青干部干事创业的坚强大后方。受援地各级党委政府要关怀援青干部群体的学习、生活和工作，尤其要关心他们的身体健康问题，为他们创造良好的生活条件，促使其尽快适应高原工作环境，努力发挥能力和才干。加大对援青干部的采访报道，大力宣传其服务意识和奉献精神，消除社会误解和质疑之声，或组织诗歌、散文、小说、摄影等活动比赛，或筹办对口援青工作大型采访类节目，或筹划各种社会公益活动，弘扬主旋律，凝聚正能量。加强对口援青工作研究，塑造援青精神。援青干部为青海藏区带来的资金和项目固然可贵，但其精神价值更值得珍惜，如嘉兴援青干部的“红船精神”、天津援青干部的“天津精神”、北京援青干部的“北京精神”等，应该协调援受双方高校、党校、社科院等多方力量，成立对口援青工作研究机构，加强援青精神的研究。

（二）强化人才智力对口支援

人才智力支援在对口支援工作体系中占有特殊重要的地位。人才是经济社会发展的第一资源，也是西部地区、民族地区和欠发达地区实现由

① 崔耀鹏：《援青干部思想状况分析及对策建议》，《青海藏区要情》2016 年第 6 期。

“输血式”发展模式向“造血式”发展模式转变的关键力量。人才智力因素一直是严重制约青海藏区经济社会发展的瓶颈和短板，提升藏区自我发展能力，需要优秀的党政干部来领导，市政、交通、水电暖气等城镇基础设施需要高技能人才来运行，民生改善需要教育、医疗、卫生等各级各类技术人才来保障，融入“一带一路”需要国际贸易、国际投资等外向型人才来策划，产业发展需要经营管理人才来引领，藏区社区村落发展需要农牧区实用人才来促进，社会治理需要政法专门人才来推动，旅游、生物、矿产、民族文化等特色资源也需要高层次人才进行研究开发。在当前开展的人才智力对口支援工作中仍存在支援力度不大、支援结构不合理、支援方式陈旧以及支援内容不能满足实际需要等问题。

加大人才智力支援力度，平衡支援结构。在经费保障方面，提升人才智力培训项目经费在援助资金中所占比重；在将教育医疗等专业人才纳入人才选派计划的基础上，重点覆盖受援地企业管理、产业品牌创意、商务金融、外向型经济、高原农牧业、高原旅游、新能源新材料等行业以及农牧民生产技能和就业能力培训，进一步调整和平衡人才智力援青结构。创新支援方式，实现引才引智常态化。在医疗、教育和卫生等专业领域培训方面，运用“互联网+”技术，实现优质资源交流与共享。注重本土人才培养，打造一支“走不掉”的专业人才队伍。支持受援方选派本地区、本单位技术骨干赴支援方接受锻炼和培养，同时，鼓励支援方人才赴受援地开展学术讲座、现场指导和技能培训。

（三）发挥市场机制在对口支援工作中的重要作用

对口支援具有强烈的政治动员色彩，它由中央政府主导，通过各级地方政府发挥作用来完成这一政治任务。政府所具备的强制性公共权力在启动和实施对口支援初期发挥着无可替代的重要作用。但是，政府的权力是有限的，它只能且必须在法定授权的范围内发挥作用；并且，在市场经济条件下，政府所掌握的资源也是有限的，这也需要发挥市场的重要作用。从一定角度看，对口支援本身就是资源在全国范围内的流动与配置，而市场在配置资源方面具有自身优势。将市场机制引入对口支援实践，有利于降低对口支援对国家强制权力的过度依赖，提升支援方的援建热情，推动对口支援工作从政府意志向社会合作性质转型，实现双边合作和互利共赢的良好局面。

发挥市场在对口支援工作中的重要作用，要把保障和改善民生作为将市场机制引入对口支援的前提条件。坚持以人民为中心的发展理念，把满足受援地人民群众的合理诉求和改善民生状况作为对口支援工作的出发点和落脚点，并以此调动其积极性，获得广大人民群众的支持和拥护，为引入市场机制创造群众基础和良好环境。在做好支援资金安排和项目建设的同时，充分发挥支援方资金雄厚、人才资源充足、产业结构成熟以及技术和管理方式先进等优势，引导支援方各级各类市场主体进入受援地投资建设，结合受援地资源丰富、劳动力廉价等优势，实现双方优势互补、各取所需和共同发展。创新支援合作范式，通过开展招商引资、经贸往来、项目合作、市场开拓等，提高援受双方的市场竞争力，实现“1+1>2”的倍增效果。

（四）建立健全对口支援法律法规体系

将对口援青纳入中国特色对口支援法律法规体系中。建立健全法律法规体系是由对口支援工作的长期性、复杂性和艰巨性决定的。如果没有法律法规的坚强保证，对口支援工作很难长期开展下去；如果没有法律法规的统一协调，对口支援工作将陷入各自为政的境地；如果没有法律法规的指导，对口支援工作将缺乏强制力和执行力。深化对口支援工作，应建立健全与之配套的法律法规和规章制度，对包括对口援青工作在内的各类对口支援工作起到长远、具体和有益的指导作用。

建立健全协调统一的对口支援法律体系。协调统一的对口支援法律法规体系能够破解各项规章制度之间的效力矛盾和冲突，为援受双方在适用法律法规时能够选择其效力等级来选择所依据的规范性文件，推动对口支援工作依法有序进行。加强涉及对口支援相关法律法规之间的协调，厘清其效力关系与适用范围。完善对口支援相关上位法，撤销与之抵触的下位法，特别是要废除与国家法律法规相冲突的地方性规章，保证国家法律法规的权威性。开展对口支援相关法律法规清理工作，撤销与实践脱节和缺乏操作性的规范性文件，保证法律法规效力的统一性。完善对口支援各部门和单位协调沟通合作机制，避免政出多门和“九龙治水”情况。制定符合对口支援工作实际的法律法规。满足实践需要是法律法规的生命。如果创制的对口支援法律法规不能满足工作需要，就不能在实践中得以推行。因此，立法主体要加强对对口支援工作的调查研究，增强法律文本的现实性、针对性和可操作性。立足我国对口支援工作实践，充分借鉴其他国家和地区关于对口支援的立法经验和有益做法，制定符合对口支援工作实际的法律法规。要做到既不超越实践，也不落于实践，并随着实践的发展变化，其法律法规也要随之相应调整与完善，实现法律法规与实际工作具体的历史的统一。

（五）建立健全科学有效的对口支援评估机制

从1979年我国实施对口支援政策以来，其评估形式主要有三种：一是会议总结方式，即以总结会议的形式对对口支援工作进行评估，以会议纪要作为评估结论；二是检查工作方式，即以检查工作的形式对对口支援进行评估，以检查汇报材料作为评估结论；三是项目验收方式，即以项目验收的形式对对口支援工作进行评估，以项目评估报告作为评估结论。[①] 对口援青工作的考核与评估基本也是如此。从对口援青工作的历史和现实看，科学有效的评估体系尚未建立，评估结果的客观性、真实性有待提高，过程评估和结果评估还没有完全实现有机结合，评估标准不统一，社会参与程度也较低。

建立健全科学有效的对口支援评估机制，要以习近平新时代中国特色社会主义思想为指导，坚持科学发展、效益优先、自力更生、社会参与原则，科学确定对口支援绩效评估内容，建立和完善对口支援评估指标体系。首先，在评估内容上坚持全面与重点相结合。一方面，对口支援是一项系统工程，涉及经济、政治、文化、社会、生态等范畴，必须全部纳入评估指标体系之中。另一方面，对口支援的重点在于保障和改善受援地基层民生状况，必须在评估指标体系中凸显这一要求。其次，在评估方法上坚持定性与定量相结合。定性评估的优势在于价值判断，其缺点在于事实分析不足，容易导致主观性和片面化。坚持定性评估与定量评估相结合，并逐步增加定量评估的权重，有助于克服定性评估的缺陷，提升评估结论的真实性和可操作性。最后，在评估机构上注重引入第三方机构，并强化

① 胡茂成：《中国特色对口支援体制实践与探索》，人民出版社，2014，第98～100页。

评估结果运用。开展对口支援评估要回避利益相关方，引入专业机构、民间组织、社会公众等第三方主体参与对口支援评估工作，提升评估结论的公正性和客观性。将客观公正的评估结果运用在地方政府和领导干部政绩考核中，强化评估结果的指挥棒功能，激励先进典型，惩戒和制裁在对口支援工作中消极懈怠和违规违纪的地方政府和领导干部。

伟大的时代铸就辉煌的业绩

——青海改革开放四十年经济发展成效

马生林　魏　珍*

伴随着新中国近七十年的沧桑巨变和取得的辉煌业绩，青海这片神奇而古老的大地也迎来了翻天覆地的变化。党的十一届三中全会召开以来的四十年间，青海千百年“以牧为主”“农牧兼营”的传统区域性经济发生了根本性转变。尤其在习近平新时代中国特色社会主义思想指引下，青海深刻领会和严格遵循“绿水青山就是金山银山”的科学内涵与发展理念，青海经济融入了全球经济一体化发展的大潮中，取得了辉煌的成绩，全省各族人民的获得感与幸福感全面提升。

一　改革开放初期至“九五”期末（1978~2000年）

改革开放初期，青海经济发展中的问题主要有三方面：一是农牧民的生存环境大多在海拔3200米以上，长期贫困落后使其成为我国西部乃至全国最贫困的地区之一；二是贫困面广、产业结构单一、经济基础薄弱、发展缓慢、生产力水平不高；三是民族宗教信仰氛围较浓，对其发展有一定影响。概而言之，青海和全国一样通过不断探索、大胆创新，在经济建设中取得了一定成效。

1978年党的十一届三中全会后，经过拨乱反正和改革开放，全省工作重点转移到了经济建设上。从1982年始，农村实行家庭联产承包责任制，

* 马生林，青海社会科学院经济研究所研究员；魏珍，青海社会科学院经济研究所助理研究员。

翌年又在牧区实行大包干责任制和家庭经济责任制。在进行以畜牧业生产管理体制与建立多种形式生产责任制为基本内容的经济体制改革中，青海走在了全国前列。

1985年实行“草场固定承办，牲畜作价归户，户有户养”的家庭联产承包责任制，使生产力得到空前解放，农牧业生产连年获得丰收，国有企业、民营企业亦有长足发展。按照中央“三步走”战略部署，积极推进经济体制改革和经济增长方式转变，国民经济进入持续、稳定、快速发展阶段。在国民收入生产总额中，工业、建筑业、交通运输业和商业净产值比重由1949年的15.3%上升到66.4%；在工农业总产值中，工业产值比重由1949年的12.3%上升到68.6%；地方财政收入占国民收入的比重由1951年的2.83%上升到12.19%。①

2000年与1978年相比，全省国民生产总值22年间由15.54亿元增加到264亿元，增长15.97倍，年均递增13.73%。人均生产总值由428元提高到5138元，增长11倍，年均递增11.96%。与此同时，工业化进程明显加快，经济实力得到全面提升，财政收入由7.03亿元增加到81.31亿元，增长10.57倍，年均递增11.77%，其中国家财政补贴及其他收入由4.13亿元提高到64.72亿元，增长14.67倍，年均递增13.32%。城乡居民人均可支配收入由1978年的164.06元增加到2000年的5169.96元，增长30.51倍，年均递增16.98%。农牧区家庭人均纯收入由113元增加到1490.5元，增长12.19倍，年均递增12.44%。②

以同处青藏高原腹地，地理环境、气候特征、历史积淀、民俗风情等同质性较为一致的西藏进行比较，其间青海的产业结构不断趋于合理。1978年时，全国的“三产”比重平均为28.2：47.9：23.9、青海为23.6：49.6: 26.8、西藏为50.7：27.7：21.6，全国产业呈现的是“二一三”结构、青海呈现的是“二三一”结构、西藏呈现的是“一二三”结构。可见，改革开放初期全国和青海因已加大基础设施建设和工业化进程的加快，使第二产业位居第一，西藏由于传统农牧业基础较为扎实，所以在其“三产”中第一产业依然位居“老大”，其产业结构也是长期以来形

① 青海统计局：《奋进中的青海1949～1989》，中国统计出版社，1989，第3页。
② 青海统计局：《青海统计年鉴2009》，中国统计出版社，2009，第128、144页。

成的格局没有发生变化。

到“九五”期末的2000年时，全国和青海、西藏的第一、第二、第三产业比重与1978年相比发生了较大变化。是年全国的“三产”比重是15.1∶46∶39、青海是15.2∶41.3∶43.5、西藏是30.9∶23∶46.1，其产业全国呈现的是“二三一”结构、青海是“三二一”结构、西藏是“三一二”结构。通过比较，改革开放二十二年来，我国东南沿海发达地区工业发展加快，基础设施建设加大，使其第二产业一直处在领先位置。同样随着改革开放的不断深入，交通运输业、服务业等第三产业“后来居上”开始超越第一产业。此情在欠发达的青海和西藏尤为明显，因而在两地“三产”变化中极为突出（见表1）。

与此同时，通过青海、全国国民生产总值的平均水平与其他四大藏区进行比较，其人均GDP在改革开放初期的1978年不但比全国平均水平381元多47元，而且在全国五大藏区中名列前茅。到改革开放十年后的1988年时，青海的人均GDP与全国平均水平1366元相比，相差106元，在五大藏区中依然领先。

1988～2008年是青海经济社会发展速度最快，人民生活水平提高幅度最大，综合实力不断得到增强的重要时期。其间城镇居民人均可支配收入由1153.8元提高到了11648.3元、农牧民人均纯收入由492.82元提高到了3061.24元。①

此外，工业化进程明显加快，经济实力得以全面提升。规模以上企业工业增加值由64.96亿元增加到438.83亿元，增长5.76倍，年均递增26.97%，产业结构调整成效显著，特色经济框架逐步形成。

2000年，青海人均GDP与全国水平相比，其差距开始拉大，是年全国平均水平为7858元、青海为5138元，相差2720元。即使如此，还是均高于其他藏区，分别比西藏、甘肃、四川、云南高566元、1300元、182元、812元。正是“盛世惠风千山绿，映日荷花别样红”。青海的生产总值和人均GDP增幅经过十年改革开放春风的沐浴其成效日益显现（见表2）。

---

① 青海统计局：《青海统计年鉴2009》；西藏统计局：《西藏统计年鉴2009》，中国统计出版社，2009。

表 1　1978～2000 年全国、青海、西藏产业结构情况对比

单位：%

年份	全国					青海					西藏				
	国内生产总值	第一产业	第二产业		第三产业	国内生产总值	第一产业	第二产业		第三产业	国内生产总值	第一产业	第二产业		第三产业
			工业	建筑业				工业	建筑业				工业	建筑业	
1978	100	28.2	44.1	3.8	23.9	100	23.6	35.8	13.8	26.8	100	50.7	9.2	18.5	21.6
1979	100	31.3	43.6	3.5	21.6	100	26	31.6	15.1	27.3	100	47.9	9.2	18.5	24.4
1980	100	30.2	43.9	4.3	21.6	100	28.1	31.9	12.1	27.9	100	53.5	9.3	15.9	21.3
1981	100	31.9	41.9	4.2	22	100	26.5	29.8	11.5	32.2	100	60.6	6.7	9.5	23.2
1982	100	33.4	40.6	4.1	21.8	100	27.9	28.2	12.1	31.8	100	57	7.8	12.7	22.5
1983	100	33.2	39.9	4.5	22.4	100	26.3	28.4	11.6	33.7	100	53.4	10.6	14.6	21.4
1984	100	32.1	38.7	4.4	24.8	100	27.8	27.2	11.2	33.8	100	46.6	7.4	13.1	32.9
1985	100	28.4	38.3	4.6	28.7	100	26.2	27	13.6	33.2	100	49.9	6.9	10.5	32.7
1986	100	27.2	38.6	5.1	29.1	100	27.2	28.8	11.3	32.7	100	47	6	6.8	40.2
1987	100	26.8	38	5.5	29.6	100	27.1	27.9	10.4	34.6	100	45.6	6.2	5.8	42.4
1988	100	25.7	38.4	5.4	30.5	100	26.1	31.5	10.9	31.5	100	47.7	6.4	5.5	40.4
1989	100	25.1	38.2	4.7	32.1	100	26.1	33.2	8.6	32	100	45.9	7.2	5.8	41.1
1990	100	27.1	36.7	4.6	31.6	100	25.3	30.4	8	36.3	100	50.9	7	5.9	36.2
1991	100	24.5	37.1	4.7	33.7	100	23.9	31.3	8.4	36.4	100	50.8	7.4	6.3	35.5
1992	100	21.8	38.2	5.3	34.8	100	22.7	30.5	11	35.8	100	49.8	7.7	5.7	36.8

续表

年份	全国					青海					西藏				
	国内生产总值	第一产业	第二产业		第三产业	国内生产总值	第一产业	第二产业		第三产业	国内生产总值	第一产业	第二产业		第三产业
			工业	建筑业				工业	建筑业				工业	建筑业	
1993	100	19.7	40.2	6.4	33.7	100	20.3	33.4	10.5	35.9	100	48.9	7.2	7.5	36.4
1994	100	19.8	40.4	6.2	33.6	100	23.4	33.3	8.4	34.8	100	46	7.5	9.6	36.9
1995	100	19.9	41	6.1	32.9	100	23.6	30.8	7.7	37.9	100	41.8	7.3	16.3	34.6
1996	100	19.7	41.4	6.2	32.8	100	21.9	28.9	9.1	40	100	41.9	6.7	10.7	40.7
1997	100	18.3	41.7	5.9	34.2	100	20.6	28.1	9.7	41.6	100	37.8	10.6	11.3	40.3
1998	100	17.6	40.3	5.9	36.2	100	19.4	28.2	10.4	41.9	100	34.3	9.9	12.1	43.7
1999	100	16.5	40	5.8	37.7	100	17.6	28.7	10.6	43.2	100	32.3	9	13.5	45.2
2000	100	15.1	40.4	5.6	39	100	15.2	29.9	11.4	43.5	100	30.9	8.6	14.4	46.1

资料来源：根据历年《中国统计年鉴》和《青海统计年鉴》相关数据整理。

表 2 1978～2000 年青海与全国、其他藏区经济发展情况对比

单位：亿元、元

年 份	全 国		青 海		西 藏		甘 肃		四 川		云 南	
	生产总值	人均 GDP	生产总值	人均 GDP	生产总值	人均 GDP	生产总值	人均 GDP	生产总值	人均 GDP	生产总值	人均 GDP
1978	3645	381	15.54	428	6.65	404	64.73	348	184.6	262	69.05	223
1980	4546	463	17.79	473	8.67	471	73.9	388	229.3	321	84.27	266
1982	5323	528	19.95	513	10.21	544	76.88	393	275.23	379	110.12	335.
1985	9016	858	33.01	808	17.76	894	123.4	608	421.15	570	164.96	483
1988	15043	1366	54.96	1260	20.25	964	192	905	659.69	861	301.09	525
1990	18668	1644	59.94	1558	27.7	1276	243	1099	890.95	1134	451.67	774
1991	21782	1893	75.1	1647	30.53	1358	271.4	1204	1016	1283	517.41	956
1995	60794	5046	167.8	3513	56.11	2358	553.4	2288	2443	3043	1222.15	2490
1998	84402	6796	220.9	4426	91.5	3666	869.8	3456	3474.1	4294	1831.33	3769
2000	99215	7858	264	5138	117.8	4572	983.4	3838	3928.2	4956	2011.19	4326

资料来源：根据历年《中国统计年鉴》《青海统计年鉴》《西藏统计年鉴》《甘肃统计年鉴》《四川统计年鉴》《云南统计年鉴》相关数据整理。

众所周知，自改革开放以来青海随着传统农牧业向高效生态农牧业的有效发展，在充分利用国家优惠政策，不断调整产业结构和加大招商引资力度的同时，紧紧围绕“消除贫困，富民强省”与“深化改革，创新体制”两大历史任务，既保持了藏区经济持续健康发展的良好势头，又提高了各族群众的生活水平和维护了生活稳定，使古老的青海高原到处呈现出勃勃生机。

这些成绩得益于首先在农牧区实行了“两个长期不变”政策，即“土地归户使用，自主经营，长期不变”和“牲畜归户，私有私养，自主经营，长期不变”。其次，在城镇采取对工交、商贸企业实行承包经营责任制等措施，不但提高了广大职工的生产积极性，还为企业注入了生机与活力。坚持把培育和形成产业优势与特色经济作为结构调整的主攻方向，有效推动了优势产业向提高规模扩总量、综合利用上水平、精深加工上档次的转变，以盐湖、石油、天然气、商贸物资流通业和有色金属为支柱的特色产业及其资源精深加工产业发展加快，特色旅游业和生态农牧业开始起步并有较快发展，形成了多种所有制经济共同发展的格局。

二 西部大开发至“十二五”初期（2001~2011年）

青海矿产、石油、天然气、盐湖资源和风能、太阳能、水能等新能源极为丰富，是我国西部重要的原材料基地与国家未来发展战略要地。新中国成立后，特别是改革开放和西部大开发为青海区域性经济发展奠定了基础，使其不仅在经济领域实现了由计划经济向市场经济体制的历史性转变，而且在政治体制、文化体制乃至人们的价值观念、道德准则、生活方式等方面也都发生了深刻变化。

随着改革开放的步步深入和东西部经济发展中出现的贫富差距日渐拉大，国家适时于2001年正式启动了西部大开发战略。西部大开发的10年不但是全国、西部乃至青海发展最快、群众收益最大、综合实力最强的时期，而且与发达地区的差距开始缩小。10年间青海的生产总值其增幅为15.81%，人均GDP增幅为14.44%，均比全国平均水平分别高出2.26个百分点和1.62个百分点。特别是青海的生产总值在此期间的增幅均高于其他藏区，比西藏高0.1个百分点、人均GDP高1.01个百分点，比甘肃高

2.01 个百分点、人均 GDP 高 1.3 个百分点，比四川高 2.17 个百分点、人均 GDP 高 1.05 个百分点，比云南高 3.82 个百分点、人均 GDP 高 1.84 个百分点。

与此同时，青海采取一系列改善融资环境、鼓励外商积极投资的优惠政策，抓住国家扩大内需、增发长期国债、增加在西部地区建设资金投入的有利时机，使固定资产投资呈现快速增长的趋势，建成了一批重点基础设施和资源开发项目，经济发展的内外部环境较为宽松，基础设施建设有了显著改善。全省十大重点工程建设项目进展顺利，涩（涩北）宁（西宁）兰（兰州）天然气管道、青海钾肥工程、青藏铁路扩能改造项目与公路网建设等全部按计划实施。农村电网建设和改造项目、乌兰—格尔木输变电工程、赛什塘铜矿等建设项目都进入实质性建设阶段。连通甘肃与青海经济大动脉的西（西宁）兰（兰州）高速公路继西宁至平安段动工之后开始向马场垣延伸，使开工建设的 1000 个项目中 796 个竣工交付使用。一大批基础设施项目的完成新增原油开采 40 万吨、天然气 1.5 亿立方米、新建和扩建公路 315 公里，可见这些固定资产的投资为青海加速发展增添了强大后劲。通过采取各种有效措施，紧紧围绕经济建设这个主题，面对复杂多变的国内外经济形势，努力把握经济转化中蕴含的发展机遇，全力应对挑战与冲击，千方百计实现了经济社会的“又好又快”发展。

在此期间，全社会固定资产投资额累计达到 2906.9 亿元，其中国有经济 1452.82 亿元占 49.98%、集体经济 110.56 亿元占 3.8%、私营个体经济 270.53 亿元占 9.31%、其他经济成分 1072.99 亿元占 36.91%。

全省城乡居民的生活水平从解放初期的“生存型”与“温饱型”迈向“小康型”和“富裕型”。食品由短缺到充足，膳食结构不断优化。人们日常的饮食变化最能反映一个地区乃至一个国家经济社会发展的兴衰贫富，可以折射出往日的时代变迁。城镇居民在饮食上要求营养均衡、粗细搭配，青睐绿色食品，而且农牧区群众的饮食习惯也随着收入的增加发生了很大变化，炒面片、油条、包子、饺子等已成为日常食品。

2008 年农牧区居民的食品支出人均 1298.3 元，比 2000 年的 705.2 元增长 84.1%，年均递增 7.92%。主要食物消费品中粮食从 2000 年的人均消费 278.23 公斤下降到 228.25 公斤、蔬菜消费从 119 公斤下降到 108 公斤、食用油从 12 公斤下降到 9.6 公斤、家禽肉类从 2.2 公斤增加到 3 公斤、蛋类从3.5公斤增加到4.2公斤、水产品从2.56公斤增加到4.5公斤、瓜果从9.35公斤增加到15公斤。因为奶类和牛羊肉是青海农牧民的主食，所以在保持传统饮食习惯的基础上又有所创新和注重营养，尤其使奶类从2000年的22.66公斤增加到36.88公斤。城镇居民的食物消费也由过去以馒头、面条、大米饭为主的老三餐逐渐向营养丰富、有利于健康的肉、禽、蛋、水产、瓜果及奶制品等副食品转变。

尤为值得一提的是青海的生态环保取得初步成效，结合国家实施退牧还草、三江源生态保护和建设两大工程，在三江源核心区采取多种手段，大力实施禁牧、减畜等多项工程，划定禁牧区近8000万亩，减畜330万头。在现有放牧总量的基础上再削减1/3，基本实现了草畜平衡。根据2008年6月青海省人民政府重大课题“三江源区生态系统服务功能价值评估研究”，三江源区生态系统服务功能的直接使用价值为7.1万亿元，间接使用价值为3.3万亿元，非使用价值为9514亿元，总值超过11万亿元。三江源区33亿多元的GDP与之相比，可谓“九牛一毛”。可见三江源的“筋骨”是生态，而非GDP和财政收入，搞好生态就是在“长筋骨”。这项研究成果的完成，为青海实施生态立省战略提供了重要的理论依据，不仅引起国内外理论界和学术界的广泛关注，也引起了全国各大媒体的高度重视。为此，2008年10月5日《人民日报》头版头条以《三江源：走生态文明发展之路》为题报道了三江源的生态价值和多年来青海各族人民在党和政府的大力支持与不懈努力下使这里的生态环保得到明显改善，为青海实施生态立省迈出了可喜的第一步。

总而言之，西部大开发给青海带来的发展机遇与取得的成效是巨大的，在改革开放四十年间起到了承上启下的作用，在经济发展的各个领域都有了质的飞跃。

2001年时，青海的生产总值为300.13亿元，是改革开放之初1978年的19.31倍、增长1831.77%。2011年底，全社会固定资产投资额为1434亿元。进出口贸易总额为9.24亿美元，其中进口总额2.62亿美元、出口总额6.62亿美元。实现财政收入1117.48亿元，比上年增加255.25亿元、增长29.6%。城乡居民人均可支配收入达到10030元。城乡居民人均生活消费支出9035元，比上年增加1263元、增长16.25%。主要工业产品产量中原煤1961万吨，较上年增加98万吨、增长5.3%。原油195万吨，较上年增加9万吨、增长4.84%。天然气65亿立方米，较上年增加9亿立方米、增长16.07%。碳酸钠133万吨，较上年增加58万吨、增长77.33%。原盐153万吨，较上年增加29万吨、增长23.39%。旅游总收入为92亿元，其国内旅游收入91亿元，均比上年增加21亿元，分别增长29.58%和30%。[①]（见表3）

表3　西部大开发以来全国、青海产业构成情况对比

单位：%

年份＼项目	全国					青海				
	国内生产总值	第一产业	第二产业		第三产业	国内生产总值	第一产业	第二产业		第三产业
			工业	建筑业				工业	建筑业	
2001	100	14.4	39.7	5.4	40.5	100	14.9	29	12.7	43.4
2002	100	13.7	39.4	5.4	41.5	100	13.9	28.6	13.8	43.7
2003	100	12.8	40.5	5.5	41.2	100	12.4	30	14	43.5
2004	100	13.4	40.8	5.4	40.4	100	13	32.9	12.5	41.6
2005	100	12.2	42.2	5.5	40.1	100	12	37.5	11.2	39.3
2006	100	11.3	43.1	5.6	40	100	10.6	41.5	10.3	37.6
2007	100	11.1	43	5.5	40.4	100	10.6	44	9.3	36.1
2008	100	11.3	42.9	5.7	40.1	100	11	46	9	34
2009	100	9.8	39.6	6.5	44.1	100	9.9	43.5	9.7	36.9
2010	100	9.5	40	6.6	43.9	100	10	45.4	9.7	34.9
2011	100	9.4	39.9	6.7	44	100	9.3	48.6	9.8	32.3

资料来源：根据国家统计局历年《中国统计年鉴》和青海统计局《青海统计年鉴》整理。

2011年底，全省生产总值达到1670.44亿元，比2001年增加1370.31亿元、增长456.57%，第一产业达到155.08亿元、增加110.34亿元、增长246.62%，第二产业达到975.18亿元、增加850.09亿元、增长679.58%，第三产业达到540.18亿元、增加409.88亿元、增长314.57%，农林牧渔业达到155.08亿元、增加110.34亿元、增长246.62%，工业达到811.73亿元、增加724.71亿元、增长832.81%，建筑业实现产值163.45亿元、增加125.38亿元、增长329.34%，人均生产总值达到29522

① 青海统计局：《青海统计年鉴2013》，中国统计出版社，2013。

元、增加 23748 元、增长 411.29%。[①]（见表 4）

表 4　西部大开发以来青海国民经济发展情况

单位：亿元

年份＼项目	全省生产总值	第一产业	第二产业	第三产业	农林牧渔业	工　业	建筑业	人均生产总值（元）
2001	300.13	44.74	125.09	130.3	44.74	87.02	38.07	5774
2002	340.65	47.31	144.51	148.83	47.31	97.48	47.03	6478
2003	390.20	48.47	171.92	169.81	48.47	117.18	54.74	7346
2004	466.10	60.70	211.70	193.70	60.70	153.50	58.20	8693
2005	543.32	65.34	264.61	213.37	65.34	203.94	60.67	10045
2006	648.50	67.55	331.91	249.04	67.55	265.12	66.79	11889
2007	797.35	83.41	419.03	294.91	83.41	344.52	74.51	14507
2008	1018.62	105.57	557.12	355.93	105.57	468.60	88.52	18421
2009	1081.27	107.40	575.33	398.54	107.40	470.33	105.00	19454
2010	1350.43	134.92	744.63	470.88	134.92	613.65	130.98	24098
2011	1670.44	155.08	975.18	540.18	155.08	811.73	163.45	29522

资料来源：青海统计局：《青海统计年鉴 2017》，中国统计出版社，2017，第 68 页。

三　党的十八大至十九大以来（2012～2018 年）

党的十八大以来，随着国家在青海实施的一系列优惠政策，在积极融入“一带一路”建设，切实贯彻习近平同志对青海未来发展提出的“四个扎扎实实”总要求和党的十九大确立的各项方针政策为统领，在特色经济发展中取得了极其显著的成效。使全省城乡居民的人均可支配收入由改革开放初期 1984 年的 684.8 元增加到 2017 年的 19001 元，33 年间增长 26.75 倍、年均递增 10.59%；农牧区家庭人均纯收入由 1980 年的 204.31 元增加到 2017 年的 9462 元，增长 45.31 倍、年均递增 10.92%，全体居民人均可支配收入增长 9.8%。

从取得的成效来看，青海特色农牧业产业优势正在凸显，一大批事关

① 青海统计局：《青海统计年鉴 2017》，中国统计出版社，2017。

社会稳定、事关民生、事关未来发展的重点工程逐一完成，使其真正进入了科学发展、绿色发展、循环发展、特色现代化主导产业发展和可持续发展的黄金时期。

2016 年，全国国民生产总值中，第一产业比重占 8.6%，较“十二五”期末的 2015 年下降 0.2 个百分点，第二产业占 40%、较上年下降 1.1 个百分点，第三产业占 51.4%、较上年提高 1.3 个百分点，其产业比重表现为“三二一”结构。与上相比，青海同年的国民生产总值中，第一产业与全国相同，其比重也是 8.6%，与“十二五”期末的 2015 年一致，第二产业占 48.6%、较上年下降 1.4 个百分点、高于全国 8.6 个百分点，第三产业占 42.8%、较上年提高 1.4 个百分点、低于全国 8.6 个百分点，其产业比重表现为“二三一”结构。

究其以上原因，青海的第二产业之所以十余年来，一直在三次产业中“领先”，主要是一大批新型工业在崛起，从 2006 年突破 50% 以后，一直保持了持续稳定。加之海东市基础设施建设投资力度加大，达到 50.1%，海南州亦在光伏电站、生态畜牧业等方面增加了投资，使其第二产业达到 50.3%。尤其海西州作为全省工业化进程最快、基础设施建设投资力度最大的地区，使第二产业达到 67.1%，高于全国 27.1 个百分点。[①]

三大产业中第二产业份额不高，主要是基础设施建设的比例达到 65% 以上。一方面体现了党中央对青海基础设施建设投资力度的持续加大；另一方面也说明通过基础设施建设，对当地民生事业起到了推动作用。产业结构质的变化表明了资源优势得到了利益最大化，其中的石油、天然气、盐湖资源等通过优化配置和循环利用，逐步实现了“在保护中开发，在开发中保护”的有序利用。

2017 年底，全省国民生产总值为 2642.8 亿元，与 2012 年相比增加 744.26 亿元、增长 39.2%，其中第一产业达到 238.41 亿元、增加 61.5 亿元、增长 34.76%，第二产业达到 1180.38 亿元、增加 88.04 亿元、增长 8.06%，第三产业达到 1224.01 亿元、增加 599.72 亿元、增长 96.06%，农林牧渔业达到 226.18 亿元、增加 49.27 亿元、增长 27.85%，工业实现产值 790.63 亿元、减少 105.26 亿元、下降 11.75%，建筑业实现产值

---

① 青海统计局：《青海统计年鉴 2017》，中国统计出版社，2017，第 69 页。

390.08 亿元、增加 193.63 亿元、增长 98.56%，人均生产总值实现 44348 元、增加 11167 元、增长 33.65%。[①]（见表 5）

表 5　党的十八大以来青海国民经济发展情况

单位：亿元

项目 年份	全省生产总值	第一产业	第二产业	第三产业	农林牧渔业	工　业	建筑业	人均生产总值（元）
2012	1898.54	176.91	1092.34	624.29	176.91	895.89	196.45	33181
2013	2122.06	204.72	1151.28	766.06	207.59	912.68	238.97	36875
2014	2303.32	215.93	1234.31	853.08	219.03	954.27	280.43	39671
2015	2417.05	208.93	1207.31	1000.8	212.22	893.87	313.81	41252
2016	2572.49	221.19	1249.98	1101.3	224.69	901.68	348.67	43531
2017	2642.80	238.41	1180.38	1224.01	226.18	790.63	390.08	44348

资料来源：青海统计局：《青海统计年鉴 2017》，中国统计出版社，2017，第 68 页。

纵观改革开放四十年来青海经济发展成效，一个最显著的特点是“和为贵”为经济发展奠定了坚实而持久的基础。随着计划经济向市场经济和传统农牧业、工业向高效农牧业和特色现代化工业产业的根本性转化，在深化改革开放、不断优化产业结构、加大招商引资和加快基础设施建设步伐的过程中，始终把发展作为第一要务。根据青海多民族聚集、经济基础薄弱、区域性差距大等现实问题，统筹城乡发展、注重生态环保、创新发展思路、转变经济发展方式、坚持以人为本，既保持了经济的持续、快速、协调、健康发展的良好势头，又使民众的生活水平不断得以提高。不但维护了藏区社会稳定、民族团结进步、积极进取的良好态势，而且加大了对民生工程，如教育、医疗、文化、体育、养老、保险、就业、住房等方面的投入，使一大批事关农牧民群众切身利益的福祉得以落实，使青海各族人民共同享受和获得了国家改革与发展的最大红利。

青海之所以能形成长期持久的稳定发展，就在于各民族在生产生活、民间贸易、文化传承交往中存在千丝万缕的互动关系。正如所倡导的民族和谐，其意义主要是经济文化上的合作包容，这是“和为贵”的核心基础

① 青海统计局：《青海统计年鉴 2017》，中国统计出版社，2017，第 68 页；青海省 2017 年国民经济和社会发展统计公报相关数据。

与根本。经济合作的内容也由传统的商品交换向多层次、全方位扩展。特别是随着生态畜牧业的快速发展和经济发展方式的根本性改变，已成为农牧民发家致富的新重要途径，使其在民族团结、文化繁荣等方面有了质的提升。

（一）国民生产总值增幅较大

青海的国民经济生产总值由“九五”期末2011年的1670.44亿元增加到2017年的2642.8亿元，6年间增长58.2%、年均递增7.95%；全社会固定资产投资总额由1434.33亿元增加到3897.14亿元，增长171.7%、年均递增18.13%。[①]

不论是增长幅度，还是递增速度，个体私营经济的增速是最快的。说明随着党的民族政策的进一步完善和生产方式的转变，个体私营经济也迎来了最好的发展时机，使各民族全方位的经济互动平稳有序。

（二）财政收入逐年增加

青海的财政总收入由改革开放之初1978年的7.03亿元增加到2006年的266.94亿元，年均递增13.87%，其中国家财政补贴及其他收入由4.13亿元增加到224.7亿元，年均递增15.34%，地方公共财政预算收入由2.9亿元增加到42.24亿元。

2011年底，财政总收入突破千亿元大关，达到1117.48亿元，与2006年相比，年均递增33.16%，其中国家财政补贴及其他收入为965.67亿元，年均递增33.86%，地方公共财政预算收入为270.4亿元，年均递增7.61%。财政收入占生产总值比重为66.9%、地方公共财政预算收入比重为9.1%。当年财政收入占生产总值的比重提高到74.1%、地方公共财政预算收入比重为9.3%。与10年前的2006年相比，分别提高32.9个百分点和2.8个百分点。[②] 2016年底，全省财政总收入达到1905.54亿元，是1978年的271倍、2000年的23倍、2011年的1.7倍。

① 青海统计局：《青海统计年鉴2017》，中国统计出版社，2017，第36页。

② 青海统计局：《青海统计年鉴2017》，中国统计出版社，2017，第188页.

（三）人民生活水平大有提高

城乡居民人均可支配收入由2012年的11468元增加到2017年的19001元、较上年增长9.8%，5年间增长39.65%、年均递增10.63%。与此同时，城乡居民人均生活消费支出由10384元增加到15503元，比上年增长4.9%，年均递增8.35%。其中城镇居民人均可支配收入由18336元增加到29169元，较上年增长9%，年均递增9.73%，城镇居民人均生活消费支出由14794元增加到21473元，较上年增长3%，年均递增7.74%。农村居民人均可支配收入由5594元增加到9462元、比上年增长9.2%，年均递增11.08%，农村居民人均生活消费支出由6613元增加到9903元、较上年增长7.4%，5年间增长49.75%、年均递增8.41%。[①]

综上所述，“和为贵”并非只是青海各民族在经济领域的互动合作，而是建立在“两个共同”“三个离不开”“五个认同”“五个维护”基础上民族和谐在经济发展与社会事业进步中发挥了重要作用，才保证了经济的持续稳定发展。

可见，“和为贵”是青海经济发展的主流，始终是经济社会发展的核心所在。

改革开放四十年来，青海在党中央的英明决策和省委省政府的坚强领导下，各民族团结一心、凝聚智慧、勤劳致富，在经济发展中取得的成就令人赞叹。站在新的历史起点上，未来较长时期，青海各民族在党的十九大精神的指导下，在习近平新时代中国特色社会主义思想指引下，定会取得更加辉煌的业绩。

---

① 青海统计局：《青海统计年鉴2017》，中国统计出版社，2017，第238、239页；青海省2017年国民经济和社会发展统计公报相关数据。

改革开放以来青海回族、撒拉族特色产业发展成就与未来走向

马进虎*

1978年12月，党的十一届三中全会做出了把党和国家工作中心转移到经济建设上来，实行改革开放的历史性决策，动员全党全国各族人民为社会主义现代化建设进行新的长征，这是新中国成立以来我们党和国家历史上具有深远意义的伟大转折。

今年是中国改革开放连续推进四十年的重要节点，回顾和展望这一波澜壮阔的伟大历史进程，值得总结、可圈可点之处很多。就国家而言，其变化之大举世瞩目、其成就之卓举世公认；就地区而言，青海的发展也莫不如此。

四十年来，在党中央的坚强领导和各族干部群众的艰苦奋斗下，青海突破传统经济体制束缚，经济社会发展取得了令人满意的成绩。1978年，青海地区生产总值仅有15.54亿元，地方财政收入不到1个亿元。到2017年，青海地区生产总值达到2642.80亿元，地方一般公共预算收入246.1亿元，地方一般公共预算支出1530.3亿元（中央财政补助收入1113.4亿元），地区生产总值、地方财政收入分别增长约165倍、1500余倍，现代服务业、冷凉农业、藏毯、清真食品生产、新能源、新材料工业等迅速成长，交通、通信等基础设施日趋完备。改革开放取得重要突破，共推出843项重大改革举措，生态文明、医药卫生、司法体制改革试点取得重大进展，供给侧结构性改革深入推进，“放管服”、商事制度、国企国资、财税金融、农牧区、投融资改革持续深化，价格、电力体制、公车等改革全

* 马进虎，青海省社会科学院文史研究所副研究员。

面推进。对外开放和对口援青成效显著，青洽会、环湖赛等大型经贸文体活动品牌效应凸显，曹家堡保税物流中心建成运营，青海顺利融入国家“一带一路”建设。生态文明先行区、循环经济发展先行区、民族团结进步先进区创建结出硕果。人民生活明显改善，教育、卫生、文化等社会事业加快发展，城乡面貌发生深刻变化。

相对于农民而言，包产到户就是改革开放，其实质就是农民获得了个人选择和行动的自由，迸发出创业致富的无穷干劲，顺风而动、勤劳能干的农民渐渐融入了时代潮流。改革开放以来，青海的回族、撒拉族农民，初步形成了一支企业家队伍，在服务行业占有一席之地，出远门异地就业创业的人数逐年增加，尤以“拉面经济”闻名大江南北。回族、撒拉族的教育事业也得到有志者的关注，大中专生比例有所上升，读书人的数量明显增加，回族、撒拉族善于在迁移流动中谋生的传统优势得到充分发挥，大量涌入城镇谋生，顺应了社会发展逐渐趋向都市化的时代潮流，城镇化率有了较大幅度的提升。青海的回放、撒拉族群众成为改革开放政策的参与者、见证者、受益者、拥护者。

在此，就改革开放四十年来，青海回族、撒拉族特色产业异军突起，取得的显著成就及其未来发展做一总结探讨。

一　青海回族、撒拉族特色产业发展壮大

（一）改革开放后，青海回族、撒拉族开始涉足工业领域，民族特色工业企业尤其是民族服饰业蓬勃发展，其中以青海伊佳布哈拉有限公司和雪舟三绒集团为代表，走在全省私营企业的前列

随着改革开放的不断深入，有志之士形成品牌强省的共识，认识到企业要以地域和民族文化特色为基础，善于提炼产品的个性，创立品牌，进而整合资源，提高产品附加值，其中科技创新是动力，过硬的产品质量是根基，让客户满意是途径，这样才能在全国乃至世界叫响地区品牌，塑造良好形象，拥有一席之地。

青海省首家荣获中国驰名商标的青海雪舟三绒集团，就是这样的一家民营企业，品牌战略使“雪舟”牌牛绒系列产品六年来销量一直在全国领先，产品远销东南亚、欧美及港台等地，创汇 2000 多万美元。1997 年由几个撒拉族农民组建的雪舟集团，初期只是一个注册资金几十万元的小厂。2002 年底，集团收购青海毛纺织工业总公司，首次实现了历史性发展。2006 年 2 月，集团投资 1.8 亿元，新建雪舟国际藏毯原辅材料交易中心和工业园区，使企业再次实现了跨越发展。现在已成为全国最大的牛绒分离、设计、生产基地，形成粗精加工、内外销售为一体的多层次、跨行业、跨地区经营的大型集团，牛绒系列产品研发在全国独占鳌头。2002 年“雪舟”牌商标被国家工商总局认定为中国驰名商标。

伊佳布哈拉有限公司是亚洲最大的民族服饰用品企业，拥有资产 3.8 亿元，员工 5300 人，主产盂加拉帽、沙特帽、阿拉伯长袍、纱巾、阿文刺绣、挂毯、拜毯及床上用品等系列产品。集团下设伊佳民族用品和民族服饰两家子公司。伊佳民族用品有限公司，始建于 1998 年 8 月，在循化环城路，占地 30000 平方米，建筑 12000 平方米，拥有资产 8800 万元、员工 1800 人、生产线 150 套、其他机器 500 台，日产帽子 80000 顶、纱巾 4000 条、拜毯 2000 条、床上用品 1000 多套。在西宁生物产业园，伊佳民族服饰有限责任公司以伊佳民族用品有限公司为基础的二期项目，占地 100 亩，建筑 56000 平方米，总投资 3 亿元，拥有专利权的电脑刺绣设备 500 台、小型设备 1400 台，员工 1500 人。年产电脑刺绣沙特帽 1 亿多件，产值 4 亿多元。该公司面向世界市场，以独特的民主服饰文化及高新技术为依托，用先进的设备做保障，建立了现代企业管理模式。该公司还拥有一支管理强、技术精、素质高的员工，产品以成本低、款式新、技术含量高等优势赢得了青、新、宁、甘、滇、京、穗、浙及东北地区等大部分国内市场，同时出口沙特（占有其市场的 40%）、巴基斯坦、马来西亚（占有 30%）、阿联酋（占有 30%）、印度等国际市场。2007 年出口创汇 772.47 万美元。2008 年 3 月“布哈拉”商标被国家工商总局定为“中国驰名商标”。公司以优秀的人才、先进的管理、一流的工艺技术立足于特色产业的前沿，为世界穆斯林提供高质量的产品，为西部大开发、弘扬民族文化、促进经济的发展做出了突出贡献。

（二）回族、撒拉族聚集的青海省西宁市城东区已成全省最大的小商品、粮油、畜产品、农副产品、汽车五大专业商品集散中心，市场年交易额22.3亿元，上缴税收近1400万元，解决就业1.48万人，带动周边运输、酒店、餐饮等行业的发展，实现了经济社会效益双丰收

西宁市城东区市民大多具有经商的传统，发展辐射功能强的大型专业市场，培育上档次、上规模的特色市场，成为该区经济发展的主力军。多年来，城东区在立项、征地、贷款等方面实行优惠，吸引外资，鼓励省内外（浙江等）个体私营企业主落户本区。同时发挥民族优势，修建占地300亩的乐家湾畜产品交易加工园区，建成屠宰、活畜、皮毛交易、检测等功能齐全、设施完善的全省规模最大的畜产品市场，交易量占全省总的70%以上，经营户135家，日成交牛羊活畜5300余头（只）、交易额300万元。原粮、面粉、食用油等年交易额6.5亿元，已成为辐射甘、藏等地的粮油销售、物流、配送的专业市场。总投资1.8亿元、建筑面积15万平方米的世全曹家寨糖酒干鲜农副产品市场一期改扩建完工，安置就业2000多人；整合王家庄小商品、东部百货、吉盛小商品、圣源粮油综合批发市场，建成占地210亩、投资2亿元的青藏小商品物流集散专业市场，在2007年交易额就达8000万元，解决就业3000人，形成辐射西北的小商品现代物流集散中心。另外，整合八一路沿线商户企业，形成了集汽车销售、装饰、修理等综合服务于一体的大型专业交易市场。

（三）特色产业的发展成就及其影响提升了青海回族、撒拉族的整体素质、社会地位，重塑了社会主义事业建设者的新形象

首先，青海回族、撒拉族知恩感谢遭逢日新月异的伟大时代。改革开放搭起了中国全面与世界交往和联系的桥梁，实现了中国与时代的同步发展，从中也获得了新鲜空气，其特色产业得以发展，他们在自身受益的同时，不忘回报社会、国家，其不俗表现赢得了主流价值的认可，树立了自己“优秀社会主义事业建设者”的形象。如2007年召开的青海省工商联第九次代表大会共评选出50名全省“第二届优秀社会主义事

业建设者”，其中，回族、撒拉族企业家有 14 位，占总数的 28%，这个比例远远超出其占全省总人口的比例。同时，青海有中国驰名商标 8 个，位列西北五省（区）第二，穆斯林企业就占 2 个。他们对地方经济发展的贡献由此可见一斑。

其次，回族、撒拉族加大对民族教育的支持力度，加大扶危助困的慈善的力度。改革开放的亲身经历，使得回族、撒拉族群众深切认识到忽视教育的危害性，以及没有文化对特色产业发展的局限性。广大群众以及企业家对学校教育重要性的认识有质的飞跃。父母重视子女教育，有识之士建立以振兴文化教育为职能的机构——青海回族研究会、青海回族撒拉族救助会，尤其是后者以卓有成效的工作搭起了企业家、学生、家长、阿訇、政府相互联系的桥梁。他们的工作赢得本族企业家的大力支持，加大了扶持贫困学生和群体的力度，受到群众和政府的好评。截至 2007 年 8 月，青海回族、撒拉族救助会累计发放各类救助金达 200 万元，为 522 名大学生、700 余名中小学生提供资助；为 2500 余名贫困患病群众医疗义诊，近 400 余名贫困患者享受医疗优惠；近 3000 余人次的中小学生通过支教助学获得新的知识，取得了新的进步；有 3000 余户贫困家庭受到过帮助。为此 2005 年青海回族、撒拉族获得青海省先进民间组织、2006 年度诚信与自律建设先进民间组织称号。2008 年四川汶川大地震，企业家冶福财捐款 100 万元，张氏家族捐款 200 万元，西宁地区回族、撒拉族群众为四川灾区捐款累计近 400 万元。事实证明，青海回族、撒拉族是改革开放的参与者、见证者、受惠者，更是新青海的重要建设者。

（四）中国（青海）国际清真食品及用品展览会的创设，回族、撒拉族特色产业的发展开始与国家的产业政策相一致，上升为省级经济发展战略，青海回族、撒拉族特色产业迎来更好的发展平台

2007 年 11 月 3 日，由青海省政府和中国国际贸促会共同举办的 2007 中国（青海）国际清真食品及用品展览会圆满落幕，参会客商满载而归。展览会历时三天，签约项目共计 21 个，金额达到 1.66 亿元。展览会具有

民族性、国际性、专业性的特点，具体表现为：第一，中国与伊斯兰国家经贸合作论坛水平高，为民族特色产业的发展提供了国际平台。第二，举办中国—伊拉克采购、中国—伊朗投资、中国—马来西亚投资贸易等洽谈会，促进了企业的交流。第三，展览会突出青海企业的形象和经济发展的前景。参展商获得了向国外客商学习、与之合作的机会。这次展会是青海又一个对外开放的舞台，是展示青海改革开放新成果、对外开放新形象以及民族团结、经济发展的窗口，同时为青海回族、撒拉族特色产业走向国际架起了桥梁。

二　青海回族、撒拉族特色产业发展的成功经验与路径走向

青海回族、撒拉族特色产业发展的成功经验：随时而动，顺天而行；敢想敢干，敢闯敢冒；多业并举，多种经营；吃苦在前，享受在后。诚信经营，义利兼顾。具体而言，就是倾听时代召唤、紧跟改革开放的伟大时代潮流，抢抓机遇，不落伍，不掉队。对认准了的事情坚定不移，不动摇，不徘徊，勇往直前。工商农牧，一视同仁，一体经营。先积累本钱，再扩大经营，后讲究消费。注重商业道德，不忘回报社会。关键在于把民族传统优势与现代文明结合起来，走一条有特色之路。

青海回族、撒拉族特色产业发展的受制因素：一是组织规模偏小，经济总量比重低。大多从事批发、零售和住宿、餐饮等行业，进入工业领域的户数较少。二是粗放经营的比重大。从事低技术产业的多，产品档次低，产品、产业高级化进程不快。三是融资困难。

青海回族、撒拉族特色产业发展的对策建议：青海回族、撒拉族特色产业发展受到因素中有些是制约全省非公有制经济更好更快发展的共性问题，随着经济大环境的改善才能改善，回族、撒拉族有些是个性问题，需要下决心努力解决，才能发展。以最具特色的清真食品及用品行业为例，专家认为，清真食品及用品行业是“朝阳产业”，需要大力发展。因为全世界有 50 多个伊斯兰国家，15 亿以上的穆斯林，加上一部分非穆斯林也喜欢清真食品，而我国清真食品及用品行业出口份额较小，市场潜力巨大。因此，青海回族、撒拉族特色产业进一步发展，首先，要提高认识，引起重视。其次，穆斯林与非穆斯林的优势互补、精诚合作是做强做大清

真食品及用品行业的必由之路。非穆斯林加入该行业，有利于该行业向高新技术产业提升和发展，有利于提高管理水平，而穆斯林的加入及全程监管能使企业成为名副其实的清真食品及用品的生产者，有利于获得有关国家的国际清真食品质量体系标准认证。最后，要做货真价实的清真食品及用品，杜绝假冒，保持信誉，与国际清真食品质量体系标准认证接轨。

把自然还给自然

——改革开放四十年来青海自然保护地建设的回顾与展望

李婧梅*

各种类型的自然保护地的建设和管理是生态保护的有效手段，是尊重自然、顺应自然、保护自然生态文明理念在生态保护工作中的具体实践，是建设生态文明和美丽中国的重要载体，也是落实生态保护红线、优化国土空间格局的重要抓手，为维护国家生态安全发挥着极其重要的作用。

自1976年青海省建立了第一个自然保护区——青海湖自然保护区以来，青海省有关部门和单位根据生态保护工作需要，陆续建立了不同类型的自然保护地，既有通过申报由有关国际组织认定的世界自然遗产、人与生物圈保护区、世界地质公园、国际重要湿地等，也有由国务院批准的国家级自然保护区和国家级风景名胜区，还有有关行业部门批准的重点生态功能区、水利风景区、森林公园、湿地公园、地质公园等。在这些生态保护地区域内部，生态环境良好，或具有代表性的生态系统、或具有特殊物种、或具有有价值的自然文化景观，能够为人们提供多样的生态系统服务，具有突出的生态、文化及社会价值，在保障国家和区域生态安全、保护生物多样性及重要生态系统服务功能方面发挥了重要作用。

一　青海自然保护地建设回顾

经过四十多年的发展，青海自然保护地建设事业经历了从无到有，规

*　李婧梅，青海省社会科学院生态环境研究所助理研究员。

模从小到大，类型从单一到全面的发展历程，取得了显著的成效。

青海省自1975年在青海湖建立保护区以来，各级各类自然保护地建设历经了初期发展、强化管理、快速发展三个阶段。据不完全统计，至2018年5月，青海省已建立各级各类自然保护地170余处。目前，全省各地从东向西、由南至北已建立了具有典型性、代表性和多样性特点的草原、森林、湿地、荒漠生态系统和野生生物类别的自然保护地，形成了涵盖三江源、青海湖、祁连山、柴达木盆地、河湟地区，布局比较合理、类型比较齐全、功能比较完善的保护网络。在维护区域生态系统平衡、保护生物资源为主，兼具涵养水源、水土保持、调节气候、物种多样性保护、资源与经济社会可持续发展等方面起着尤为重要的作用。

（一）初期发展阶段（1975～1989年）

20世纪70年代初期，由于青海湖水位下降，青海湖区斑头雁等繁殖候鸟的栖息地遭到了人为的干扰和破坏，捡拾鸟蛋、捕捉鸟类的事件时有发生，引起了社会媒体与公众的关注。青海省野生动物行政主管部门积极行动，经多方协调与努力，1975年5月在青海湖建立了第一个省级自然保护区，保护繁殖候鸟及其栖息地，并在湖区西北部建立了保护站，青海省自然保护地建设开始起步。随着国家加强生物物种保护和对生态环境保护的重视，在1980年4月建立了循化孟达自然保护区，保护森林生态系统及珍贵植被，是青海省第二个省级自然保护区。

1984年8月，青海省第三个省级自然保护区隆宝自然保护区批准建立，保护黑颈鹤等水禽鸟类及栖息地。1986年7月，隆宝自然保护区晋升为国家级保护区，这也是青海唯一没有实施省级自然保护区基础设施建设的国家级保护区。这一阶段共建立了3处省级自然保护区，晋升1处国家级保护区。

初期发展阶段的特点是：这一时期青海省自然保护地建设以自然保护区的成立和建设为主要形式，青海的自然保护意识开始萌芽，自然保护事业开始起步，并开始得到发展，以珍稀野生动植物物种为主要保护对象的保护地建立，并随着社会的发展越来越得以重视；但总体上来说，青海省自然保护地和自然保护地事业发展与建设较缓慢，其科学研究、依法管护和基础设施都较薄弱和滞后。

（二）强化管理阶段（1990～1999年）

进入20世纪90年代，全球生物多样性保护工作迅速发展，国家对自然保护地建设进一步重视，自然保护区规划建设得到加强，青海省加强了已建保护区的管理与其能力建设。1995年新建了可可西里省级自然保护区，保护藏羚羊及其栖息地；青海湖自然保护区建设得到重视，推进了隆宝保护区能力建设。1997年青海湖和可可西里保护区同时晋升为国家级保护区。1998年青海省政府批准了《1998～2010年青海省森林、湿地和野生动植物类型自然保护区发展规划》，并要求组织实施，1999年6月，组织编制了青海三江源、可鲁克湖—托素湖、格尔木胡杨林和柴达木梭梭林等省级自然保护区建设可行性研究报告。这一时期新建了1处自然保护区，晋升了2处国家级保护区。全省共建有4处自然保护区，国家级保护区3处，省级1处。

这一时期，自然保护地的法制建设走上轨道。1994年，为加强自然保护区的建设和管理，保护自然环境和自然资源，我国制定实施了《中华人民共和国自然保护区条例》，这是针对自然保护区的专门行政法规，同年，结合青海管理自然保护区的需要，青海省出台了《青海省森林和野生动物类型自然保护区管理办法实施细则》。同时围绕自然保护区的发展规划、保护区的分类、保护区土地利用、保护区评定标准及组织与管理，我国颁布了一系列相应的法规或政策规范。

强化管理阶段的特点是：以藏羚羊为主要保护物种的国家级大型自然保护区在青海建立，青海高原珍稀野生动物物种保护引起全社会的关注；青海省自然保护区发展规划批准实施，其建设迎来了新的挑战与机遇；自然保护地事业的宣传力度加强，依法管理和建设的步伐加快。

（三）快速发展阶段（2000～2015年）

青海省自然保护地事业，在这一时期得到了长足的发展。2000年4月，循化孟达保护区晋升为国家级保护区；至此，2000年以前建立的省级保护区全部晋升为国家级保护区。2000年5月，青海省政府批准建立了青海三江源、可鲁克湖—托素湖、格尔木胡杨林和柴达木梭梭林4处省级保护区，其中三江源保护区在2003年1月晋升为国家级保护区；

2005 年 10 月批准建立了诺木洪和大通北川河源区 2 处省级保护区，12 月又批准建立了祁连山省级保护区。这一时期内，新建 7 处保护区，晋升 2 处国家级保护区。全省保护区共有 11 处，国家级保护区 5 处，省级保护区 6 处。

省内许多国家森林公园、国家地质公园、国家湿地公园、水利风景区等自然保护地均是在这个时期批准建立，或由省级晋升为国家级。在各类自然保护区逐步扩大的基础上，由各行业部门主管的自然保护地建设也后来居上，相继建立了风景名胜区、森林公园、地质公园、湿地公园、海洋公园、矿山公园、水利风景区、水产种质资源保护区、国家公园、沙漠公园、石漠公园、天然林保护区、沙化土地封禁区、自然生态类旅游景区等十几种不同类型的自然保护地。2010 年，《全国主体功能区规划》（国发〔2010〕46 号）发布，这是新中国成立以来我国第一个全国性国土空间开发规划。规划中对限制开发区域和禁止开发区域的功能定位、发展方向和开发管制原则等厘清了开发和保护的关系。2014 年《青海省主体功能区规划》发布，其中对限制开发区域（重点生态功能区）和禁止开发区域的功能定位、开发原则、发展方向、规划目标等进行了详细的规定，进一步明确了它们的建设方向。2011 年，三江源国家生态保护综合试验区成立，这是我国第一个生态保护综合试验区，国家要求按照尊重文化、保护生态、保障民生的原则，坚持生态保护、绿色发展与提高人民生活水平相结合，科学规划，改革创新，形成符合三江源地区功能定位的保护发展模式，建成生态文明的先行区。

快速发展阶段的特点是：具有典型性、代表性和重要性的一批自然保护地建立，三江源自然保护区为我国新型自然保护区建设开了先河；青海省特有的生态区位和重要的战略地位得到社会的认可和支持，并发挥着应有的作用。形成了较为完善的自然保护地分级管理机制，初步建立了自然保护地法律政策体系。

二　青海自然保护地发展现状及成效

2016 年，我国第一个国家公园体制试点——三江源国家公园体制试点正式启动，包括青海可可西里国家级自然保护区，以及三江源国家级自然保护区的扎陵湖、鄂陵湖、星星海等地，园区总面积12.31万平方公里。要求把三江源国家公园建成青藏高原生态保护修复示范区，共建共享、人与自然和谐共生的先行区，青藏高原大自然保护展示和生态文化传承区。2017年，《祁连山国家公园体制试点》启动，要求祁连山国家公园要突出生态系统整体保护和系统修复，以探索解决跨地区、跨部门体制性问题为着力点，按照山水林田湖草是一个生命共同体的理念，在系统保护和综合治理、生态保护和民生改善协调发展、健全资源开发管控和有序退出等方面积极作为，依法实行更加严格的保护。2017年7月，青海可可西里申遗项目获表决通过，成为中国第51处世界遗产，也是我国面积最大的世界自然遗产地，成为青藏高原首个世界自然遗产地，可可西里申遗成功，将青海的自然保护地建设事业推向了新的里程碑。

2017年9月26日由中共中央办公厅、国务院办公厅联合印发的《建立国家公园体制总体方案》中，正式提出“构建统一规范高效的中国特色国家公园体制，建立分类科学、保护有力的自然保护地体系”，建立保护地体系成为我国生态文明建设中一项主要工作。习近平同志在中共十九大报告中进一步明确提出“建立以国家公园为主体的自然保护地体系”。2018年，国务院机构改革方案明确，由新组建的国家林业和草原局管理国家公园等各类自然保护地等，“九龙治水”的时代即将结束。

（一）自然保护地体系基本形成

历经40年的实践和发展，青海自然保护事业发展迅速，为保障国家生态安全和各生态系统功能有效发挥起到了重要作用。目前青海省陆续建立的各类型、各级别自然保护地扣除重叠面积后，区域范围占到了全省总面积的30.23%，是全国除西藏外（西藏自治区自然保护区面积占国土面积的34.13%）保护区面积占国土面积比例最高的省份，高出全国平均水平14.5个百分点。目前，青海省初步建成了自然保护地网络体系，形成了以国家级为主，地方级为辅，包括野生动植物、荒漠、内陆湿地、森林、草原草甸、水源地等类型，以保护生物资源为主，兼具涵养水源、调节气候、水土保持等综合功能的自然保护地体系，共计170余处。截至目前，青海省先后有3处自然保护地被列入国际重要湿地，1处（昆仑山地质公园）跻身于世界地质公园行列，有1处（可可西里自然保护区）被列为世界自然遗产。

（二）大部分自然生态系统得以保护

青海省建立的多种类型的自然保护地，在自然资源、生态环境、拯救濒危物种和区域经济社会发展等方面发挥了积极作用，成效突出。保护了比较完整的生态系统和自然景观，维护局部区域的生物多样性和生物链平衡，保存了独特的高原物种基因和遗传多样性。省域内85%的野生动植物物种得到有效保护，如藏羚、普氏原羚、雪豹和胡杨、梭梭等，成为物种遗传多样性保留的避难所和生存地；70%的高原重要湿地生态系统纳入保护区管理，成为我国重要的水资源基地；30.7%的森林与灌木林得到培育，发挥着水源涵养、防沙固沙、碳汇等多种功能；37.76×10^4公顷的荒漠植物得到较完整的保护与治理，成为维护戈壁沙漠生态系统平衡的屏障；祁连山地分布的古老生物物种得到保护，成为一些珍稀物种在我国的最西分布区域。

（三）自然保护地建设不断得以重视

2000年以来，国家实施了自然保护区生态保护与建设工程，促进了青海高原生态环境保护和区域经济社会有序发展。一是三江源保护区内退化的草地得到大面积治理和修复，禁牧与休牧、以草定畜的科学养殖机制得到培育；森林灌丛植被得到保护与促进，其覆盖率有所增加。二是保护区内矿产资源开发受到限制，禁止破坏生态环境的项目实施；湿地生态系统得到有效保护，防治了水资源污染，其资源有所恢复。三是保护区民生问题得到重视，牧民群众生产生活条件不断改善，保护生态的积极性高涨。四是珍稀濒危物种得以保护，在一些区域内有所恢复。五是保护基础设施条件得到改善，管护能力不断提升；执法机动与处置能力有所提高，破坏自然资源的违法行为减少或得到遏制。六是科学管理、创新保护区建设的新理念得以发展，依托优势资源发展生态旅游的建设步伐加快。七是多元化管理机制形成，发展模式和理念不断创新，保护地的优势资源不断得到合理的利用。

三　青海自然保护地建设展望

（一）各类生态系统将得到充分保护

随着三江源国家公园、祁连山国家公园及各类自然保护地的建设发展，青海自然保护地体系将进一步完善，成为青海最重要的生态保护空间。青海省自然保护地不仅将继续在自然资源、生物多样性、各类生态系统保护等方面发挥重要作用，成为筑牢我国生态安全的基石，更将在生态文化传承、人与自然和谐相处、体制建设等方面成为中国生态文明建设的一张名片、国家重要生态屏障的保护典范。

（二）以国家公园为主的自然保护地体系将逐步建立

通过国家公园体制试点改革，以自然保护区为主的各类保护地体系将逐步向国家公园统一体系转型，形成符合我国国情的自然保护地分类体系和管理体制，逐步解决多头管理、碎片化等问题。“国家所有，全民共享，世代传承”的国家公园建成后，将形成生态保护、地区经济健康发展、民族文化传承、社会秩序稳定和国民生活健康的绿色发展模式。

（三）统筹山水林田湖草系统的保护和治理

山水林田湖草将作为统一的系统纳入保护范围，通过实施生态系统管理提高生态系统的服务质量，自然保护地建设和管理从数量型向质量型、从粗放式向精细化转变，使各自然保护地产生更大的生态和社会效益。在人工智能、大数据、天地一体等现代化手段的作用下，智慧化自然保护地的建设将为人们呈现自然保护地的新面貌。

参考文献

吴婧洋、严利洁、韩笑等：《基于我国现行自然保护地制度构建国家公园管理体系》，《城市发展研究》2018 年第 3 期。

王静、孙军平、石磊等：《中国自然保护区建设的现状、存在问题及展望》，《中国人口资源与环境》2016 年第 1 期。

李柯懋、申志新、关弘弢:《青海省国家级水产种质资源保护区建设基本情况及应注意的问题》,《河北渔业》2014 年第 12 期。

闵庆文、马楠:《生态保护红线与自然保护地体系的区别与联系》,《环境保护》2017 年第 23 期。

郑杰:《青海自然保护区建设与发展刍议》,《青海科技》2007 年第 1 期。

郑杰、高静宇、李永波:《青海省自然保护区发展对策研究》,《青海科技》2009 年第 1 期。

探索青海高寒农业区生态扶贫之路

郭　婧*

青海作为我国扶贫开发，任务重、难度大、贫困程度深的省份之一，其经济社会发展相对滞后，贫困问题相对突出。且地跨两个集中连片特贫地区（六盘山区和四省藏区），其中国家扶贫开发重点县占35.7%。改革开放以来，青海经济稳中向好发展，特别是进入21世纪以来，青海的社会生产力和广大农民群众的生活水平都发生了历史性飞跃。截至目前，我省共有贫困人口39.7万人，尤其近五年内青海累计减贫90.7万人，贫困发生率从2010年的31.5%下降到现在的8.1%，人民生活水平实现了由温饱到总体小康的跨越。

但据数据显示，我省2017年贫困发生率相当于全国贫困发生率的2.61倍。从贫困人口分布密度来看，青海高寒农业区集聚大部分贫困人口，这些贫困地区是中国生态环境最为恶劣的地区之一，生态环境恶化、水资源稀缺、自然灾害不断、交通不畅通、气候恶劣、社会经济发展严重滞后等问题长期困扰着。

但是，在改革开放四十年的历史进程中，青海省欠发达的省情没有根本改变，其经济发展和生态环境保护矛盾仍然比较突出。因此，坚持通过改革解决发展中的深层次矛盾和问题是青海高寒农区生态保护和脱贫致富的必然选择。

* 郭婧，青海省社会科学院生态环境研究所助理研究员。

一 改革开放以来青海农村扶贫开发取得的成就

（一）农民收入稳步增长

改革开放以来，青海农民人均可支配收入显著提高。1980 年至 2016 年，由 204.31 元增加到 8664 元，年均递增 14.89%。农村居民家庭恩格尔系数由 1984 年的 62.71% 下降到 2016 年的 29.44%。农村居民收入中家庭经营收入是主体，但所占比重呈下降趋势，家庭经营收入中种植业收入贡献率下降。劳动报酬收入比重加大。

（二）农村产业结构进一步优化

改革开放以来，农村产业结构进一步优化，农民从非农产业中得到的收入有了很大的增长。农民家庭经营收入中，来自第一产业的收入比重由 1985 年的 83.70% 下降到 2016 年的 8.60%；来自第二产业的收入比重由 1985 年的 1.30% 上升到 2016 年的 48.59%；来自第三产业的收入比重由 1985 年的 15% 上升到 2016 年的 42.81%。

（三）农业富余劳动力有序转移

农村富余劳动力转移呈明显增长势头。近年来，青海农业区富余劳动力大规模涌向城市，其中绝大部分完全脱离农业生产，成了名副其实的“务工族”。调查资料显示，改革开放以来第三产业就业率增加 31.2%，农村牧区富余劳动力转移增长势头强劲。青海省在坚持生态保护优先的前提下，协调增绿增收，努力探索生态脱贫新路子，大力实施生态保护与服务脱贫攻坚行动计划，新增贫困人口生态公益岗位 4.7 万个。

（四）农民组织化程度进一步提高

青海省把发展农牧民专业合作经济组织作为工作的着力点，加大扶持力度，加强指导和监管工作，提高农牧民进入市场的组织化程度。截至 2016 年，青海省各类农牧民专业合作经济组织已发展到 10682 个，比 2000 年增加了 89 倍。经营方式也从传统式的农户分散养殖方式（其主要特征为：缺资金、缺技术、缺市场、缺信息）逐渐向合作社式的“合作社经营+保底分红”的生产方式转变，有效地将现有生产要素进行高效整合，农牧民生产方式和畜牧业生产集约化程度提高，达到了“1+1>2”的效果。绝大部分的农牧民专业合作经济都是以一种农畜产品为核心和纽带的合作和联合，经营服务内容以当地主导产业有机结合，如乐都蔬菜协会，循化辣椒协会，民和、互助的马铃薯协会，尖扎的牛羊育肥协会等。这对于提高畜产品质量，发展绿色生态畜牧业，满足人民生活水平日益增长的需要起到积极作用。

以农畜产品加工龙头企业为载体，一大批农牧产业化原料基地在青海省逐步形成。截至2016年底，青海省国家级、省级以及地级龙头企业已经达到108家，这些农业产业化龙头企业对加快青海省农牧业结构调整、增加农牧民收入、提高农畜产品市场竞争力起到了积极的推动作用。例如海东市市级以上龙头企业156家，其中国家级1家、省级22家、市级133家，辐射农户25.8万户。西宁市共有2家草畜加工龙头企业，一是西宁富农草业生物开发有限公司，主要开展“草种植加工、良种加工、市场销售于一体”的现代化农牧业循环发展模式，企业将带动1500余户，户均增收5000元以上。二是青海三江一力农业集团有限公司，主要开展“饲草种植加工、肉牛养殖、有机肥加工、牛羊屠宰加工、品牌运营销售于一体”的现代化农牧业循环发展模式，带动2500余户，户均增收7000元以上。

二 青海高寒农区扶贫开发中生态环境的制约因素

自1985年以来，经过社会各界三十多年的不懈努力，青海扶贫开发工作取得了辉煌成就。尤其是2015年精准扶贫正式实行，彻底弥补了现行扶贫制度存在的缺陷，为青海早日建成全面小康社会指明方向。随着精准脱贫步伐的加快，青海高寒农区经济发展呈现良好势头的同时，也存在着诸多制约因素，主要表现在青海高寒地区生态环境脆弱带来的特殊致贫因素。

（一）自然灾害频繁，水资源不足

青海高寒农业区处于黄土高原和青藏高原过渡地带，地形地貌类型多样、气候变化无常，干旱、冰雹、霜冻、低温、病害、虫害、草害、鼠害和风灾等自然灾害频频发生，农业生产受到较大约束。由于青海春季降水少、蒸发快，容易形成干旱，遇到个别年份的连旱的现象，甚至颗粒无收。因此，水资源不足同样制约该地区经济发展和生态环境的改善。

（二）耕地资源贫乏，生产力降低

土地资源状况与经济发展状况存在着密切的关系，贫困地区温饱问题普遍严重的地方，一般都是土地资源贫乏的地区。青海高寒农区虽然山地资源辽阔，但能够服务于人的面积并不大。从人均资源拥有量来看，人均耕地 2.58 亩，但由于气候干旱加上土壤自然肥力低，耕地的生产力总体较低。加之大于 25 度以上的坡地比重大，56% 的耕地分布在山源梁峁上，耕作不便、土地贫瘠、水土流失严重、生态环境恶化等，使粮食产量减少，土地生产力较低。

（三）水土流失严重，土地利用结构不尽合理

青海高寒农区水土流失严重，农业用地中干旱地占 70% 以上，有灌溉条件的面积却不到 30% 。水土流失对高寒区农业生产造成巨大威胁，使坡耕地表土量逐渐减少、土壤肥力下降。平均每亩坡耕地每年流失的氮、磷、钾相当于一年的化肥使用量。而高寒农区面临着土地利用结构比例失调，主要是林地比重偏小，森林覆盖率偏低的问题。这样结构下的土地利用很难有持久、稳定、高效的生产功能和环境功能。

（四）化肥农药使用不当，污染生活环境

首先，农民虽长期从事传统种植业，但对农药使用的具体认知不足，只知道化肥具有使用方便、肥效高的优点，而不知道长期使用化肥会导致土壤板结硬化的后果。其次，随着农村劳动力向二、三产业转移，劳力逐渐较少，不得不大量使用农药除草和灭虫。而化肥和农药使用过量，甚至使用不当，会使化肥和农药在农作物的秸秆和颗粒中残留，对人畜造成危害。

（五）粗放的种植模式对生态环境的影响

贫困山区农民大多采用粗放的种植耕作模式，加之“靠天吃饭”的生

产方式，耕地一年中有一大半的时间裸露在风蚀雨侵中，裸露的土壤风蚀严重，耕地沙漠化趋势逐步加快。

（六）生物多样性面临危机

自然条件限制致使该地区的生物多样性降低，人类的乱砍滥伐和一些自然灾害的频频发生，使得原本生态系统变得脆弱，不堪一击，更使野生动物种类减少，造成生物多样性的减少。

三　青海高寒农业区生态扶贫的对策和建议

（一）增加生态补贴金投入，构建高寒农区生态环境安全网

党的十九大明确要求开展农村人居环境整治行动。两会期间，习近平同志强调，要推动乡村生态振兴，坚持绿色发展，加强农村突出环境问题综合治理。虽然近期农村生态环境治理工作被高度重视，高寒农区生态环境的整体情况虽有好转，但由于特殊的地理环境，生态环境质量状况与当地农民脱贫致富、经济发展息息相关。政府对农业区生态环境脆弱风险管理起主导作用，降低反贫困因素是政府的职责。由于海拔和气候条件限制，土地生产力低下，粮食产出量较低。建议地区各级领导向省市和中央有关部门争取高寒农区生态特殊补贴金，特别是对贫困地区、经济欠发达地区倾斜，作为生态脆弱性风险基金，使贫困农户在生态和生活上享受“双保险”。由于青海高寒农区的生态脆弱性较强，政府应做好风险管理，以“防御大于治理”为基本原则。若遇到自然灾害，及时用储备资金弥补农民灾后损失和灾后生态恢复等工作，可减少贫困山区地方政府的负担，真正实现高寒农业区生态环境得以有效恢复及长期稳定的安全网。

（二）加大生态补偿力度，完善公众参与机制

生态补偿力度与农民参与生产环境保护的积极性往往呈正相关关系。虽然退耕还林还草补偿款已十几年，然而现有补贴政策在补偿额度上无法弥补其总体收益减少的状况，长期下去，还加剧了农户的贫困程度。所以，应该加大生态补偿力度，特别是加强顶层制度设立，探索出台生态补偿的法律性

文件，使生态补偿机制从政策层面上升到法律层面，增强其固定性。加大生态补偿的同时，也要完善其他配套性政策，因为生态补偿政策在长期保护环境中才能体现出利益价值，这时候其他配套性政策（如土地经营制度、保障制度、产业政策等）就可以起到支撑作用，在一定程度上减轻农民的负担。

（三）扩大生态公益岗位，实现生态保护和脱贫“双赢”

生态保护和脱贫不仅是一项单纯的政府性工程，还应该由社会大众共同参与来完成，借鉴三江源国家公园做法，实现自然资源的严格保护和永久利用。青海高寒农业区同样需要处理好农民群众全面发展与资源环境承载能力的关系。将生态环保与脱贫相结合，增加农民收入，改善生活条件。首先，科学合理的扩大生态公益岗位，明确管护员岗位的具体职责，安排建档立卡贫困户中有劳动能力的人员从事当地生态脆弱区、生态退化区的生态公益管理工作。支持农民从事生态体验、环境教育服务、生态监测等工作，从而获得收益，实现生态保护和农民整体脱贫的“双赢”。

（四）发展绿色种植产业体系，加强农业环境保护

从长远来看，要彻底解决农业山区贫困及生态环境的安全问题，生产出绿色、健康、安全的食品，必须大力发展绿色无公害农业。高寒农区地广人稀和山地遍布，无污染源，是生产绿色无公害食品的理想基地。走向绿色可持续发展道路，还要严格控制农药化肥使用，着重生产无公害无污染作物以及适合当地种植的产品，如苗木、汉藏药材、蔬菜、水果等。在发展的同时，要考虑到环境容量和生态环境保护等因素，加强耕地管理，防止土壤退化，控制水土流失，确保以无污染、低消耗和可持续为发展方向。

加强农业环境保护。近年来，由于科技进步，农产品产量的提高，不得不使用大量的农药、地膜和化肥等，这些污染物质的随意使用，必然会给当地生态环境带来威胁，如不及时制止，将会进一步恶化。因此，必须严格控制农药化肥的使用量，科学合理地使用地膜，尽量使用安全、低污染的新型农药化肥，控制使用塑料薄膜的数量或者使用可降解的环保塑料膜，提高环境质量。

（五）建立预警系统，维护生态安全

农民在长期的生产生活过程中，很难做到不损害原有的生态环境，且

高寒农区生态环境极为脆弱，更容易从“生态破坏”迅速转向“生态恶化”，并产生严重的生态安全问题。从维护生态安全的角度出发，建立健全完善的生态安全的保障体系是应有之义。建议省市各级有关部门尽快建立当地适宜的生态安全预警系统，对于生态环境的负荷水平及其受损状态做到及时掌握，定期发布预警信息，对于可能出现的生态“不安全”“不稳定”的因素，适时采取必要的调控措施予以防范。

（六）构建生态保护法律体系，提升民众生态保护意识

在法律保护缺位、政府重视程度不足、民众参与不够等多因素叠加下，高寒农区生态保护法律问题陷入了“囚徒困境”。缺乏切实可行的法律性规范性文件的评价体系，很难准确分析法律性规范性文件的实施效果，加之社会发展日新月异，原先的法律、规范已不能完全解决生态保护出现的新问题，有必要对其进行修改和完善，构建生态环境保护法律体系，特别是有针对性解决高寒农区生态环境保护的法律性问题。另外，高寒农业区生态环境尤为脆弱，与群众的生态保护意识匮乏存在严重矛盾，可以通过电视、广播、报纸等多种宣传教育方式让群众了解提高生态保护的重要性，在此基础之上，通过生态安全教育讲座、表演节目等多种方式普及生态保护的法律知识，切实提升民众生态保护意识。

（七）建立激励机制，实行严格考核监督

干部政绩考核中，缺乏环境保护方面的考核指标，环境保护管理组织队伍的人员素质、管理体系尚待进一步提高，亟待与日益复杂的环境管理相适应。因此，建立激励机制是有效维护高寒农区生态环境质量的有利方式。对于保护生态环境，维护生态安全方面做出贡献者要给予适当的奖励；反之，给予必要的法律制裁和经济处罚。建立领导目标责任制和监督考核机制，将生态环境保护纳入地方官员的考核指标之中。可成立生态安全监督领导小组，实行严格的考核监督，负责综合协调、奖励处罚、政策制定、督促管理等工作。各级领导干部带头学习，始终把生态环境保护贯穿于工作当中，提高全民参与生态环境建设的主动性和积极性。

改革开放四十年来生态理念在三江源区的践行与成效

张明霞*

2018年5月18日至19日，习近平同志在全国生态环境保护大会上强调“要自觉把经济社会发展同生态文明建设统筹起来，充分发挥党的领导和我国社会主义制度能够集中力量办大事的政治优势，充分利用改革开放四十年来积累的坚实物质基础，加大力度推进生态文明建设、解决生态环境问题，坚决打好污染防治攻坚战，推动我国生态文明建设迈上新台阶”。“像保护眼睛一样保护生态环境，像对待生命一样对待生态环境”所体现的生态文明建设理念，是在对现实的浸润和引领过程之中的思想升华和思路拓展。

一 习近平生态文明思想概述

“时代是思想之母，实践是理论之源”，习近平新时代中国特色社会主义思想在形成和发展过程中，得到了全党全国各族人民的高度认同，并在实践中发挥了巨大指导作用。其内涵涵盖了各个方面，其中就包括习近平生态文明思想。

生态文明是实现人与自然和谐发展的新要求，是工业文明发展到一定阶段后走向新文明时代的产物。建设生态文明，就是以资源环境承载力为基础，以自然规律为准则，以人与自然和谐可持续发展为目标，建设生产发展、生活富裕、生态良好的文明社会。党的十八大以来，习近平同志着

* 张明霞，青海省社会科学院生态环境研究所副研究员。

眼于满足人民日益增长的优美生态环境需要，全面把握人与自然的关系，就生态文明建设发表一系列重要论述、做出一系列战略部署，形成了系统完整的习近平生态文明思想，开辟了马克思主义人与自然关系理论的新境界，为新时代生态文明建设提供了有力思想武器。我们要建立生态文明建设的新思维（包括底线思维、系统思维、法治思维等），树立“生态环境也是生产力”的理念，把保护和改善生态环境作为生态文明建设的重点。

党的十九大报告将坚持人与自然和谐共生作为新时代坚持和发展中国特色社会主义的基本方略之一，充分体现了以习近平同志为核心的党中央对建成美丽中国的政治考量、战略抉择和坚定决心。习近平同志关于生态文明建设的重要论述，立意高远，内涵丰富，思想深刻，为我们坚持绿色发展理念，加强生态文明建设，保护生态安全，实现永续发展提供了方向指引和根本遵循。

二　生态理念在三江源区的践行与成效

（一）三江源生态保护工程建设成效卓著

“三江源”是长江、黄河和澜沧江的发源地，素有“中华水塔”的美誉，是我国淡水资源的重要补给地，是全球气候变化的敏感区和重要启动区，事关全国生态安全和长远发展。习近平同志曾经指出：“我们说一张蓝图抓到底，不仅需要科学决策，也需要思想境界。”说明生态文明建设绝不是一蹴而就的短期工程，而是一项复杂的长期工程，是“前人栽树，后人乘凉”。习近平同志强调，青海生态地位重要而且特殊，必须担负起保护三江源，保护“中华水塔”的重大责任。

2005 年，经国务院第七十九次常务会议批准，被称为“新世纪中国生态 1 号工程”的《青海三江源自然保护区生态保护和建设总体规划》开始实施。一期工程是以三江源自然保护区为重点工程区，涉及青海省玉树、果洛、海南、黄南 4 个藏族自治州的 16 个县和格尔木市的唐古拉山乡，面积 36.3 万平方公里，于 2005 ~2013 年实施，历时 9 年，投资 75 亿元，包括生态保护与建设项目、农牧民生产生活基础设施建设项目、支撑项目三大类 22 个子项目。同时，青海省委省政府把生态保护和建设列为三江源地区各级政府工作的主要考核内容，确立三江源地区不考核 GDP，为三江源生态保护建设工程提供了强有力的组织保证。

自 2010 年灾后重建以来，玉树藏族自治州树立起“绿色感恩，生态报国”的理念，从玉树高原千亩林木育苗基地景观提升到 214 国道百里绿色长廊，从 400 公顷城市高标准造林到江西林场 370 公顷云杉造林等，玉树造林绿化景观提升实现历史性突破，筑牢国家生态安全屏障，让玉树的“底色”更绿更靓。经历了自然创痛和众志成城之后的玉树，对于感恩和报国的理解更加深邃而坚定，在多民族共同生活的新家园里，在不断奔向美好生活的方位选择中，玉树得天独厚的自然禀赋和天人合一的文化融合度，为厚植绿色景观带来了极大的便利。特别是把灾后重建的临时指挥部，经产业园区“储备用地”的过渡，焕然而改造成繁育 70 多万株树苗的高原千亩林木良种繁育实验基地，这种惊艳的改观，才真正称得上“叹为观止”，海拔 3700 米处克服重重困难、付出艰苦努力而育成的这片林海，更是足以解读出重建与生机、发展与奠基等多重意味来。而且，玉树将绿色发展的理念灌注到了城乡建设、产业发展、景观打造和社会建设的各个方面，又着实是在“五位一体”的集合效应下推展开去的。城乡绿化中见缝插绿、腾地换绿，大体量、多路径整合绿色库存、打造绿色长廊，以植树造林来感恩和纪念，以青稞、蔬菜、藏牦牛（羊）和虫草等绿色生态产业发展，搭建从“绿水青山”通达“金山银山”的高速通道，以各族儿女文明素养和爱绿护绿的行动汇入生态建设的整体格局。正所谓“天道酬勤”，玉树造林成活率达到 70% 以上，不能不说是一种自然的“感应”和馈赠。

2011 年 11 月，《青海三江源国家生态保护综合试验区总体方案》获得国务院批准实施，正式上升为国家战略。一期工程结束后，三江源生态工程建设取得重大阶段性成效，三江源头再展新绿。草地面积增加，荒漠化有逆转。监测结果表明，三江源区草地生态系统、水体与湿地生态系统面积有所增加而荒漠生态系统面积减少；三江源区的荒漠生态系统正逐步向草地生态系统转变；工程前 30 年荒漠面积扩大的趋势发生初步逆转。三江源区因实施保护工程后草地面积净增加 123.70 平方公里，水体与湿地面积净增加 279.85 平方公里，荒漠生态系统的面积净减少 492.61 平方公里，各类草地的平均覆盖度增加了 5.6%，草地产草量整体提高了 30.31%。遏制草地退化，草畜矛盾减轻。在产草量有所提高的同时，采取的减畜措施，使得草地超载率由工程前的超载129%降低到工程末的46%，草畜矛盾有所缓解，为退化草地的进一步恢复奠定了基础。水源涵养提高，总量增水质良。主要河流断面水质的连续监测结果表明，绝大部分断面水质为Ⅰ类和Ⅱ类，个别断面水质的个别指标为Ⅲ类。林草与湿地生态系统水源涵养量为408.95亿m^3/年，比工程实施前增加了24.07亿m^3/年，增幅为6.25%，江河源区水资源总量增加，水质保持优良，为长江、黄河、澜沧江流域水资源安全做出了重要贡献。植被逐渐恢复，土壤功能提高。遥感监测表明，植被覆盖度提高的地区总面积占三江源全区总土地面积的79.18%，其中植被覆盖度轻微提高和明显提高的面积分别占总面积的43.67%和35.51%。土壤保持量（无生态系统保护的潜在土壤水蚀量与现实土壤水蚀量之差）为7.23亿吨/年，比工程实施前（1998~2004年）的5.46亿吨/年，增加了1.77亿吨/年，增幅为32.4%。国务院于2013年批准了《青海三江源生态保护和建设二期工程总体规划》，三江源区的生态状况逐步得到改善，这为保护好世界“第三极”的森林、草原生态系统，全面改善三江源的生态环境打下了坚实的基础。

（二）三江源国家公园体制试点工作稳步推进

加强生态文明建设和坚持改革开放不动摇，理念为人知方为人行。建立国家公园体制是深化生态文明体制改革的突破口，党的十九大从加快生态文明体制改革、建设美丽中国高度，进一步提出了改革要求“构建国土空间开发保护制度，完善主体功能区的配套政策，建立以国家公园为主体的自然保护地体系”。国家公园体制试点是以习近平新时代中国特色社会主义思想中关于生态文明的重要论述指导具体行动，破解了三个关键问题（即“为什么要建立国家公园体制”“建立什么样的国家公园体制”“如何建立和完善国家公园体制”）。三江源国家公园体制试点在立足青海实际、借鉴国内外经验的基础上，走出了一条具有中国特色和高原特点的新路，为中国国家公园建设和自然保护地体系改革探索新路径，是三江源生态保护最重要的方式之一。

2015年12月，《中国三江源国家公园体制试点方案》获中央深改组审议通过。作为首个国家公园试点，青海立足实际，先行先试，将“青藏高原生态保护修复示范区，共建共享、人与自然和谐共生的先行区”作为建设目标，把三江源国家公园建设成为生态文明先行示范区。2016 年 3 月 5 日，中共中央办公厅、国务院办公厅正式印发了《三江源国家公园体制试点方案》；2016 年 4 月，青海正式启动三江源国家公园体制试点；召开三江源国家公园体制试点动员大会，确定“一年夯实基础，两年完成工作试点任务，五年建设国家公园”的工作目标。当年 6 月，三江源国家公园管理局成立，生态文明建设领域引入“大部制”改革，实现三江源自然资源资产管理与国土空间用途管制“两个统一行使”，逐步改变“九龙治水”的局面。2017 年 6 月，《三江源国家公园条例（试行）》经省第十二届人民代表大会常务委员会第三十四次会议审议通过，并于同年的 8 月 1 日起施行，标志着我国第一个国家公园体制试点各项管理和保护工作有法可依。同年，设立了玉树市人民法院三江源生态法庭。2018 年 1 月，《三江源国家公园总体规划》（以下简称《规划》）正式对外公布，明确至 2020 年正式设立三江源国家公园。三江源国家公园体制试点区域总面积为 12.31 万平方公里，涉及治多、曲麻莱、玛多、杂多 4 县和可可西里国家级自然保护区管辖区域。《规划》明确，“近期目标是至 2020 年正式设立三江源国家公园，国家公园体制全面建立，绿色发展方式成为主体，基本建成青藏高原生态保护修复示范区，共建共享、人与自然和谐共生的先行区，青藏高原大自然保护展示和生态文化传承区。建立三江源国家公园有利于创新体制机制，破解‘九龙治水’体制机制藩篱；有利于实行最严格的生态保护，筑牢国家生态安全屏障；有利于处理好当地牧民群众全面发展与资源环境承载能力的关系，形成人与自然和谐发展新模式”。

（三）生态保护理念深入人心

理念不变，干部有底气，群众有干劲。青海省坚定不移以习近平新时代中国特色社会主义思想为指导，全面贯彻落实党的十九大精神，与时俱进贯彻“四个扎扎实实”重大要求，深入实施“五四战略”，坚持生态保护优先、推动高质量发展、创造高品质生活，不断开创新青海建设新局面。

青海省坚持用发展与保护生态、保护生态与改善民生良性互动互促的理念，以农牧业供给侧结构性改革为主线，用创新的理念、改革的办法、市场的手段，努力夯实了基本面、增进了新动能、打造了增长点。常说“十年树木，百年树人”，实际上，一片绿林、一座绿城、一片无垠的绿地，需要以百年大计、千年大计的追求去呵护和侍弄，任何时候，任何情况下，一个历经洗礼而更加坚韧、睿智和大气包容的高原都市和那里的各族人民，充满着对每一棵树、每一株苗、每一片绿的情谊，对前路漫漫的清醒，产业深度、绿色尺度和管理效度等每一步都需继续砥砺自新。例如，地处长江源第一县的玉树藏族自治州治多县是全国生存环境最恶劣的地区之一，“五月解冻，八月草黄”是治多县的真实写照，治多县人民生态理念也更深入人心，坚持用绿色发展和实现绿色崛起是治多优势所在。君曲村位于三江源国家公园长江源（可可西里）园区腹地的治多县索加乡境内。君曲村的“切果阿米涌”翻译成汉语叫“母亲泉”，切果阿米滩就是以泉眼取的名字。海拔4500米左右，泉水奔涌的切果阿米滩是茅草、苔草等植物生长的天堂，加上索加地广人稀，逐渐成为藏野驴聚集的地方。三江源国家公园长江源（可可西里）园区管理委员会治多县管理处在索加乡境内开展马背上的生态管护队试点工作，索加乡君曲村247人被选聘为马队管护员，还统一印制了袖标、旗标等。索加乡乡长尕玛义西说，三江源国家公园成立两年以来，索加乡先后有1400多名牧民主动加入生态管护员的队伍当中。由于索加乡面积达5.2万平方公里，境内有冰川、雪山、湿地、沼泽等多种地貌，给生态管护员上山管护带来极大难度，乡政府将君曲村的马队管护员制度逐步扩大试点，全乡1400多名生态管护员已经全部成为马队生态管护员。

“扎扎实实推进生态环境保护”，在生态管护员青梅宫保心里，这份责任沉甸甸的，异常神圣。青梅宫保是玉树藏族自治州治多县索加乡当曲村生态管护队员。“从索加到治多的路上，看到垃圾就会捡走，以前的环保行为是自发的，现在在原来的基础上更加的坚定坚强，因为我感受到国家对生态保护有了很大的力度，比以前更加有保障，当了生态管护员是我最开心的事。”青梅宫保自豪地说。

和青梅宫保一样，在三江源国家公园长江源（可可西里）园区，生态管护员们每天不畏严寒，不惧艰辛，守护着这里的一山一水、一草一木。可可西里是索加地界、动物王国，在索加乡的4个村里每年也都开展野生动物保护节（当曲村是黑颈鹤保护节、牙曲村是雪豹保护节、莫曲村是野牦牛保护节、君曲村是藏野驴保护节）。于他们而言，生态保护已经成为他们生活中最重要的事。

滚滚三江水，奔腾不息，在这片谱写过一部部历史壮歌的热土上，各族群众实实在在地享受到了越来越多的“生态红利”，进一步增强了各族群众的获得感。一个个生态保护和建设工程与蓝天、草原、河流、森林、牛羊共同构成高原深处一道道亮丽风景。当无数远方来客为这里的“干净”而赞叹不已，晒在朋友圈时，当朴实的牧民带着垃圾纵马归来，留下一片绿油油的青草地，当摩拜单车在这座海拔最高的国家卫生城市里创下损坏率全西北最低的纪录，从城市到乡村，从草原到林田，天更蓝、地更绿、水更清，街巷村落干净整洁，林下经济风生水起，这个“丫”字形河谷地带呈现栖居美景，全民开启共享绿色福祉的新时代。

青海构建生命共同体的现状分析与路径走向

朱奕瑾[*]

习近平同志在党的十八届三中全会上指出："我们要清醒地认识到，山水林田湖草是一个生命共同体，人的命脉在田，田的命脉在山，山的命脉在土，土的命脉在树"，"如果破坏了山、砍光了林，也就破坏了水，山就变成了秃山，水就变成了洪水，泥沙俱下，地就变成了没有养分的不毛之地，水土流失、沟壑纵横"。[①] 党的十九大报告中指出，"人与自然是生命共同体，人们必须尊重自然、顺应自然、保护自然"。[②] "生命共同体"科学理论思想充实了习近平生态思想，从整体论和系统论的角度着手对我国生态文明建设进行科学指导，进一步加快了我国生态文明建设的步伐。

一　生命共同体的理论基础及主要内容

（一）生命共同体的理论基础

1. 中国传统生态文化

"天人合一"的思想是中国传统生态文化研究的开端，是中国传统生态文化的基本内容与精神。中国传统生态文化的核心是人与自然的和谐统一，而其产生的基础出于中国古代人民对认识的局限性。伴随中国几千年

* 朱奕瑾，青海省社会科学院民族与宗教研究所助理研究员。

① 《习近平同志在党的十八届三中全会第二次全体会议上的讲话》，人民网，2013年11月13日。

② 《决胜全面建成小康社会　夺取新时代中国特色社会主义伟大胜利》，新华网，2017年10月27日。

文化历史的发展，中国传统的生态文化也在积累了丰富的思想资源后随社会不断发展，特别是儒释道思想为传统生态文化的发展奠定了坚实的理论基石。儒释道都主张人与自然和谐统一、无法分割的“天人合一”思想。儒家主张“仁爱”“仁民”“爱物”等思想，强调人与自然要和谐相处，在人的需求与自然发展发生矛盾时，主张“天人一体”；道家认为天地人为统一整体，人与天地万物具有共同的本源与法则，万物皆平等，人要仁慈地对待世间万物，要适度而为，避免过度开发自然；佛家主张“缘起论”，主张众生平等、万物平等，认为世间万物均存在一定的联系，无法分割，出于对生命的关切，人们必须保证生态系统的稳定性及完整性。同时，儒释道都秉持尊重生命的思想，儒家认为仁爱即爱人、爱物，仁的基本内容便是爱护花鸟虫鱼，主张天人合一，容纳万物；道家主张“好生恶杀”，要仁慈地对待世间万物；佛教主张众生平等，认为人的一切行为均要出于对生命的关切与尊重。此外，儒释道都认为人与自然和谐应遵循一定的规律。儒家认为，自然万物的发展具有适可而止的节律，人的行为也应遵循“节”，对待自然应取之有节，用之有度；道家主张以自然之道对待自然，即人们对自然的开发利用要遵循自然规律，约束人类对自然的过度采取；佛家认为世间各种现象均有因果报应，需遵循转世再生的因缘，善待他人、他物即善待自己。

生命共同体的科学理论在总结中华民族优秀传统生态文化的基础上，结合中国发展新实践，进一步阐释出人与自然不可分割、相互联系的普遍性，提倡尊重自然规律，对我国生态文明建设具有重要的指导作用，更是中国优秀生态文化的重要组成部分之一。

2. 马克思主义生态文明思想

马克思主义从本体论的角度指出自然对人具有先在性，人起源于自然，隶属于自然。随着社会的不断发展，人们逐渐深入认识到自然环境对自身的重要性，人的各种行为与活动均离不开自然载体；从实践论的角度指出人与自然的发展具有一致性，二者必须协调发展。尽管人的各种行为与活动依赖自然，但实践作为人特有的活动，搭建了人与自然之间的关系桥梁，人依靠实践获取了物质生活资料用以生产生活，自然是人生产生活的前提条件，人通过实践区别于其他动物，并通过实践认识与改造自然，实现人与自然的统一。同时，马克思主义还认为人与自然和谐发展是一切生态思想的基本价值指向。马克思主义指出，人与自然的和谐统一是在社会历史的发展中逐步形成的，人类社会所处的阶段直接决定了人类对自然的影响与作用，遵循自然规律是人与自然和谐统一的基本条件，人类认识并遵循自然规律，与自然规律有机结合，是实现人与自然和谐统一的必要条件。要求人们在认识自然与改造自然的过程中要注重长远利益，要认识到以牺牲生态环境为前提的发展是违反自然发展规律的，长而久之就会遭到自然的报复，威胁人类的生存。马克思主义生态文明思想为生命共同体理论提供了坚实的理论基础，做出了明确的思想导向，而生命共同体理论是在中国实践过程中总结出的、对马克思主义生态思想理论的有力补充，具有重要的理论意义。

3. 国内生态文明建设的实践经验

我国生态文明建设思想是以马克思主义生态观为指导，持续完善人与自然、人与人之间的关系，着力改善生态环境，取得了一系列具有成效的实践经验。党的十八大以来，党中央与国家对生态环境保护与生态文明建设愈加重视，充分认识到生态环境对人类生存的重要作用，并做出一系列重大举措。党的十八大将生态文明建设的新定义、新论述、新表达写入报告中，并将生态文明建设的战略地位提升到“五位一体”的整体战略布局中；十八届三中全会提出强化生态文明制度改革，健全完善生态文明建设制度，加快构建美丽中国；十八届四中全会提出进一步创立生态文明法律制度，以法律制度作为生态环境保护的重要屏障；十八届五中全会将增强生态文明建设首次纳入国家五年规划中。2015 年，党中央、国务院相继发布《生态文明改革总体方案》与《中共中央国务院关于加快推进生态文明建设的意见》。2016 年 8 月，习近平同志莅临青海视察指导工作，并提出“四个扎扎实实”的要求，其中就指出要充分认识到青海重要而特殊、珍贵而脆弱的生态环境，要“扎扎实实推进生态环境保护”。这一系列重大措施显示出以习近平同志为核心的党中央在吸收借鉴马克思主义生态观的基础上，结合我国国情，吸纳中国优秀传统生态文化精髓，牢牢把握了生态文明思想的重要内涵，创立了顺应时代潮流、符合历史发展的新观念、新见解，对强化我国可持续发展能力、改善我国生态环境、进一步实现中国梦具有重要意义。2017 年，党的十九大在北京隆重召开，习近平同志在十九大报告中明确指出：加快生态文明体制，建设美丽中国，坚持人与自然和谐共生。建设生态文明是中华民族永续发展的千年大计。必须树立和践行绿水青山就是金山银山的理念，坚持节约资源和保护环境的基本国策，像对待生命一样对待生态环境，统筹山水林田湖草系统治理，实行最严格的生态环境保护制度，形成绿色发展方式和生活方式，坚定走生产发展、生活富裕、生态良好的文明发展道路，建设美丽中国，为人民创造良好生产生活环境，为全球生态安全做出贡献①。

（二）生命共同体的主要内容及现代价值

1. 主要内容

生命共同体理论认为，“山水林田湖草是一个生命共同体”，指出人与自然是一个统一的整体，包括人在内的所有自然物均处在一个自然系统之中，脱离自然谈社会发展是错误的。生态系统是所有自然要素相互影响、相互作用、相互制约而形成的复杂的、不可分割的有机统一整体。同时，“人的命脉在田，田的命脉在水，水的命脉在山，山的命脉在土，土的命脉在树”，“像对待生命一样对待生态环境，统筹山水林田湖草系统治理”。② 这说明处在自然之间的人、山、水、林、田、湖、草等各要素是处在一个普遍联系、相互依存的系统之中，少了任何一个环节都会影响整个自然系统的运行与发展。因此，在进行生态文明建设和生态保护中，我们必须重视自然环境的系统性和整体性，从整体推进、共治共理的角度着手，统一规划、协同治理。同时，要“坚持人与自然和谐共生，像对待生命一样对待生态环境，统筹山水林田湖草系统治理，实行最严格的生态环境保护制度”。③ 这就着重体现出人与自然要和谐相处、共生共荣的思想，人类生活在自然环境中，不能取之无度、肆意地向自然索取资源，人类离不开其赖以生存的各类自然资源。

综上所述，生命共同体理论强调要用整体的观念看待自然生态系统，注重加强人与自然和谐相处、共生共荣理念的树立，要深刻地意识到人与

---

① 秦金月：《中共十九大开幕，习近平代表十八届中央委员会作报告》，中国网，2017 年 10 月 18 日。

② 习近平：《决胜全面建成小康社会　夺取新时代中国特色社会主义事业伟大胜利——在中国共产党第十九次全国代表大会上的报告（2017 年 10 月 18 日）》，人民出版社，2017。

③ 习近平：《决胜全面建成小康社会　夺取新时代中国特色社会主义事业伟大胜利——在中国共产党第十九次全国代表大会上的报告（2017 年 10 月 18 日）》，人民出版社，2017。

自然是“生命共同体”，爱护自然、尊重自然规律，实现人与自然和谐共荣、共同发展。

2. 现代价值

生命共同体理念的提出，既是马克思主义中国化的理论补充，进一步丰富了中国特色社会主义理论，进一步充实了习近平生态文明科学思想，具有重要的理论价值；又是在新形势下人类认识与改造自然的中国特色社会主义道路上的新的实践理念，是人类在认识自然、改造自然、建设生态文明的道路上积累的宝贵实践经验，具有重要的实践意义。

二　青海构建生命共同体的现状分析

（一）坚持绿色发展道路，但可持续发展能力仍然欠缺

青海省委省政府高度重视生态环境保护与生态文明建设工作，并在党和国家的支持下，逐步推进重大生态保护建设工程，积极建造生态安全屏障，坚持青海走绿色发展道路。中共青海省委书记王建军在“第十九届中国·青海绿色发展投资贸易论坛”上强调：“坚持绿色发展、走绿色发展之路、创建绿色生产生活是善待大自然最好的方式，我们始终都要坚持。”① 尽管近年来，青海一直注重发展循环经济，创新发展模式，推进转型发展，突出绿色发展。但由于长期的产业结构不合理，传统的生活消费方式与现今社会发展存在的矛盾等问题，在很大程度上制约着青海的可持续发展进程，青海绿色发展的任务仍然十分艰巨，生态转型也任重道远。

（二）注重科技创新，但科技创新水平动力仍然不足

科技引领未来，青海省委省政府努力提升科技创新水平，充分发挥科技创新的引领作用，并将科技创新运用到生态领域，取得了较好的成效。青海进一步加强青海三江源智慧生态畜牧业建设，建造综合信息云平台、草畜平衡诊断系统等，实现青海三江源地区畜牧业、草业信息智能、管理高效。打造全国在海南州等地加强国家可持续发展实验区，取得了喜人的

---

① 《青海省委书记：在青海办一切事情，都要把保护生态环境放在首位》，中国新闻网，2018 年 6 月 26 日。

成效，仅2018年上半年以光伏为主的新清洁能源产值高达35.12亿元。但是，青海省内绝大区域以农牧业为主，尽管因生态保护近一半地域不考核GDP，但作为农牧业为主的西北高原地区，青海工业发展较为落后，经济发展基础薄弱。受自然环境与发展基础的影响，青海科技创新水平、人才引进能力等方面均较为匮乏。同时，由于监督管理、资金投入等因素的影响，在科技研发创新方面的投入不足，很大程度上牵绊了青海生态保护的步伐。

（三）民生改善步伐加快，但生态保护与民生改善矛盾仍待解决

改善民生是一切工作的出发点和落脚点，青海省通过奖励补助、建立生态补偿机制、三江源生态管护公益性岗位试点等工作，循序渐进，设身处地进行民生改善工作，继而带来了农牧民生产生活方式的转变，进一步激发了农牧区群众自主创业与生态保护的积极性。但是，想要彻底地完善生态保护工作，维护生态保护成效，就必须进一步加大草原禁牧或限牧的范围，势必影响当地经济的发展和农牧民的经济收入。尽管政府已采取多种模式对农牧民进行补贴，但由于生态补偿地区基础设施仍较薄弱，多数农牧民仍缺乏新的从业谋生技能，民生改善与生态保护之间的矛盾仍然存在，加之交通、运输等问题，也加大了生态保护与生态文明建设工程的难度与实施成本。

（四）生态保护氛围基本营造，但生态保护相关制度体系还需进一步完善

随着生态环境保护与生态文明建设工作的有序进行，青海生态环境明显改善，各单位通过生态环境保护与生态文明建设的大力培训、宣传，青海广大干部群众的生态保护与生态文明建设意识进一步提高，自觉参与度随之增大，生态保护观念有了较大改变。但是截至目前，青海的生态补偿机制、生态环保考核制度等建立仍未完善，迫切需要建立与完善相关制度体系，实施制度创新。青海省在制度体系完善上遇到的困难有：农牧民为生态保护工作禁牧减畜、禁止采伐，经济收入相应减少，对牧民的相关补偿机制仍不到位；对能源、水、土地等资源的节能减排的相关使用制度尚未完善；生态保护相关信息公开、听证制度尚不健全；自然资源使用管制职责不明确等。

三　青海构建生命共同体的路径

（一）树立生态保护系统性思维，建设新型生态文化体系

要充分学习认知人的本质不仅具有社会性，更具有自然性，正确认识人与自然万物是内在统一的，存在于自然这个大的生态系统中。从各级政府到普通民众，均需要提升对自然万物是“共同体”的认识。创新是发展的重要手段，鉴于青海独特的生态地位，应立足于青海省情，结合时代发展的实际，加强生态保护的创新力度。可将“生命共同体”的思想与青海各地民俗文化联系起来，借助旅游、交流会议等平台，大力普及与宣传“山水林田湖草是生命共同体”的科学思想，加强“生命共同体”思想在青海发展中的创新力度，构建一种符合青海实际的新型生态文化体系，加快生态保护与生态文明建设的步伐。

（二）注重自然规律在社会发展中的地位，继续走绿色发展之路

推动社会发展要以遵循自然规律为首要前提，千百年来，人们因为不尊重自然规律肆意索取自然资源、只追求经济利益的错误做法已经使整个地球千疮百孔，使得人们需要用更久的时间去恢复自然并付出更大的代价，为了地球的未来，为了我们的子孙后代，我们要充分注重自然规律在社会发展中的重要地位，继续走绿色可持续发展的道路。青海地处中亚经济板块连接位置，是连接欧亚的重要战略通道，是“一带一路”中的重要战略要地；盐、金属矿产、石油、天然气等各类资源丰富，是国家重要的生态要地，这些均为青海独特的优势，可以此为契机，融入国家整体发展战略，并在此指导下，紧跟国家发展的新形势，紧抓国家发展的新机遇，加快“四个转变”，落实“四个扎扎实实”，着力打造绿色发展、创新发展、开放发展、和睦发展的新青海，进一步提高青海可持续发展能力。

（三）明确科技在生态保护中的重要作用，加大科技创新力度

科技在当今社会的生态保护中具有不可忽视的重要作用，大数据时代

的到来，使得人们可以利用更加快速有效的方式进行生态保护工作，近年来，青海已经着手在三江源地区进行畜牧业、草业信息智能化建设，以便于更加精确、便捷、省力地对三江源地区各项产业及数值进行动态、有效的监控与评估，同时，大力发展节能科技产业，如光伏、风力及太阳能发电等。因此，要加大科技创新生态发展力度，以研促行，在提出可操作性强且对生态保护具有重要意义的科学研究时，注重加大成果转化的速度与力度，产出适合青海生态的综合管理技术，以全面推进青海生态文明建设的科技步伐。

（四）突出生态在经济发展中的独特优势，加快发展生态经济与生态产业

要坚持发展循环经济，充分发挥青海的民族特色、生态特色，发展生态经济，走可持续发展道路。要辩证统一地看待生态与产业之间的关系，既要推动产业发展生态化，又要推动生态建设产业化；既要积极推动发展生态产业、服务业，打造生态产业园区，大力发展生态旅游，又要加快落实节能减排、清洁生产、绿色发展等目标任务，建立有效的目标责任体系，快速发展生态经济与生态产业，逐步转变经济发展方式，调整产业结构，建立环保的、生态的生产生活方式。

改革开放四十年青海乡村发展成效及展望

赵生祥*

改革开放四十年来，青海经济社会发生翻天覆地的变化，经济高速发展，社会进步空前，广大农村地区旧貌换新颜，青海乡村建设和发展取得可喜成绩，成效显著。实施乡村振兴战略是新时代发展的必然要求，是党的十九大做出的重大决策部署，是决胜全面建成小康社会、全面建设社会主义现代化国家的重大历史任务，是新时代“三农”工作的总抓手，是未来农业农村发展的主体和方向。因此，坚定不移地以习近平新时代中国特色社会主义思想为指导，深刻认识和正确把握乡村振兴战略的科学内涵和核心要义，扎实推进农业供给侧结构性改革，对总结四十年来青海乡村建设经验、不断推进现代农业强省建设、决胜全面建成小康社会、建设富裕文明和谐美丽新青海，具有十分重要的现实意义。

一　改革开放四十年来青海乡村建设与发展成效

改革开放四十年来，我省各级党委政府立足省情，紧紧抓住农业农村农民工作不放松，使我省农村牧区的面貌发生了较大变化，青海乡村建设取得巨大成就。特别是“十三五”以来，我省着力完善农牧业经营体系、激发农牧业内生动力、培育农牧业新增长极、实施精准扶贫精准脱贫，促进了农牧区经济持续向好，为我省农业供给侧结构性改革奠定了坚实的基础。农牧民收入持续增长，农牧民生产、生活条件发生可喜变化。

---

* 赵生祥，青海省社会科学院研究实习员。

（一）农业始终保持稳定发展

2017 年我省地区生产总值 2642.80 亿元，按可比价格计算，比上年增长 7.3%。其中，第一产业增加为 238.41 亿元，比上年增长 4.9%，占全省地区生产总值的比重为 9.0%。全年粮食产量达 100.71 万吨，连续 10 年保持在 100 万吨以上；油料产量达到 29.48 万吨，蔬菜及食用菌产量达到 170.01 万吨；畜牧业生产出栏生猪 145.54 万头、牛 132.18 万头、羊 726.06 万只，均比去年有所上涨；自产种植业产品、畜禽产品、水产品合格率均为 100%。此外，农牧业供给侧结构性改革不断深化，种养结构、产品结构和区域结构不断优化调整，种植结构逐步向粮经饲三元结构协调发展，农牧业现代化进程加速推进，已基本形成东部特色种养高效示范区，环湖农牧交错循环发展先行区，青南生态有机畜牧业保护发展区和沿黄冷水养殖适度开发带“三区一带”的农牧业发展格局。

（二）农村基础设施和基本公共服务水平不断提升

根据《青海省第三次全国农业普查主要数据公报》显示，乡镇与村的交通运输与交通设施建设方面，2016 年末，全省仅有 1.1% 的村未通公路，位于高速公路出入口的乡镇已增长至 18.9%，公路水泥路面覆盖率达 66.1%，43.3% 的村内，其主要道路均已设置路灯。通信方面，截至 2016 年末，全省未通电话村仅有 2%，宽带互联网的覆盖率已达 50.1%，有线电视通达率 29.2%。此外，随着农村淘宝、电子商务的进一步发展，电子商务配送点覆盖率不断提升，2016 年末已覆盖全省村落的 15.4%。在能源方面，全省未通电村仅有 1.9%，通天然气比率进一步提升至 5.4%。环境卫生方面，乡镇生活垃圾处理能力增强，生活垃圾集中或部分集中处理垃圾超过半数，比例为 69.7%，就村为单位而言，生活垃圾处理能力也有提升，集中或部分集中处理垃圾达 47.8%。此外，在污水处理方面，生活污水集中或部分集中处理村占比 10.9%。农村基本公共服务方面，2016 年末，乡镇图书馆与文化站的保有量持续上涨，占比达到 81.7%，剧场保有量上升至 4.6%，包括体育馆、广场、公园在内的健身休闲场所覆盖率上升至 45%。文化教育方面，小学教育及幼儿教育覆盖率持续提升，暂未设立小学的乡镇仅占比 5.7%，乡镇幼儿园覆盖率 4.4%，村幼儿园覆盖率

26.6%。医疗和社会福利机构方面，2016年，我省已实现乡镇医疗卫生机构100%全覆盖，村卫生室覆盖率81.7%。乡镇执业（助理）医师覆盖率94.0%，收养福利机构覆盖率29.0%。农村公路总里程已达59282公里，基本实现具备条件的乡镇、建制村通畅，具备条件的建制村通客车。这些数据表明近年来青海农村各项基础设施和公共服务建设都取得了显著成效。

（三）农民生活条件大有改善

农牧民收入稳定增长。2017年我省农牧民人均可支配收入为9462元，比上年增长9.2%。其中，人均工资性收入2704元，增长9.7%；人均经营净收入3764元，增长17.7%；人均财产净收入326元，增长0.4%。全年农村常住居民人均生活消费支出9903元，比上年增长7.4%。农村人居环境明显改观，住房条件切实改善，城乡差距逐步缩小。随着高原美丽乡村建设工作取得阶段性成效，垃圾污水处理、卫生改厕、道路硬化、绿化亮化等工作有序进行，电网升级改造、人饮安全、文化广场、广播电视、数字网络宽带“户户通”等项目开工建设。在最新统计的809759户农业经营户中，97.9%的农户拥有自己的住房，31.8%的农户使用经过净化处理的自来水，5.0%的农户使用水冲式卫生厕所。农牧民精神面貌显著变化。群众的主体作用和村民自治组织作用得到充分发挥，积极参与乡村建设，一些乡村陋习悄然改变，科学文明的生活理念和健康向上的生活方式逐步养成，群众性文体活动在乡村重新兴盛起来，文艺汇演、跳广场舞、健身锻炼成为广大农村的新时尚，乡风文明程度明显提高，整体精神面貌发生了显著变化。

二　改革开放四十年青海乡村建设和发展中存在的主要问题

改革开放四十年来青海乡村建设和发展成效显著，但是青海农村经济社会发展起点低、步子慢，加之农村基础设施建设历史上欠账多，农民科技文化素质低，农村工副业发展迟缓，致使青海广大农村地区成为一个乡村人口多，二、三产业不发达，农业生产水平低，农民收入增长慢的后发展地区，农村经济社会发展落后的局面一直没有从根本上得到改变，农村经济、社会的发展远远滞后于全国其他地区。

（一）农业现代化进程缓慢，农产品供给相对短缺

农业生产到现在为止还是以传统耕作方式为主，现代农业发展明显滞后，主要有以下几方面突出表现。一是农业生产率较低，2017 年全省农业劳动生产率约为 20731 元/（人·年），约比全省全社会劳动生产率低 60000 元/（人·年），比第二产业劳动生产率低 150000 元/（人·年）左右。二是农业就业结构与产业结构不匹配，目前全省农业增加值占 GDP 的 9.0%，但是农业从业人口占总从业人口的 35% 左右，相差近 26 个百分点，大量剩余劳动力闲置在农村。三是农业规模经营发展不足，农机装备水平不高、结构不合理，土地集中流转困难，设施农业企业效益较低，农业科技创新和技术推广能力较低，农业社会化服务水平较低，劳动力素质难以适应现代农业发展要求。农业发展自然条件差、基础薄弱，再加上农业现代化发展滞后，使得青海农产品供给相对短缺。2017 年，青海粮食总产量 100.71 万吨，油料总产量 29.48 万吨，肉类总产量 38.33 万吨，全省人均占有量分别为 168 公斤、49 公斤、64 公斤，在全国来说都处于较低水平。目前，青海粮食、蔬菜、水果、禽蛋、猪肉等农产品均不能自给。随着人口的不断增加、城镇化进程的不断加快、消费水平的进一步提高以及资源对农业生产的限制愈发明显，青海省农产品需求在质与量两方面的要求都进一步增加，既加大了粮食安全保障工作的难度，同时也加大了农产品供给压力。

（二）耕地质量总体不高，农产品单位产量低

青海土地面积大，但可利用的面积少，耕地面积更少。根据青海省第三次全国农业普查资料，截至 2016 年末，青海现有耕地 884 万亩，仅占全省土地面积的 0.82%，人均耕地 1.5 亩。耕地主要以无灌溉设施的旱地为主，面积 603.03 万亩，占总耕地面积的 68.32%，有灌溉设施的水浇地面积 279.59 万亩，占 31.68%，总体呈现出“三少两多”，即总量少、平地少、水浇地少，坡地多、旱地多的特点。虽然全国人均耕地面积与青海人均耕地面积是持平的，但青海耕地条件、耕作水平、种植效益以及复种指数明显低于全国平均水平，特别是在可耕地中，中低产田面积比重较高，

产量低而不稳定，加之干旱、冰雹、霜冻、雪灾等自然灾害频发，农作物病虫害草鼠危害有所加重，单位产出不高。2016 年，青海粮食单位面积产量为 3681 公斤/公顷，而全国粮食单位面积产量为 5452.1 公斤/公顷，每公顷耕地粮食产出比青海高出近 1800 公斤。随着国家开始实施退耕还林和主体功能区划等生态环境保护措施，青海可开发利用的耕地面积进一步缩小，尤其随着工业化、城镇化进程的加快，东部城市群的崛起和农民市民化身份的转变，许多城市将部分基本农田调整为城镇建设用地，而将山地调整为基本保护农田，导致农业发展所用的农田用地稀缺，耕地占补平衡压力增大，土地质量和地力水平进一步下降。同时，由于农牧区不同县域经济发展水平差异及自然、地理、历史等多方原因，农业发展呈现出多层次和不平衡性，区域之间的差距不断扩大，加之城乡二元结构矛盾和粮经饲三元种植结构的调整等，直接导致耕地资源紧张，农产品单位产量低下。

（三）农业投入严重不足，影响农村经济发展的后劲

基础设施等公共产品供给严重不足，是制约青海农业快速健康发展、提高农民生活水平的主要障碍。一方面，由于财力的限制，政府对农村、农业的支持显得捉襟见肘。全省对农业基础设施建设、农业科技推广、社会保障、农村环境建设投入相对不足，农业生产抵御自然灾害能力不强。税费改革后，由于农业税及财政转移支付能力主要用于保运转、保吃饭上，农村基础设施建设资金则完全没有了来源，新的项目难以启动，落后局面无法改观，许多在建工程也无力继续。另一方面，农业技术装备水平落后，农业生产缺少大型水利灌溉设施支撑，部分中小型水利设施老化失修，全省仍明显存在耕地灌溉效率低、资源浪费严重的问题，且全省近一半耕地都存在这个问题。农产品质量安全监管体系不完善，监管力度不强，效能低下，且缺乏农产品质量回溯方式。上述因素都在很大程度上制约了农业综合生产能力的提升速度、农业增长方式的转变和农民收入的稳定持续快速增长。

（四）农业从业人员素质低下，农村劳动力转移困难

现代农业的发展离不开农业科技的进步，也离不开具有一定文化素质的农民队伍，青海农业从业人员的整体素质严重制约和影响现代农业的发

展进程。根据第六次全国人口普查资料显示，青海农村从业人员的整体素质非常低，全省农村劳动者平均受教育年限只有5.54年，其中农区6.55年，牧区2.96年。农村人口中，小学文化程度以下的人员占从业人员的66.88%，不识字或者很少识字的人员占从业人员的32.46%，具有初中以上文化程度的占22%，与东部地区相比，低21.2个百分点。由于青海农民受教育水平普遍较低，自身认知能力有限，对新技术的接受能力较差，农民对农业技术掌握还停留在传统经验的基础上，多数农民种地凭老经验、老方法，进行科学种植养殖的主动性差，对推广的新技术也难真正按照科技要求去做，参与农业科技技能培训的积极性也较低，接受技能培训主观性不强。《中国人力资本报告2017》数据显示，青海农村人力资本增长率在20世纪80年代至今的三十余年间在全国屈居倒数第二位。

三 以乡村振兴战略为目标推进青海乡村建设和发展的基本思路

新时期、新阶段、新常态下“三农”工作主要目标是农业增效、农民增收、农村增绿，主攻方向是提高农业供给质量，根本途径是体制改革和机制创新，优化农业生产和经营体系刻不容缓，应当不断提高农民的劳动生产率，以及农用地的土地产出率，提高资源使用效率，促进农业农村发展由传统的过度依赖人力投入和资源消耗、主要满足群众对量的需求，向追求绿色生态可持续、更加注重满足群众对质的需求转变。青海省乡村振兴战略的前提是要严守810万亩耕地红线，确保国家粮食安全，只有抓住了推进农业供给侧结构性改革这条主线，才能破解乡村振兴难题。实施青海省乡村振兴战略，改善落后的农业产业现状、优化农产品结构是当务之急，农业适度规模经营应当与脱贫攻坚有机结合，共同发展。此外，实施青海省乡村振兴战略还应当与推进新型城镇化发展相适应，扩大强农惠农政策的影响范围，执行落到实处。只有重视政府和市场“两只手”的作用，在引导农业生产与优化农产品供给结构两方面才能事半功倍，保证农牧民增收，促进人与自然和谐发展，全面带动乡村建设。

（一）加大先进实用技术推广力度，努力夯实农业生产能力

建立现代农业体系，先进科学技术是关键支撑，要通过完善科技服

务体系，加强先进实用技术在农村的推广力度，完善多元化科技服务体系。第一，农业公益性科技服务主体的发展是关键。发展农业公益性服务体系，要将经营性服务与公益性服务相结合，促进综合服务与专项服务的协调发展。逐步构建政府主导、市场化运作、社会力量广泛参与的多元化农业先进实用技术服务体系；探索农业科研机构科技成果与新型经营主体合作的有效途径，不断完善农业科技创新三级平台，建立健全农技推广新机制，促进现代农业科技与产业发展有机融合；大力推行科技推广人员考核绩效挂钩，不断提高科技推广人员服务“三农”效率。第二，要加强农业科技创新体系的培育。将现有的农业相关科研成果与资源进行整合，建设农业科技创新平台，使农业科技创新从科研到推广有机结合，全面高效从创新、技术、转化应用三个方面提升能力，继续大力推广牦牛藏羊高效养殖配套技术和农区牛羊标准化饲养技术；强化农业科技创新能力建设，着力攻关智慧生态畜牧业、春油菜制繁种、牦牛藏羊遗传育种与繁殖、牦牛藏羊优质高效养殖、设施蔬菜、有害生物防治等重点方向的科研课题；以观测站（点）建设为重点，构建特色学科群体系。第三，要不断提高研发能力，建立科技配套支撑体系，开展技术研发、储备、集成和关键技术以及重大技术的攻关，加快优质特色农牧种业基地建设，实施现代种业提升工程，建设国家级春油菜、马铃薯脱毒以及良种牧草制繁种基地，加强畜禽良种繁育，充分发挥青海省现有重点实验室支撑“三农”发展的作用。第四，应当加大高标准农田建设与农村整治工作的实施力度，建立健全地方政府监督考核体系，增强考核监督力度。同时，持续推进包括农田水利在内的农业基础设施建设、灌溉区续建配套与现代化改造，督促小型农田水利设施达标与质量提升，提高农田水利设施防洪抗旱、排涝和灌溉能力。第五，要不断从农业从业者的知识水平和专业素质两方面优化从业者结构，向有知识、有技能、懂创新方向发展。第六，加快建设农业科创新体系，为农业发展补充新鲜血液。增加在搭建科技创新平台、建设科技创新基地方面的投入，切实提高将农业实用科技成果转化为生产力的能力；提升自主创新能力，鼓励在现代农作物种植、家禽饲养、水产养殖等方面的创新；推进物联网实验示范和遥感技术的发展，在农业生产和流通领域融入大数据与数字农业，整体向智慧型农业方向发展。

（二）切实提升乡村生产生活环境与基本公共服务水平

一要继续加大农牧区生态保护投入力度，将生态环境综合治理工程推向深入，重点推进草原植被保护和恢复，林草植被保护和建设、耕地休耕轮作，加强水土流失预防和小流域治理，提升水源涵养功能。二要深入推进农村环境综合整治，每年实施500个村的环境综合整治项目，重点整治农村垃圾、村容村貌以及农村污水治理三个方向。整合现有资源，多角度全方位实施举措，全面、协调、可持续地治理农村人居环境突出问题。三要全面提升县域村庄垃圾分类无害化处理和污水治理水平，建立和完善农村生活垃圾“户集、村收、县乡集中处理”的长效运行机制和管理模式；推动城镇污水管网向周边村庄延伸覆盖，开展“改厕、改水、改圈、改灶、改路，拆除废弃危旧房屋、破墙烂院”等行动；推进东部农业区散煤替代，有条件的地方推进煤改气、煤改电；实施农村“厕所革命”攻坚计划，加快农村厕所建设和改造以及粪污治理速度，稳步提升卫生厕所覆盖率。四要节约资源，加大农业废弃物再利用。实施化肥和农药零增长行动，扩大测土配方施肥范围，推广秸秆还田、绿肥种植技术，水肥一体化技术和新型肥料使用技术，推广使用高效低毒低残留农药，开展农业面源污染综合治理；整县推进农业废弃物资源化利用示范工程，实施农业废弃物集中收集、储存，推广农膜以旧换新模式，扶持废旧农膜回收加工网点建设，推广畜禽规模养殖场、有机肥加工（沼气生产）一体化发展模式，做到资源利用的“吃干榨净”；到2020年，农用残膜回收率达到90%以上，农作物秸秆综合利用率达到85%以上，畜禽粪便资源化利用率达到60%以上；建立垃圾污水和病死牲畜无害化处理长效机制。五要按照“补缺、提质、一体”的要求，将现有国家支持农村发展的政策用足用活，重点基础设施建设财政资金投入向农村倾斜，增加农村生产生活基础设施投入，促进城镇生活基础设施向乡村延伸，实现城乡基础设施一体化；全面加强农村公路桥梁、交通运输、宽带网络、移动通信建设，提高通达深度和通畅水平；加快节水供水重大水利工程和农田水利建设，实施农村饮水安全巩固提升工程；在大电网覆盖的基础上，进一步提高新一轮农村电网改造升级力度，在基本满足生产生活需要的基础上提高供电质量；推进农村可再生能源开发利用，发展太阳能、风能等，做好三江源地区清洁取暖规划；加强人工饲草基地、日光节能温室、畜用暖棚、贮草棚、青贮池、牛羊舍饲育肥等设施建设，支持对老旧棚舍进行整合改造；全面推进广播电视村村通向户户通升级，提升气象服务“三农”能力，实施乡村气象防灾、减灾和救灾行动。六要建立多元化投入体系，加强政策引导，建立多渠道筹资机制，整合社会资本，形成以政府为主导、社会力量援助、群众广泛参与的资金支持体系，鼓励农村设施农业发展；扩大公共财政覆盖农村范围，提高公共财政投向“三农”的比重，进一步完善农村社会保障体系建设，缩小城乡和区域公共服务差距，努力破除城乡二元结构。七要提升教育、文化、体育公共服务力度，根据农村不同地理条件和人口分布，优化学校布局和师资力量配置，加强寄宿制学校建设，改善基本办学条件，完善配套设施和教学设备，对部分高端和贵重设备实行分享模式；提高集中连片特困地区农村儿童教育保障水平，为家庭困难儿童、残疾儿童和孤儿学前教育提供补助；开放农村公共文化和体育设施，免费提供基本广播电视电影放映、图书报刊以及志愿者支教等公益性文化和教育服务。八要大力提升农村医疗卫生服务能力。加强农村基层医疗机构建设力度，加快常用医疗设施仪器配备和医疗专业人才培养，改善基层医疗设施条件，大力支持社会医疗机构向农村发展，为农民服务；实施农村重大疾病、慢性病和地方病综合防治工程和基本药物制度，落实好免费提供孕前优生检查和再生育技术服务等政策；加快农村养老服务及特殊人群保障体系建设，为特困老人、低收入、经济困难的失能半失能老人等农村弱势群体提供无偿或低收费供养、护理服务，对重度残疾人口和特殊贫困人口，政府实行政策性保障兜底，建立健全社会化残疾人康复、托养服务体系建设，完善贫困残疾人生活制度，为农村特殊群体提供福利服务。

（三）大力落实质量兴农与新型经营主体培育，加快乡村三次产业整合发展

一要强化科技创新，发挥农业高新技术的集成效用推进农业由增产导向转向提质导向，加快包含现代农业产业生产、经营和流通的完整体系的构建速度，提高农业、农产品创新活力与竞争力，重点提升农民全要素生产率。实施耕地质量保护与提升行动，强化土壤污染管控和修复，扩大轮作休耕规模；减少化肥、农药使用量直至实现零增长，推广测土配方施肥

技术，开展有机肥替代行动，提高单位土地和草场产出效益，促进农业从低端产品向高端品牌迈进；统筹考虑不同地区自然地理条件、资源禀赋和环境承载力，着力打造东部特色种养高效示范区、环湖农牧交错循环发展先行区、青南生态有机畜牧业保护发展区和沿黄冷水养殖适度开发带，培育壮大高原特色生态农业，使之形成规模化、标准化特色产业生产基地；加快发展绿色有机特色农业，大力提升农畜产品精深加工和综合利用能力，加强绿色有机食品、无公害农产品和特色农业产品的原产地认证工作，加强绿色有机产品供给，打响绿色、纯净、有机、特色品牌；开展农业品牌提升行动，推进标准化生产，建设产业和品牌联盟，倾力打造“世界牦牛之都”“中国藏羊之府”品牌，继续做大做强高原有机牛羊肉、柴达木枸杞、青海藏毯等区域品牌，重点培育享誉国内外的“雪舟”“藏羊”“可可西里”“柴达木”“绿草原”“圣源”等一批特色农畜产品品牌；加快完善农产品从源头到餐桌的质量、食品安全标准和质量安全追溯体系，健全监管体制，严格市场执法监管，提升农产品质量。二要以发展现代农业为目标，积极培育新型经营主体。继续通过政策引导、项目扶持、资金支持、组织创新、金融服务、信息分享、大数据平台建设等方面多管齐下，促进各类新型经济组织健康持续发展；持续加强政策支持，以农业供给侧结构性改革为契机，研究出台支持家庭农（牧）场、农民专业合作组织、涉农企业、家庭小作坊、特色专营店等小微经营主体的分类指导意见，尤其要加快深化农村产权制度改革，完善“三权分置”办法，依法规范土地草场流转，加大农村土地适度规模流转补贴力度，促进农村各类新型经营主体实现产业化经营、规模化发展，辐射带动更多农牧户和农民实现增收致富；设立专项扶持资金，支持发展农业产业化龙头企业、农民专业合作经济组织、家庭农（牧）场等农业经济组织，全面落实国家对涉农经济活动相应的税收优惠政策，集中培育一批实力强、辐射面广、科技含量高的新型经营组织；强化示范引导，开展国家、省市级农民专业合作社的示范社、示范性家庭农牧场、农业国家、省市级产业化重点龙头企业等创建活动，为农村树立发展标杆，不断提高农村新型经营主体发展水平和带动农民增收致富的水平。三要鼓励农民通过合作与联合、招商引资、入股联营的方式发展规模种养业、农产品加工业和农村服务业，推进种养殖规模化发展，利用科技优势，促进三大产业融合发展，延长农业价值链，提高农业综合效益。以特色生产基地为基础，因地制宜加快农产品生产基本建设与初加工、精深加工发展及副产品资源化综合利用，全产业链打造粮油种植、畜牧养殖、果品蔬菜和枸杞沙棘四个“百亿元”产业；支持各类经营主体加强保鲜、储藏、分级、包装等农畜产品初加工设施建设，推动初加工、精深加工和综合利用加工协调发展，推进特色农业产业化、规模化和标准化；实施农畜产品加工工业提升行动，支持农畜产品精深加工，加快农畜产品冷链物流体系和优势产区产地市场建设；完善农畜产品市场流通体系，鼓励新型邮政和快递业务向乡镇延伸，在广大农村地区建设围绕中心县城，以乡镇为支点，以各村委会或人流密集的商铺为代收代发点的农村物流体系。分类打造各类农畜产品综合交易市场、批发市场和田间地头市场建设力度，基本建成覆盖农村各乡镇的农畜产品流通市场网络；将中高端市场作为目标，大力发展具有高原特色的绿色、有机产业，不断加快绿色有机产品标准化生产基地建设，搭建标准认证技术平台，加快绿色有机产业培育、认定和名优品牌创建，健全绿色有机产品出口备案、标准查询和安全溯源制度，强化市场监管，提升绿色有机农畜产品出口能力，培育一批具有一定国际竞争力和市场认可度的绿色有机农畜产品品牌，扩大出口规模；充分挖掘农村得天独厚的文化旅游资源，拓展农业多种功能和业态，开发各具特色、彰显地域文化的生态旅游、红色旅游、现代休闲旅游和民俗文化旅游，精品农业、创意农业等新型中高端旅游业态；积极发展定制农业、会展农业、分享农业、农事体验等新型业态；尝试在农业发展中融入文化、科技等元素，探索发展工厂化、立体化高科技农业，政策鼓励引导农民组建旅游合作社，大力扶持上规模、上档次的农（牧）家乐、林家乐农庄、产业园等；抢抓国家“一带一路”建设机遇，与沿线重点国家和地区开展农业相关领域的商务合作。在西宁、海东、德令哈、格尔木等重要对外节点城市建设农畜产品国际营销物流网点和电子商务货源基地，在国内影响较大、人口众多的大中型城市开设青海特色农畜产品精品窗口。同时可借助青洽会、藏毯展等省际贸易展会平台，强化农业全产业链招商引资，力争引进一批上下游延伸、产业关联配套的产业化项目，实现合作共赢。

（四）发挥金融对农业的支撑作用

努力提高金融服务“三农”水平，探索农民合作社融资创新模式，增加涉农金融部门的授信额度，积极探索农业订单融资担保、土地草场承包经营权抵押担保、农民住房财产权以及大型农机具和农业生产设施抵押贷款等方式，有效缓解目前制约农村发展的担保难、贷款难等敏感问题。与省内金融机构合作，将贷款贴息政策落到实处，增强涉农小微贷款业务的便利性，增强对涉农小微企业、农民专业合作社，以及家庭农牧场、种养大户的扶持力度，大力发展特色农业。加快建设全省农业政策性融资担保平台，争取每年从省级财政支农资金中抽取资金补充政策性融资平台的资本金，保证融资担保平台的正常运行。加大扶持政策性农业保险的力度，根据农业产业发展的区域布局，适度增加财政对政策性农业保险的补贴，不断提升牦牛藏羊保险覆盖率。继续提升种养业保险承保率，持续不断地推进在建立设施蔬菜、汉藏药材以及饲草料等领域种植保险试点工作，逐步提高农民的参保率，降低农业生产和经营风险，发挥好保险对农业的风险保障作用，实现省市级农业产业化龙头企业、农民专业合作社和规模化标准养殖场基本覆盖。推进“授信池”业务在现代农业示范区的发展力度，鼓励农业示范区新型经营主体的发展。持续推进基础设施建设、科学技术和信息化对农村产业发展的支撑力度，切实提高农村生产力发展与生态建设的联动效应，持续提高农民收入水平，形成生态保护与民生改善互动互促的良好局面。

（五）加大引智兴才力度，多措并举提高农牧民收入水平

一是积极开展农民专业职业技能培训，继续选派优秀干部和技术专家到欠发达农牧区挂职锻炼，并开展技术指导和服务工作；结合区域布局，加快新型职业农民教育培训体系构建，通过采取“送出去”、“请进来”、高薪聘请，与国内外科研院所、知名团体合作等多种方式和途径，加快培养一批有活力有干劲、能够扎根农村的农业产业带头人、职业经理人和新型农民，结合国家“双创”工作的推进，鼓励高校毕业生、大学生村官、科技工作者、回乡下乡知识青年和转业退伍军人、老科技工作者、志愿者等创办、领办农民专业合作社，在大有希望的农村创建出一片特色天地，展现自己的聪明才智，为农村社会提供就业岗位和社会发展做出贡献。二是多措并举切实提高农牧民收入水平。鼓励生态、文化、旅游以及科技等乡村特色产业的发展，推进传统工艺的改造与创新，培育乡村车间、家庭

工场和手工小作坊，鼓励创办乡村企业和专业合作社，给农民提供更多就业岗位；引导返乡下乡人员到各类园区创业创新，开展农畜产品流通、休闲农业、乡村旅游等特色产业，做强“拉面经济”，提升“青海拉面”整体发展水平；加强政策宣传和资金支持力度，鼓励农民创新创业，自谋致富之路；坚持产业功能与生态功能双管齐下，引导农民发展林田花、林草牧、林果药等乡村田园综合体；持续开展森林城镇、森林乡村创建活动，启动绿色农业发展计划，推动生态农牧场建设，鼓励农民参与农林牧家乐、观光旅游、农事体验，以及民宿、康养和文化创意等业态的发展；完善和落实草原生态补奖政策，农村基础设施建设和生态保护工程要尽可能吸纳当地劳动力，适当增加林业、草原、河流等生态保护、监督岗位，尽可能吸纳当地群众参与生态保护工程，将生态保护和农民增收有机结合起来，充分发挥农村劳动力的家乡情怀和传统的生态保护观念，实现保护生态环境，持续增加农民收入，达到“绿水青山”就是“金山银山”的目标，最大限度地提高青海农村生产生活方式的转变，实现城乡同步小康社会的中国梦。

参考文献

《青海省藏区农牧业中央投资近五年达167亿元》，青农网，2015年11月9日。

《青海省春季农业生产实现“开门红”》，《海东时报》2018年6月5日。

《青海推进农产品流通基础设施建设》，《国际商报》2016年1月12日。

《2017年青海地区生产总值增长》，《西宁晚报》2018年1月23日。

《青海省第三次全国农业普查主要数据公报（第一号）》，青海统计信息网，2018年2月5日。

陆学艺：《“三农”新论：当前中国农业、农村、农民问题研究》，社会科学文献出版社，2005。

陈锡文、韩俊：《中国农业供给侧改革研究》，清华大学出版社，2017。

马起雄、杨军、甘晓莹：《推进青海农牧区生产生活方式转变研究》，《青海社会科学》2017年第2期。

刘文秀：《对金融支持农业供给侧结构性改革的思考》，《财经界》（学术版）2016年第19期。

宋洪远：《关于农业供给侧结构性改革若干问题的思考和建议》，《中国农村经济》

2016 年第 10 期。

祝卫东:《关于推进农业供给侧结构性改革的几个问题》,《行政管理改革》2016 年第 6 期。

韩俊:《农业供给侧结构性改革是乡村振兴战略的重要内容》,《中国经济报告》2017 年第 12 期。

于法稳:《生态农业:我国农业供给侧结构性改革的有效途径》,《企业经济》2016 年第 4 期。

郑瑞强、翁贞林、黄季焜:《乡村振兴战略:城乡融合、要素配置与制度安排——“新时代实施乡村振兴战略与深入推进农业供给侧结构性改革”高峰论坛综述》,《农林经济管理学报》2018 年第 1 期。

唐安来、翁贞林、吴登飞等:《乡村振兴战略与农业供给侧结构性改革——基于江西的分析》,《农林经济管理学报》2017 年第 6 期。

赵芝俊、朱福守:《依靠技术创新推进农业供给侧结构性改革——2016 年中国技术经济学会农业技术经济分会年会综述》,《农业技术经济》2016 年第 12 期。

许嘉扬:《中国农村电商与互联网金融融合发展研究——基于农业供给侧结构性改革视角》,《浙江金融》2017 年第 3 期。

《中共中央国务院关于实施乡村振兴战略的意见》,《中华人民共和国国务院公报》2018 年 2 月 20 日。

民主法治篇

改革开放四十年与青海民族宗教工作法治化

张立群*

改革开放是党带领全国人民进行的新的伟大革命，是当代中国最鲜明的特色，也是进入新时代发展的主旋律。党的十一届三中全会召开四十年来，改革开放使青海民族地区发生深刻变化，民族宗教工作产生深刻影响，法治化被提到议事日程，按照法律规定和法治思维解决民族宗教问题十分必要。民族宗教工作法治化不仅是依法治国的重要体现，而且也是法治青海建设的内在需要，有利于民族地区全面建成小康社会，有利于促进民族地区社会和谐稳定，有利于民族地区全面落实“四个扎扎实实”重大要求，实现“一个同步、四个更加”奋斗目标，以推动“四个转变”，表明民族宗教工作法治化能够为民族地区和谐稳定发展提供坚实的保障。

一　改革开放是推进青海民族宗教工作法治化的强大动力

邓小平同志指出：“改革是中国的第二次革命”“中国一定要坚持改革开放，这是解决中国问题的希望。”[①] 改革开放就是立足于当代中国特色社会主义初级阶段的基本国情，运用马克思列宁主义、毛泽东思想基本原理，思考新问题、研究新问题、解决新问题，就是要突破各种体制机制不利因素的制约，从不合时宜的观念、做法和制度的束缚中解放出来，以适应时代的发展需要。随着改革开放的深入推进，社会主义市场经济体制的确立，社会结构发生深刻变化，城乡之间、区域之间、经济社会发展之间

* 张立群，青海省社会科学院政法研究所所长，研究员。

① 《邓小平文选》第3卷，人民出版社，1993，第126页。

不平衡问题突出，这些矛盾和问题在民族地区反映得更加明显，引起民族关系的和谐稳定，引发民族宗教问题复杂性。民族与宗教具有内在的联系性，当民族共同体与宗教共同体相一致时，宗教就会促进全民族内部统一和团结，反之，当不一致时就会影响民族团结，两者具有相互交融性。民族宗教工作法治化就是用法律制度引导，用法律规范运行，实现静态与动态的有机结合，解决因民族宗教因素而出现的社会问题。青海是一个多民族聚居、多宗教并存的省份，有 6 个自治州、7 个民族自治县、28 个民族乡，民族自治地方占总面积的 98%。有佛教、伊斯兰教、基督教、天主教、道教五大宗教，呈现分布范围广、信教群众多、民族宗教复杂多样性的特点。在改革开放进程中，国际与国内形势发生变化、客观与主观愿望产生差距、公民意识与民族意识出现认知差异，民族宗教工作面临新的挑战，迫切需要依法加强民族宗教事务管理，需要妥善处理因民族宗教因素引发的社会矛盾，需要及时甄别因民族宗教问题而出现的合法与违法的事件和行为，这些都应当加强民族宗教工作法治化建设，以适应时代发展变化，可见，改革开放为民族宗教工作法治化注入强大生机和活力，是民族宗教工作纳入法治化轨道的必然趋势。

（一）改革开放开创青海民族宗教工作法治化

改革开放以来，作为经济社会欠发达的多民族多宗教省份，在不同程度上会受到国际上第三次民族主义浪潮的影响，民族问题和宗教问题成为不稳定因素。在国内受“藏独”“三股势力”“3·14”和“7·5”事件影响，反华势力通过各种途径，达到“西化”“分化”目的，进行渗透和破坏活动，遏制存在的负面影响，需要大力倡导民族团结、宗教和睦。我省在贯彻落实党的民族宗教政策要求下，提出创建民族团结进步先进区和探索依法管理宗教事务，从宣传动员到形成共识，从社会各界广泛参与到积极投入，从地方性法规出台到考核量化指标的落实都呈现为扎实推进的发展态势，相应地民族宗教工作法治化也成为内在要求和发展趋势。一方面，在民族团结进步工作中青海省委十二届四次全会提出了“创建民族团结进步先进区”的实施纲要，确定了十个方面重点任务，突出了民族地区政治、经济、文化、社会和生态等重点领域和关键环节的问题，并确定了民族团结进步先进区建设的工作着力点，明确要求“党政主导、群众主体；标本兼治、解决问题；重在基层、贵在创新；典型引路、全面推进”。另一方面，在宗教事务管理中，制定《宗教事务管理条例》，在此基础上，6个自治州又分别结合本州实际，制定具有本州特点的《藏传佛教事务管理条例》，这些要求与做法使民族宗教工作上升到法治层面，体现出法治是社会秩序的稳定器，具有引领和规范作用，能够明确人们行为规则、有效整合社会利益、有力化解社会矛盾。通过民族宗教工作法治化，使民族团结进步创建和宗教事务管理在宏观架构、整体推进、实施步骤等多方面都形成程序化、制度化和常态化，使之在法治的轨道上得以运行。

（二）改革开放促进青海民族宗教工作法治化

改革开放以来，在市场经济条件下，按照市场经济的规律，以市场配置资源，实行价值规律的平等竞争，在这种发展的条件下，各族群众发展意识不断增强，发展愿望和要求更加强烈。与此同时，少数民族地区受到自然环境和各种条件的限制，社会发育程度较低，经济社会发展滞后，地区间不平衡的矛盾突出，社会发展动力不足，实行市场经济主要是资源开发和利用，利益的分配问题又引发各种矛盾和纠纷，导致群众心理失衡，产生相对的失落感，出现群体性事件，影响民族关系和谐。在这个过程中，社会意识的多元化促使各民族自我认同、自我意识不断增强，民族特性和宗教信仰强化，有的地方出现寺院、部落和民间势力干预行政、司法、教育等社会事务，导致宗教的社会功能被异化，对宗教和睦发展带来消极影响。针对存在的这些问题，有思想认识，行为选择和合法与违法，需要在法治层面上进行引导、规范和禁止。因为法治是一种社会调控方式，与人治相对应，具有依规行事的属性。为此，6个自治州都分别制定民族团结进步条例，玉树州、海南州、黄南州、果洛州、海北州出台《民族团结进步条例》，海西州出台《促进民族团结进步事业条例》，使民族团结事业有法可依。同时，各州还制定《藏传佛教事务管理条例》，对宗教事务进行依法管理，实行《关于进一步加强和改进新形势下伊斯兰事务管理的意见》，可见，民族宗教工作法治化就是要在法治框架下得到体现，以此推进、巩固和发展，以实现民族地区良性发展态势。

（三）改革开放推动青海民族宗教工作法治化

改革开放以来，社会结构发生变化，少数民族群众的社会分层日趋明显，不同社会阶层之间经济利益需求存在明显差异，引发各种社会矛盾纠纷，表现为重大项目的改造以及与之相关的土地征用、房屋拆迁、安置补偿、劳动纠纷、权益保障处于上升趋势，利益诉求引发的社会矛盾不断涌现，各种纠纷矛盾相互交织、相互叠加、相互转化，有突发性、聚合性、关联性和对抗性特征。在城市拆迁、库区移民安置、重大工程征地、灾区恢复重建、职工工资待遇、劳动权益保障、宗教教派、国有企业改制、草山地界纠纷等引发的群体性上访事件不断增多；在村级组织换届、村务管理、财务分配、干部违纪等问题引起的群体性事件不断出现，呈阶段性、区域性和个别性状况。同时，境外非政府组织打着扶贫、教育、文化、卫生合作与援助等旗号，抢占教育领域，实施民生项目、制造民族矛盾、收集敏感信息等方式，给社会稳定带来潜在的危险。这些问题的解决需要采取法治手段，党的十八届四中全会提出："推进多层次多领域依法治理，坚持系统治理、依法治理、综合治理、源头治理，深化基层组织和部门、行业依法治理，支持各类社会主体自我约束、自我管理，发挥市民公约、乡规民约、行业规章、团体章程等社会规范在社会治理中的积极作用。"实行社会治理在理念和原则上始终强调法治规范，实现社会、市场和公民的共同治理，以达到社会的"共治"和"善治"，使社会主体成为社会关系的调控者、引导者、服务者和整合者，实现社会治理法治化的价值取向。

二 改革开放四十年青海民族宗教工作法治化成效

改革开放使青海发展站在了新的历史起点，面临着各项工作的深入推进，面临着人民群众对美好生活的新期待，面临着民主法治建设的不断完善，在这种现实要求下，青海省贯彻落实中央精神，做到思想统一，立足省情，把握方向，坚持发展是第一要务、稳定是第一责任，以改善民生、保护环境、维护稳定为重点，深刻领会掌握党的民族宗教工作方针政策，不断创新和深入推进民族团结进步创建活动，不断提升依法管理宗教事务的能力和水平，根据有关法律法规规定、明确规范要求，体现制度规定、实行机制运行，立足实际需要、解决突出问题，在民族宗教工作上取得显著成效，这些探索与做法产生了积极的社会效果，呈现出民族团结和睦、宗教和顺、社会和谐、人民安居乐业的良好氛围。

（一）贯彻落实法律，明确规范要求

《民族区域自治法》是实现民族区域自治的法律文件，规定了民族区域自治制度的功能，从国家层面体现了充分尊重和保障各少数民族管理本民族内部事务的权利，从民族区域自治层面体现了有效发挥各族人民当家做主的积极性，保证民族自治地方依法行使自治权。青海省高度重视贯彻落实《民族区域自治法》，重点围绕民族团结进步和宗教事务管理制定地方性法规，着力进行法治顶层设计，注重民族事务治理体系和治理能力现代化。根据调研，现已颁布实施 130 多件贯彻落实《民族区域自治法》的地方性法规、单行条例和规章。6 个自治州制定自治条例、13 个民族自治地方修订和完善自治条例，从省、州、县基本建立了实施民族区域自治制度的法规体系，内容涉及自治地方政治、经济、文化、社会、生态建设等各个领域，为民族地区经济社会发展提供了有力的法治保障。特别对少数民族文化建设给予高度重视，民族语言文字在司法、行政、教育、新闻出版、广播影视等其他领域得到广泛使用，6 个藏族自治州全部出台了加强藏语文工作单行条例，制定《关于繁荣发展少数民族文化事业的实施意见》，进一步完善了民族传统文化保护和发展的具体政策措施，文化事业得到健康发展。在创建民族团结进步先进区方面，始终围绕建设民族团结进步大省等重大战略，制定一系列重大政策措施，将行之有效的经验和做法上升为地方性法规，探索出的“一把手”工程、“八进”活动、民族团结进步宣传月等在全国都具有典型示范作用。在依法管理宗教事务方面，突出抓好宪法的学习宣传教育，使宗教界人士和广大信教群众全面理解宪法的基本原则和精神，进一步增强宪法意识、爱国意识、公民意识、国家安全意识和民主法治意识，形成崇尚宪法、遵守宪法、维护宪法权威，强化教育警示，讲清法律底线，明确行为规范，自觉抵御境外敌对势力利用宗教进行的渗透和破坏活动。在法治层面规范政府和社会责任，细化各项措施，实行落地见效。可见，这种广覆盖、深层次、明确性的要求使民族宗教工作形成规范性。

（二）体现制度规定，实行机制运行

制定《青海省创建民族团结进步先进区实施纲要》，始终以法治思路

和理念为指导，将具体工作体现为十个方面，分别是严格依法治理，不断深化思想引导、夯实基层基础、化解矛盾纠纷、贯彻民族政策、抓好宗教工作、创新社会管理、加快统筹发展、保障改善民生、提升干部素质。为使法治工作得到落实，实行省州县各级党委“一把手”负责制和牢固树立“一盘棋”思想，认真研究部署，协调解决问题，亲自督导检查，促进工作实效，成立层层创建工作领导小组，组建办事机构，充实工作人员，明确职责任务，制订工作方案，健全完善协调配合、共创共建。实行目标考核、经费保障、督促检查、评选表彰等工作机制，保障创建工作稳步推进。通过制度引领，规范操作，形成了“党委统一领导、党政齐抓共管、创建办组织协调、有关部门各负其责、全社会共同参与”的工作格局，民族宗教领域的一些突出问题得到及时解决，平等团结互助和谐的社会主义民族关系得到发展，宗教和睦和谐和顺的态势得到巩固，有力地维护了民族地区社会稳定，使制度运行有序化。建立了依法、管用、和谐的寺院管理长效机制，分别采取共同管理、协助管理和自主管理三种管理模式，使寺院管理更具有针对性和有效性。充分发挥佛协和寺院民管会的作用，在全省藏传佛教寺院开展“教风年”活动，梳理寺院寺规戒律，以戒管僧、以法治寺。制定出台了《关于在伊斯兰教清真寺深化法制宣传教育推进社会管理工作的指导意见》规范了清真寺维修、扩建、日常教务、聘请阿訇、大型宗教活动秩序。将基督教、天主教、道教的宫观教堂和汉传佛教寺院完全纳入社会管理范畴，促进了宗教领域和谐稳定。

（三）立足本省实际，解决突出问题

坚持“小财政办大民生”，将全省财政支出的70%以上用于民生领域。把促进少数民族地区就业作为改善民生的重点。根据调研，现招录公务员和事业单位人员9856名，六州藏区占5120名，其中招收教师1833名（“双语”教师361名），98%面向藏区六州基层学校，藏区大中专学生初次就业率达到82.6%，高出全省2.8个百分点。还先后投入767亿元，改善民生，全省民生支出占财政总支出的比例达到75.6%。2017年底，藏区生产总值达992.32亿元，固定资产投资达945.66亿元，城镇居民人均可支配收入达21054.78元，农牧民人均纯收入达6360.41元。据初步统计，六州累计完成全社会固定资产投资1778亿元，年平均增幅56.4%，藏区

城乡居民人均收入增幅高于全省平均水平。在33个县区437个贫困村实施整村推进工程，12万户30.9万人受益，减少贫困人口21.3万人。同时，加大社会保障力度，逐年提高退休人员、低保、工伤保险等补助标准，实施被征地农民社会养老保险制度，对低保对象和农村特困群众实施生活、医疗、住房、子女就业等方面的救助，覆盖城乡的社会保障体系基本形成。与全国相比，我省城乡居民基础养老金标准位列全国第一，义务教育阶段寄宿生生活费补助标准仅次于西藏，高于全国其他省份，这些成就充分说明改革发展的成果真正惠及千家万户，依法依规逐步推进产生实际效果，探索了欠发达地区改善和促进民生保障的成功之路，增强了民族地区各族群众的向心力和凝聚力。

三 新时代青海民族宗教工作法治化的机遇与挑战

进入新时代，法治中国开启新征程，法治青海迈出新步伐。党的十九大报告提出："深化依法治国实践""法者，天下之程式也，万事之仪表也。"法律是治国之重器，对国家治理具有十分重要的作用。同理，法治是治事之利器，对民族宗教工作具有引导和规范作用。这取决于法治具有规范性、普遍性和统一性功能，以明确人们的行为界限与标准。正如《管子·七法篇》中所言"尺寸也，绳墨也，规矩也，衡石也，斗斛也，角量也"，法治具有准则、标准和规则的价值判断。做好民族宗教工作是一项系统性、预见性和创造性事业，要以法治的标准判断衡量工作成效，从分配社会利益、明确社会行为、解决社会矛盾、构建社会秩序、体现社会公正为切入点，体现出法治鼓励倡导性和惩戒制裁性的要求，彰显法治的普遍遵守和统一适用，以法治思维观察与思考民族宗教工作，关注国际国内形势的发展变化，对出现的各种因素要审时度势，对民族宗教工作的复杂性要及时研判，对存在的各种问题要具有前瞻性，只有这样，才能使民族宗教在依法依规的要求下，以法治方式实现其社会功能。

（一）发展与欠发达并存

古人云："变方位而正则。"中国特色社会主义进入新时代，意味着谋划未来、开拓发展要在新起点上着力，在这个现实背景下，关于民族宗教问题要正视发展与欠发达并存的状况，在改革开放的强势推进下，出现制度改革落后于经济社会发展，地区之间、城乡之间、民族之间存在着发展的巨大差距，权利公平问题突出，权利不公和权利缺失普遍，改革开放的成果共享不够充分，群体性事件发生，社会秩序不稳定。究其原因是“如果贫困不缘于个人，而是由于致富权利缺失，制度不信任和群体性怨愤就会发生，潜在危机因此容易转化为现实危机，强制性制度变迁的社会动荡就会发生”。① 在发展的阶段性中，青海省民族地区地广人稀，居住分散，公共服务所需投入远远高于其他省份，社会指标中的人文、教育、科技、卫生等落后于全国其他地区，相比之下贫穷和落后是制约经济社会发展的主要问题，存在着产业层次低、单位能耗高，传统发展模式难以支撑持续健康增长，城乡居民收入偏低，人均受教育年限较短，文化建设相对滞后，科技投入不足，创新驱动能力不强，民族地区发展差距加大，建成全面小康社会任务艰巨。由此可见，发展的内在需要与欠发达实际问题长期并存，相应地民族宗教工作的难度加大，对存在的这些问题要有预见性和准确性评判，要与时俱进地观察和分析问题，在时代发展的进程中，需要增强民族宗教工作的时代感和紧迫感，充分彰显法治的规范和引导作用。

（二）扶持与落后并存

随着改革开放的不断深入，区域发展被提到议事日程，中央扶持青海政策持续加大，各种补助机制建立健全，各项政策和措施得到落实。据初步统计，落实各项援青资金 23.32 亿元，确定支援项目 399 项，根据有关规划编制，大力推进藏区发展，落实各项目标和实施方案，提出到 2020 年藏区综合实力增强，基础设施和社会事业实现跨越式发展，公共服务能力得到显著提升，各族人民生活水平得到提高，呈现为民族团结，经济发展，生活改善，社会稳定。与此同时，受到自然条件限制，历史发展的阶段性问题，藏区自我发展能力不足、公共服务能力差、群众收入水平低、农牧民文化程度低、就业能力弱等问题普遍存在，还没有从根本上改变落后面貌，民生成为最大的政治问题。根据调研，除海西州外，其他五州地区生产总值 382.6 亿元，占全省的 18.19%，城镇居民人均可支配收入、

① 胡庆亮：《制度架构与公平正义》，《学术界》2016 年第 1 期。

农牧民人均纯收入相当于全国平均水平的78%和71%，其中，果洛州仅为72%和48%。在生产力不发达的现实条件下，社会关系更加复杂多样，用法律规范政府行为需要有明确的要求，用法律调节涉及民族宗教而产生社会关系势在必行，对民族和宗教事务进行管理需要有更高的水准。因此，对民族宗教问题依法管理是重中之重，也是进入新时代提出的依法行政的核心问题，其范围、要求、做法和社会效果需要得到检验和认可，需要产生法律效果和社会效果的统一，这是需要正确分析和研判面临的各种现实问题。

（三）稳定与治理并存

当今世界，民族宗教问题在很多国家都有着举足轻重的影响力，随着民族分裂势力破坏活动加剧，呈现出一些新动向和新特点，民族地区的反分裂反渗透斗争日益严峻，青海省达赖分裂集团不断变换手法，影响社会稳定，给社会安定团结造成危害性。民族地区维护社会稳定的任务艰巨，解决影响稳定的源头性、根本性、基础性问题迫在眉睫。同时，出现的一些群体性事件也呈现为人数多、组织强，表现为群众的合理诉求与行为方式的违法性相互交织、多数人的合理要求与少数人的无理取闹相互交织、现实问题与历史遗留问题相互交织，成为影响社会稳定的突出问题。在稳定与治理并存的状况下，对严格掌握政策和法律界限提出精准要求，做到用法治方式指导民族宗教工作，用法治途径有效预防和化解因民族宗教因素出现的社会问题，用法治路径实现民族宗教的稳定有序，这些都需要对民族宗教工作形成规范化运行机制，对涉及民族宗教问题引发的突发性事件，建立应急管理机制，实行防控预案，明确工作原则与具体要求，健全组织指挥体系，完善预警研判机制，将问题解决在基层、解决在萌芽、解决在初期。由此可见，民族宗教工作中稳定与治理考量着法治手段的选择，也是衡量进入新时代社会治理体系和治理能力的评判标准。

民族宗教工作法治化是改革开放以来社会治理中的重要问题，是落实党的十九大提出的“深化依法治国实践”的生动体现，也是富裕文明和谐美丽新青海建设的内在需要，具有时代的价值和现实的意义。法治化体现在民族宗教工作中，就是要用法治进行规范，用法治依法行政，用法治界定公民行为，实现民族地区民族团结进步，宗教和睦和顺，社会安定有序。

深化国家监察体制改革的法治保障

——以宪法修正案和监察法立法为例

高永宏[*]

一　深化监察体制改革亟待国家立法保障

（一）传统监察体制已难以适应反腐败斗争新形势

当前，与党风廉政建设和反腐败斗争的要求相比，与广大人民群众的期待相比，我们面临的反腐败斗争形势依然复杂严峻。在深化国家监察体制改革之前，我国原有的行政监察体制机制存在着一些明显不适应的问题，主要如：监察范围较窄，监察对象仅限于行政机关及其工作人员，还没有做到对所有行使公权力人员的全覆盖；反腐败力量分散，党的纪律检察机关、行政监察机关、检察机关的反腐败职能分别行使、交叉重叠，没有形成合力；检察机关对职务犯罪案件行使一揽子的侦查、批捕、起诉等权力，缺乏有效的监督制约机制。换言之，行政监察法虽具有反腐败功能，但其首要标签是行政法而非反腐败法律，因而对反腐败工作的支撑力度有限。

反腐败斗争是一场持久战，如果拳头握不紧、目标太分散，就难以最大化地集中力量实现精准打击，难免使一些腐败分子成为漏网之鱼，影响反腐倡廉工作的整体成效。因此，必须加强党对反腐败工作的集中统一领导，整合反腐败资源力量，构建集中统一、权威高效的中国特色国家监察体制，实现对所有行使公权力的公职人员监察全覆盖。

---

* 高永宏，青海省社会科学院政法研究所副研究员。

（二）反腐败国家立法意义重大

贯彻落实党中央关于深化国家监察体制改革的决策部署，加强完善党对反腐败工作的领导，构建集中统一、权威高效的国家监察体系，推进国家治理体系和治理能力现代化，必须加快反腐败国家立法。

加快反腐败国家立法，通过国家立法程序把党对反腐败工作集中统一领导的体制机制固定下来，把我们党多年来特别是十八大以来在推进党风廉政建设和反腐败斗争中形成的新理念新举措新经验用法律的形式固定下来，体现了全面从严治党、全面深化改革、全面依法治国的有机统一，对于巩固国家监察体制改革成果，创新和完善国家监察制度，以法治思维和法治方式深入开展反腐败工作，保障反腐败工作在法治轨道上行稳致远，具有十分重要的现实意义。

加快反腐败国家立法，以监察之名织密反腐败法网，是坚持走中国特色监察道路的创制之举，是全面推进依法治国、实现重大改革于法有据的经典范例。经过立法程序修改后的宪法和制定的新监察法，在付诸实施之后，将以法治之宏力推动反腐败斗争取得压倒性胜利，实现依规治党与依法治国、党内监督与国家监察的有机统一，形成全面从严治党与推进国家治理体系和治理能力现代化的良性互动，必能昭示历史、启迪未来。

二　深化国家监察体制改革的法治实践

（一）党中央对深化国家监察体制改革做出全面部署

良法是善治的前提，实践是立法的基础。改革的深化要求法治保障，法治的实现离不开改革推动。党的十八大以来，深化国家监察体制改革工作积极推进，从稳步有序开展试点、形成可复制可推广的经验，到试点工作依法在全国推开，再到修改宪法、制定监察法。法律出台的过程，充分体现了党中央关于重大改革于法有据、改革和法治同步推进的要求。

党的十八届四中全会通过的《中共中央关于全面推进依法治国若干重

大问题的决定》指出："加快推进反腐败国家立法，完善惩治和预防腐败体系，形成不敢腐、不能腐、不想腐的有效机制，坚决遏制和预防腐败现象。"2016年，习近平同志多次主持召开中央政治局常委会会议、中央政治局会议和中央全面深化改革领导小组会议，专题研究深化国家监察体制改革、国家监察法立法等相关问题。党的十八届六中全会后，党中央决定启动国家监察体制改革工作。

2016年11月，党中央决定在北京、山西、浙江三个省市先行开展国家监察体制改革试点工作，试点地区围绕监察委员会的功能定位、职责权限、体制机制、监察手段、保障措施等开展了积极深入的探索，取得了丰硕成果，积累了可复制可推广的经验。党的十九大在总结部分省市先行试点工作经验的基础上，对深化国家监察体制改革进行再安排再部署，将试点工作向全国推开；要求组建国家、省（自治区、直辖市）、市（州）、县（市、区）四级监察委员会，同党的纪律检察机关合署办公，实现对所有行使公权力的公职人员监察全覆盖；提请全国人大修改宪法、制定国家监察法。国家监察体制改革试点工作随即在全国全面有序推开。

（二）深化国家监察体制改革与宪法保障

2016年12月25日，全国人大常委会做出《关于在北京市、山西省、浙江省开展国家监察体制改革试点工作的决定》，在三省市先行先试，为全面推开国家监察体制改革积极探索，积累经验。2017年11月4日，为落实党的十九大关于深化国家监察体制改革的要求，全国人大常委会做出关于在全国推开监察体制改革试点工作的决定，在认真总结相关试点省市开展国家监察体制改革试点工作经验的基础上，在全国各地推开国家监察体制改革试点工作。在宪法修改和监察法出台之前，全国人大常委会的上述决定为顺利推进国家监察体制改革打下了法治基石。

2018年3月11日，十三届全国人大一次会议审议通过新中国历史上的第五个宪法修正案，宪法修正案共21条，其中11条同设立监察委员会有关。宪法修正案确立了监察委员会的宪法地位，明确规定"监察委员会依照法律规定独立行使监察权"。宪法修改体现了党的主张和人民意志，为深化国家监察体制改革、制定国家监察法提供了法治保障。

（三）深化国家监察体制改革与基本法律保障

制定监察法是深化国家监察体制改革总体安排中的重要一环，涉及面很广，对此，党中央做出了总体安排，提出了时间表和路线图，稳步有序地推进这项改革。2016 年 10 月，全国人大常委会组建了国家监察立法专门机构，在充分吸收改革试点地区实践经验的基础上，组织专家学者精心论证，反复修改完善，形成了监察法草案。全国人大常委会会议两次审议草案内容，并向社会公开征求意见。根据党的十九大精神和向社会征求的意见建议，对草案进行修改完善，并在十三届全国人大一次会议上提请大会审议通过。

在制度设计上，决策者和立法者将国家监察法定位于基本法律。按照我国宪法和立法法的规定，在宪法之下，法律依其制定机关划分为两个层级：全国人民代表大会制定和修改刑事、民事、国家机构的和其他的基本法律；全国人民代表大会常务委员会制定和修改除应当由全国人民代表大会制定的法律以外的其他法律，在全国人民代表大会闭会期间，对全国人民代表大会制定的法律进行部分补充和修改，但是不得同该法律的基本原则相抵触。这和之前制定的行政监察法明显不同。行政监察法是隶属于行政法的部门法，可归属于由全国人大常委会制定的其他法律或曰非基本法律；监察法则是由全国人大制定的基本法律，属于国家机构基本制度立法，其法律地位高于非基本法律。

《中华人民共和国监察法》作为由全国人大通过的基本法律，具有与国家的刑事、民事、国家机构等基本法律同等的法律地位，从而为设立全新的监察委员会提供了符合宪法要求的基本法律依据。根据宪法和监察法，十三届全国人大一次会议选举产生了国家监察委员会主任，经国家监察委员会主任提名，分别任命了国家监察委员会副主任、委员。

三　深化国家监察体制改革的法治成果

（一）宪法修正案

宪法是国家的总章程，是各种制度和法律法规的总依据。宪法修正案是宪法的有机组成部分，具有与宪法同等的法律效力。全国人大首先审议通过宪法修正案，之后再审议通过监察法草案，及时将宪法修改所确立的监察制度转化为基本法律，既符合我国宪法和立法法确立的立法程序，也是我们党依宪执政、依宪治国的生动实践和鲜明写照。

修改后的宪法第三章“国家机构”中专门增加一节“监察委员会”，对国家监察委员会和地方各级监察委员会的性质、地位、设置、人员组成、任期任届、领导体制和工作机制、与国家权力机关的关系、监察权的行使以及与审判机关、检察机关、执法部门的关系等做出规定，使国家监察体制改革于宪有据。宪法中与国家监察制度相关联的条款也相应地做了修改，从而理顺了监察机关与其他国家机关的关系，为全面建立和不断完善中国特色社会主义监察制度确立了宪法法理基础。

（二）中华人民共和国监察法

监察法规定了监察机关的性质及法律地位、工作原则、组织机构、职责权限、监察范围、监察权限和程序以及对监察机关、监察人员的监督等内容，是一部对国家监察工作起统领性和基础性作用的法律。作为基本法律，它规定了很多重要制度，其中特色比较鲜明的制度如：确立了党对国家监察工作集中统一领导的政治原则，构建起集中统一、权威高效的中国特色国家监察体制；拓展了监察范围，实现对所有行使公权力的公职人员监察全覆盖；赋予监察机关必要职权，规定了监察机关监督调查处置的履职方式；规定了监察权限与手段，以保证监察工作的顺利进行；用“留置”措施取代“两规”措施，解决了反腐败理论与实践中的法治难题；对监察机关和监察人员的监督做出规定，强化了对监察权的监督制约，防止出现“灯下黑”；将国家监察同党内监督、内部监督、民主监督、司法监督、群众监督、舆论监督等贯通起来，有利于提高党和国家的监督效能，为实现全面从严治党和依法治国提供了具有中国特色的顶层设计典范。监察法立法秉持科学立法、民主立法的理念，充分吸收社会各界意见，在坚持正确政治方向的基础上不断走向成熟。

从立法体例风格及立法技术的角度来审视，监察法既是程序法，也是组织法。监察法涵盖了监察委员会的性质、职能定位、组织机构、职权、与其他国家机关的关系、对谁负责受谁监督等实体性规范，这些都属于组织法的范畴；同时也规定了监察工作的具体程序，明确了监察机关的监察权限、监察程序等，这些内容则属于程序法的范畴。一部法律同时规定了一个特定国家机构的组织和程序，这在其他涉及国家机构的立法中很少见，是监察法的一大亮点。

（三）修改完善相关配套性法律法规

监察法出台后，监察权的行使涉及已制定法律中对有关国家机关职权的划分，需要与监察法保持一致，因此，有必要对这些法律做出相应的修改完善。一是需要对刑事诉讼法、人民检察院组织法、检察官法等法律中关于检察机关侦查职务犯罪职责的有关规定进行修改完善。二是需要对国家赔偿法进行修改完善。因为监察法第六十七条规定了监察机关及其工作人员行使职权，侵犯公民、法人和其他组织的合法权益造成损害的，应当依法给予国家赔偿。但目前国家赔偿法还没有这方面的规定，因此需要在国家赔偿法中增加监察机关承担国家赔偿责任的相关内容。三是宪法和监察法对各级监察委员会的设立以及与同级人大的关系都做了新的规定，需要相应修改全国大会组织法及地方组织法、监督法、全国人大及地方人大议事规则等法律法规。四是改革后各级行政监察部门已并入各级国家监察委员会，监察法施行后行政监察法同时废止，但目前若干行政法律法规中还有涉及行政监察的内容，需要有立法权的各级国家机关做出一揽子修改。

回顾宪法修正案和监察法的立法历程，有许多值得总结的珍贵启示与经验，其中最主要的是：必须坚持党对各项改革事业的集中统一领导，充分发挥全党全国各族人民的智慧和力量，做好顶层设计，稳步有序推进；必须以法治思维和法治方式统揽改革事业，做到重大改革于法有据，依法推进国家治理体系和治理能力现代化；必须坚持科学立法、民主立法，充分吸收各方面意见建议，获取治国理政最大公约数，以良法促进善治。

参考文献

秦前红等著《国家监察制度改革研究》，法律出版社，2018。

冯向辉：《留置取代“两规”的法治意义》，法制网，2017 年 11 月 4 日。

郝铁川：《监察委员会设立的法理透视》，法制网，2017 年 1 月 20 日。

张宝权：《监察体制改革“攥紧”反腐拳头》，《解放日报》2018 年 5 月 22 日。

蒲晓磊：《专家解读十九大报告推进反腐败国家立法：运用法治思维和法治方式反对腐败》，《法制日报》2017 年 11 月 21 日。

凌锋：《制定监察法织密反腐法网》，《法制日报》2018 年 3 月 14 日。

邓联繁：《从行政监察法到国家监察法的三大定位变化》，《检察日报》2017 年 3 月 21 日。

吴建雄：《健全国家监察组织架构》，《中国社会科学报》2016 年 9 月 7 日。

改革开放以来国家法在青海藏区的普及与适用

娄海玲*

青海是我国除西藏自治区之外面积最大的藏族聚居区，藏区面积69.7万平方公里，占全省总面积的96.5%。据2017年青海统计年鉴的人口普查数据显示，青海省藏族人口为149.73万人，约占全省人口总数的25.23%，是青海省人口最多的少数民族。做好青海省藏区工作，事关全省经济发展、民族团结和社会稳定，事关国家安全和统一。①

藏族在长期的历史发展中形成了独具特色的法律文化，创造了具有民族特点的传统习惯法。可以说，从吐蕃王朝时期的法律制度开始，一直到新中国成立前，藏族的成文法和习惯法是藏区社会秩序调适的主要制度，对藏区经济社会发展具有重要影响。民主改革后，具有藏族文化特点的法律资源作为非正式的法律制度，随着社会制度的整体变革，渐渐地退出了历史的舞台，其对社会的影响力也逐渐减弱。尤其是改革开放后，国家法最终成为调整藏族社会关系的主要制度架构，影响着藏区经济社会的发展。

一　改革开放以来国家法在青海藏区普及适用取得的成效

改革开放以来，青海藏区法治建设成效瞩目，尤其是国家法在青海藏区的普及适用取得了质的飞跃。习近平同志在党的十九大报告中提出：

---

* 娄海玲，青海省社会科学院政法所副研究员。

① 骆惠宁：《推进藏区经济社会持续健康发展和长治久安　确保如期全面建成小康社会》，《青海日报》2015年9月30日。

“加大全民普法力度，建设社会主义法治文化，树立宪法法律至上、法律面前人人平等的法治理念。”① 这标志着在新的时期国家要加大国家法的普及力度，同时，对全民进行国家法的普法宣传教育已成为中国新时期法治建设的新目标和新要求。青海藏区作为中国重要的组成部分，在青海藏区进行国家法的宣传普及教育已成为青海法治建设的一项先导性、基础性工作，推进藏区国家法治宣传教育也成为构建法治青海、实施全面依法治国方略的重要现实要求。

（一）青海藏区地方立法成果显著

我国《宪法》第一百一十六条规定“民族自治地方的人民代表大会有权依照当地民族的政治、经济和文化的特点，制定自治条例和单行条例。”《立法法》第七十五条第二款规定“自治条例和单行条例可以依照当地民族的特点、对法律和行政法规的规定做出变通规定，但不得违背法律或行政法规的基本原则，不得对宪法和民族区域自治法的规定以及其他有关法律、行政法规专门就民族自治地方所作的规定做出变通规定。”截至 2015 年底，青海省人大常委会制定和批准现行有效的地方性法规、自治条例、单行条例 271 件，六个藏族自治州也先后制定了涉及经济、政治、社会、文化、生态等方面的自治条例和单行条例，真正使民族自治地方自治权落到实处。

这些单行条例主要包括：一是经济方面的立法。立足于青海实际，藏区主要在旅游业、畜牧业发展等方面制（修）定了一批地方性法规。如两次修订的《青海旅游条例》《果洛藏族自治州城乡商品交易市场管理条例》《海北藏族自治州畜牧业基础设施管护条例》等。经济方面的立法是改革开放以来藏区地方立法的重要门类，为藏区经济发展起到重要的促进作用。二是生态环境立法。青海藏区的生态地位十分重要，改革开放以来，青海藏区在生态保护方面的立法尤为突出，截至 2015 年底，生态环保方面的地方性法规和单行条例多达 61 件，其中省级 21 件、市州县 40 件，如《青海三江源国家公园条例（试行）》《青海省可可西里自然遗产地保护条例》《海西蒙古族藏族自治州野生枸杞保护条例》《海北藏族自治州高原型

① 习近平：《决胜全面建成小康社会　夺取新时代中国特色社会主义伟大胜利》，《人民日报》，2017 年 10 月 28 日。

藏羊保护条例》等，这些法规的出台为确保青海藏区的生态安全提供了法律支撑。三是民生方面立法。文化方面，为保护、传承和发展本民族语言文字，青海省各藏族自治州均制定了藏语文工作条例；另外还有海西蒙古族藏族自治州制定的《文物保护管理条例》为藏传佛教寺院文物的保护管理及民族文化遗产的保护起到了积极作用；尤其是海北藏族自治州制定的《海北藏族自治州中国第一个核武器研制基地旧址保护管理条例》为进行爱国主义、革命传统教育和文物的保护管理起到了重要的作用。教育方面，各藏族自治州均制定了义务教育方面的单行条例，保障了藏区教育的均衡发展。卫生方面，在省级层面有《青海省发展中医藏医蒙医条例》《青海省发展中药藏药蒙药条例》等，自治州层面，玉树藏族自治州制定《玉树藏族自治州藏医药管理条例》等，这些法规的出台，为藏族传统医药的传承和发展起到了保护和促进作用。四是社会管理领域方面的立法。省级层面制定了《青海省宗教事务条例》《青海省社会治安综合治理条例》等，各自治州也先后制定了藏传佛教事务条例和社会治安综合治理条例，为维护青海藏区和谐稳定起到了不可替代的作用。

（二）国家法制宣传普及深入推进

改革开放以来，国家法在青海藏区的普及宣传力度大幅提升。从制度层面上讲，青海省先后制定实施了 7 个法制宣传教育五年规划，六个藏族自治州也从“三五”普法开始制定实施规划，目前也已全部制定“七五”普法规划，并进入全面实施阶段；同时，针对不同时期，藏区出现的不同情况，青海在国家法的普及宣传上也制定不同的政策，如《关于围绕禁止赔偿“命价”深入开展普法依法治理工作的通知》《青海省贯彻〈民政部司法部关于进一步加强农村基层民主法制建设意见〉的实施办法》《“法律进宗教活动场所”指导意见》等，这些通知和意见的出台为特定时期国家法在藏区的普及适用上提供了政策支持。尤其是 2012 年颁布实施的《青海省法制宣传教育条例》，使我省法治宣传教育迈入制度化、规范化、法治化的轨道，也为国家法在藏区的普及适用提供了法律支撑。

从实践层面上讲，改革开放以来，国家法在青海藏区的普及适用得到明显提升，全省普法教育普及率达 95%，“法律七进”覆盖率达 100%。相关部门还先后编译并发放了包括宪法、刑法、民族区域自治法、宗教事务条例等在内的12部国家法律法规单行本，并将《公民〈宪法〉读本》《法律进宗教活动场所资料选编》《宗教教职人员政策法规学习手册》《农牧民以案学法读本》等多部藏汉“双语”学法资料在青海藏区进行免费发放，现各寺院有1套以上的法治宣传挂图[①]。

从效应层面上讲，改革开放以来，全省累计创建“民主法治村（社区）”2285个，其中国家级39个、省级204个、市（州）级664个、县级1378个[②]，创建“法律进宗教活动场所”示范点9个。群众运用法律手段解决矛盾纠纷、维护自身合法权益的意识明显增强。

（三）藏区适用国家法的积极性不断提高

改革开放以来，青海藏区对国家法的适用力度逐年增强，藏区公民自上而下的学法用法积极性明显提升。一是藏区公职人员学法用法制度化。推行普法统一考试、领导干部法律知识任职资格考试等制度，提升了藏区领导干部及工作人员对国家法的学习和认知能力，更加符合习近平同志多次提出的“各级领导机关和领导干部要提高运用法治思维和法治方式的能力”[③]。二是藏区群众对国家法的适用度不断提高。经过多年的普法，藏族群众开始对部落习惯法的有些内容的公正性认可度产生了动摇，并对适应现代藏族群众生活的问题提出了质疑，甚至用法律的眼光来重新审视、评判习惯法[④]。三是宗教教职人员对国家法的学习普及力度加大。改革开放以来，全省累计举办活佛学法培训班92期1803人次，寺院教职人员平均拥有“双语”学法资料1.9册，教职人员年平均学法时间达到129.75学时[⑤]，尤其是青海“七五”普法规划将“宗教教职人员和信教群众”列为法制宣传教育重点对象，必将有力地促进藏区宗教教职人员和信教群众对国家法的信仰。

---

① 韩萍、刘子阳、麻明：《青海将宗教教职人员纳入普法范围　法律进寺院活动成机制促和谐》，《法制日报》2016年12月13日。

② 马伟：《青海“六五”普法工作调研报告》，http://www.qhrd.gov.cn。

③ 中共中央文献研究室编《习近平关于全面依法治国论述摘编》，中央文献出版社，2015。

④ 德西·巴周：《试论国家审判权对藏族部落习惯法产生的影响及其作用》，《青海审判》2011年第2期，第21页。

⑤ 《青海省坚持“法律进宗教活动场所”成效显著》，http://www.fjnet.com/zfgz/201509/t20150914_234300.htm。

（四）藏区法治文化建设初显成效

改革开放以来，青海广播电视、报刊、网络开设法治文化专栏，推出法制文化宣传节目，如，组织编辑“活佛说法”电视节目，用信教群众听得懂、易于接受的方式宣传国家政策法规，引导僧众对国家法的信仰和适用。目前，青海省六个藏族自治州都有自办的“双语”电视节目，各市州和县级自办节目覆盖率也分别达到79.49%和52.52%，青海还专门开设了覆盖甘青川藏区的藏语法制广播节目，用“双语”的形式普及国家法治文化，形成了报刊有专栏、电视有图像、广播有声音的法治文化宣传模式。尤其是海南藏族自治州还成功开发了全球首个藏文搜索引擎系统平台，为青、藏、甘、川、滇五省区的200多万藏文用户提供服务。同时，全省1002座宗教活动场所设立了法制文化普及教育专栏，1992座寺院确定了法制文化宣传员，并将每年3月份定为“寺院法制宣传月”，开展法制文化普及宣传活动，法治文化宣传成效显著。

二　改革开放以来国家法在青海藏区普及适用遇到的难题

改革开放以来，国家法在青海藏区普及宣传和适用取得了实质性的进展，积累了一定的经验，但也存在诸多不可忽视的难题。尤其是在20世纪90年代，青海某些藏族自治州制定了一些禁止藏族习惯法的规章制度，但是实行强制的效果并不好，“赔命（血）价”习惯法并没有因为法律实务部门的严厉批判和否定而退出历史舞台，它依然保持着一定的影响力。[①]目前在藏区，还存在着“牧民群众自愿接受习惯法并适用习惯法解决他们之间的矛盾纠纷，在大部分牧民群众眼里，习惯法胜于国家的法律、法规”[②] 的现实难题。

而在审判实践中，藏族习惯法与法院审判工作也往往发生冲突，这直接影响着藏区法治现代化的进程。据对果洛藏族自治州两级法院的一线法官所做的问卷调查显示，有43.8%的法官认为习惯法是影响独立行使审判

① 蒋安杰：《青海高院出炉一份独具视角的藏区调研报告》，《法制日报》2013年8月7日。

② 佟松树：《审判工作中藏族习惯法与现行法律冲突问题研究》，《青海审判》2011年第1期。

权的最大因素，给整个社会的稳定带来潜在的危险，给藏区和谐社会的构建带来了不可估量的负面影响[①]；但高达71%的受访法官认为，民俗习惯在某些情况下比成文法更能有效地解决纠纷。他们认为“司法审判中为何运用民俗习惯”最重要的原因就是“更能解决纠纷”并“获得当事人认可”。而运用民俗习惯解决纠纷，当事人的接受程度高达98%。藏族习惯法中的“赔命价”、“赔血价”、盗窃、事实婚姻、婚约财产纠纷等刑事习惯法和民事习惯法不赞成国家司法机关或行政机关强行干涉依藏族习惯法调整的各种刑事、民事法律关系，在这种情况下藏族习惯法与现行法律冲突比较严重。[②]“尽管当代中国制定法对于习惯采取了某种贬抑、有时甚至是明确予以拒绝的态度，但在司法实践中，习惯还是会顽强地在法律中体现出来，对司法的结果产生重大影响，实际上置换了或改写了制定法。”[③]

而产生上述状况的因素是多方面的，但国家法在藏区基层社会意识层面普及适用不深入，是最重要也是最直接的致因。国家法是刚性法律，它具有强制性、严肃性、严格程序性、广泛性的特征，使藏区一些公众对国家法律形成条件反射式的畏惧甚至是抵制行为，认为国家法就是高高在上、深不可测的专属产品，是惩治与处罚的工具。当然这是对国家法片面性的，甚至是错误的想法。但是，不能否认，此种意识曾长期存在基层社会中，尤其在青海藏区产生了一定的负面影响。特别是，一些司法不公、司法腐败现象，更是给这些偏见提供了所谓的“佐证”，使得国家法在一部分人心目中的形象被颠倒和扭曲了，成为惩治、压制、处罚，或是模糊的、隔阂的、抛弃习惯的，很难亲和民心、深入基层的制度表现，因而，这直接导致国家法在基层社会意识层面的普及适用受到了限制。

另一个重要的致因是符合藏区社会实际的国家法变通规定并未有效实施或出台。藏族居住分散，历史演进复杂，宗教影响广泛深厚，且形成了本民族鲜明特点的历史文化，其中就有包括成文法、习惯法等在内的法律制度体系，这个制度体系与藏族社会之间产生了较高的契合性并一直影响着藏区经济社会的发展，它被认为是离基层秩序调整需要最近的、最为实用的、最具有生命力的、最能够为基层公众所接受的制度安排。因而，要

① 吕志祥：《藏族习惯法：传统与转型》，民族出版社，2007，第104页。
② 佟松树：《审判工作中藏族习惯法与现行法律冲突问题研究》，《青海审判》2011年第1期。
③ 苏力：《送法下乡——中国基层司法制度研究》，中国政法大学出版社，2000，第240页。

想改变藏区群众的这种意识往往是一个困难的、长期的、反复的过程。正如卢梭曾认为的，除根本法、公民法和刑事法之外，还存在第四种法律，“这种法律不是铭刻在大理石上，也不是铭刻在铜表上，而是铭刻在公民的内心里；它形成了国家的真正宪法，它每天都在获得力量，当其他的法律衰老或消亡的时候，它可以保持一个民族的创新的精神，以习惯的力量代替权威的力量”。[①] 不可否认，国家法是国家层面的法律，它不可能兼顾到更多的地区差异，这便给习惯法的存在提供了空间，但国家法在藏区普及实施，也可在不违反上位法的前提下，结合各地实际出台相应的实施细则，或依照当地民族的特点、对国家法的规定做出变通规定，这不仅会对国家法在藏区普及适用产生极大的促进作用，而且还会对国家法在藏区的有效实施产生重要作用。

当然，任何国家法都绝不是随心所欲、任意妄为的创造，归根到底都是受到经济基础制约的，是吸纳了很多社会元素的综合体，包括对习惯法的认可和吸纳。正如博登海默所说：“那种认为政府颁布的实在法的功能绝不会超过反映和记载民众的观点与习惯的看法，就显得鼠目寸光了。”[②] 拉德布鲁赫也指出：“法律上的效力只能在毫不脱离民众生活实际的情况下才能实现，否则民众生活就会拒绝服从它；法律的具体创新大体上是要尽其所能地只做出这样一些规定，它们在没有其他任何附加影响的情况下，发展了与人民生活现实紧密相关的习惯。”[③]

三　改革开放以来国家法在青海藏区普及适用的思考

藏族习惯法是藏族法文化的制度性成果。所以，根植于藏族深厚的传统文化基础之上的藏区习惯法，曾经不仅是藏族社会秩序、社会关系调适的重要依据，也是影响藏族社会生活的、难以割断的历史现象。尤其是，它总是在藏族社会中若隐若现地存在，并不可忽视地影响着藏族乡土社会秩序的建构，以及人们内心状态的调适，但藏区是国家主权领土的重要组

① 〔法〕让·雅克·卢梭：《社会契约论》，何兆武译，商务印书馆，1980，第 73 页。

② 〔美〕博登海默：《法理学——法哲学及其方法》（中译本），华夏出版社，1987，第 317 页。

③ 〔德〕拉德布鲁赫：《法学导论》，米健、朱林译，中国大百科全书出版社，1997，第 2 页。

成部分，藏族民众也是国家的公民。因而，藏族群众的任何活动首先必须符合国家法律的规定，并受国家法律规范的约束与保护。

（一）坚持党的领导

党的领导是中国特色社会主义最本质的特征，是社会主义法治最根本的保证[①]。我国宪法第1条规定："中国共产党领导是中国特色社会主义最本质的特征"，它以根本法的形式确立了中国共产党在我国的领导地位。在我国，法是党的主张和人民意愿的集中体现，"坚持党的领导，是社会主义法治的根本要求，是党和国家的根本所在、命脉所在，是全国各族人民的利益所系、幸福所系，是推进依法治国的题中应有之义"。[②] 坚持中国共产党的领导是我国社会主义法治建设的灵魂，是建设社会主义国家法治的关键所在。因而，在青海藏区无论是立法、执法、司法、普法都必须要坚持中国共产党的领导，必须保证党的大政方针、政策、计划覆盖藏区社会各领域、各项事业，必须把党的领导贯彻落实到藏区法治建设的全过程和各方面。

（二）培育公民的法治信仰

习近平同志强调"法律要发挥作用，首先全社会要信仰法律"；"宪法的根基在于人民发自内心的拥护，宪法的伟力在于人民出自真诚的信仰"。[③] 美国当代著名法学家伯尔曼曾说"没有信仰的法律将退化成为僵死的教条，而没有法律的信仰将蜕变成为狂信"。"法律必须被信仰，否则它将形同虚设。"[④] 法治社会的重要标志是公众对法律的普遍认同和信仰，法治概念的最高层次也是对法律的信仰。而法律的权威是要靠全社会真诚的拥护和信仰来树立。"一切法律之中最重要的法律，既不是刻在大理石上，也不是刻在铜表上，而是铭刻在公民的内心里。"[⑤]

法治信仰是公民对国家法律发自内心的信奉和尊崇，这是一个从学习

---

① 习近平：《加快建设社会主义法治国家》，《求是》2015年第1期。

② 习近平：《在省部级主要领导干部学习贯彻十八届四中全会精神全面推进依法治国专题研讨班上的讲话》，2015年2月2日。

③ 习近平：《习近平谈治国理政》，外文出版社，2014。

④ 哈罗德·J. 伯尔曼：《法律与宗教》，梁治平译，中国政法大学出版社，2003。

⑤ 〔法〕卢梭：《社会契约论》，何兆武译，商务印书馆，1980。

到接受再到尊崇的自然培育的过程，也就是让法治真正内生于心外化于行。在青海藏区，改革开放以来的实践经验表明，培育公民法治信仰最主要的手段就是普法，而普法的主要目的便是培养公民的法治意识、法治精神，培育公民的法治信仰。因而，普法这个手段最终要实现的目的是要让公民形成对新时代中国特色社会主义法律体系以及法律文化、法律精神的信仰，并使这种信仰成为其处理社会关系、约束个人行为的第一选择，或者是自然的选择。所以，我们必须要将培养藏族公民法律意识和法治精神的目的置于突出位置，教育引导藏族公民树立社会主义法治意识，弘扬社会主义法治精神，形成对新时代社会主义法治文化的认同和对社会主义法治的信仰，提高用社会主义法治理念引导匡正意识和行为的自觉性、坚定性，树立社会主义法治信仰。公民只有将自觉遵法守法学法用法作为自己的心理和行为依赖路径，养成遵从法律、依法办事的习惯，法律的信仰、权威和作用就自然而然得以树立和发挥。

（三）加大国家法在藏区的普及适用力度

加大国家法的普及宣传力度，发挥国家法在保障藏族公民合法权益、调适社会关系、维护社会稳定等方面的重要作用，凸显其重要地位，树立其绝对权威。藏区是我国领土的重要组成部分，在藏区加大国家法的普及力度，让人们更加充分地认识国家法、理解国家法、接受国家法、运用国家法，使国家法在藏区更加贴近民众，贴近生活，进入民心，进入实践，使国家法有更为广泛、更为稳定的“市场”。

在实践层面，要对民众定期开展国家法的宣讲普及工作，普法内容上定位在法律知识宣传和学习的基础上。普法人员上不仅要对学生、公职人员、牧区群众有普法宣传的内容，同时对宗教教职人员也定期开展法律宣传普及，在藏区形成了范围广覆盖、内容全面化和人员多样化的普法新格局；普法时间上要把握好时间点，充分利用好春节前后、藏历新年等节日时机开展好普法宣传工作，让更多的藏区群众能够有机会学习法律知识，帮助和引导他们树立良好的法治意识；普法方式上要改进，农牧区普法宣传要更多地从实际出发，以案例普法为主，尤其是把发生在县、乡、村范围内的案件作为“教材”以案普法，以案学法，使普法活动更富有成效；普法形式上要更多地采用“双语”形式。组织藏区的普法活动，在坚持

“双语”推进的同时，应更多地偏向于藏语言和藏文字，促使公民掌握法律知识、遵守法律制度。这既符合藏区工作、生活、学习实际，也有利于普法对象接受法律，更好地体现普法的效果。通过不断创新法律普及方式，促使个人构建内在的法治价值观和培育中国特色社会主义法治意识、法治精神。

（四）适当地适用藏族习惯法

习惯法的存在和发展有其固有的历史文化，尊重合理合法的藏族习惯法，适当地适用藏族习惯法，既是维护藏区社会稳定的需要，也是赢得藏族民心的重要举措。藏族习惯法不但在藏族历史上发挥过重要作用，即使到了今天，它仍然在维护藏区社会秩序、调解社会矛盾、规范人们行为等方面发挥着不可忽视的作用。更为重要的是，作为自我教育、自我约束、互相教育和互相帮助的基本规范，藏族习惯法使得藏区社会呈现相对和谐的状态。同时，就藏族习惯法的现实而言，很多习惯法虽并未被国家立法机关所认可，但在藏区很多司法实践中还在使用，“进入 21 世纪之后，随着现实主义司法理念的确立，法院对于习惯等民间社会规范的心态也发生了明显的转变，不仅不再讳言尊重习惯，而且开始以积极的态度寻求与民间社会规范的协调”。[①] 有些习惯法经过改革，其精神价值和其所追求的价值目标与国家法保持一致，如被国家法吸收后，更能体现藏族习惯法与国家法调适的基础所在。尤其是“现代社会的习惯或民间法已完全不可能保持其在近代民族国家形成之前的那种所谓的‘原生状态’，它已必定是在同国家法的互动过程中，不断地重新塑造着自己”[②]。因而，要用发展的眼光正视藏族习惯法、认识藏族习惯法，通过国家制度安排，吸收藏族习惯法合理、积极的内容，以实现藏族习惯法与国家法的和谐发展。

因而，在具体的实践中，一方面，可以根据宪法和法律赋予藏族自治地方的自治权，依法制定符合藏族群众利益的自治条例、单行条例，尤其是要根据发展实际对自治条例、单行条例进行相应的修订，从而更好地吸收保护藏族习惯法当中一些先进、合理的部分，进而使藏区群众逐步摈弃

---

① 范愉：《民间社会规范在基层司法中的应用》，《山东大学学报》2008 年第 1 期。

② 苏力：《法治及其本土资源》，中国政法大学出版社，1996。

那些不利于民族团结和藏区稳定、不尊重人权的规定。另一方面，对于一些优秀的、行之有效、受到公众普遍遵行的习惯法，应当考虑从立法的角度给予认可，或者待时机成熟时，有意识地进行吸收，使这些习惯法得以广泛认可，并最终被纳入国家法的轨道，成为国家法的重要组成部分。比如，对保护生态环境、尊重自然规律、不杀生、与人为善等方面的思想和行为，应当合理引导。总之，对于藏族习惯法，应当更多地采取历史唯物主义和辩证法的方法，通过宪法和立法法所赋予自治州、县特殊立法权，取其精华，去其糟粕，促使其与国家法有效对接，并更好地契合于中国特色社会主义法治建设。

（五）加快藏区法治化进程

法治化既是现代社会治理模式发展的需要，也是推动国家法在藏区运行的保障，更是从法治的角度推动藏区社会进步的重要途径。改革开放以来，国家在青海藏区已经进行了三十多年的法治普及宣传，对于藏区的法治化进程而言，不仅要借助国家法的力量，摒弃藏族习惯法当中的糟粕，合理适应和借鉴其积极方面，并全面正确地执行民族区域自治法，更多地通过地方自治条例、单行条例体现藏族公民的声音，保护藏族公民的合法权益，更要在最大限度上制定一些适合藏区特点、符合藏族公民意愿的发展政策。同时，还应当借助国家普法宣传、寺院法制宣传活动等，广泛、积极、有效地宣传普及国家法，使藏族群众熟悉国家法的内容，了解国家法制定的历史背景、文化内涵，从而为国家法在藏区的适用提供良好氛围，使藏区的法治化水平进一步得到提升。

四 结语

法律具有强制规范人们行为的社会作用。而习惯法虽然在法律制度体系中属于非正式的法律制度，但由于它是少数民族地区群众在长期历史发展过程中逐渐积淀而成的观念形态与群体生活规范的总和，也具有规范人们行为的社会功能。在少数民族聚居区，尤其是在藏区，其所具有的特殊地位、发挥的作用是不可忽视的。但是，在藏区归于中华版图的历史进程中，这些形成于其民族传统文化基础之上的法律制度，也逐渐被以中华文化为基础的法律制度体系所替代，并最终成为调整藏族社会关系的主要制度架构，影响着藏区经济社会的发展。因此，无论是从历史的纵深发展看，还是从法律演进的理论层面看，根植于藏区的乡土社会环境对国家法在藏区实施是有一定影响的，但改革开放以来，国家经过多种有效途径的普及宣传适用，它已经探寻到在藏区如何更好运行和实施的有效路径。

但同时应当看到，直到今天，藏族传统习惯法依然在一些方面、一些时候、一些地区影响着藏区社会和经济的发展。这些传统习惯法资源之所以能够维系藏区社会的发展与稳定，主要是蕴含于其中的藏族传统文化发挥了不可或缺的支撑性作用。一方面，藏族公民对于国家法与习惯法是有比较的，并且在很大程度上对国家法寄予了更多的期望，在定纷止争上更倾向于国家法，这无疑是一种积极现象。另一方面，推进国家法在藏区的适用，最为关键的还是要加大国家法的普及力度，让藏族公民更加充分地认识国家法、理解国家法、接受国家法、运用国家法，使国家法在藏区有更为广泛、更为稳定“市场”。其实，从这些年藏族公民法治观念变化的一般轨迹看，也恰恰证明，国家法的普及宣传发挥了巨大的作用。应当说，如果没有连续三十多年的普法宣传，国家法在藏区的实施和影响力很难想象。所以，正是通过这一形式，使国家法更加贴近了民众，贴近了生活，进入了民心，进入了实践，使藏族公民更好地习惯于国家法，并成为社会主义法治的忠实崇尚者、自觉遵守者、坚定捍卫者，使尊法、信法、守法、用法、护法成为全体人民的共同追求。[①] 并在最大限度上坚定了对国家法的信仰和尊崇。

① 习近平：《加快建设社会主义法治国家》，《求是》2015 年第 1 期。

改革开放四十年党员队伍建设的成就与经验

郭　斌*

党员队伍建设是维护中国共产党纯洁性与先进性的关键，是实现国家长治久安的前提。改革开放以来，我党接受了一次又一次新的考验，不断加强党员队伍建设。党的十八届三中全会对党员队伍的建设提出了新的要求，明确指出要深化党的建设，坚定贯彻深化改革的要求，逐步优化党内制度，做到内部制度体系与时俱进。本文主要对改革开放以来党员队伍建设的成就与经验进行总结，为新时期深化党员队伍建设提供参考。

一　改革开放以来党员队伍建设的成就

改革开放以来，为了深化党员队伍建设，确保党的纯洁性与先进性，我党在党内制度、党员理论等方面积极创新。改革开放第二年，邓小平同志就指出，制度建设关乎党的建设，是一项长期性、全局性的工作。之后，江泽民同志再一次强调了制度创新。随着社会经济的发展，党员队伍腐败现象日益严重，胡锦涛同志曾表示，需要切实推进党员队伍建设，充分重视制度建设，通过制度约束权力与党员干部，进一步深化了党员队伍建设理论。党的十八大以来，习近平同志提出的“全面从严治党”取得了显著的成效，进一步遏制了党内腐败、不正之风的蔓延。纵观改革开放三十年，我党在党员队伍建设方面取得了巨大的成就，主要有以下几个方面。

---

* 郭斌，青海省社会科学院政法研究所助理研究员。

（一）党内民主制度不断创新

随着改革开放序幕的拉开，党日益重视四项制度的建设，并且不断创新。首先，实行党代会代表任期制度。最初，党代表大会常任制度并未在全国范围内实行，而是在部分市区开展试点。经过“文化大革命”后，党代表大会常任制度遭到了破坏，并未被恢复。1988 年 12 月，浙江省台州市等市区在中央组织部允许后开展党代会常任制度试点工作。之后，陕西省、黑龙江省等省市逐步开展党代会常任制度试点工作①。21 世纪以来，我党加快推进党代会常任制度建设模式。党的十六大报告中明确了进一步推行党代会常任制度的目标，明确要求了党的代表大会闭会期间发挥作用的路径。自此之后，党代会常任制度成为学术界研究的热点，全国多个省市积极开展试点工作，部分省市对党代表在闭会期间职责进行了明确。根据试点取得的成果，党的十七大报告正式提出实行党代表大会任期制度，是中国共产党科学执政的一大突破。

其次，党务公开制度在改革开放以来逐步完善。随着改革开放的深入，经过长时间的研究与探索后决定实施党务公开制度，进一步提升党组织决策的科学性与透明度，营造党内良好的民主制度。坚持走群众路线，面向基层、正视矛盾是党务公开的基本原则。党务公开制度的实施使基层党员拥有更多参与党内事务的机会。

党内选举制度也在改革开放以来不断得到了优化。党的十六大提出要扩大党员干部的选举范围。党的十七届四中全会明确指出改进候选人的提名方式，选举方式采用群众意见与上级党组织意见相结合的方式。党的十八大报告中提出要进一步规范党内差额选举制度②。从党的十六大到十八大，党内选举制度增加了一线工人的人数，要求党内选举的各个环节都必须体现民主，这意味着党内代表选举制度不断取得了新的突破。

最后，健全定期报告工作制度。虽然定期工作报告制度已经实施了较长的时间，但是其在实施过程中仍存在较大的问题。党的十七大报告提出

---

① 蒿艾莉、张正敏：《改革开放以来党的建设制度改革的历程、成就与启示》，《观察与思考》2015 年第 6 期。

② 蔡文华：《关于改革开放以来党建理论研究的若干思考》，《哈尔滨市委党校学报》2015 年第 6 期。

要健全定期报告制度，并接受监督。这一内容也被写入党章中。健全定期报告工作制度有利于更好地发挥党员干部的领导作用，确保党的先进性与纯洁性。

（二）党员学习教育制度规范完善

进入21世纪以来，全国多个省市建设了省委党校、行政学院等，制定了党员干部培训、在职学习等教育制度。党的十六大之后，党中央领导坚持集体学习制度，为基层党员干部树立了榜样，有助于营造全党学习的良好作风，部分省市组织优秀党员干部进修培训，并建立了一套科学、系统的学习评价考核体系。2005年，党中央总结先进性教育活动实践经验，制定了《关于加强党员经常性教育的意见》，文件指出，党员经常性教育要实现增强党员工作能力、提高党员思想政治素质、发挥党员先锋模范作用的目标，坚持正面教育、自我教育的原则，按需施教，自觉接受群众监督①。这一文件的出台有利于提升党员干部自我教育能力与领导能力，对维护党员队伍先进性与纯洁性发挥着积极作用。党的十八大以来，各省市重点抓住党员领导干部，尤其是各个部门的“一把手”，中央印发《2013~2017年全国干部教育培训规划》，文件指出，要持续推进大规模培训干部，积极推进干部教育改革，进而确保全面建成小康社会。这一文件是党中央在党员干部学习教育制度方面的新突破。

（三）干部人事制度改革全面推进

改革开放以来，党员干部人事制度被纳入总体规划，第三代中央领导明确提出了干部人事制度改革的目标与基本内容。20世纪90年代，党中央出台了《党政领导干部选拔任用工作暂行条例》，标志着干部人事制度进入改革阶段。2009年12月，中共中央办公厅颁布《2010~2020年深化干部人事制度改革规划纲要》，文件指出要在干部选拔任用等环节扩大干部工作民主，提高干部群众参与度；完善干部管理制度，形成有利于充分调动干部积极性的有效机制；加强分级管理，进一步完善干部人事制度；

---

① 尤国珍：《改革开放以来党的几代领导集体意识形态建设思想的回顾与思考》，《中共石家庄市委党校学报》2016年第9期。

改进选拔任用方法，健全竞争择优机制。文件还对党政干部制度改革重点突破项目进行了说明，主要包括以下几点：推行差额选拔干部制度、规范干部选拔任用提名制度、加大竞争性选拔干部工作力度、扩大基层党组织领导班子成员公推直选范围、健全领导干部考核评价机制、坚持和完善从基层一线选拔干部制度、建立健全干部职务与职级并行制度等十一项内容。在干部人事制度改革等方面，主要有五项内容：鼓励探索创新、落实领导责任、加强舆论引导、有序推进以及做好阶段性评估等内容。目前，我国干部人事制度改革已经比较成熟，为新时期党员队伍建设打下了坚实的基础。

（四）严厉打击腐败与不正之风

20 世纪 80 年代，党中央陆续颁布了一系列的规章制度，要求党员公开办事，初步建立了群众举报机制，是中国共产党打击党员干部贪污腐败的最初尝试。进入 21 世纪以来，中共中央相继颁布了《中国共产党党员领导干部廉洁从政若干准则》等规章制度，逐步建立健全经济责任审计制度、罢免制度等，进一步明确了党员干部贪污腐败行为的界限，希望通过制度将权力关进牢笼，保证党员队伍的纯洁性。党的十七大指出全面推进经济、政治、文化以及社会建设等方面的改革，进一步完善党员干部教育机制，从严治党，建立健全党员干部权力监督制度①。2014 年，习近平同志首次提出“全面从严治党”，② 之后习近平同志在江苏调研时再次强调“全面从严治党”。③ 同时，习近平同志还指出“苍蝇”“老虎”一起打，要严厉打击党内腐败行为。④ 党的十八大以来，党中央对党内腐败分子与不正之风现象采取“零容忍”的态度，短短几年间，超过 2 万名党员与干部被撤除党籍，并移送司法机关。从改革开放的最初尝试到“全面从严治党”的提出，党中央愈加坚定了严厉打击腐败与不正之风的决心，提升了

---

① 颜杰峰：《改革开放以来党内民主建设的主要成就及启示》，《理论视野》2015 年第 4 期。

② 曾伟、徐娅文：《习近平首提“全面从严治党”透露三大信号》，人民网时政频道，2014 年 12 月 18 日。

③ 中国社会科学院习近平新时代中国特色社会主义思想研究中心：《坚定不移推动全面从严治党向纵深发展》，求是网，2018 年 2 月 8 日。

④ 王家宏：《习近平强调反腐要“老虎苍蝇一起打”振聋发聩》，人网民 - 中国共产党新闻网，2013 年 1 月 23 日。

反腐倡廉工作的制度化水平，维护了党员队伍的先进性与纯洁性。

二　改革开放以来党员队伍建设的经验

（一）加强党员干部思想文化教育是党员队伍建设的基石

党员干部思想文化教育一直贯穿于党员队伍建设整个过程，马列主义、毛泽东思想、邓小平理论、“三个代表”重要思想、科学发展观是我党始终坚持的思想路线。在抗日战争与解放战争时期，农民、工人以及小资产阶级是党员队伍的主力军。如果想将小资产阶级、工人阶级转变为无产阶级，必须加强无产阶级思想教育，积极学习马克思主义。在井冈山时期，毛泽东抛弃了苏俄的“城市中心论”，认为中国的人力、物力在农村，农村并未形成统一的资本主义经济，结合中国国情决定走“农村包围城市”的道路，践行了“马克思主义中国化”。与此同时，积极开展党员思想理论教育活动，提高党员的思想觉悟，真正将马克思主义融入中国党员队伍建设工作中。之后，党中央通过一系列的学风、党风学习活动整顿党风、党纪，这为建设无产阶级先锋队奠定了良好的基础。改革开放初期，面对改革过程中的新挑战，邓小平同志强调坚持解放思想，实事求是，号召党员干部要再次学习。随着马克思主义在中国不断落地生根，党员干部思想教育的内容也在不断拓展，从单纯的马列主义到“三个代表”重要思想再到科学发展观，不断深化党员干部思想文化教育工作，使党员干部的思想文化素质得到了显著的提升。

现阶段，中国改革开放进入关键时期，党员队伍建设也面临着新的难题，党员干部的思想文化教育可以从以下角度出发：第一，重视党员干部品德的评价。如果党员的思想道德品质不高，面对经济利益与权力的诱惑，党员干部极有可能出现政治漏洞，所以必须加强党员干部思想道德的考核。群众的眼睛是雪亮的，通过问卷、访谈、走访等形式判断党员干部是否真正为群众办实事，同时对党员干部的权力也有一定的约束作用。第二，提升思想政治教育的互动性。多数地区在开展思想政治教育的过程中，往往为单向教育的形式，缺乏互动，对党员干部的学习效果与学习体会并不了解，思想政治教育效果并不明显。在新形势下，加强党员干部思想文化教育必须重视教育者与受教育者之间的良性互动，通过座谈会等方式实施集中教育。同时，合理利用现代化信息技术，实现互动教学与远程教学。第三，完善教育保障机制。思想政治教育与法律教育不同，其非强制性的手段，多依赖于党员干部的思想自觉，在物欲横流的今天，部分党员干部难以抵御金钱、名利的诱惑。因此，需要将部分教育内容上升至法律层面，通过两者的有机结合，为党员干部思想文化教育工作提供坚实的保障。

（二）坚定不移地走群众路线是党的事业取得胜利的法宝

中国共产党成立以来就联合工人、农民，坚定不移地走群众路线，全心全意为人民服务。党章中明确指出，中国共产党始终要坚持群众路线，密切党员干部与群众的联系，对于脱离群众路线的党员干部必须从严治理，决不姑息。早在抗日战争时期，毛泽东同志先后发表了《为人民服务》《论联合政府》等文章，对为人民服务进行了阐述。在抗日战争与解放战争时期，中国共产党始终与亿万人民群众一起奋斗在战争第一线。改革开放以来，党中央先后颁布了一系列的决定与方针，明确了群众路线在党员队伍建设中的重要性，要求全党都要牢固树立全心全意为人民服务的思想。党的十八大以来，各级党组织积极开展群众路线实践活动，进一步加强党员与人民群众的联系，自觉地践行了党的根本宗旨。

在实践中，一是要建立健全群众评价制度。在党员干部实地考察时，应改进考察方案，通过匿名问卷、电话调查等形式调查民意，尽可能地避免“利益票”等情况出现。在党员干部的选举过程中，要依法依规坚持民主集中制原则，重视民主评议等结果，及时发现群众反映的问题。如果参加选择的党员干部被多名群众匿名投诉应立即将其排除在选举对象范围之外，并展开调查。二是要加强群众监督，建立健全群众监督制度，通过微信、微博等平台拓展群众监督与检举渠道①。与此同时，要完善党员政绩公示制度，提升党员干部工作的透明度、接受群众监督。

（三）从严治理与管理党员是我党建设与发展的关键

邓小平同志指出，党员干部是内部治理的重点，并强调党员干部要解

---

① 车霞：《改革开放以来党内集中教育活动的历史进程及其经验》，《中共成都市委党校学报》2015 年第 6 期。

放思想，实事求是，党员干部的治理事关中国特色社会主义建设。[①] 党员干部建设就是要提高领导干部的政治素养，通过领导干部为基层党员树立榜样。从严治理党员干部首先要加强领导班子建设。回顾改革开放以来党员领导班子建设，领导班子松散、不团结问题突出，这主要是因为民主集中制的实施效果不理想。民主集中制是我党建设与发展的基本方针，是加强领导班子建设的重要途径。因此，必须坚定不移地贯彻落实民主集中制，领导干部之间要加强合作，培养信任感，最终形成自我批评、自我教育的风气。领导干部要戒骄戒躁，广开言路，总结不同的意见，提升领导干部队伍的凝聚力。必须选拔配备好“一把手”，“一把手”在决策中发挥着重要的作用，如果“一把手”不能正确使用手中的权力，极容易出现严重的贪污腐败现象。

目前，部分党组织领导班子弱，领导干部个人素质不高，群体结构不合理。从实际情况来看，普遍存在优秀年轻干部少、门类不齐全、同一年龄层次人员多等问题。我们必须充分认识到，年轻干部是党的事业发展的中坚力量，承担着历史重任，所以党中央必须要充分关注年轻干部的培养，解放思想，重视能力，拒绝资历高于德才的思想。在培养年轻干部的过程中，应督促他们积极学习先进的科学文化知识，学习金融、财税以及管理学等方面的知识，提升年轻干部的综合素质。同时，将年轻干部深入农村、基层锻炼，使其充分了解百姓需求，在艰苦复杂的环境中磨炼意志品质。

建立严格的评价体系，加强党员以及党员干部自查，积极开展实地调研工作，尽可能地避免党建工作抽查的主观性与随意性。深化干部人事制度改革，加大干部人事制度改革的各项配套措施，注重干部与人才的优化合理配置，优化外部环境，为领导干部的基层锻炼营造良好的环境。

回首改革开放四十年，我党在党员队伍建设方面取得了显著的成就。目前，我国进入改革开放关键时期，我党要全面总结经验，进一步深化党员队伍建设，实现“中国梦”。

---

① 青海省党建研究会：《邓小平党的制度建设思想及其现实意义》，《青海日报》2014 年 10 月 13 日。

社会民生篇

十八大以来以人民为中心的发展思想在青海的践行与成就

肖　莉*

改善民生是党和政府一切工作的出发点和落脚点。党的十八大以来，以习近平同志为核心的党中央高度重视保障和改善民生工作。"在整个发展过程中，都要注重民生、保障民生、改善民生，让改革发展成果更多更公平惠及广大人民群众，使人民群众在共建共享发展中有更多获得感。"① 青海坚持以人民为中心的工作导向，把保障和改善民生作为一切工作的出发点和落脚点，精心谋划惠民举措，突出重点，致力于优先发展教育事业、提高就业质量和人民收入水平、加强社会保障体系建设、聚力脱贫攻坚战、实施健康中国战略、打造共建共治共享的社会治理格局等方面，人民群众的幸福感、获得感和安全感大大提升。

一

近年来，青海下大力气推动实现居民收入增长与经济增长同步，保证城乡居民收入稳步增长，努力实现收入分配公平。优化支出结构，将每年支出总量的75%用于民生支出。大力实施基础设施建设优先战略，进一步改善乡村群众生产生活条件。着力解决群众住房问题，实现各族群众住有所居。把脱贫攻坚作为最大的政治任务、最大的民生工程来抓，全力以赴攻克民生短板，人民群众的幸福感不断增强。

---

* 肖莉，青海省社会科学院社会学所副研究员。

① 《习近平在重庆调研时的讲话（2016年1月4～6日）》，《人民日报》2016年1月7日。

（一）优化支出结构，以“小财政办大民生”

青海以“小财政办大民生”，“十二五”期间，青海将每年支出总量的75%用于民生支出，五年总额达到4600亿元，年均增长17%以上，2016年民生支出占比为75.6%。[①] 自2008年以来，连续十年实施民生十件实事，累计投入2550亿元，人民群众得到的实惠不断增加，生活不断改善，保障水平不断提高。同时不断优化支出结构，党的十八大以来，全省各级财政用于教育、文化、社会保障和就业、医疗卫生和计划生育方面投入分别达到714.2亿元、138.6亿元、834.6亿元、429.4亿元，是改革开放以来全省资金投入最多的时期。仅以2017年为例，全省公共财政预算支出1530.26亿元，比上年增长0.4%。其中，医疗卫生与计划生育支出增长25.0%，城乡社区支出增长18.9%，文化体育和传媒支出增长11.5%，教育支出增长9.8%，社会保障和就业支出增长7.7%，一般公共服务支出增长5.5%。[②] 同时，青海不断加大省对下转移支付力度，把中央财政的转移支付补助增量的70%以上用于基层，支持各地保障基层教育、卫生、社保、支农、科技、文化等重点民生项目支出需求。基层政府提供公共服务的能力显著增强。

（二）稳步提高城乡居民收入水平，缩小城乡收入差距

近年来，我省全面践行以人民为中心的发展思想，居民收入增速高于经济增速，农牧民收入增速高于城镇居民，城乡收入差距不断缩小。2012~2016年，青海省地区生产总值和全体居民人均可支配收入年均分别增长9.7%和11.5%。[③] 2017全年全省全体居民人均可支配收入19001元，比上年增长9.8%。全年全省城镇常住居民人均可支配收入29169元，比上年增长9.0%。全年全省农村常住居民人均可支配收入9462元，比上年增长9.2%。全年全体居民人均生活消费支出15503元，比上年增长4.9%。恩格尔系数为28.7%，比上年降低0.2个百分点。[④] 截至2016年

① 何聪、姜峰等：《小财政做实大民生》，《人民日报》2017年9月14日。

② 《青海省2017年国民经济和社会发展统计公报》，《青海日报》2018年2月27日。

③ 《数读·绿色发展》，《人民日报》2017年9月14日。

④ 《青海省2017年国民经济和社会发展统计公报》，《青海日报》2018年2月27日。

底，全省下达草原生态补奖资金 130 亿元，受益牧户 76.5 万户，三江源地区农牧民人均纯收入增长 14.9%。[①]

（三）加快基础设施建设，满足人民群众生活和发展需求

青海加快推进以人为核心的新型城镇化建设，全省城镇化率提高到 50.2%。大力实施基础设施建设优先战略，实施水、电、路、通信、广播电视、邮政、金融和优美环境“八到乡村”。实施县域路网、水利枢纽、电网提升改造和“互联网 +”等工程，特别是补齐农牧区住房改造、水电路、垃圾处理、环境整治、绿化亮化、公共服务及扶贫产业发展等民生短板，进一步改善乡村群众生产生活条件。全省累计投资 17.4 亿元，实施 3015 个村庄和游牧民定居点的整治项目，基本实现 27 个县（市、区）全覆盖；2018 年我省继续安排实施 500 个村庄和游牧民定居点的环境综合整治项目，使全省整治村庄达 3500 个以上，78% 以上的村庄和游牧民定居点得到整治，实现 30 个县的全覆盖。2017 年全省公路总里程突破 8 万公里，高速公路达 3900 公里，实现了所有市州通高速公路，所有县级行政区通二级公路，98.6% 的乡镇、97.1% 的建制村道路畅通。兰新铁路客运专线和西宁新站建成投运，青海迈入高铁时代，并入全国高速铁路网络。德令哈机场、花土沟机场、果洛机场建成通航。基本形成了外联相邻省区，内通州市县乡的公路网络。2017 年改扩建农村公路 6000 公里，新改建农村公路 8600 公里，快速发展的农村公路，促进了农畜产品流通和资源开发，带动了设施农业、乡村旅游等特色产业的强劲发展。果洛三县联网工程告别“电力孤岛”，农村饮水安全得到巩固提升。2017 年，青海农村电网供电可靠率达到 99.7%，326 个村完成动力电改造工程，满足了 1.76 万户小手工、养殖、农畜产品加工等中小型产业的农业生产设施动力电用电需求。

（四）着力解决群众住房问题，让广大人民群众实现安居宜居

党的十八大以来，青海各级党委和政府加强组织领导，落实各项目标任务和政策措施，实现各族群众住有所居。在国家发改委的支持下，

① 《数读·绿色发展》，《人民日报》2017 年 9 月 14 日。

2009～2013年青海实施了游牧民定居工程，五年来为改变游牧民逐水草而居的生产生活方式，全省藏区11.3万户、53万名游牧民群众实现了定居。大力实施易地搬迁、城镇棚户区改造和农牧民危旧房改造项目，2016年实施城镇棚户区住房改造8.06万套、农牧民危旧房改造6.5万户，2017年实施5.63万套城镇棚户区改造和6万户农牧民危旧房改造项目。2017年，有2.5万户9万多人从大山深处乔迁到集镇或公路沿线，到2018年底，将有20万人从山区迁出并得到安置。2018年青海继续实施百姓安居工程，计划改造城镇棚户区3.05万户、综合改造2万户、农牧民危旧房6万户。自2009年以来，青海新建农牧区各类住房38.5万户，147万多农牧民搬入新居。[①] 城乡近1/3人口改善了住房条件。加强保障性住房建设。累计开工建设各类城镇保障性住房38.7万套，全省170万多城镇居民的住房条件得到改善。全省人均住房面积由2012年末的29平方米提高到2017年的36.6平方米，实施既有居住建筑节能改造1278万平方米，建成农牧区被动式太阳能暖房130万平方米，青海人居环境持续改善。高原美丽乡村建设成效显著。截至2017年底，累计投入各类项目资金107.7亿元，完成1200个村庄的“美丽乡村”建设，占行政村总数的28.8%。2018年省级财政将安排8亿元实施16个“美丽城镇”、300个“高原美丽乡村”建设项目，创建改善农村人居环境示范村，打造美丽乡村升级版。

（五）全力以赴，攻克脱贫攻坚民生短板

青海坚持以人民为中心的发展思想，把脱贫攻坚作为最大的政治任务、最大的民生工程来抓。省财政2015年、2016年累计安排下达各类扶贫资金106亿元。[②] 优化财政涉农资金供给机制，在全省39个贫困县开展财政涉农资金统筹整合使用试点。两年来，全省整合财政涉农资金规模达288亿元，为全省精准脱贫提供了坚强的财力保障和支撑。一是全力以赴，如期实现目标任务。突出顶层设计，编制“青海省‘十三五’脱贫攻坚规划”，出台“1+8+10”脱贫攻坚政策。紧紧围绕“八个一批”行动计划和“十大工程”集中攻坚。2016年，实现11.6万贫困人口脱贫、404个

① 何聪、姜峰：《深化改革　以人民为中心——访青海省省长王建军》，《人民日报》2017年9月14日。

② 何聪、姜峰等：《小财政做实大民生》，《人民日报》2017年9月14日。

贫困村退出、6个贫困县“摘帽”的目标；2017年7个贫困县、525个贫困村、15.8万贫困人口脱贫“摘帽”；2018年将有12个贫困县“摘帽”，500个贫困村退出，15万贫困人口实现脱贫。都兰、同德、河南三县在2017年率先通过国家专项评估检查从全省贫困县中退出。海西蒙古族藏族自治州率先在全省实现脱贫清零。青海五年累计减贫人口近百万。[①] 生态扶贫取得实效。截至2017年12月，新增贫困人口生态公益性管护岗位2.53万个，累计达到4.31万个，发放工资5.14亿元。二是深度贫困地区脱贫坚持“挪穷窝”与“换穷业”并举。2016年、2017年两年累计完成4.5万户17万人搬迁安置计划的85%，高出全国平均进度30%，预计到2018年底，有望提前两年完成“十三五”搬迁安置任务。

二

保障和改善民生要抓住人民群众最关心最直接最现实的利益问题，聚焦教育、医疗、就业、社会保障、卫生健康、养老、公共安全、基本公共服务均等化等民生关注点和薄弱环节，加快补齐补强这些基本公共服务民生短板，一件件、一年年持之以恒地补齐和改善民生水平，让改革发展成果更多更公平地惠及各族群众。

（一）把教育事业放在优先位置，努力办好人民满意的教育

党的十八大以来，省委省政府始终把教育摆在优先发展的战略位置，努力让每个人都享受到教育的机会和更公平的教育。一是优先发展教育事业，加大投入力度。坚持保障教育优先，加大投入力度，财政性教育经费支出占生产总值比例连续保持在4%以上。统筹推进各类教育，满足各方面教育需求。支持和发展幼儿教育、基础教育、民族教育、职业技术教育，大力实施远程教育，教育事业呈现良好的发展态势。二是稳步推进义务教育全面改薄、控辍保学工程。近年来，全面完成“两基”攻坚、中小学校舍安全工程和标准化建设，落实乡村教师生活补助、完善“1+9+3”教育经费保障和异地办学补奖政策。实施了169所幼儿园、451个“全面

① 王国生：《牢记嘱托　加快新青海建设》，《人民日报》2017年9月14日。

改薄”和19所普通高中建设项目。2016年投入财政资金17.6亿元，全面落实六州藏区以及西宁、海东两市贫困家庭子女15年免费教育。2017年又将西宁、海东两市非建档立卡贫困家庭残疾学生纳入15年免费教育。初步构建了覆盖城乡的学前教育公共服务体系，高中阶段考试招生制度改革启动实施，加快推进现代职业教育改革发展，青海成为全国第二个实施中职全日制在校生免费教育的省份。青海大学“三江源生态”学科成功入选“世界一流学科”建设行列。全省教育事业特别是六州藏区教育事业取得新进展。2017年全年全省学龄儿童入学率99.8%，与上年持平；普通初中毛入学率109.3%，比上年下降1.3个百分点；九年义务教育巩固率94.2%，比上年提高0.5个百分点；高中阶段毛入学率84.0%，比上年提高2.0个百分点。[①] 三是推动城乡义务教育一体化发展，教育公平日益彰显。建立统一的城乡义务教育保障机制，积极落实生均300元的公用经费。继续加大政府购买学前教育服务力度，大力发展公办幼儿园，积极引导和扶持民办幼儿园提供普惠性服务。大幅度改善和提高农牧区儿童青少年的营养健康水平和义务教育阶段生均公用经费补助标准。青海省的湟中县、同德县、玉树市等13个县（市、区）被认定为2017年全国义务教育发展基本均衡县（市、区）。四是不断释放教育红利，惠泽民生。2018年在国家、地方、高校面向贫困地区招生专项计划以外，启动实施具有青海特色的扶贫、藏区、生态三个专项计划，安排950个招生名额分别定向招收青海贫困地区、六州藏区和三江源生态核心保护区考生。进一步释放教育民生红利，从根本上带动家庭的整体脱贫。

（二）推进健康青海建设，不断提高医疗卫生保障水平

建设健康青海。坚持以人民健康为中心，致力于维护和保障全省各族群众健康，医疗卫生服务和疾病预防保健体系日益健全，各族群众对重点传染病、地方病、慢性非传染性疾病知识知晓率提高到65.36%，群众健康水平持续提高。高度重视健康建设工程，着力构建州、县、乡镇（街道）、行政村（社区）四级群众身边的全民健身设施网络，重点建设便民利民非标准足球场地、中小型体育场馆、户外多功能球场、自行车专道、

① 《青海省2017年国民经济和社会发展统计公报》，《青海日报》2018年2月27日。

健身步道等场地设施，为推进健康青海建设提供有力保障。2017 年人均期望寿命增长到 71.7 岁，主要健康指标与全国平均水平的差距进一步缩小。体育事业快速发展。全力打造“十五分钟”健身圈，大型体育场馆向社会免费、低收费开放率达 100%，人均体育场地面积 1.88 平方米，超出全国平均水平。

进一步完善医疗卫生保障，实现群众病有所医。围绕医保、医药、医疗“三医”联动，落实各项改革举措，让人民群众分享更多的医疗卫生发展成果。一是卫生事业投入逐年加大，居民个人支出比例减少。党的十八大以来，青海各级财政卫生事业投入达 445.94 亿元，2016 年全省卫生总费用达到 239.75 亿元，较 2012 年增长 68.25%，卫生总费用占 GDP 的比重由 2012 年的 7.52% 提高到 2016 年的 9.32%。其中政府卫生支出比例由 43.32% 提高到 46.64%，居民个人支出比例低于全国平均水平。[①] 二是坚持以增进人民福祉为出发点，把逐步促进基本公共卫生服务均等化作为惠民生的重点内容。构筑城乡居民常规报销、大病保险和医疗救助“三道保障线”，全面取消公立医院药品加成。2017 年将基本公共卫生服务人均补助经费提高至 55 元，补助标准始终高于国家标准。免费治疗结核病 2000 例，包虫病筛查 193.87 万人次，为 200 所学校配齐配强卫生室，重点人群家庭医生签约率达到 76.45%。目前全省实施的基本公共卫生服务项目共 15 类，与国家项目相比，增加地方病防控、新生儿疾病筛查、儿童先心病筛查及管理三项服务内容。三是加强妇幼保健机构建设，加大对贫困患病和残疾的妇女儿童救助力度。实施婴幼儿营养改善、孕产妇住院分娩补助和农牧区妇女“两癌”免费检查项目。截至 2017 年底累计有 125 万名农牧区妇女免费接受了“两癌”检查，1300 余名农牧区贫困“两癌”患病妇女每人得到 1 万元的专项救助。不断提升残疾儿童康复服务保障水平。截至 2018 年 5 月，全省共为 6146 人（次）残疾儿童提供了康复服务。四是提升老年人社会福利水平。近年来，持续把提高高龄补贴作为“民生十件实事”的重要内容之一。2017 年将高龄补贴月人均标准又提高 20 元。对 65 岁及以上老年人每人每年发放 130 元的标准用于健康体检。截至 2017 年底，全省共有养老服务机构 37 个。社会服务床位 9220 张，其中养

① 王梅：《三医联动惠及各族群众》，《人民日报》2017 年 9 月 14 日。

老服务床位达5899张，占社会服务总床位的64%。五是提高全省城乡居民基本医疗保险和大病医疗保险筹资标准。城乡居民医保筹资标准从2012年的400元提高到2018年的776元，城乡居民基本医保筹资标准实现“九连调”。大病医保筹资标准由原来的人均60元提高到2018年的80元。截至2017年12月底，19.55万人次享受基本医疗保险待遇2.97亿元、3382人次享受大病医疗保险待遇1767万元，极大减轻了看病群众的就医负担。六是全面落实健康扶贫惠民政策。将全省所有扶贫建档贫困对象全部纳入医疗救助范围，对贫困群众就医实现“应保尽保”“能报尽报”。2017年将39.7万建档立卡贫困人口全部纳入城乡居民基本医疗保险，基本医保、大病医保和救助后政策范围内报销比例达到93.6%，贫困人口个人医疗费用自付比例低于10%。

（三）着力实施就业优先战略，稳定民生“支点”

就业是民生之本。“要把做好就业工作摆到突出位置，重点抓好高校毕业生就业和化解产能过剩中出现的下岗再就业工作。”[①] 青海各级政府始终把做好就业工作和提高人民收入水平摆到首要位置，实施积极的就业政策，开展有针对性的职业技能培训。五年间年均增加城镇就业5.76万人，五年间转移农牧区劳动力超过110万人次。[②] 2017年完成城乡劳动力技能培训9.4万人次，全省城镇新增就业人员6.10万人，城镇登记失业率为3.1%，高校毕业生总体就业率达到89%，农牧区劳动力转移就业108万人次。[③] 千方百计做好三江源区的就业工作，先后为4.28万人提供就业岗位，2017年又增设2.66万个，[④] 将绿色发展与绿色惠民紧密结合。实施就业创业工程。建成各类创业孵化基地、创业园34家。不断构建线上线下一体化就业服务体系，完善就业创业扶持政策和激励机制，积极开展职业技能培训，重点做好返乡农民工、高校毕业生、城镇困难人员、复退军人等

① 中共中央文献研究室：《习近平关于全面建成小康社会论述摘编》，中央文献出版社，2016。

② 何聪、姜峰：《深化改革　以人民为中心——访青海省省长王建军》，《人民日报》2017年9月14日。

③ 《青海省2017年国民经济和社会发展统计公报》，《青海日报》2018年2月27日。

④ 何聪、姜峰：《深化改革　以人民为中心——访青海省省长王建军》，《人民日报》2017年9月14日。

重点人群就业工作，扶持自主创业，鼓励创业带动就业。高校毕业生初次就业率稳定在90%以上，使零就业家庭动态“清零”。

（四）提标扩面，织密民众基本生活保障“安全网”

党的十八大以来，青海社会保障建设步入“快车道”。大力加强社会保障体系建设，推进全民参保计划，实施社会保障兜底工程，完善城乡社会救助体系，做好社会托底工作，社会保障体系更趋完善，养老、医疗、低保等基本实现全覆盖。[①] 一是参保范围不断扩大，2017 年，全省养老保险参保人数 377.45 万人，比 2012 年增加 85.34 万人。医疗保险参保人数 548.99 万人，比 2012 年增加 24.02 万人。失业保险参保人数 41.47 万人，比 2012 年增加 3.59 万人。二是全面落实城乡低保、五保供养、优抚安置等惠民政策。2017 年末，全省享受城镇最低生活保障人数 13.2 万人，享受农村最低生活保障人数 42.1 万人。为保障好城乡困难群众的基本生活，2018 年青海再次提高城乡低保标准，城乡低保标准实现“十连增”。城乡低保资金支出量从 8 亿元增加到 18 亿元，增幅达 125%。三是社会保障水平稳步提高。2017 年以来，下达资金 56.11 亿元，使城乡养老、低保等 13 项民生调标政策全面落实。城乡居民基础养老金月人均标准提高 15 元，城市低保月人均标准提高 50 元，农村低保年人均标准提高 350 元。城乡居民基础养老金由每人每月 140 元增加到 155 元。2018 年 1 月 1 日起，全省城乡居民基本养老保险基础养老金标准第六次提标，提高至每人每月 175 元，比国家规定的最低基础养老金标准（88 元）高出 87 元，位居全国前列。全省 50 多万 60 周岁以上参加城乡居民基本养老保险的居民直接受益。同时提高城乡居民养老保险基础养老金标准，每人每月增加 20 元，由原来 160 元提高至 180 元；企业和机关事业单位退休人员月人均增加基本养老金 219 元，调整幅度为 5.56%。自 2005 年起连续 13 年调整企业退休人员基本养老金标准，企业退休人员月人均增加基本养老金 204 元，增幅为 6.31%。调整后，全省退休人员基本养老金水平居西北第一，在全国继续保持领先位次。

---

① 王国生：《牢记嘱托　加快新青海建设》，《人民日报》2017 年 9 月 14 日。

三

新时代中国特色的社会治理主要体现为服务和治理的有机统一。便捷高效的服务、安全稳定的社会环境、蓝天碧水的良好生态是民生工作的重要内容。近年来，青海致力于转变政府职能，打造服务型政府，深化“放管服”改革工作，为人民群众提供高效便捷的行政服务。全面加强食品药品安全治理，强化食品药品和安全生产监管，确保人民群众“舌尖上的安全”。牢固树立安全发展理念，不断推进平安青海、法治青海、信用青海建设。大力实施“蓝天碧水”行动，生态环境持续改善，人民群众的获得感、安全感不断得到提升。

（一）深化“放管服”改革工作，为群众提供便捷高效的公共服务

2014 年以来，青海省率先梳理公布了权责清单，积极厘清职权边界。接着梳理实施清单，248 项省级部门（单位）的公共服务事项将逐项编制办事指南，并向社会公开，为群众提供项目齐全、标准统一、便捷高效的公共服务。44 个省级部门和 8 个市州政府建立健全了行政执法服务承诺、首问责任、一次性告知、限时办结、执法公示和执法评议考核、执法过错责任追究、执法主体资格审查、执法人员行为规范等制度；为纵深推进行政审批制度改革，2017 年，梳理形成了《省政府部门要求基层开具涉及群众办事创业的证明目录底单》，梳理出我省一次性取消的基层证明 177 项，企业和群众办事、创业更加便利。

（二）保障食品药品安全，加强食药安全监管

民以食为天，食以安为先。“食品药品安全关系每个人身体健康和生命安全。要用最严谨的标准、最严格的监管、最严厉的处罚、最严肃的问责，确保人民群众‘舌尖上的安全’。”[①] 全面加强食品药品安全治理，强

① 中共中央文献研究室：《习近平关于全面建成小康社会论述摘编》，中央文献出版社，2016。

化食品药品和安全生产监管，坚决守住食品药品安全防线，让各族群众吃得更放心、用得更安心。为更好满足各族群众对美好生活需要，各级政府尤为重视食品安全问题，建立健全“从农田到餐桌”的农产品质量全程监管体系。严格落实食品药品安全监管责任，进一步落实“食品安全第一责任人”的责任。强化食品药品安全监管，实施分级监管制度。进一步规范食品安全生产秩序，完善食品安全生产、安全管理及安全督导三个方面的长效机制。深入推进食品安全整顿和专项整治，查处消费环节食品安全和药品、医疗器械、保健食品、化妆品的违法违规行为。严厉打击非法添加、虚假宣传等违法违规行为。

（三）建立健全平安长效机制，保证群众的生产生活安全

党的十八大以来，青海“各级党委和政府、各级领导干部要牢固树立安全发展理念，始终把人民群众生命安全放在第一位，牢牢树立发展不能以牺牲人的生命为代价这个观念”。[①] 深入开展平安乡村、平安社区、平安校园、平安寺院、平安家庭等“平安细胞”系列创建活动。完善立体化社会治安防控体系。狠抓社会治安、安全生产、火灾隐患整治。加大综合整治力度，反腐“拍蝇”一体推进。实施“雪亮”工程，重点公共区域实现“天眼”全覆盖，加强车站、机场、广场、商贸集市、公共交通、医院等人员密集场所和重点部位、重点目标、重点场所的安全防范，全面提升社会面管控能力。严厉打击制售假冒伪劣农资产品坑农害农违法行为，切实保护农牧民利益，保障农业生产和农产品质量安全。推进社会信用体系建设。以平安青海、法治青海、诚信青海建设为主线，具有青海特色的“法媒银·失信被执行人曝光平台”并正式上线运行。每年对各地农民工工资支付情况进行专项督察，保障农民工合法权益不受侵害，维护社会安全和谐稳定。2017 年，全省各级劳动保障监察部门共检查用人单位 7000 余家，为 2.5 万名农民工追发工资 3.1 亿元，清欠率达 98%。建立覆盖城乡居民的公共法律服务体系，建立“一企一警”“一村一警”“一村（社区）一法律顾问”机制，提高民生领域法律服务能力，把矛盾问题化解在基层社区。

---

① 中共中央文献研究室：《习近平关于全面建成小康社会论述摘编》，中央文献出版社，2016。

（四）大力实施“蓝天碧水”行动，人民群众获得更多的生态红利

将大气污染防治作为改善民生的当务之急，2017 年底共淘汰燃煤小锅炉 983 蒸吨，淘汰黄标车 4500 辆，全省所有在营的 577 座加油站、12 座汽油储油库全部安装油气回收设施。① 超额完成国家“大气十条”下达的目标任务，2017 年，青海省 8 个市（州）政府所在地空气质量优良天数比例达 92.4%，超出国家目标 8 个百分点，高出全国平均水平 14 个百分点，位居西北五省（区）首位。对长江、黄河、青海湖等重要水域内部分重点河段的水环境问题开展综合整治，重点开展湟水河治理。2017 年全省地表水水质优良（达到或优于Ⅲ类）比例达到 94.7%，较国家确定的考核目标高出了 10.5 个百分点。持续加大国土绿化力度，制定了《国土绿化提速三年行动计划》，2017 年全年全民义务植树 1500 万株，全省营造林地面积达到 26.92 万公顷，全省林地面积保有量 1.65 亿亩，森林覆盖率由 2012 年的 5.23% 提高到 2017 年的 7.5%。2015 年，西宁市在西北省会城市中率先成功创建国家森林城市，成为西北地区唯一获得“国家园林城市”和“国家森林城市”双项荣誉的省会城市。青海山绿水清天蓝，生态环境持续改善，人民群众的“蓝天绿水好空气”获得感不断提升。

① 宋明慧：《2017 年全省环境质量总体保持稳定》，《青海日报》2018 年 6 月 5 日。

改革开放四十年青海农区婚姻观念的变迁

索南努日 *

改革开放，使中国社会发生了前所未有的深刻变革。总体而言，中国社会正在经历“由传统农业社会向现代工业社会、传统计划经济体制向社会主义市场经济体制、封闭型社会向开放型社会的转变的社会变迁和社会发展，实现中国特色的社会主义现代化”① 的过程。这一过程所带来的人口流动则已成为普遍现象，尤其是农村青年的社会流动急剧增加。在社会流动加快的背景下，青海农村特别是偏远的脑山地区在婚姻方面出现了许多新变化和新问题，比如传统婚姻观念受到一定冲击、婚姻成本不断攀升、婚姻圈不断扩大、“娶妻难” 等。因此，研究和分析社会流动下的农村婚姻变化具有十分重要的现实意义。但需要注意的是，即便同属于偏远脑山地区，在婚姻方面出现的变化和问题既有共性，同时也因各地具体情况存在的差异而有所不同。因此，将比较研究的视角引入对社会流动下青海偏远脑山地区农村婚姻变化的研究和分析当中，在厘清和呈现婚姻方面存在的共性问题的同时，将差异性问题纳入研究范围当中。进而使研究更为深入和全面，使研究得出的对策建议更具针对性和普适性。

本文基于已有的研究成果②，以地处青海偏远脑山地区的一个汉族和三个藏族村庄为例，在对两种村庄中村民在社会流动加剧的背景下的婚姻状况做一定程度的描述和呈现的基础上，对其中的共性及差异性问题进行梳理，并对问题产生的原因进行一定程度的分析。在分析社会流动的大背

---

* 索南努日，青海省社会科学院哲学社会学研究所助理研究员。

① 张宇：《社会转型对中国女性价值观的影响》，《内蒙古社会科学》2002 年第 4 期。

② 《社会流动下的农村婚姻变化及几点思考——以青海湟中县大磨石沟村为个案》《社会流动下的藏族婚姻变化——以青海省化隆县三个藏族脑山村为个案》。

景对青海偏远脑山地区农村婚姻变化产生影响的同时，将几个案例特有的，同样对婚姻变化产生影响的因素纳入考量范畴。以期从宏观和微观两个层次，对青海偏远脑山地区农村婚姻变化状况有较为深入的展示和分析。

一　个案基本情况

（一）汉族村庄

大磨石沟村，因村庄附近的山上大量出产硅石（磨刀石）而得名。该村位于青海省湟中县大才回族乡西南部，是大才回族乡所辖的16个行政村之一，距离省会西宁市50公里，距离湟中县城25公里，距离乡政府5公里，属纯脑山干旱山区。该村由八个小队组成，全村346户1344人，以汉族为主。其中男性729人，女性615人；具有小学文化程度的有800人，初中326人，高中53人，大专以上28人。据不完全统计，湟中县县域范围内约有“光棍”1.1万人，平均至该县的每个村为26.4人。大磨石沟村的大龄未婚以及终身未婚男性为101人（村民将25岁后仍未婚者归为“光棍”），是湟中县平均数的3.83倍。分年龄段分析：1960～1969年出生的男性中未婚者为23人，占本年龄段男性总数的18%。1970～1979年出生的男性中有未婚者30人，占本年龄段男性总数的17.9%，该年龄段中有离婚者6人，占该年龄段出生总人口的2.1%，家中有两名未婚男性的有4户。1980～1989年出生的男性中有未婚者35人，占本年龄段男性总数的38%，该年龄段中有离婚者6人，占该年龄段出生总人口的3.7%，家中有两名未婚男性的有5户。数据表明，大磨石沟村存在较为严重的男性结婚困难问题，尤其是出生于20世纪80年代的男性未婚者比例较高，而且各年龄段的离婚人数占比也在逐渐升高。

（二）藏族村庄

出于统计及比较的需要，应选取地理环境、人口数量等方面与大磨石沟村相类似的村庄，与其对照的村庄有三个，分别是浪隆村、东朋村和沙索麻村。三个村庄均位于青海省海东市化隆县境内，地理位置相对偏远，属于脑山地区，自然和经济条件相对较差，人口以藏族为主。近年来有大量农民就近或者外出打工就业，人口流动和阶层分化较为明显，是青海东部农业地区正在经历深刻社会变革的典型藏族村庄。其中，浪隆村是化隆县扎巴镇所辖行政村之一。该村位于扎巴镇西部，扎哈公路西侧。距县城所在地 45 公里，离乡政府驻地 5 公里。全村有 2 个生产合作社，109 户 572 人，全村外出务工人员 25 户 128 人。东朋村和沙索麻村为化隆县雄先藏族乡所辖行政村。东朋村位于雄先藏族乡西部，扎哈公路南侧，全村有 3 个生产合作社，81 户 334 人。沙索麻村位于雄先藏族乡西部，距乡政府驻地约 12 公里，距县政府驻地巴燕镇 63 公里。全村有 4 个生产合作社，105 户 496 人，其中男性 290 人，占 58.5%，女性 206 人，占 41.5%。全村劳动力约 220 人，占全村人口的 44.3%。其中青壮年男性 65 人，占总劳动力的 29.5%，女性 25 人，占 11.4%；全村共有建档立卡贫困户 35 户 131 人。主要经济收入以农业为主，牧业为辅。

二 婚姻变化的状况及存在的问题

类似的地理位置、自然环境和人口状况，同样面临社会流动加剧的大背景。因此，无论是以汉族为主的大磨石沟村还是以藏族为主的浪隆村、东朋村、沙索麻村，村民的婚姻变化以及随之产生的问题存在相似的状况，主要表现为以下方面。

（一）婚姻观念的变化

择偶标准多元化。以往注重对方人品、家庭状况为主的价值取向，逐渐转向同样注重双方的感情基础，以及经济条件、生活条件等方面。

择偶方式多元化。随着外出务工及通信方式的日益便捷，老一辈对于子女在婚姻方面的控制力逐渐减弱，在择偶标准多元化的影响下，从以往由父母包办向更加自主转变。

婚姻观念的变化所导致的择偶观念的变化，使得经济因素与传统的看重人品居于同等甚至更为重要的地位。“现在的女孩们都看对方有没有房子、汽车等条件的好或差。如果有钱了，即使长得不怎么样也会有人嫁给他”，这段话出自沙索麻村一位访谈对象。它反映了现代社会农村青年在择偶阶段，对经济状况的要求成为双方能否进一步交往，进而达成婚姻的首要条件。另一位访谈对象谈道："村里（沙索麻村）有七八个大龄未婚男青年，主要是因为彩礼太高而未能娶上媳妇的。"经济、物质条件在择偶过程中发挥的作用日益增强，使得经济尚处于劣势的适婚群体，在择偶的过程中同样处于劣势。

一方面，择偶方式的多元化使择偶双方参与的程度更大。但另一方面，由于接触的对象数量及范围更大，同时社交手段较传统的沟通方式不那么直接，因而在择偶时，对对方情况的了解程度远不及传统的手段直接和清晰，因而直接影响到之后的婚姻关系的稳固程度。而现代化的通信方式，带来的不仅是沟通的便利，同时也影响着婚姻的稳定，部分调查对象反映本村内出现过因为在网上交友而导致婚姻破裂的情况。

（二）婚姻成本的变化

两类个案当中，调查对象普遍反映的是婚姻所需的花费上涨幅度较大。彩礼从衣、物转变为现金，且金额逐年攀升。娶亲费用也在逐步升高，以婚宴为例，汉族村庄结婚的宴席从"十大碗"到八盘；请厨师的费用随着市场的变化而逐渐提高，从四五十元涨到八九十元。藏族村庄近些年出现专门出租炊具和桌椅，并由厨师携带食材上门办席的情况，当地称为"拉席"（因为宴席所需材料、人员都由承办宴席方拉来），花费按桌计算，每桌基本在600元左右。而所调查的三个藏族村庄，村民每年人均纯收入基本在3900元左右。结婚的礼金费用增加。礼金从以往的馍馍、裤子布料等实物变成搭现金，尤其是有亲属关系的，礼金较之普通村民更为高昂。

由此可见，婚姻成本的变化不仅对当事双方的经济状况产生越来越高的压力，对于被邀请参加婚礼的人员同样成为一项负担。

（三）婚姻圈的变化

通婚范围从本村和本乡的其他汉族村，或本县的其他乡镇，逐渐向本村、本乡、本县、本省乃至外省扩展，择偶的社会关系网从亲缘关系、地缘关系到业缘关系扩展。但通婚范围的变化在不同性别之间产生的影响存在一定的差异。女性相较于男性，较容易通过通婚范围的扩大嫁往其他地区；而男性较不容易在本村、本县之外觅得结婚对象。不仅如此，劳务输出使得当地的女性看到了与自己所处截然不同的环境，因而导致有外出打工经历的女性不再像以往那样安于现状，进而谋求走出本村、本乡的手段和渠道。这反过来使得本村、本乡的适龄男性青年的择偶对象数量进一步减少，从而导致没有一技之长，难以在外打工谋生、增加家庭财富、改善家庭经济状况的男性找到缔结婚姻的对象。这种情况在汉、藏两类个案当中均有反映。

（四）婚姻及家庭结构的变化

外出务工及通信方式的日益便捷和普及在促使择偶双方更为直接参与到择偶过程，扩大择偶范围等方面有着积极的作用，但消极影响同样不容忽视。外出务工在开阔眼界的同时，更容易接触到与以往不同的价值观念，而这些价值观念并不总是积极向上的，其中不乏以自我为中心、淡化作为社会成员责任感、享乐为主等消极的内容。受何种价值观的影响，对于在外打工的人而言只能依靠个人的鉴别，所以不能排除受消极价值观念影响的可能。比如调查过程中在谈一些年轻劳动力外出务工能带回多少收入时，往往会得到“一年到头也带不回多少钱”的答复，很多出去打工的人在城里逍遥自在，自己挣钱自己花，未将大多数收入带回来贴补家用。而在谈及现代化的通信手段对于婚姻关系产生的影响时，一位访谈对象谈道：“微信虽然对做生意方面有很大的帮助，但是在婚姻关系中，特别是20岁至30岁的青年夫妻之间，成为引起矛盾的重要原因，甚至像我这样50多岁中也有几个因为玩微信而离婚的人。”物质和文化等方面的条件较家庭所在的农村地区优越，是当地人选择外出务工最主要的原因，而在较优越的条件下增加收入、完成学业的同时，也意味着有更多的诱惑，进而有更多的个人需求需要满足，在面临照顾家庭还是满足个人的需要的问题时，一些年轻人往往使婚姻、家庭的责任感让位于个人需要的满足，使婚姻和家庭的责任感渐渐弱化。婚姻关系的缔结较以往不再受到各种因素，比如地缘、亲缘关系的约束。导致的主要问题，就是婚姻关系不像以往那样牢固，具体表现为离婚率的攀升。

无论是汉族村庄还是藏族村庄，外出务工导致的留守老人和留守儿童的情况较为显著。上有老下有小的生活现状是促使劳动力外出务工的直接原因之一，但外出务工在增加家庭经济收入的同时，付出的代价则是老人缺乏照顾和赡养，孩子疏于呵护和教育。外出务工，首先，是对自己的子女监护不力，留在家中的孩子，基本由祖父母隔代监护和亲友临时监护，年事已高、文化素质较低的祖辈监护人基本没有能力辅导和监督孩子学习。对于老人而言，单单是照顾孙辈的生活起居就已经增加了老人的生活压力和劳动强度，同时还要担负起教育孙辈的任务，这两方面的压力使得老年人觉得力不从心。其次，对于孩子而言缺乏父母的抚慰，遇到心理问题无处倾诉，会导致行为习惯较差，并且极易产生心理失衡、道德失范、行为失控甚至有犯罪的倾向。对于老人而言，子女长时间不在身边，生活缺少照料，精神缺少慰藉。家庭中部分角色缺位，使得家庭结构失衡，本应由家庭发挥的哺幼养老等作用难以发挥，更进一步导致一系列社会问题的产生。

三　两类个案存在问题的差异

上述四个方面的现状和问题就调查结果而言，是两类个案共有的。但看似相同的问题实则成因不尽相同，主要表现在以下方面。

（一）婚姻成本变化的原因存在差异

两类个案当中，调查对象普遍反映的是婚姻所需的花费上涨幅度较大。但两类个案当中，婚姻成本增加的原因除了传统意义上女方家庭出于对出嫁女子养育成本，以及女方家庭因为家中女子出嫁而丧失一部分劳动力的象征性补偿而收取彩礼，并且由于养育成本及劳动力所能换取的经济收入较以往有所增加等原因导致彩礼逐年攀升之外，调查所涉及的藏族村庄，有自身特有的原因导致彩礼增加。化隆地区的藏族传统上女方的嫁妆由女方家庭筹备，基本上包括三金（金耳环、金手镯、金项链），布料、缎子以及羔皮三种材料的衣服，银饰（包括辫饰、奶钩、针线包、腰带）。仅这部分就是一笔不小的开销，花费基本在 5 万元左右。所以，与汉族村庄不同，按照当地的说法化隆地区的藏族出嫁姑娘是“赔钱”的。这一部分嫁妆的丰寡、好坏，直接关系女方家的颜面。所以女方家基本上是竭尽全力置备。但是，对于经济情况较好的家庭而言，置备一套像样的嫁妆尚能承受。对于经济状况不太乐观的家庭，一方面要保全自身的颜面，但另一方面不得不面对无法承担这一笔开销的现实。所以，经济状况不太好的女方家庭则会抬高男方家的彩礼金额，以此来筹集置备嫁妆的费用。因为置备上述嫁妆的成本逐年升高，男方家庭需要支付的彩礼数额也随之攀升。

（二）择偶范围存在差异

除了前文讨论的择偶范围较以往得以扩大之外，两类个案当中的藏族，在择偶时需要重点考虑民族身份问题。民族身份是藏族群众择偶时所考虑的重要因素，但同时也成为制约因素。调查涉及的三个藏族村庄，族际通婚的情况比较少见。三个藏族村庄中的调查对象，其配偶与调查对象基本是同一民族。访谈过程中，择偶必须选择同一民族否则不考虑的情况也成为标准答案。因此，除了经济因素之外，民族身份问题也成为调查的三个村子中处在择偶阶段的年轻人在考虑经济承受能力之外，不得不面对的又一大问题，使得其择偶范围受到很大程度的限制，婚姻圈与两类个案当中的汉族村庄相比较更为狭窄。

四 几点思考

（一）比较的视角在婚姻研究过程中的重要性

在讨论青海省偏远脑山村庄的婚姻状况时，社会流动这一大背景不能忽视。首先，社会流动的影响并不仅限于城镇，偏远的脑山村庄同样被卷入其中，甚至在程度上要更甚于城镇。其次，社会流动导致的人员迁移，并由此造成的价值观念的多元化、接触对象的多样化以及沟通方式的便捷化，对婚姻观念、择偶范围、择偶手段以及婚姻关系和家庭结构的稳定都产生着影响，并使婚姻本身发生变化。

但需要注意的是，婚姻状况的变化看似普遍并且相似，但导致这种变化发生的原因，有共性也有差异。在地理位置、自然环境等相类似并且都在经历社会流动加剧的情况下，如果不通过比较，则容易将分析和研究的重点落在显现的原因之上。但通过相似问题的比较，就会注意到对同一个问题除了显而易见的原因之外，实际上还有除了地理位置、自然环境以及经历社会流动之外的其他因素，在对婚姻状况的变化产生着影响。比如婚姻成本的增加，实际上还有当地习俗起着重要作用；择偶范围扩大的同时，囿于民族身份，藏族的择偶范围反而受到限制。

（二）对策建议的制定和提出需要有针对性

通过比较，对于相似状况的成因得到具体且有针对性的分析之后，对策建议的制定和提出也同样需要具体并且具有针对性。比如就婚姻成本攀升的问题，对于汉族村庄提倡移风易俗，勤俭办喜事是较为直接的手段。但对于藏族村庄，在倡导新风尚的同时，需要考虑当地的宗教信仰，通过宗教人士来推动勤俭办喜事则要容易得多。比如在当地活佛讲话之后，调查涉及的三个藏族村庄的婚姻成本得到了有效的控制。

改革开放四十年青海社会事业发展成就与前景展望

魏　珍*

党的十一届三中全会以来，青海省经济社会取得长足发展，各项社会事业全面进步。在科教、医疗、卫生、文化、体育等诸多领域相继进行了改革，并积极向薄弱领域的社会事业投入资金，一大批项目相继建成使用，获得了良好的成效。四十年来，全省社会事业焕发出新的活力，全省社会事业发展站在了新的起点上。

四十年来，全省科学研究、科技创新、科学普及和科技推广等工作迎来了发展的春天，取得了一系列重要研究成果。教育事业蓬勃发展，教学质量大幅提高，高等教育招生质量和办学规模逐年提高。文化事业欣欣向荣，走向社会、走向基层的文化产业雏形得以创建，医疗卫生事业快速发展，民营成分在医药界开辟了新的天地。体育事业快速发展，优秀的运动员在各项比赛中屡获佳绩，大众健身得到普及，全省人民群众身体素质不断提高。

一　社会事业发展取得显著成效

（一）科技事业蓬勃发展

科技事业的发展对经济社会发展有巨大的助推作用。1978 年全国科学大会召开以后，青海省各级党政领导和广大干部群众，对科技创新的重要

* 魏珍，青海省社会科学院经济研究所助理研究员。

性高度重视，省委省政府为改变落后的发展实际，立足本省，大力支持科技创新工作。依托本省优势资源，大力推进特色农业发展、生态环境保护与建设，扩大科技合作，加快技术攻关，加速科技成果转化，在支持产业发展壮大的同时，推动产业化进程。1979 年 4 月，省委省政府出台了《关于当前科技工作中若干问题的决定》，对影响科技人员积极性发挥、影响科技工作开展的问题做出了决定。1992 年 7 月，为加快科技体制改革和科学技术发展步伐，促进科技与经济紧密结合，省委省政府出台了《关于深化科技体制改革加快科技事业发展的决定》。2015 年 12 月，为全面深化改革，加快实施创新驱动发展战略，推动形成引领经济发展新常态的体制机制和发展方式，省委省政府出台了《关于深化体制机制改革加快创新驱动发展的实施意见》。到 2018 年初，全省共有县以上研究与开发机构 52 个，国有企事业单位有各类专业技术人员 13.29 万人。2017 年全省取得省部级以上科技成果 510 项，其中，基础理论成果 114 项，应用技术成果 372 项，软科学成果 24 项。专利申请 3181 件，其中发明专利申请 949 件。专利授权 1580 件，其中发明专利授权 240 件。签订技术合同 1016 项，成交金额 67.7 亿元。年末全省共有天气雷达观测站点 12 个，县级以上卫星云图接收站点 52 个，地震台站 122 个，地震遥测台网 3 个①。科技事业的快速发展，为全省经济社会发展提供了有力的科技支撑。

（二）教育事业全面进步

百年大计，教育为本，教育带给人们希望和未来。改革开放以来，青海省历届省委省政府高度重视教育事业发展，认真落实党中央国务院部署和教育部相关要求，扎实推进教育重点领域改革，将教育放在优先发展的战略位置来抓，取得了丰硕的阶段性成果，全省的教育事业有了跨越式的迈进。通过依靠教育，改变落后，通过实施国家义务教育工程、藏区基础教育工程、中小学危房改造工程、高校基础设施建设工程和现代信息技术教育工程等项目扩大办学规模，调整教育结构，增加教学设施，形成了多元化的办学格局。1981 年 1 月，省委省政府下发了《关于加强少数民族地区教育工作的指示》，对加强少数民族地区的教育工作做出了指示。1983

① 《青海省 2017 年国民经济和社会发展统计公报》。

年12月，省委省政府下发了《关于加强教育工作的指示》，对建设青海总任务的实现，针对加强全省教育工作做出了指示。1992年4月，省人民政府出台了《关于大力发展职业技术教育的意见》，为推动全省职业技术教育的发展提出了意见。2004年，省人民政府出台《青海省农村牧区义务教育阶段家庭经济困难学生"两免一补"暂行办法》，从根本上解决了全省农牧区义务教育阶段家庭经济困难学生的就学问题。

2011年10月，青海省通过国家教育督导团评估检查验收，全面实现基本普及九年义务教育、基本扫除青壮年文盲目标。"两基"目标的实现，标志着教育面貌发生了历史性进步，是改革开放四十年来教育工作取得的最重要的成就之一，标志着教育事业实现了历史性跨越。教育经费投入加大，办学条件明显改善，学校贫困生资助体系进一步完善，教师队伍素质全面提高，教育更加公平，更高质量，素质教育不断提升。高等教育健康发展，职业教育快速发展，民族教育发展成效显著，对民族教育的支持力度持续加大，扩大了省内外优质高中面向民族贫困地区学生的招生规模，在招生考试等方面对少数民族学生执行照顾政策。2017年初，全省高等院校12所，中等职业教育学校39所，小学889所。2016年，全省初中毕业生升学率87.7%，比1978年提高28.9个百分点，小学毕业生升学率96.2%，提高4.1个百分点，小学学龄儿童入学率99.8%，提高14.3个百分点[①]。改革开放以来主要年份青海省学校数量、毕业人数及教职工人数见表1。

表1　改革开放以来青海省学校数量、毕业人数及教职工人数

年　份	1978	1999	2017
普通高等学校（所）	7	6	12
毕业人数（人）	785	2490	19937
教职工人数（人）	1663	3454	6625
中等职业教育（所）	27	35	39
毕业人数（人）	1778	4252	19256
教职工人数（人）	1374	3072	3058
普通中学（所）	818	448	374
毕业人数（人）	49600	56712	107779

① 《青海省2017年国民经济和社会发展统计公报》。

续表

年　份	1978	1999	2017
教职工人数（人）	11512	19090	26674
普通小学（所）	6577	3448	889
毕业人数（人）	65000	69000	72000
教职工人数（人）	24933	29130	27531

资料来源：《青海统计年鉴》。

经过多年奋斗，全省教育事业进入了全面发展阶段，教育信息化和现代远程教育工程快速推进，全省形成了科学合理的教育结构，更加完善、充满活力的教育体系，为今后教育的跨越式发展打下了坚实基础。

（三）文化事业欣欣向荣

青海省是多民族聚居的省份，民族间融合发展，民族文化丰富多彩，各具特色。改革开放以来，在省委省政府的高度重视下，文化体制改革不断深入，文化市场的管理水平显著提高，文化事业的投入持续加大，公共文化设施网络不断完善，文化产业增加值不断提高，文化遗产保护取得重大进展。全省以特色文化资源为依托，宣传推介青海特色，重点开发民族文化资源，以省内悠久的历史文化、民族风情、地域特色等文化资源，培育民间艺术，大力扶持文化节庆活动，文化事业的潜力被充分释放，各项文化事业焕发出新的活力。中国青海郁金香节、环青海湖自行车赛、青洽会和中国夏都旅游文化节等文化盛事知名度的不断提高，拓宽了青海对外交流的渠道，对外文化交流成绩显著，搭建了文化体育沟通的桥梁。全省各族群众的文化生活日益充实，广场文化活动，为各类文艺团队和广大群众提供了展示平台，成为特色鲜明的文化品牌。

在文化人才培养方面，依托国家和本省人才队伍建设工程，拓宽培训渠道，创新培训手段，采取岗位实践、在职培训、挂职锻炼、选派人员到基层服务等方式，加大文化新闻出版各类人才的培养力度，取得了显著成效。“十二五”期间，全省培训各类人才27475人次。到2018年初，全省有艺术表演团体12个，文化馆46个，公共图书馆49个，博物馆23个，档案馆55个，广播电视电台46座，中短波发射台26座。广播综合人口覆盖率98.4%，电视综合人口覆盖率98.4%，全年出版杂志287万册、报纸

9196万份、图书1215万册（张），其中少数民族文字图书290万册[①]。

表2 广播电视及报刊

	1978年	2017年初	2017年初比1978年
电视人口覆盖率（%）	20	98.2	提高78.2个百分点
广播人口覆盖率（%）	25	98.2	提高73.2个百分点
报纸（种）	2	27	增长12.5倍
杂志（种）	1	54	增长53倍
图书（种）	204	1136	增长4.57倍

资料来源：青海统计信息网。

（四）医疗卫生事业稳步发展

医疗事业的发展为人民群众的身体健康保驾护航。改革开放四十年，省委省政府对医疗卫生事业十分重视，全省公共卫生体系建设、重大疾病预防控制、农村卫生和卫生改革等重点工作不断推进，群众看病难、看病贵等突出问题不断解决，医疗卫生服务规模不断扩大，服务条件逐步优化，服务水平显著提高，建立了覆盖城乡的医疗卫生服务体系。全省医疗机构卫生机构数量不断增长。到2018年，全省卫生机构数量达6370个，比1978年的1032个，增加了5338个，其中，医院215个，社区卫生服务中心（站）254个，妇幼保健院（所、站）50个，疾病预防控制中心（防疫站）56个，村卫生室4518个，门诊、诊所（卫生所、医务室）803个，卫生监督所（中心）55个。医院床位呈现快速增长的态势，到2018年，全省共有床位3.75万张，比1978年的1.09万张增加了2.66万张。卫生技术队伍不断扩大，到2018年，人员结构更趋完善，比1978年的1.31万人增加了3.47万人，各类卫生技术人员中执业（助理）医师1.54万人，注册护士1.65万人。

人民健康水平持续提高。改革开放四十年，全省的医疗卫生事业持续健康发展。通过加强乡镇卫生院产儿科建设、加强儿童健康状况监测等一系列有效措施，衡量人民健康水平的主要指标均有明显改善，儿童、孕妇

① 《青海省2017年国民经济和社会发展统计公报》。

的死亡率大幅下降，儿童常规免疫接种保持较高水平，住院分娩率普遍提高。另外，对艾滋病防控力度不断加大，加强艾滋病监测和健康教育工作，并取得了一定的效果。

社会保障体系更加完善。医疗保障制度覆盖城乡，实现了居民病有所医。改革开放四十年，社会保险参保扩面任务全面完成，养老、医疗、低保等基本公共服务实现全覆盖。社会救助水平不断提高。国家综合医改试点形成可复制、可推广的经验，“健康青海 2030”行动计划全面实施，人均期望寿命提高到 71.7 岁，各族群众健康保障水平不断提升。累计开工建设各类城镇保障房 38.7 万套，新建农牧区各类住房 35 万户，城乡近三分之一的人口改善了住房条件。安全生产事故发生数和死亡人数大幅下降。妇女儿童事业长足发展，复转军人得到妥善安置，残疾人事业不断加强，各族群众的获得感、幸福感、安全感持续提升。

（五）体育事业充满活力

四十年来，全省体育事业协调发展，充分发挥高原训练优势，加强竞技体育训练。抓住传统项目，培育新项目，发展环青海湖自行车赛、登山、攀岩、徒步等运动。截至 2016 年，全省有青少年业余体校 17 所，在校学生 1224 名。至 2018 年初，全省有等级运动员 487 人，其中，国家级运动员 4 人，一级运动员 135 人，二级运动员 348 人。在第十三届全国运动会上获得 1 枚金牌、3 枚银牌、3 枚铜牌。群众性体育活动在全省范围内普及，实现进乡村、进学校、进工厂、进社区。全省各族人民的身体素质加强，间接促进了经济繁荣发展、社会和谐稳定和民族团结进步。

二　社会事业发展受制条件与前景展望

改革开放四十年，通过全省上下的共同努力，青海省社会事业实现了跨越式发展，取得了举世瞩目的成就，社会事业的发展已经站在了新的台阶上。但是我们也应该看到一些问题还尚待解决。科技事业方面，科技供给仍有不足，科技人才相对匮乏。教育事业方面，教育结构有待优化，教学质量仍需提高，师资队伍建设仍待加强。文化卫生方面，文化设施建设相对滞后，文化发展资金投入不足，公共文化供给效能较低，文艺创作生产能力有待加强。这些问题，为我省社会事业建设进入新时代提出了新的要求和发展目标。未来，全省社会事业的发展应以党的十九大会议精神和习近平新时代中国特色社会主义思想为指导，以实现“两个一百年”奋斗目标为方向，以不断满足人民群众日益增长的美好生活需求为根本宗旨，着力解决社会事业发展不平衡不充分的问题，将更大的力度投入社会事业建设上，为全面建成小康社会，进而建设社会主义现代化强国，实现中国梦贡献出青海力量。

青海推进大众创业万众创新改革的经验启示

崔耀鹏*

大众创业、万众创新是全面深化改革的重要内容，是培育和催生经济社会发展新动能的必然选择，是扩大就业、实现富民之道的根本举措，是激发全社会创业潜能和创业活力的有效途径。自李克强在2014年夏季达沃斯论坛上提出“大众创业、万众创新”的号召，特别是2015年国务院发布《关于大力推进大众创业万众创新若干政策措施的意见》以来，青海立足省情实际，坚持以习近平中国特色社会主义思想为指导，认真贯彻党的十八届三中全会关于全面深化改革的重大部署，全面落实“四个扎扎实实”重大要求，切实推进“四个转变”，在推进大众创业万众创新改革上取得了显著成效和重要的经验启示。

一　加快各类平台建设是推进大众创业万众创新改革的重要抓手

各类平台是推进大众创业万众创新的载体。深化大众创业万众创新改革，必须推进创业创新公共平台、创业创新技术平台和创业创新区域平台建设。

（一）推进创业创新公共平台建设

打造创业创新公共平台，着重发挥政府的公共职能作用，聚合创业创新信息资源，推动公益讲坛、创业论坛、创业培训、创业大赛等活动

* 崔耀鹏，青海省社会科学院政法研究所助理研究员。

有序开展，特别是要注重发挥创业培训和创业大赛的助力作用。积极组织开展创业创新大赛，为创业创新项目搭建交流展示平台，提供指导、咨询和推介等服务，有效提升市场主体创业创新能力和水平。进一步加强中小企业公共服务平台建设，完善中小企业公共服务平台组织体系，有效提升公共服务能力和水平。以地方各级政府门户网站、专业化政策集中发布网站和众创空间网络门户为载体，进一步加强“双创”政策信息集中发布平台建设，加强创业创新信息资源整合力度，增强创业创新信息透明度，为市场主体提供公开、公平、高效、开放的资源信息服务。举办创业创新活动周，重点开展“双创”活动周启动仪式、创业投资人士进园区、创业路演等活动，提升大众创业万众创新改革的社会影响力、知晓度和参与度。

（二）推进创业创新技术平台建设

搭建科学仪器共享服务平台，制定科研基础设施和科研仪器面向社会开放的政策措施，建立健全科研管理单位开放科研仪器和设备服务补偿机制，充分利用现有科学仪器设备，实现科技资源共享和优化配置，提升科研仪器和设备使用效率和效能，增强区域科技创新能力。搭建专利信息资源开放平台，建设青海省最大、最专业的网上技术交易市场平台——青海科易网，推动电子商务和技术交易相融合，为专利买卖双方提供便利化网上技术交易服务。推动社会化服务平台建设，引导和支持大中型企业、政府机构以及社会组织建立特色服务平台，面向各类创业者提供资金、技术和其他各类支撑服务。针对藏区市场发育程度较低的特点，进一步加大社会化服务平台建设力度，积极发挥政府的有益补充作用。发挥省级工程技术研究中心的积极作用，支持企业搭建社会化服务平台。构建技术转移平台，推动技术成果向市场转化，提升企业研究发展能力和技术成果转化能力。

（三）推进创业创新区域平台建设

区域性平台具有汇聚“双创”要素资源、展示体验“双创”成果、辐射带动区域发展的重要作用。扎实推进小微企业“双创”示范城市建设工作，加大与相关部门沟通协调力度，争取国家财政支持资金，进一步推动西宁市小微企业创业创新示范城市建设。在海东市、德令哈市、玉树市积极开展省级小微企业示范基地建设工作，扎实推进小微企业“双创”基地建设。加大对区域性中小企业工业集中区、孵化基地标准厂房建设和综合设施项目支持力度，加快建设“国家级科技企业孵化器”，推动区域“双创”要素集聚发展。实施千家小微企业培育工程，加强中小企业培训工作，为创业者提供低成本办公场所和居住条件，重点培育一批科技型、成长型中小企业。

二　创新服务模式是推进大众创业万众创新改革的重要内容

把创新服务模式作为推动大众创业万众创新改革的重要内容。深化大众创业万众创新改革必须大力发展创业孵化服务、专业化服务和“互联网+”创新创业服务。

（一）大力发展创业孵化服务

制定出台优惠政策措施，鼓励和支持各类众创空间发展壮大，明确众创空间发展目标和培育企业数量，构建创业创新链条服务体系，打造经济发展新引擎。目前，青海基本具备各种类型的创业孵化平台和创业孵化服务模式，包括创客空间、创新工场、创业孵化基地等。进一步完善在全省运用较为广泛的创业孵化基地模式，采取政府购买服务、无偿资助、减免费用、业务奖励等方式，进一步加大各类服务机构入驻力度，为创业者提供优质服务，推动大众创业万众创新。

（二）大力发展专业化服务

鼓励和支持各类创业平台依托自身优势资源，加强与中介服务组织对接联络，积极引入第三方专业化服务机构。进一步鼓励和支持西宁、海东等地区依托开发区和工业园，引进一批实力较强的第三方专业化服务机构，为各类创客提供全方位、专业化、社会化和一站式的创新创业服务，构建引领“双创”专业化服务发展潮流和趋势的桥头堡。创新政府、企业和社会三方合作方式，整合各方优势资源，探索能够满足创业者需求的多元化、专业化服务模式。

（三）大力发展“互联网+”创新创业服务

积极抓住“互联网+”发展机遇，将“互联网+”作为推动创业创新的重要支撑，将其推广至各行业、各领域，形成互联网助力大众创业万众创新改革的生动局面。加大农牧区电子商务网站建设力度，推动市场化网商创业平台建设，积极拓展青海高原特色农畜产品网上销售渠道，推动农牧业传统产业通过电子商务实现跨越式发展。推动地方各级政府与各类市场主体互动合作，采取创新与创业、线上与线下、孵化与投资相结合的方式，积极搭建“互联网+”专业化创新创业平台，探索“互联网+”专业化服务路径。通过支持大型基础电信运行企业开发建设大数据平台、政商合作建设大数据平台等方式，大力发展和培育大数据产业，促进互联网数据开放共享及应用发展。

三 激发各类市场主体积极性是推进大众创业万众创新改革的重要动力

各类市场主体是推进大众创业万众创新改革的重要动力。深化大众创业万众创新，必须鼓励和支持农民工返乡创业，科研人员、大学生创业创新以及其他社会群体就业创业。

（一）鼓励和支持农民工返乡创业

出台鼓励和支持农民工等群体返乡创业的专门扶持政策和服务措施，不断加大返乡创业优惠政策落实力度。目前，在青海广大农牧区，各类专业化合作社成为返乡创业的主要平台，与此同时，家庭农场、农民工返乡创业园、网商平台和特色专业市场也蓬勃发展。引导和鼓励返乡创业与区域经济社会融合发展，深挖地方特色优势和潜在价值，重点打造“拉面经济”、“热贡艺术”、电子商务、高原特色种养殖业、民族民间手工艺品等具有区域特点和民族特色的创业品牌。根据农牧区青年创业对农畜产品加工、休闲农牧业和乡村旅游等项目需求旺盛的特点，加快城乡基层公共服务体系、职业技能培训体系和农牧区快递物流服务体系建设，构建以返乡农民工为重点的基层创业服务支撑体系。

（二）鼓励和支持科研人员、大学生创业创新

以制度创新为突破口，激发科研人员、大学生创业创新的积极性。在提高科研人员成果转化收益分享比例方面，将用于奖励科研负责人、骨干技术人员和团队的收益比例，由国家规定的不低于50%的标准，提高到不低于70%的标准，在此基础上，科技成果拥有单位可以自行确定奖励的比例。进一步落实国家“双创”相关政策，采取资金引导、贷款担保、成果转化、人才引进和横向合作等形式，对科研人员创业创新给予鼓励和支持。出台鼓励和支持大学生创业创新的政策措施，调动大学生创业创新积极性。鼓励和支持高等学校改革课程设置，完善教学方法，健全弹性学制，特别是建立创新创业学院，承担提供创新创业教育、社会创业创新培训、孵化校内创业项目以及科技成果转化等服务项目。实施大学生创业引领计划，成立大学生创新创业引导基金，为大学生创业创新提供资金保障，实现以创业带动大学毕业生就业的目标。健全大学生创业创新服务体系，实施大学生创新创业训练计划，组织开展大学生创新创业大赛，探索实行“苗圃＋孵化加速器＋科技型企业＋高新技术企业＋科技小巨人”创业创新服务模式，为大学生创业提供低成本、全要素、便利化的创业创新服务，降低创业风险和创业成本，提高创业成功率。

（三）鼓励和支持其他社会群体就业创业

大力推动妇女、残疾人等其他社会群体就业创业。结合基层妇女实际需求，全面落实促进就业创业的各项政策措施，引领广大妇女积极投身创业创新的社会实践，以转变妇女就业创业观念为先导，以整合社会资源、搭建就业创业服务平台为支撑，把妇女就业创业工作摆在重要位置，最大限度地调动妇女创业创新激情，充分发挥其在大众创业万众创新中的“半边天”作用。残联工作部门积极创新工作理念，整合各类资源，制定特殊优惠政策，把促进残疾人就业创业作为民生工作的重要内容，通过政策扶持、机制保障、感情关怀和社会参与，采取集中就业、按比例分散就业以及自主创业等方式，帮助有劳动能力和就业意愿的残疾人实现就业创业。

四　发挥财税金融作用是推进大众创业万众创新改革的重要支撑

财税金融是撬动大众创业万众创新改革的重要杠杆，也是服务大众创业万众创新改革的重要支撑。深化大众创业万众创新改革，必须完善财政服务体系、税收服务体系和金融服务体系，提升其支持创业创新能力与水平。

（一）完善财政服务体系，提升财政支持创业创新能力

立足青海经济社会发展实际需求，凸显财政支持“双创”差别化特点，大力培育创业创新市场主体，让每个有意愿创业创新的市场主体都拥有机会和空间。在支持小微企业创业创新发展方面，出台专门政策措施和实施办法，计划安排财政资金支持小微企业改善基础设施条件和开展科技创新；在扶持就业创业方面，从失业保险基金滚存结余中按一定比例提取资金，用于发放首次创业补贴、创业一次性奖励、一次性创业岗位开发补贴、创业孵化基地建设奖补，支持打造劳务品牌、补充创业贷款担保基金和举办各类促创活动等，并将扶持资金与各类创业就业优惠政策相结合，在改善创业环境和政府创业服务条件的同时，引导和鼓励城乡劳动者以创业促就业；在支持社会服务业发展方面，通过制定出台相关政策措施和政府购买服务指导性目录，采取民办公助、公建民营等方式，鼓励社会力量积极参与公共服务领域投资和建设。

（二）完善税收服务体系，提升税收支持创业创新能力

按照国家税务部门规定和要求，不折不扣地贯彻落实税收相关优惠政策，加大减税降费力度，切实降低小微企业税费负担。坚持定向就业政策和普惠就业税收政策相结合，鼓励个人创业和企业创新税收政策相结合，积极推进供给侧结构性改革，健全税收政策服务体系。通过加强税收优惠政策宣传、加大税收优惠受惠对象培训力度、广泛运用纳税申报自动提醒技术等方式，确保小微企业增值税和小型微利企业所得税优惠政策受惠面全覆盖。在保留税务行政许可审批事项的基础上，进一步取消税务非行政

许可审批事项，加速推进国地税征管体制改革，实行项目化清单管理。借力“互联网+”技术，运用实施移动办税措施和行政许可审批网上办税业务，提升纳税人办税便利化水平。

（三）完善金融服务体系，提升金融支持创业创新能力

通过出台金融优惠政策措施，不断加大金融支持创业创新力度。进一步探索实施专利质押贷款，为有效缓解科技型中小企业贷款难问题搭建政策平台。发展科技金融，服务创业创新，鼓励和支持银行业金融机构加大对科技型小微企业的信贷支持力度，不断创新科技金融产品和服务方式，改善科技型企业融资环境，提高金融运行效率，服务科技创新能力。创新金融支持“双创”方式方法，积极推进“两权”抵押贷款工作，扩大农村牧区抵押担保物范围，为农村牧区创业创新拓宽融资渠道。继续大力实施“金融招商”项目工程，建立健全包括银行、证券、投资基金等在内的金融支持创业创新服务体系。

五　建立健全体制机制是推进大众创业万众创新改革的重要保证

建立健全体制机制为推动大众创业万众创新改革提供重要保证。深化大众创业万众创新改革必须建立健全组织领导体制机制，推进商事制度改革，建立健全人才培养和引进机制，建构公平竞争的市场环境。

（一）建立健全组织领导体制机制

探索立体式创业生态圈建设的领导和政治协调机制，定期召开成员单位开会议，密切沟通联系，明确责任分工，强化协作配合，分析“双创”改革工作中出现的新情况新问题，研究解决政策难点，指导和推动创业创新改革向纵深发展。以解决政策碎片化、不系统问题为重点，以增强政策的普惠性为目标，基本形成“1+2+3”就业创业政策体系，构建比较完整的组织领导体系、目标考核体系、资金筹措体系，就业创业方式日趋多样化，劳动者自主择业、市场调节就业、政府促进就业和鼓励创业的新机制基本形成。始终把“双创”改革工作摆到重要议事日程，积极进行调查

研究，加强对政策落实情况的督察检查，推动政策措施落地生效。

（二）推进商事制度改革

严格按照党中央和国务院简政放权、放管结合、优化服务的总体部署，紧密结合地方实际，坚持依法改革，突出地方特色，大力推进商事制度改革，持续降低准入门槛，不断优化营商环境，不断完善监管机制。推进“五证合一”“一照一码”“先照后证”改革，放宽新注册企业场所登记条件限制，实行住所登记制度和注册资本登记制度改革。依托企业信用信息公示系统推进小微企业名录系统建设，整合部门化、碎片化信息资源，有效引导和促进小微企业理性投资、公平竞争。

（三）推进人才培养和引进机制建设

人才资源是第一资源，也是推进“双创”改革的核心与关键。立足省情实际，推进创业教育与培训制度化建设，举办多种类型与各类层次的培训班，凸显针对性、特色性和时效性。完善多元化人才引进体系建设，搭建引智聚才平台，探索柔性引才引智方式，不求所有，但求所用。大力推广“人才＋项目＋基地”培养模式，推进人才、项目和基地建设协同发展，创业创新人才队伍建设不断加强。

（四）建构公平竞争的市场环境

制定发布一系列体制机制改革的相关政策文件，包括工商登记、市场主体培育、行政审批等诸多方面，初步形成具有青海地方特色的政策措施体系。清理和规范企业收费项目与管理制度，停止收取企业相关费用，如企业登记费、年检费、验照费、营业执照和各类表格工本费等行政事业性收费。建立和规范企业信用发布制度，设立公共信用信息共享平台和“信用青海”网站。实行行政审批制度改革，规范行政审批事项，提升行政审批效率。

参考文献

国务院办公厅政府信息与政务公开办公室编《国务院大众创业万众创新政策选

编》，人民出版社，2015。

国家发展和改革委员会编《2015年中国大众创业万众创新发展报告》，人民出版社，2016。

国家发展和改革委员会编《2016年中国大众创业万众创新发展报告》，人民出版社，2017。

四川省创业创新政策措施落实情况第三方评估工作小组、四川省科学技术协会编《四川省“大众创业万众创新”蓝皮书》，西南交通大学出版社，2016。

《中共中央关于全面深化改革若干重大问题的决定》，2013年11月12日。

文化建设篇

改革开放四十年中国特色社会主义文化建设与发展

李卫青*

文化是集特定民族的认知观念、价值追求、思维方式、行为范式、人格塑造和审美情趣于一体，传承民族历史发展中所积累的优秀文明、推动社会科学发展的重要内力。文化是一个国家民族的根本之所系，传承延续的血脉之所维。一个国家和民族文化的底蕴，影响甚至决定着整个民族的人文素质、发展能力和兴衰更迭。

文化既有横向的接触能动和包容特性，也有历史纵向的时代继承和变化属性。随着经济社会等综合一体推进及世界范围内交流的不断深化，文化与政治、经济等交融发展日益明显，在国家综合竞争力提升中占比权重日益增加，甚至已经成为助推经济发展和社会进步的关键性元素，也越来越成为衡量一个国家综合实力的重要尺度之一。作为指导中国革命成功并贯穿新中国建设和中华民族伟大复兴进程始终的中国特色社会主义文化，其形成于20世纪末期，随着中国共产党的发展而逐步系统化。特别是，经过改革开放四十年的发展，几代中央领导集体高度重视、传承和完善，中国特色社会主义文化得到长足发展，对实现中华民族伟大复兴的中国梦具有重要的统一共识、凝聚人心、汇聚力量等作用。

一　文化概念：传统思维与唯物视角

（一）中国传统文化认知

文化作为一种社会范畴，中国古代很多史书典籍和先贤圣哲都对其进

*　李卫青，青海省社会科学院助理研究员。

行过研究和探索。《周礼》曰“关乎人文以化成天下”[①]。我国古代关于文化的认知还有一个特殊情况，即将文化与文明视为一体。古典籍中对此还有过专门记载和疏解。比如《易经·乾卦》中有“天下文明”之记载，对于这句话唐代孔颖达曾作疏曰：“天下文明者，阳气在田，始生万物，放天下文章而光明也。”除此之外，《尚书·舜典》中则有“睿哲文明”之载，表示国家和整个社会开化光明的状态。远者如斯，即便是到了近代，一些学者也认为言文化即说文明。如，现代文化学者张应杭先生在其著作《中国传统文化概论》一书中，认为无论从意义还是指向上来看，文化虽然更加注重人的思想层面，但与文明在本质上具有一致性。

在中国传统思维中，对于文化和文明究竟是一致还是相近，不同时代的研究和观点不尽相同。但整体观之，在多数时间内文化一词的使用比文明较为广泛，即便文化和文明偶尔共同出现，各自所指和意义也略有区别。综合来看，文化与文明是既有区别，也呈现出一致性。二者的区别主要表现在两个方面：其一，从内容而言，文化是人类在与自然矛盾的过程中，战胜自然及人类本身所特有的社会发展和社会中所有个体自觉主动或者被动活动过程中，所产生的一切（当然也包括活动本身）内容的综合体。其二，从时间来说，人类社会一出现文化便随之而存在（如原始文化等），作为一种人类社会的符号，文化贯穿人类生存的始终。文明则是文化发展到一定的程度后，出现于集体或者个体中超越文化本身的一种更高层次的意识形态。但是文化与文明在存在的空间上或者偶尔指向上，还是存在很大程度的重叠性。导致重叠性的原因，笔者认为既有文化本身发展的不均衡性，也有文化发展很长时间后是否具备升级为文明的各项因素。既然文化自始存在，文明是文化发展到一定阶段后的一种形态，那么就可以认为，当文化发展到一定阶段后，说“文化”和“文明”在内容含义上具有基本的一致性。说“文化”即等同于说“文明”，说“文明”即等同于说“文化”。这正是为什么当代在使用文化与文明的时候，有时候用“物质文化、社会主义文化”，有时候用“物质文明、社会主义文明”的原因。目前，因为约定俗成等各种原因，在不同的场合分别使用文化和文明。但是，这也说明当前我们所使用传承发扬的文化，是遵循了事物发展

---

① 《周礼正义》卷3，中华书局，1980，第37页。

规律，积累了丰厚底蕴的民族智慧结晶。

（二）马克思主义文化观及中国继承

众所周知，马克思主义作为人类伟大智慧成果，善于从理论和实践两个方面对事物进行科学辩证分析。对于文化，马克思主义更多地从实践角度进行了系统化的阐释和解读。同时，紧紧结合文化产生的实践环境，得出了文化是人类实践活动的产物这一创新理论。纵观马克思主义研究学说，其中对于文化一词的使用，大致可以追溯到 19 世纪 40 年代。马克思在其《1844 年经济学哲学手稿》中指出："所谓世界历史不外是人通过人的劳动而诞生的过程，是自然界对人说来的生成过程"；"通过实践创造对象世界，改造无机界，人证明自己是有意识的存在物"[①]；"历史本身是自然史的即自然界成为人这一过程的一个现实部分"[②]。同时，马克思在其重要著作《资本论》中第一次使用了"文化初期"[③] 这一概念，并在《哥达纲领批判》中指出"劳动是一切财富和一切文化的源泉"，而在"权利永远不能超出社会的经济结构以及由经济所制约的社会的文化发展"[④] 等论述中，更是清晰地指明了文化是对应经济的一种社会制度或者意识形态。简而概之，不同的时期不同论著中马克思对于文化的观点基本认为，人类自身的实践活动是文化产生并发展的最根本的动因。正是马克思主义第一次将文化这种形态纳入人类实践的观点中去理解剖析。文化理论区别于以往所有旧哲学文化理论的明显标志，就是马克思主义观点中认为，人类社会中的经济、政治、文化彼此之间，既互相联系，也会彼此产生作用和影响。同时，唯物辩证法认为一定的文化必然是某种经济和政治综合体的具体反映，文化处于上层，经济基础决定着文化发展趋向。正如马克思所说："物质生活的生产方式制约着整个社会生活、政治生活和精神生活的过程。"[⑤] 当代中国马克思主义者继承这一根本观点，认为"物质是基础，人民的物质生活好起来，文化水平提高了，精神面貌会有大变化"。[⑥] 因此

---

① 《马克思恩格斯全集》第 42 卷，人民出版社，1995，第 131 页。

② 《马克思恩格斯全集》第 42 卷，人民出版社，1995，第 128 页。

③ 《马克思恩格斯全集》第 23 卷，人民出版社，1995，第 559 页。

④ 《马克思恩格斯全集》第 19 卷，人民出版社，1995，第 22 页。

⑤ 《马克思恩格斯全集》第 2 卷，人民出版社，1995，第 32 页。

⑥ 《邓小平文选》第 3 卷，人民出版社，1991，第 89 页。

要大力发展生产力，发展经济，不断夯实精神文明所需要的物质基础。关于精神文明和物质文明的关系，我国马克思主义继承者们做过精准阐释，“精神文明的发展，要有一定的物质条件，经济建设搞好了，生产力发达了，就会给精神文明建设提供更充实的物质基础”。[①]

毛泽东曾说过：“一定的文化是一定社会的政治和经济在观念上的反映。”[②] 这是对马克思主义文化观的科学继承。根据中国共产党历代领导集体论述，一方面继承了马克思主义创始人关于文化意义的使用，如邓小平提出的“建设社会主义的物质文明和精神文明”、江泽民提出的“要把物质文明建设和精神文明建设作为统一的奋斗目标”、胡锦涛提出的“社会主义社会应是物质文明、政治文明和精神文明全面、协调发展的社会”，习近平在党的十九大报告中指出的“推动社会主义精神文化和物质文明协调发展”[③] 等。另一方面，结合中国的国情实际和经济社会发展客观规律，在继承马克思主义文化观的基础上，丰富和发展了文化内涵，即给文化注入了精神文化的内核，认为精神文化是文化实质。因此，大力倡导社会主义建设进程中必须将物质文明和精神文明建设放在同等重要的地位。这一理论和实践的丰富与发展，对进一步扩大马克思主义中国化的成果具有重要意义，具体表现在两个方面。

一方面，提高了精神文化在整个社会组成要素中的地位。毛泽东曾提出，在我们要建设的新社会和新国家中，不但要有新的政治、新的经济，而且要有新的文化。邓小平更是明确指出，“我们的国家已经进入社会主义现代化建设的新时期……我们要在建设高度物质文明的同时，提高全民族的科学文化水平，发展高尚的丰富多彩的文化生活，建设高度的社会主义精神文明”[④]。江泽民同志不仅提出了“物质文明、精神文明、政治文明”三个概念范畴，还明确地指出，“社会主义精神文明是有中国特色社会主义的重要组成部分和本质特征。精神文明建设搞好了，就能为经济建设提供强大的精神动力和智力支持。在我国改革开放和现代化建设不断深入的历史条件下，把社会主义精神文明和民主法制建设摆在更加突出的位

① 《江泽民论有中国特色社会主义》，中央文献出版社，2002，第381页。

② 《毛泽东选集》第2卷，人民出版社，1991，第694页。

③ 《在中国共产党第十九次全国代表大会上的报告》，人民出版社，2017，第40页。

④ 《邓小平文选》第2卷，人民出版社，1991，第208页。

置具有特殊重要的意义。在社会主义现代化建设的整个进程中，我们都坚定不移地贯彻邓小平同志‘两手抓、两手都要硬’思想，在大力推进物质文明建设的同时，高度重视精神文明建设”。[①]

另一方面，在继承基础上丰富了精神文化的科学内涵。当代中国马克思主义者一方面坚持了毛泽东等人的社会主义精神文明建设的思想，另一方面发展了他们的思想，拓展和丰富了精神文明建设内涵。邓小平曾提出要努力提高全民族的科学文化水平，不断发展高尚的丰富多彩的文化生活的设想。还曾指出：“所谓精神文明，不但是指教育、科学、文化（这是完全必要的），而且是指共产主义的思想、信念理想，道德、纪律，革命的立场和原则，人与人的同志式的关系，等等。”[②] 这些论述不断丰富发展了精神文化中所包括的教育科学方面内容。江泽民和胡锦涛则丰富发展了精神文化的思想道德建设。在这方面，江泽民的“以德治国”思想即是他对思想道德建设发展的集中体现。当然，江泽民所讲的以德治国是对传统文化的继承，就是强调个人的道德修养和道德感化过程，用道德的力量来实施政治影响。[③] 胡锦涛同志提出了包括社会公德、职业道德、家庭美德、个人品德等在内的“四德”建设设想。上述这些理论和实践，共同构成一个完善的文化体系，极大地丰富和补充了社会主义精神文化内涵。

（三）中国特色社会主义文化内涵及特征

中国特色社会主义文化是在坚持马克思主义指导地位，结合中国实际长期发展而成的文化。主要指的是自党的十一届三中全会之后，在改革开放时期和社会主义现代化建设阶段的各项生动实践中，逐步形成和发展起来的具有中国特色的社会主义文化。改革开放总设计师邓小平同志，于1979 年提出了全党全社会要建设高度物质文明和精神文明的历史性任务。在 1982 年发表的《中国共产党第十二次全国代表大会开幕词》中，邓小平提出了“走自己的道路，建设有中国特色的社会主义”的重要论断，以及“今后一个长时期内，我们要抓紧四件工作，其中之一即是建设社会主

① 《人民日报》1996 年 3 月 12 日。

② 《邓小平文选》第 2 卷，人民出版社，1991，第 367 页。

③ 张运新：《江泽民文化思想研究》，人民出版社，2006，第 190 页。

义精神文明”等论述[①]。1983 年邓小平针对全国教育领域提出了要“面向现代化、面向世界、面向未来”的倡议，从宏观的大方面为中国特色社会主义文化建设工作，提出了时代要求，指明了发展方向。以邓小平同志为核心的中央领导集体，从不同的领域丰富了中国特色社会主义的文化理论。到以江泽民同志为核心的第三代中央领导集体，对中国特色社会主义文化做出了系统阐述。江泽民同志在 1991 年庆祝建党七十周年重要讲话中，提出了建设中国特色社会主义文化是当代中国人的历史使命，指出：“有中国特色社会主义的文化，必须以马克思列宁主义、毛泽东思想为指导，不能搞指导思想的多元化；必须坚持为人民服务，为社会主义服务的方向和‘百花齐放、百家争鸣’的方针，繁荣和发展社会主义文化，不允许毒害人民、污染社会和反社会主义的东西泛滥；必须继承发扬民族优秀传统文化而又充分体现社会主义时代精神，立足本国而又充分吸收世界文化优秀成果，不允许搞民族虚无主义。我们应该牢牢把握中国特色社会主义文化的这些基本要求，极大地提高全民族的思想道德和科学文化素质，促进社会主义物质文明和精神文明的发展。”[②] 党的十五大报告中强调“建设中国特色社会主义的经济、政治、文化的基本目标和基本政策，有机统一，不可分割”。胡锦涛同志指出“推动社会主义文化大发展大繁荣”，并在实践中发展丰富了中国特色社会主义文化。党的十八大以来，以习近平同志为核心的党中央集体，站在新的历史起点上，用战略性眼光将中国特色社会主义文化建设视为中华民族伟大事业的重要组成部分，努力推动文化建设与党和国家全局事业同步向好发展。党的十八大以来，中国特色社会主义文化事业发展与实现民族伟大复兴、建设文化强国战略目标紧紧关联在一起。党的十八届三中全会、四中全会、五中六中全会及十九大报告等，均对如何建设中国特色社会主义文化做出了重大部署，提出了要求，明确了发展方向。其中，习近平同志发表的一系列关于文化建设的重要讲话，全面深刻地回答了新时代中国特色社会主义文化建设中必须始终坚持的全局性和方向性问题，充分体现了党和国家对文化建设事业发展规律的战略性思考和科学把握，使中国特色社会主义文化成为党中央治国理政新

---

① 《邓小平文选》第 3 卷，人民出版社，1993，第 3 页。

② 《江泽民论有中国特色社会主义》，中央文献出版社，2002，第 384 页。

思想新理念新战略的有机组成。总而言之，经过历届中央领导集体的奋斗和努力，中国特色社会主义文化内涵不断得到充实和完善，其特征也更加明显。

以马克思主义为指导的中国特色社会主义文化，是国家软实力的核心和关键组成。是在中国共产党领导下，继承和弘扬中华民族长期以来在实践中培育和形成的各种优秀传统文化，并结合当前世情国情，开展创造性转化、创造性发展的新时代文化，具有丰富内涵。一方面，中国特色社会主义文化是始终坚持以马克思主义为指导的先进文化，即坚持马克思列宁主义、毛泽东思想、邓小平理论。新时期，当代中国马克思主义者多次强调，坚持马克思主义是我们的根本。邓小平指出："马克思主义是我们一切领域的指导思想"，我们必须"使马克思主义的和社会主义、共产主义的宣传，特别是在一些重大理论性、原则性问题上的正确观点，在思想界真正发挥主导作用"。江泽民则更进一步明确指出："坚持马克思列宁主义、毛泽东思想的指导地位，是我们立国的根本，也是社会主义文化建设的根本，决定着我国文化事业的性质和方向。"[①] 胡锦涛曾深刻地指出："发展中国特色社会主义，必须坚持以邓小平理论和"三个代表'重要思想为指导，深入贯彻落实科学发展观。"[②] 习近平同志在党的十九大报告中指出："发展中国特色社会主义文化，就是以马克思主义为指导，坚守中华文化立场，立足当代中国现实，结合当今时代条件，发展面向现代化、面向世界、面向未来的，民族的科学的大众的社会主义文化，推动社会主义精神文明和物质文明协调发展。"[③] 2018 年 5 月，习近平在纪念马克思200 周年诞辰大会上的讲话中曾指出："马克思是全世界无产阶级和劳动人民的革命导师，是马克思主义的主要创始人，是马克思主义政党的缔造者和国际共产主义的开创者，是近代以来最伟大的思想家。"概括来看，毛泽东思想是将马克思主义中的普遍原理与中国的国情和具体实践进行科学结合而产生的伟大思想；邓小平理论则是对毛泽东思想的科学继承和有效发展；"三个代表"重要思想在对以往马克思主义中国化理论继承基础上，注入了更为丰富的科学内涵；科学发展观是与上述重要思想一脉相承又与

---

① 《江泽民论有中国特色社会主义》，中央文献出版社，2002，第 384 页。

② 《十七大报告辅导读本》，人民出版社，2007，第 2 页。

③ 《在中国共产党第十九次全国代表大会上的报告》，人民出版社，2017，第 41 页。

时俱进。另一方面，中国特色社会主义文化是以社会主义核心价值体系为核心内容的文化。习近平同志指出：“一个国家的文化软实力，从根本上说，取决于其核心价值观的生命力、凝聚力、感召力。”① 培育核心价值观是任何一种文化发展的关键和灵魂，新时代中国特色社会主义文化建设，就是把培育和弘扬社会主义核心价值观作为一项重要基础，以此强化民族整体凝聚力，牢固民族共同理想；推动文化的大发展大繁荣，弘扬新的历史条件下实现伟大梦想所需要的民族精神和时代精神。同时，社会主义核心价值观不仅可以整合全社会意识形态，而且对维护社会公序良俗和运转秩序都具有非常重要的意义。此外，还应该清晰地看到，中国特色社会主义文化是科学继承和有效发扬中华民族优秀传统文化的文化。习近平同志曾指出：“抛弃传统、丢掉根本，就等于割断了自己的精神命脉。博大精深的中华优秀传统文化是我们在世界文化激荡中站稳脚跟的根基。”② 中华各民族在几千年的繁衍发展中，用无与伦比聪明和于世独秀的才智创造的中华文化，其历史源远流长，其形态斑斓多彩。这种发展着的并不断丰富的中华文化中，积淀着整个中华民族对物质的认知探索经验和思想方面的高层次精神追求，是中华民族历经千年繁衍生息后形成的统一精神标志。中国特色社会主义文化正是科学取舍中华优秀传统文化中的精髓要义，继承和发扬如仁爱与民本、诚信和正义等中华民族优秀传统文化固有内涵，逐渐形成当下这种将中国民族特色和社会主义相结合，并具有中国风格和中国气派的文化形态。

中国特色社会主义文化的特征，一方面继承和发扬了马克思文化观的基本遵循；另一方面又充分体现着中国在文化事业建设中取得的成功实际。具体有：一是科学性和人民性相统一。中国特色社会主义文化以马克思主义文化发展观为基本规律，科学总结出了人类高级的价值追求和精神文明发展方向，反映了当代中国各项伟大事业对文化发展的基本要求，是人类社会发展到一定程度之后出现的一种新型文化形态。中国特色社会主义文化在中国共产党坚强领导下，始终坚持并遵循着从群众中来、到群众中去的基本原则，是一种属于人民大众的文化。中国特色社会主义文化建

① 《习近平谈治国理政》，外文出版社，2014，第163页。

② 《习近平谈治国理政》，外文出版社，2014，第164页。

设实践工作，始终坚持着立足民众这片土壤，汲取营养，同时又用健康的文化成果教育和服务人民。二是民族性和开放性相统一。文化的民族性是其天然属性，文化也是维系一个民族繁衍生息、奋斗进取的最根本的内在动力。中国特色社会主义文化的发展和形成，离不开中华民族特定的生存空间和整个中华民族五千年的辉煌文明历史，深刻反映着当今中国日新月异的发展和进步。多元是世界一个永恒的主题，各种文化激荡起伏，互相影响。这种环境下，没有一种文化能够在封闭孤立的圈子里自行发展。中国特色社会主义文化始终坚持博采世界各民族优秀文化之长，坚持以我为主、为我所用的原则，研究和借鉴世界各国文明，汲取优秀成果，努力发展自己。同时，以高度的文化自信和担当，与世界范围内的其他文化进行交流交融，对世界文化发展乃至人类文明历史贡献出中国特色社会主义文化所包含的智慧。除此之外，党的十八大以来，以习近平同志为核心的党中央领导集体创新进取、奋力开拓伟大事业新局面，中国特色社会主义文化更是呈现出崭新特征。一是以习近平新时代中国特色社会主义思想为指导，将不断增强“四个意识”和进一步坚定“四个自信”等重大要求，贯穿到文化建设的全过程和各方面，使中国特色社会主义文化发展的方向更加明确。二是始终坚持中国特色社会主义文化为了人民、依靠人民、服务人民基本原则，文化事业建设目标更多地倾向于民众需求，以书写人民实践、讴歌重大成就、抒发本真情怀为旨归，使中国特色社会主义文化发展成果更多地惠及民众，以广大人民群众为中心的导向更加坚定。

二　中国特色社会主义文化建设回顾

（一）改革开放前中国共产党领导下的文化建设

新中国成立以来，中国共产党全面领导文化领域的建设工作。自此开始，文化建设在某种意义上贯穿于在中国共产党领导下构建国家文化发展战略、党的思想、理论探索及其实践创新的全部过程。回顾历史，中国共产党人始终坚持并努力用文化推动社会的发展和进步，这种现象可以追溯到20世纪20年代。

20世纪20年代，中国共产党人继承并延续五四新文化运动的传统，结合当时中国实情，用锋锐的批判精神反对禁锢了中国几千年的封建腐朽文化。同时，发挥群众工作优势，积极宣传马克思主义理论，在人民群众中倡导民主科学，大力弘扬爱国主义精神，在一定区域内开展大众文化运动，有效推动了进步文化在中国的普及和发展。这一时期中国共产党人关于思想和文化的科学成果，集中体现为毛泽东的新民主主义文化理论。新民主主义时期的文化，反帝反封建的，也是“民族的、科学的、大众的文化”。正如毛泽东曾指出：“这种新民主主义的文化是大众的，因而即是民主的。”[①] 新民主主义文化中积累的各种实践和理论成果，为中国共产党后续文化事业建设奠定了基础，发挥了重要作用。这种作用具体体现在两个方面。一是它将中国共产党关于文化的主张和观点，首次做出了较为理论化、系统化的梳理；二是文化理论成果在指导实际文化发展中发挥了重要作用，为夺取全国胜利建立新政权做好了思想和理论方面的准备；三是为后来在中国共产党领导下的文化事业发展提供了重要的参考。在新中国成立之初，毛泽东就曾预示：“随着经济建设的高潮的到来，不可避免地将要出现一个文化建设的高潮，中国人被人认为不文明的时代已经过去了，我们将以一个具有高度文化的民族出现于世界。”[②] 1940 年，毛泽东同志以《新民主主义政治与新民主主义文化》为题，在陕甘宁边区文化协会第一次代表大会上做了演讲，强调：“我们共产党人，多年以来，不但为中国的政治革命和经济革命而奋斗，而且为中国的文化革命而奋斗；一切这些目的，在于建设一个中华民族的新社会和新国家……要把一个被旧文化统治因而愚昧落后的中国，变为一个被新文化统治因而文明先进的中国。”[③]

新中国成立后，从 1951 年到 1957 年，党中央和毛泽东领导开展了一系列文化运动，主旨是确立马克思主义在文化思想领域的指导地位。通过几年的思想文化批判与改造运动，使马克思主义的主流意识形态建立起来了，马克思主义的思想观点和方法在包括学术界在内的很多领域推广开来，旧知识分子不同程度地走上适应新生政权的道路，社会主义文化开始建立起来。但是，对于毛泽东于晚年发动的十年“文化大革命”这种重大

① 《毛泽东著作选读》，人民出版社，1986，第 399 页。

② 《毛泽东选集》第 5 卷，人民出版社，1996，第 345 页。

③ 《毛泽东选集》第 2 卷，人民出版社，1991，第 663 页。

失误和沉痛的历史教训，中国共产党人痛定思痛、深刻反省，使改革开放以后的文化建设工作逐步呈现繁荣景象。

（二）改革开放四十年以来中国特色社会主义文化建设

党的十一届三中全会召开以来，中国共产党认真总结社会主义文化建设和发展过程中的历史性经验与教训，在坚持发展经济的同时，突出了文化建设的重要地位。1979 年，邓小平《在中国文学文艺工作者第四次代表大会上的祝词》中指出："我们的国家已经进入社会主义现代化建设的新时期……我们要在建设高度物质文明的同时，提高全民族的科学文化水平，发展高尚的丰富多彩的文化生活，建设社会主义精神文明。"[①] 这种坚持两手抓、两手都要硬的时代性论述，有力推动中国特色社会主义文化建设迈上了新台阶。

1997 年，党的十五大报告中，第一次将建设中国特色社会主义文化概括为"综合国力的重要标志"，并指出"建设有中国特色社会主义的文化，就是以马克思主义为指导，以培育有理想、有道德、有文化、有纪律的公民为目标，发展面向现代化、面向世界、面向未来的，民族的科学的大众的社会主义文化。这就要坚持用邓小平理论武装全党，教育人民；努力提高全民族的思想道德素质和教育科学文化水平；坚持为人民服务、为社会主义服务的方向和百花齐放的方针，重在建设繁荣学术和文艺。建设立足中国现实、继承历史文化优秀传统、吸取外国文化有益成果的社会主义精神文明"。[②] 这一概括科学继承了分别以毛泽东和邓小平同志为核心的中国共产党前后两代领导集体关于文化的观念，并结合改革开放大局，将文化领域出现的新理念纳入其中，使中国特色社会主义文化理念日臻完善。

2000 年，江泽民同志提出了"三个代表"重要思想，并在 2001 年庆祝中国共产党成立 80 周年大会上做了系统阐述。后来，江泽民同志在"七一"讲话中提出了文化创新概念。指出，"必须继承和发扬一切优秀的文化，必须充分体现时代精神和创造精神，就须具有世界眼光，增强感召力"[③]。这一时期，文化创新概念的提出，在一定程度上标志着中国文化理

① 《邓小平文选》第 2 卷，人民出版社，1994，第 208 页。

② 《江泽民论有中国特色社会主义》，中央文献出版社，2002，第 200 页。

③ 《江泽民论有中国特色社会主义》，中央文献出版社，2002，第 287 页。

念趋于更加成熟，也吹响了新世纪中国特色社会主义文化发展的号角。

2002 年，党的十六大报告突出强调了文化建设的极端重要性，指出："全面建设小康社会，必须大力发展社会主义文化，建设社会主义精神文明。当今世界，文化与经济和政治相互交融，在综合国力竞争中的地位和作用越来越突出。文化的力量，深深熔铸在民族的生命力、创造力和凝聚力之中。"① 此论述，再一次将中国特色社会主义文化建设事业的战略性地位在党的纲领性文件中进行了确立。

2007 年，党的十七大报告中号召全党"要坚持社会主义先进文化前进方向，兴起社会主义文化建设新高潮，激发全民族文化创造活力，提高国家文化软实力，使人民基本文化权益得到更好保障，使社会文化生活更加丰富多彩，使人民精神风貌更加昂扬向上"②。体现了我们党对中国特色社会主义文化建设经验和做法的继承与发扬，以及对文化事业建设提出的新要求。

2013 年，党的十八大报告提出"扎实推进社会主义文化强国建设"的战略部署，指出："文化是民族的血脉，是人民的精神家园。全面建成小康社会，实现中华民族伟大复兴，必须推动社会主义文化大发展大繁荣，兴起社会主义文化建设新高潮，提高国家文化软实力，发挥文化引领风尚、教育人民、服务社会、推动发展的作用。"③

2017 年，党的十九大报告将文化自信的重要性提升到一个新的高度，指出："没有高度的文化自信，没有文化的繁荣兴盛，就没有中华民族伟大复兴。"④ 习近平同志在报告中向全党全国人民发出了"坚定文化自信，推动社会主义文化繁荣兴盛"⑤ 的伟大号召，指出："文化是一个国家、一个民族的灵魂。文化兴国运兴，文化强民族强。没有高度的文化自信，没有文化的繁荣兴盛，就没有中华民族伟大复兴。"⑥ 同时，党的十九大报告还指出："中国特色社会主义文化，源自中华民族五千多年文明历史所孕

---

① 《十六大报告辅导读本》，人民出版社，2002，第 26 页。

② 《坚定不移沿着中国特色社会主义道路前进，为全面建成小康社会而奋斗》，人民出版社，2007，第 35 页。

③ 《十八大报告辅导读本》，人民出版社，2012，第 32 页。

④ 《在中国共产党第十九次全国代表大会上的报告》，人民出版社，2017，第 41 页。

⑤ 《在中国共产党第十九次全国代表大会上的报告》，人民出版社，2017，第 40 页。

⑥ 《在中国共产党第十九次全国代表大会上的报告》，人民出版社，2017，第 41 页。

育的中华优秀传统文化，熔铸于党领导人民在革命、建设、改革中创造的革命文化和社会主义先进文化，植根于中国特色社会主义伟大实践。发展中国特色社会主义文化，就是以马克思主义为指导，坚守中华文化立场，立足当代中国现实，结合当今时代条件，发展面向现代化、面向世界、面向未来的，民族的科学的大众的社会主义文化，推动社会主义精神文明和物质文明协调发展。要坚持为人民服务、为社会主义服务，坚持百花齐放、百家争鸣，坚持创造性转化、创新性发展，不断铸就中华文化新辉煌。"① 这些重要论述，进一步明确了新时代文化建设的基本方略，强调了新的历史条件下文化自信对于实现中华民族伟大复兴的基础性地位。

总之，中国共产党在九十年的风雨历程中，一直视文化建设事业为一件重要工作。特别是新中国成立以来，党的四代领导集体始终将文化建设作为一项重大任务，科学谋划、准确把握，不断调整文化与社会主义事业发展相适应。特别是在新的历史条件下，中国共产党对于文化在国家建设中的地位和作用有了新见解，从党的十八大到十九大，完整、准确地界定了中国社会主义文化及其发展方向。这不仅对我们把握文化的前进方向有重要指导意义，而且以其丰富的理论内涵极大地开拓了马克思主义文化观。

三　结语

中国特色社会主义文化科学继承了发扬了马克思、恩格斯和列宁主义关于文化的唯物观点，通过毛泽东、邓小平等几代中国领导人，立足时代实际，放眼世界大局，结合中国国情和时代特点，得到了科学补充和发扬，是中华民族开拓各项事业的思想保证。自改革开放以来，经过四十年的发展丰富，中国特色社会主义文化作为马克思主义文化观的集大成，其本质属性上是深深扎根于中国实际这一肥沃土壤，科学继承和汲取了中国五千年优秀传统文化的精髓要义，形成了具有中国风格和中国气派的特色文化形态，支撑着民族复兴和时代挑战，为中华民族伟大事业提供了强劲内生动力。

① 《在中国共产党第十九次全国代表大会上的报告》，人民出版社，2017，第41页。

当前，在伟大的中国共产党领导下，全党全国各族人民奋力于实现“两个一百年”奋斗目标和中华民族伟大复兴中国梦的征程中，发展好、坚持好中国特色社会主义文化，将极大丰富各族人民精神世界，展示中华文化独特魅力，增强文化整体竞争力，对借助文化传播中国价值观等都具有非常重要的现实意义。繁荣发展中国特色社会主义文化，关键是要以习近平新时代中国特色社会主义思想为指导，开展文化转型创新发展。唯有如此，才“能够担负起新的文化使命，在实践创造中进行文化创造，在历史进步中实现文化进步”，[①] 才能“激发全民族文化创新创造活力，建设社会主义文化强国”。[②] 因此，笔者认为必须始终坚持三点。

第一，始终坚持马克思主义中国化系列重要思想为指导，特别是以新时代中国特色社会主义思想为统领，牢牢把握社会主义先进文化前进方向，在实现中华民族伟大复兴这一宏伟蓝图的历史性进程中，充分发挥文化的作用凝聚起强大正能量。第二，深刻认知文化领域的多元性趋势，坚持“二为”和“双百方针”，牢牢掌握中国特色社会主义文化在全国的主导地位，准确判断并把握其在世界范围内的辐射力度和影响空间，形成以国内强健的主流文化和世界范围内具有影响力的人类代表性文化，来抵御当今世界出现的各种文化渗透。第三，用人类命运共同体的情怀逐渐润滋中国特色社会主义文化，不断增强中国特色社会主义文化的时代内涵，更好地将其融入人类文明历史进程之中。

① 《在中国共产党第十九次全国代表大会上的报告》，人民出版社，2017，第 44 页。

② 《在中国共产党第十九次全国代表大会上的报告》，人民出版社，2017，第 41 页。

改革开放以来青海文化名省建设的实践与成效

毕艳君*

四十年前开天辟地的改革开放历史性举措，让中国从此发生了翻天覆地的变化。整个中国经济社会面貌焕然一新，处处欣欣向荣。青海与祖国共荣辱，同进退，也在这四十年的发展中取得了令人瞩目的成就。众所周知，青海不仅是国家生态安全的屏障，也是中华特色文化生态的重要涵养地。青海不仅地域特色鲜明，而且民族文化、宗教文化、历史文化和当代文化资源丰厚，是中华文化多元地域文化中极具代表性的文化。改革开放以来，青海省历届省委省政府坚持一张蓝图绘到底，坚持不懈抓落实，加快推动文化事业和文化产业发展，既一脉相承又与时俱进，推动文化发展不断跃上更新更高的台阶。特别是党的十八大以来，在以习近平同志为核心的党中央正确领导下，青海各级党委政府坚定文化自信，增强文化自觉，加快文化名省建设，繁荣和发展当代青海区域文化，丰富了青海各族群众精神文化生活，国内外影响力不断扩大。

一　青海文化资源优势

文化是一个国家或地区赢得未来竞争的战略软实力，独具特色的文化资源优势是青海建设文化名省的潜在竞争力。青海山川壮美，地域辽阔，有着悠久的历史文化和灿烂的古代文明，是中华民族文明的发祥地之一。“三江之源”“中华水塔”“亚洲脊梁”构成了中华民族生存繁衍和中华文

* 毕艳君，青海省社会科学院文史研究所副研究员。

明形成发展的地理空间；青海处在祖国西北地区的核心部位，古代曾是唐蕃古道、丝绸之路南线的必经之地，民族文化在这里交汇，宗教文化在这里共生，传统文化在这里延续，现代文化在这里绽放，自古以来就是东西方文明交流的重要地区，是中华民族文化的交融地之一[①]；青海各族人民在中国共产党的领导下，继承中华文化的优良传统，弘扬中华民族伟大精神，厚植家国情怀，以缺氧不缺精神、缺氧不缺干劲、海拔高追求更高的豪迈情怀，构筑了自强不息、干事创业的青海精神高地。在中国革命、建设与改革开放的各个时期，不断塑造了紧扣时代脉搏、反映时代精神、具有鲜明青海特点的柴达木精神、“两弹一星”精神、青藏铁路精神、“五个特别”的青藏高原精神、自信开放创新的青海意识和“人一之、我十之”的实干精神、玉树抗震救灾精神，是中华民族精神的展现地之一[②]。党的十八大以来，青海省委省政府从中华文化复兴大视角出发，将青海文化名省建设融入国家文化战略当中，保护中华文化多样性，努力把文化资源优势转变为经济优势和产业优势，在许多领域实现了各民族传统文化的创造性转化与创新性发展，有力提升了青海文化在全国的竞争力和影响力。

二　青海文化建设实践

改革开放以来，青海坚持以社会主义核心价值观教育引导广大干部群众，文明向上的社会风尚不断形成，各族人民团结奋斗的共同思想基础日益巩固。坚持发展中国特色社会主义文化，以马克思主义为指导，坚守中华文化立场，坚决抵制腐朽落后文化的侵蚀和西方价值观念的渗透，依法打击境内外敌对势力的分裂渗透破坏活动，真正实现了各民族、各宗教在文化上的相互尊重、相互理解，形成了共同的文化追求，凝聚起了共同的价值取向。[③]

改革开放以来，历届青海省委省政府坚定文化自信，以高度的文化自觉加快进行现代公共文化服务体系、文艺生产和传播体系、优秀传统文化

① 强卫：《在青海省文化改革发展大会上的讲话》，《青海日报》2011 年 12 月 1 日。
② 强卫：《在青海省文化改革发展大会上的讲话》，《青海日报》2011 年 12 月 1 日。
③ 习近平：《在中国共产党第十九次全国代表大会上的报告》，《人民日报》2017 年 10 月 28 日。

保护传承体系、文化产业发展体系、现代文化市场体系、对外文化交流合作体系等六大体系建设。始终坚持文化惠民以政府为主导，以公共财政为支撑，通过实施一系列文化惠民工程，推进了公共文化服务向广覆盖、高层次、可持续转变。2016 年底，青海省级“三馆”（省图书馆二期、省文化馆、省美术馆）开馆运营，服务能力和水平进一步提高，社会反响良好。市州、县、乡、村一大批基础设施建设项目完工，全省五级公共文化服务网络覆盖率达 95%。实施公共文化设施免费开放、基层综合性文化服务中心、文化“进村入户”、“送戏下乡”、农（牧）家书屋、数字图书馆、流动图书车等一系列文化惠民工程。省、市州、县“三馆”和乡镇综合文化站全部实现免费开放，公共文化服务标准化、均等化水平大幅提升。① 2017 年，青海得到文化部公共数字文化建设项目支持专项资金 2696 万元，推动了公共数字文化平台、地方资源建设和服务推广工作。

改革开放以来，青海逐步形成了文化体制改革与文化名省建设相互促进、文化事业和文化产业齐头并进的良好局面。青海文化体制改革以统筹构建现代公共文化服务体系、建立健全现代文化市场体系、建设优秀传统文化传承体系为重点，以加快转变政府职能，深化重点难点领域改革为主要任务，攻坚克难，发挥优长特色，不断补足短板。青海国有公益性文化事业单位进行改革探索取得了积极进展，与全国步调一致，完成了中央确定的文艺院团改革、出版发行单位改革、青海广播电视台合并、广电网络整合与改制、非时政类报刊社改革、文化市场综合执法等八项任务。政府引导、市场运作、社会资金参与的文化多元投入机制初步形成，国有经营性文化单位转企改制、公共文化运行机制创新等有序推进，文化市场综合执法改革全面完成。整合成立和改制的青海省演艺集团有限责任公司、西宁市艺术剧院有限公司、青海省新华发行（集团）有限公司、青海人民出版社有限责任公司等发展活力不断增强，社会效益、经济效益大幅提高。青海省首批 14 家非时政类报刊出版单位全面完成转企改制任务，青海省文化馆、互助土族自治县文化馆等公共文化服务单位组建法人治理结构不断深入推进。利用资本市场，文化投融资变革取得新进展，2017 年 6 月 21 日，青海省政府和中国民生投资集团合作设立青海省文化产业发展投资基

① 《青海文化名省建设取得长足发展》，《中国文化报》2017 年 10 月 13 日。

金，总规模20亿元，一大批文化企业和项目得到有力支持。民间资本进入文化领域，民营文化企业异军突起，为青海文化事业发展增添了活力。“十二五”期间，青海文化产业快速发展，文化产业增加值累计达56亿元，年均增长率逾20%，文化产业增加值增速高于GDP增速9.1个百分点，占全省GDP的2.27%。[①] 特别是青海电影产业发展势头强劲，2014年全省电影票房收入达6639.9万元，2017年前八个月电影票房收入突破亿元，增长率和年均增长率均列全国增幅榜首。

“十二五”以来，青海共争取落实文化遗产保护资金17.94亿元（中央投资17.041亿元，省级投资0.899亿元），加强文化遗产保护工作。实施喇家国家考古遗址公园建设，对塔尔寺等一大批重点文物保护单位进行了维修和保护性设施建设，圆满完成玉树地震灾后重点文物抢救性保护和修缮。青海省新增“国保”“省保”27处、59处。青海有5个项目入选联合国教科文组织人类非物质文化遗产代表作名录[②]；拥有国家级非遗73项、代表性传承人57人，国家级文化生态保护实验区3个，数量居全国首位，国家级非物质文化遗产生产保护基地5个。国家、省、市州、县四级非遗名录保护体系基本建立。

青海文化艺术创作繁荣发展，对外文化交流异彩纷呈，推动了青海文化面向世界、走向世界。党的十八大以来，青海认真落实习近平同志关于文艺工作的重要讲话精神，连续实施了一系列工程，包括国家舞台艺术精品创作扶持、戏曲振兴等。2016年，青海落实艺术创作资金3250万元（省级投资），全省创作大型剧目28部、小型剧目162部，共有107个集体、个人获国家、地区、省级奖项[③]。京剧《藏羚羊》《天马歌》《血沃芳草》分获评国家舞台艺术精品工程精品剧目和全国性专业奖。京剧《藏羚羊》和民族风情歌舞《热贡神韵》在第四届全国少数民族文艺会演中荣获剧目金奖。青海出版的部分图书、音像制品、电子出版物获得中宣部精神文明建设“五个一工程”奖、北方十五省区市哲学社会科学优秀图书奖等奖项[④]。2012年以来，青海主动融入国家文化战略，全力推进文化名省

① 《青海文化名省建设取得长足发展》，《中国文化报》2017年10月13日。

② 《青海文化名省建设取得长足发展》，《中国文化报》2017年10月13日。

③ 《青海：文化名省建设取得长足发展》，中国文化传媒网，2017年10月2日。

④ 《青海：文化名省建设取得长足发展》，中国文化传媒网，2017年10月2日。

建设。采用“请进来”“走出去”等多种形式，利用本省和国内外重要节日节庆，积极开展40多批对外文化交流项目，组织文化企业赴30个国家进行产品展示、交流。开展赴港澳感恩演出、“台湾·青海文化周”、菲律宾“青海文化周”、“大美青海——拉美行”、东南亚“欢乐春节”、中韩缘文化节、“大美青海”走进西班牙等一系列文化交流活动，具有青海多元民族文化特色的歌舞节目和青海民族民间文化展览在当地展演展出，受到当地民众极高赞誉。特别是2017年青海文化旅游节期间，青海省文化和新闻出版厅积极协调促合作、精心谋划抓落实，连续举办多项部省联合文化活动，主动融入国家文化发展战略，有力推动了青海文化名省建设。

同时，一些市州县也不断整合文化资源对本地区文化进行定位，打造地方特色文化品牌。果洛州大力实施格萨尔等“特色文化品牌打造工程”，做大做强玛域格萨尔文化旅游节、阿尼玛卿雪山徒步旅游节、德尔文格萨尔史诗文化旅游节、黄河源文化旅游节、格萨尔狮龙宫殿文化旅游节、年保玉则文化旅游节等大型文化旅游节庆活动。海南州深度挖掘和传承当地民族文化、宗教文化、屯边文化、黄河文化、宗日文化等特色文化，既打造“大美青海·圣洁海南”文化旅游品牌，又大力展现“共舞和谐”“尊道贵德”“流彩贵南”“同心同德”“富饶兴海”五大县域文化品牌。黄南州大力培育特色文化产业品牌，培育出“金色热贡”“五彩神箭”“灵秀尖扎”“高天圣境”“最美草原”五大文化旅游品牌。海西州打造昆仑文化、德都蒙古文化、柴达木文化、吐谷浑吐蕃文化等地域文化品牌，积极探索特色文化发展之路。海东市围绕生态、民俗、历史、宗教和黄河文化，积极开发河湟文化资源，发展了民和县喇家国家考古遗址公园、乐都区瞿昙寺景区、互助土族故土园、撒拉族绿色家园、西路红军红色文化、民和土族纳顿文化等一批具有重点文化品牌价值的文化建设项目。玉树州立足生态、信仰、民俗等地域文化特色，打造“三江之源圣洁玉树”文化品牌，推出“天堂印象、梦幻玉树”“康巴文化、根在玉树”“佛教四派、融在玉树”“唐蕃古道、路在玉树”“三江之源、源在玉树”“觉吾神山、山在玉树”“嘉纳嘛呢、石在玉树”“可可西里、魂在玉树”等文化旅游口号。

青海各文化大县也积极寻找定位，打造文化旅游品牌，如互助县打造

"中国土族·彩虹故乡·醉美互助"文化品牌，海晏县着力建设"文化旅游特色发展基地"和"高原特色体育产业基地"两大基地，玛多县以"天上玛多黄河之源""千湖之县""格萨尔赛马称王地"作为对外宣传名片。尖扎县挖掘藏传佛教后弘期发祥地和"五彩神箭"特色文化艺术等历史文化资源，以"大美青海·灵秀尖扎"为宣传品牌，全力打造"中国射箭运动之乡""坎布拉国家级森林地质公园""国家级水利风景名胜区""国家高原水上训练基地"四大国家级品牌。刚察县全力依托"鱼文化""祭海文化"和"昆仑文化"等地域文化，积极打造高原海滨藏城品牌，加强了对藏文化古籍、口传文化、民族音乐舞蹈、民族婚俗服饰等文化遗产的传承发展。

三　未来青海文化名省建设思考

习近平同志在党的十九大报告中指出："文化是一个国家、一个民族的灵魂。文化兴国运兴，文化强民族强。没有高度的文化自信，没有文化的繁荣兴盛，就没有中华民族伟大复兴。"并做出了"中国特色社会主义文化，源自中华民族五千多年文明历史所孕育的中华优秀传统文化"这一贯通今古的科学判断，在历史与未来的契合点上指明了"坚定文化自信，推动社会主义文化繁荣兴盛"的一个基本路径。在新时代中国特色社会主义思想指导下，我们必须打开眼界、拓宽思路。青海名省建设要站在过去、现在与未来的契合点上，从坚定文化自信、坚持和发展中国特色社会主义、实现中华民族伟大复兴的高度审视，从青海是中华民族文明的发祥地之一、中华民族文化的交融地之一、中华民族精神的展现地之一立足，在文化名省建设中进一步提升青海文化竞争力、文化辐射力、文化影响力。一是牢牢掌握意识形态工作领导权，建设习近平新时代中国特色社会主义思想学习实践先进区。二是继续加强"昆仑江河文化为主体的多元一体文化格局"建设，进一步推动青海江河文化、昆仑文化、河湟文化、格萨尔文化、热贡文化等文化实现创造性转化、创新性发展，精心打造喇家国家考古遗址公园，积极融入国家文化战略，申请确立国家级文化战略平台。三是牢记习近平同志视察青海时强调的"青海最大的价值在生态、最大的责任在生态、最大的潜力也在生态"的指导思想，立足三江源国家公园，可可西里自然文化遗产保护区等保护建设打造中华江源生态文化传承发展示范基地建设工程。四是发挥青海国家级文化生态保护实验区数量居中国首位的特色优势，打造中华特色文化生态保护传承示范区工程。五是培育和践行社会主义核心价值观，加强思想道德建设繁荣文艺创作，展现民族传统文化元素和青海深厚的文化底蕴，讴歌时代；深入传承弘扬西路军精神、柴达木精神、“两弹一星”精神、青藏铁路精神、“五个特别”的青藏高原精神、玉树抗震救灾精神等宝贵精神财富，构筑全国重要精神高地和文化高地。

改革开放以来青海地方文化的发展与繁荣

张　筠*

改革开放以来，随着国家对文化建设的理论推进，青海地方文化呈现良好的发展态势，在文学艺术、遗产保护、节会赛事、文化旅游、对外交流、文化产业、公共文化服务体系建设等方面取得了长足进步，一派繁荣景象。同时秉承坚定不移的民族精神、内聚向心的文化认同、海纳百川的包容特质，以高度的文化自觉和前所未有的文化自信全面推进地方文化的大发展和大繁荣。

一　改革开放以来文化建设的理论推进

改革开放以来，党和国家积极总结历史经验，结合文化工作实践，强调文化发展“百花齐放，百家争鸣”，在文化建设上先后经历了理论的探索、发展、反思和创新四个阶段。

探索阶段：十一届三中全会实现了思想路线上的拨乱反正，邓小平提出物质文明和精神文明“两手抓”的战略构想；十二届六中全会通过了《中共中央关于社会主义精神文明方针的决议》，进一步阐释了精神文明建设的战略地位、根本任务、指导方针。

发展阶段：“庆祝中国共产党成立七十周年”大会上，江泽民初步提出“中国特色社会主义文化”内涵：“中国特色社会主义文化，必须以马克思列宁主义、毛泽东思想为指导，不能搞思想的多元化，必须坚持为人民服务，为社会主义服务的方向和‘百花齐放，百家争鸣’的方针，繁荣

* 张筠，青海省社会科学院文史研究所助理研究员。

和发展社会主义文化，不允许毒害人民、污染社会主义和反社会主义的东西泛滥；必须继承和发扬民主优秀传统文化而又充分体现社会主义时代精神，立足本国而又充分吸收世界文化优秀成果，不允许搞民族虚无主义和全盘西化。”[①] 十五大报告首次完整系统地阐释了“中国特色社会主义文化建设”的内涵：“建设有中国特色社会主义文化，就是以马克思主义为指导，以培育有理想、有道德、有文化、有纪律的公民为目标，发展面向现代化、面向世界、面向未来的，民族的科学的大众的社会主义文化。”[②] 十六大为新世纪中国特色社会主义文化建设树立了新的发展目标，指出“要建立与社会市场经济、社会主义法律体系等相适应的社会主义思想道德体系，强调尊重劳动、尊重知识、尊重人才、尊重创造，强调继续深化文化体制改革”[③]。至此，国家开始把文化建设放在党和国家工作的重要战略地位。

反思阶段：十六届三中全会正式提出“坚持以人为本、全面协调可持续”的科学发展观；十六届六中全会审议通过了《中共中央关于构建社会主义和谐社会若干重大问题的决定》，将和谐社会建设列入我国现代化建设的奋斗目标，确立了全面建设、统筹兼顾的发展观，同时也第一次明确提出了“社会主义和谐文化”的命题；中共中央政治局第二十二次集体学习时，胡锦涛强调：要顺应时代要求，深化文化体制改革，推动社会主义文化大发展大繁荣。会议指出：“我们一定要从战略高度深刻认识文化的重要地位和作用，以高度的责任感和紧迫感，顺应时代发展要求，深入推进文化体制改革，推动社会主义文化大发展大繁荣。”[④] 十七届六中全会通过了《推动社会主义文化大发展大繁荣若干重大问题的决定》，进一步明确了文化建设的地位和在新时期新形势下的突出作用。

创新阶段：党的十七大深刻阐释了“科学发展观”的时代背景、科学内涵、精神实质，并将“文化软实力”写入大会报告，提出“推动社会主义文化大发展大繁荣”；党的十八大强调“建设社会主义文化强国，关键

---

① 《十三大以来重要文献选编》下册，人民出版社，1993。

② 《江泽民文选》第 2 卷，人民出版社，2006。

③ 《江泽民文选》第 2 卷，人民出版社，2006。

④ 《胡锦涛：文化工作者要坚决抵制庸俗、低俗、媚俗之风》，http：//news. ifeng. com/mainland/detail - 2010 - 07/23/1823760 - 0. shtml，2010 年 7 月 23 日。

是增强全民族文化创造活力”；党的十九大总结习近平新时代中国特色社会主义思想的精神实质和丰富内涵，提出“坚定文化自信，推动社会主义文化繁荣兴盛”，强调“必须坚持马克思主义，牢固树立共产主义远大理想和中国特色社会主义共同理想，培育和践行社会主义核心价值观，不断增强意识形态领域主导权和话语权，推动中华优秀传统文化创造性转化、创新性发展，继承革命文化，发展社会主义先进文化，不忘本来、吸收外来、面向未来，更好构筑中国精神、中国价值、中国力量，为人民提供精神指引”[①]。并再次强调，“中国特色社会主义文化，源自中华民族五千多年文明历史所孕育的中华优秀传统文化，熔铸于党领导人民在革命、建设、改革中创造的革命文化和社会主义先进文化，植根于中国特色社会主义伟大实践”。[②]

二　青海地方文化的繁荣发展

改革开放以来，国家关于文化建设的理论不断丰富和发展，青海地区在积极领会、学习、贯彻的基础上，大力发展地方文化，分别在艺术舞台、本土文学、遗产保护、节会赛事、文化旅游、对外交流、文化产业、公共文化服务体系建设等方面取得了发展与创新，文化成果丰硕，其中不乏精品。

文艺舞台百花齐放。改革开放以来，涌现了一批主题鲜明、题材多样、地域文化内涵丰厚的优秀文艺剧目，热情讴歌了高原儿女热情奋进、积极进取的精神文化风貌。藏戏《意乐仙女》荣获中国戏剧家协会优秀剧本奖；京剧《天马歌》荣获中国第四届京剧节银奖；《金色的黎明》荣获第四届全国少数民族题材剧本创作“孔雀奖”金奖；藏戏《纳桑贡玛的悲歌》荣获“第十二届孔雀少数民族题材剧本奖”银奖；文化部“国庆献礼”会演中，我省舞剧《出征》荣获创作一等奖和演出二等奖，土族舞蹈《迎亲》荣获创作二等奖，话剧《桥、桥、桥》和舞蹈《雪白的鸽子》获

① 新华社：《习近平在中国共产党第十九次全国代表大会上的报告》，中国共产党新闻网，2017 年 10 月 28 日。

② 新华社：《习近平提出，坚定文化自信，推动社会主义文化繁荣兴盛》，中国共产党新闻网，2017 年 10 月 18 日。

创作三等奖；舞蹈《陶纹梦圆》获第九届中国舞蹈荷花奖古典舞大赛金奖；大型历史戏剧《松赞干布》获全国少数民族戏剧会演优秀剧目奖和最佳编剧奖；民族歌舞《高天厚土》获第二届中国少数民族会演创作金奖、演出银奖；藏族神话舞剧《智美更登》，藏族古典歌舞剧《霍岭之战》，京剧《格萨尔王》，歌剧《马五哥与尕豆妹》《拉仁保与吉门索》，儿童话剧《钓鱼》，舞蹈《雪山雄鹰》《扎西德勒》《阿里玛》，秦腔《湟水情》，“花儿歌舞”《六月六》《热贡神韵》《唐蕃古道》，平弦戏《珠玑巷儿女传奇》，方言话剧《礼让街 18 号》，儿童剧《藏羚羊》等一大批极具地方特色的文艺作品，坚持民族性、大众性和精品化，紧贴生活实际，主题鲜明，题材丰富，地域特色浓郁，在省内外演出时广获好评。

本土文学硕果累累。一批优秀的文学作品如雨后春笋，开启了本土文学从“高原”迈向“高峰”的征程。长篇小说有王立道的《南园风情录》，多杰才旦的《又一个早晨》，海风的《未央宫》等；中篇小说有韩玉成的《荒地》，鲍义志的《水磨沟里的最后一盘水磨》等；短篇小说集《火狐》《锅庄》《光荣的草原》，中篇小说集《雪原，燃烧的太阳》《西部爱情故事》《湟水谣》相继出版；20 世纪末，程枫、杨志军、井石、风马、张鼎全、梅卓、察森敖拉、李晓伟、宋执群、李振、陈元魁等创做出了一系列较有分量和影响力的作品：《有情人》《雪祭唐古拉》《杨志军荒原系列小说》《麻尼台》《金梦劫》《太阳部落》《月亮营地》《麒麟河》等，随后，藏族、回族、撒拉族、土族等少数民族文学成果也陆续出版，颇显寥落和沉寂的青海文学开始因这些丰富的小说创作和独特的展现而引起众多的省内外读者的关注①。诗人昌耀、白渔、罗洛、秋夫、燎原、朱奇、李振、歌行、马丁、班果、格桑多杰、翼人、马海轶、马钧、马非、梅卓、江洋才让、葛建中、斯琴夫、郭建强、祁建青、师延智等②带来了内涵深厚、极富深情的诗歌作品，其中尤以昌耀的“西部边塞诗”卓绝，《昌耀诗文总集》随后出版；王泽群《颤动的金子》由长春电影制片厂投拍，此片荣获了航空工业部神剑文艺特等奖，万玛才旦的《静静的嘛呢

① 毕艳君：《不得不面对的尴尬——20 世纪 80 年代以来青海当代文学的回顾与思考》，《青海社会科学》2006 年第 3 期。

② 毕艳君：《不得不面对的尴尬——20 世纪 80 年代以来青海当代文学的回顾与思考》，《青海社会科学》2006 年第 3 期。

石》获得“第四届大学生电影节”短片竞赛单元专业剧情类优秀奖，《老狗》获得布鲁克林电影节最佳影片奖，《塔洛》获得第52届台湾电影金马奖最佳导演奖提名；《杰桑·索南达杰》《龙城正月》《刑警忠魂》等一系列作品也先后改编拍摄成电影，登录国内各大院线，《圣火》《天路》《流金的河》《柴达木人》《西部特警》《格萨尔王》《多事的古亭镇》《情系秀吉滩》《沿着黄河向东》等一系列具有浓郁地方特色的作品先后改编拍摄成影视剧，播出后反响强烈。

文化遗产保护深入。以“非遗”普查和“寻根行动”为契机，赴46个县进行文化遗产的资源普查，共新登记项目1539个、传承人100余位、拍摄图片8200余张、录像7000分钟，至2015年，登记“非遗”资源2619项，形成了近200万字的分册文本资料；先后发掘了大通上孙家寨、民和核桃庄、共和伏俟城、都兰热水吐蕃墓葬群、同德宗日遗址、民和喇家遗址等一大批新石器时代及汉、魏、晋、唐代墓葬群和古文化遗址；《古兰经》得到修护，玉树东仓“大藏经珍藏馆”建成使用，果洛达日格萨尔王宫殿投入重建；发现文物保护点近6500个，国家重点文物保护单位20余家，省级文物保护单位近400家，成立文物机构30个，文物保护机构29个；建立了青海省非物质文化遗产保护联席会议制度，成立了省非物质文化遗产保护中心、专家委员会和评审领导小组，出台了《青海省非物质文化遗产名录评审规则（试行）》《省级非物质文化遗产代表作申报评定暂行办法》，实现非遗保护工作规范化、制度化；入选的国家级、省级非物质文化遗产项目涵盖民俗、民间文学、传统技艺、传统音乐、传统舞蹈、传统戏剧、传统体育游艺与杂技、传统美术、传统医药等，内容丰富、形式多样。对文化遗产的全面保护就是对传承传统文化、弘扬民族精神、建设文化名省做出的巨大贡献。

赛事节会异彩纷呈。“昆仑文化与西王母神话国际学术论坛”“生命的呈现和灵魂的呐喊——舞蹈的原生态性与现代舞的原始精神”等高规格国际学术论坛成功举办；环青海湖国际公路自行车赛、国际抢渡黄河极限挑战赛、世界攀岩锦标赛、国际民间射箭邀请赛等国际体育赛事持续主办；“国际唐卡艺术与文化遗产博览会”、“青海湖”国际诗歌节、“三江源”国际摄影节、“国际水与生命音乐节”等节庆文化品牌成功打造；“花儿会”、赛马会、“六月歌舞”“梨花节”“郁金香节”等品牌节会不断成熟；

“祭孔大典”“西王母祭祀大典”“青海湖祭湖大典”等大型祭祀盛典规模空前；大美青海欧洲行、日本行、台湾行、香港行等文化旅游宣传推介活动广泛开展。在200个中国最具影响力的文化品牌中，环青海湖国际公路自行车赛以21.6亿元的身价名列体育休闲旅游品牌类第十位，是西部地区唯一上榜的品牌。极力打造地方精品文化品牌的同时，将青海地区的自然景观、历史人文、民俗风情、饮食服饰与节会赛事相结合，把青海各地极具民族特色和地域风情的文化推介到全国甚至全世界，实现“大美青海”品牌影响力和对外知名度的不断提升。

文化旅游景象繁荣。青海生态文化旅游特色鲜明，全省5A级景区2个，4A级景区20个，3A级景区69个，2A级景区19个，旅游发展增速高于全省国民经济发展速度，2017年全省旅游总收入310亿元，接待国外游客50349人次，省外游客1401.8万人次，自驾游863137车次。以此为依托，丰富的旅游文化活动，“昆仑文化旅游节”“黄河文化旅游节”“中国盐湖城文化旅游艺术节”“茶卡旅游文化节”等不断提档升级；内涵丰厚的旅游产品，湟中“八瓣莲花”、湟源排灯、互助盘绣、循化撒拉族服饰、热贡民族民间工艺美术等，成为青海地方文化的标志性品牌；形态各异的民族民俗传统，藏族歌舞、土族刺绣、撒拉族宴席曲、回族美食、蒙古族酒歌等，正以独特的文化个性引领地方民族文化传承、发展、创新；兴盛的地方民族产业，藏毯、牦牛肉、中藏药、民族服饰等，创造性引进现代工业理念，实现了经济效益与文化效益的双赢，焕发勃勃的生机。

对外交流频繁活跃。成功举办“迎奥运北京民博园青海民族文化演展”“青海民族民间文化北京行”“第九届中国上海国际艺术节青海文化周”“青海民族民间艺术文化天津展”“江河之魂——青海历史文化温州展”“大美青海香港行”“澳门申岁满盈西北情——青海春节习俗展”等活动，通过讲座、展览、演出的形式，把青海民族民间文化传播到祖国各地；积极参加“德国科隆夏季音乐节”“摩纳哥提米塔国际艺术节”“北京民族文化艺术博览园”“上海国际艺术节”“西部文化产业博览会”“共成长、共理想”庆祝香港回归巡游活动，在吸收先进文化的同时，将青海地方文化传播到世界各地；文化队伍多次赴欧洲、美洲、中东、非洲等国家交流，在墨西哥、新西兰成功举办“中国青海民族民间文化艺术展”，为国外友人展出了独具地方民族特色的热贡唐卡艺术作品、农民画、刺绣、剪纸、皮影等民间艺术珍品，实现了青海地方民族民间传统文化走出国门、走向世界，极大提高了青海地方文化的知名度和影响力；积极邀请美国、俄罗斯、墨西哥、南非、中国台湾等国家和地区的文化团体，以及北京、新疆、河南、陕西、甘肃等省的文化团队来青进行文化交流，把各地先进文化“引进来”，在拓宽地方文化发展路径的同时，丰富了地方文化内涵，开阔了民众文化视野。

文化产业积极兴盛。以青海特色文化资源为依托，文化产业发展增速，优势文化产业和特色文化产品培育成效显著。全省现有文化部命名的国家文化产业示范基地（文化企业）10家，省级文化产业示范基地（单位）70家，文化产业法人单位2334户，文化个体经营户5171户，规模以上文化企业45家，年营业收入超过亿元的文化企业8家。文化产业类财政扶持力度持续加大，累计下达发展专项资金6.73亿元，其中，中央文化产业发展专项资金2.14亿元，53个项目获扶持，省级文化产业专项资金3.08亿元，700个项目受益，市县累计注入文化产业发展专项资金1.51亿元。2010年以来，文化产品销售额共计6573万元，订单19617万元，签订招商引资项目32个，引资18亿元。文化企业（单位）赴20多个国家和地区进行特色文化产品展示、交流，民族文化产品如藏毯、服饰、唐卡、木雕等出口欧洲、中东、亚洲等国，累计出口额3.1亿美元。

公共文化服务体系扎实推进。全省公共图书馆49家，藏书1128万余册，博物馆36个，文化馆46个，群艺馆9个，文化站359个，艺术表演场所16处，形成了覆盖全省的公共文化服务网络。公共文化服务从业人员共计1445名，其中专业技术人员834名，行政管理人员121名，工勤技术人员36名，其他工作人员454名；声乐专业78人，器乐专业56人，舞蹈专业185人，美术专业34人，书法类15人，摄影类25人，文学理论类95人，戏剧曲艺小品类43人。依托国家重点文化项目实施了一系列文化惠民工程。一是文化进村入户工程。实现全省广播人口覆盖率98.2%，电视人口覆盖率98.2%，向各县乡镇文化站、村文化室、文化大院、文化中心户配备电视机、光碟、乐器、服装等文体用品。二是文化信息资源共享工程。基层服务点已覆盖各县级图书馆，文化信息资源贡献工程基层分中心和基层服务点的转星调整工作完成，设备运转良好。三是县级两馆工程。兴建或改建县级文化馆、图书馆，实现“两馆”基础设施整体改善。四是送书下乡工程。向全省国家扶贫开发重点地区的州级图书馆、县级图书馆和乡镇图书室配书，丰富了“农家书屋”“牧家书屋”的图书种类，缓解了贫困地区信息闭塞、民众读书困难的窘境。五是电影放映工程。配备电影放映设备、成立农牧区电影放映数字院线公司，恢复和成立农牧区电影放映队，广泛开展“国产新片进农村”“优秀国产影片金秋展映展播月”“周末广场电影”等公益放映活动，缓解了边远贫困地区群众看电影难的问题，多功能文化流动车的配发，解决了艺术团体下乡难、搭台难、转点难的问题。

三　青海地方文化的精神内核

改革开放以来，青海地方文化繁荣发展，在此基础上，文化精神得到了广泛传承与弘扬。文化精神，是一个民族或地区独有文化的精髓，在时间上延续、传播和承继的积淀，是文化合力作用下形成的思维方式、心理倾向、情感倾向、文化传统，它影响个体的思想、心理、行为，同时也影响族群的行为模式和价值评价①。青海地方文化拥有坚定不移的民族精神，充满内聚力和向心力的文化认同感，海纳百川的包容特质以及和谐进取的文化自信心，这些终将成为青海地方文化大发展大繁荣的精神支撑和有力保障。

坚定不移的民族精神。自强不息、独立自主、团结统一是中华文化传统和中华民族精神的重要内核。青海各族人民继承中华文化的优良传统，弘扬中华民族伟大精神，在革命、建设、改革的各个时期，不断塑造了紧扣时代脉搏、反映时代精神、具有鲜明青海特点的精神品格②。革命战争时，果洛州班玛县子达木沟口岩石上留下了“响应北上抗日反蒋斗争”的标语；新中国成立时，“艰苦创业、无私奉献、勇于创新、团结奋斗、科学务实”的柴达木精神高昂士气；社会主义建设时，“热爱祖国、无私奉献、自力更生、艰苦奋斗、大力协同、勇于攀登”的“两弹一星”精神鼓舞世人；改革开放时，“挑战极限、勇创一流”的青藏铁路精神、“五个特

① 缪尔·亨廷顿等著《文化的重要作用》，新华出版社，2002。

② 强卫：《提高文化自觉　增强文化自信　实现文化自强——在全省文化改革发展大会上的讲话》，《攀登》2011 年第 1 期。

别”的青藏高原精神、“自信、开放、创新”的新青海意识、“人一之、我十之”的实干精神、“大爱同心、坚韧不拔、挑战极限、感恩奋进”的抗震救灾精神，凝聚了青海各族人民的宝贵精神财富，是青海各族人民追求发展进步强烈愿望的生动写照，是当代中国先进文化和时代精神的集中体现，是当代中华民族精神的重要组成部分。

内聚向心的文化认同。在多元文化的大背景下，保持文化个性、维系民族情感是文化传承和发展的关键。其一，凸显群体识别。青海多民族多元文化信仰是促进内部群体认同的核心力量，对内部群体成员的物质生活、艺术、节庆、礼仪、伦理道德等都具有广泛影响。这种识别渗透于民众生活的点滴，例如土族通婚，“在土族传统的通婚原则中民族的因素也是被考虑的，一般都是本民族之间通婚，也有与藏族、蒙古族通婚的，与汉族通婚的较少”①。其二，凝聚文化认同。使用相同的文化符号、遵循共同的文化理念、秉承共有的思维模式和行为规范，是文化认同的依据。多元文化共生的特性强化了民族群体间他者与自我的区别，并加强了民族内部认同的凝聚力。譬如藏戏，在民众观赏剧目的同时了解情节、内容，接受了所属教派的教诲，这些终将化为记忆留存。其三，彰显文化个性。民族民俗文化作为彰显地方文化个性的“助推器”，其发展动力来自区域自身，更重要的是这种动力来自生活在该区域内的全体民众，他们毫无保留地将热情、智慧和能量投入地方文化建设中，这种“毫无保留”源于对地方文化的认同和传承。因为文化存在于文化持有者的头脑里，每个社会成员的头脑里都有一张“文化地图”，他只有熟知此图，才能在所处的社会中自由往来②。

海纳百川的包容特质。“一种新的民俗在一个民族、一个地区形成，在经历了一段时间的完善之后，它的功能和价值被充分显现出来，它不仅为该民族、该地区的民众所接受，成为传统文化的延续和发展，而且开始向其他民族地区渗透。”③ 青海各民族大杂居、小聚居，东部地区以农业生产为主，集中了汉、回、土、撒拉等民族，西、北、南部地区以游牧生产为主，分布有藏族、蒙古族，因地理、生态、生活传统的多样性，形成了

---

① 贺喜焱等著《土族婚礼·撒拉族婚礼》，青海人民出版社，2010。

② 汪德飞：《地方性知识研究》，南京农业大学硕士学位论文，2011。

③ 钟敬文主编《民俗学概论》，上海文艺出版社，2000，第15～16页。

以农耕、畜牧为主的多元经济发展形式，同时孕育了多民族民俗文化传统，这种文化的发展历程赋予了青海传统文化的多样性、民族性、宗教性的特征。正是这种文化的多元一体格局，促成了青海传统文化的包容性特质，塑造了当地民众豁达、开朗、宽广的胸怀，各民族间相互尊重、相互信任、相互认同、相互包容、和平共处。青海地方文化以开放与包容的心态吸收融合各类文化，并将其转化成自身发展的丰富给养，实现多民族多元文化的共生共荣。

和谐奋进的文化自信。文化自信是一个民族、一个国家以及一个政党对自身文化价值的充分肯定和积极践行，并对其文化的生命力持有的坚定信心。习近平指出："我们要坚定道路自信、理论自信、制度自信，最根本的还有一个文化自信。"[①] 青海地方文化的地域特色鲜明，历史文化、民族文化、宗教文化、现当代文化等文化资源丰厚，地方文化正在为中华民族多元文化的形成、发展和繁荣贡献力量，这些是我们树立文化自信的信心所在。基于此，在相互尊重、和谐共荣的前提下，青海始终持以高度的文化自信，遵循文化发展规律，以推动区域经济和社会持续发展为依托，凝聚蕴含丰富的和谐思想源泉，在整合各类文化资源的同时，深挖地方文化优势资源，传承和弘扬优秀传统文化，创新和发展地方特色文化，实现青海地方文化在传承中大发展大繁荣。

皮埃尔·布迪厄提出，文化是动态的、不断发展变化的，是处于一个不断生产和再生产的过程，通过不断的"再生产"维持自身平衡，使社会得到延续[②]。地方文化的生命力依托文化自身的丰富、创新、发展，同时，文化的创新发展也是实现地方文化繁荣的不竭动力。

改革开放四十年，经济高速发展，文化空前繁荣，乘着改革的东风，青海以海纳包容的胸怀，实现地方多元文化的丰富、创新、发展，呈现大发展大繁荣的健康态势。青海地方文化滋养在多元融合的昆仑文化土壤中，成长于民族精神和时代精神的感召下，正在以前所未有的开放自信，为大国的文化崛起奠定坚实的地方文化根基。

---

① 新华社：《习近平提出，坚定文化自信，推动社会主义文化繁荣兴盛》，中国共产党新闻网，2017 年 10 月 18 日。

② 宗晓莲：《布迪厄文化再生产理论对文化变迁研究的意义》，《广西民族学院学报》2002 年第 2 期。

参考文献

钟敬文主编《民俗学概论》，上海文艺出版社，2000。

〔英〕马林诺夫斯基著《文化论》，费孝通译，中国民间文艺出版社，1987。

〔美〕萨缪尔·亨廷顿著《文化的重要作用》，新华出版社，2002。

赵宗福等著《青海多元民俗文化圈研究》，中国社会科学出版，2012。

《2016年青海经济社会形势分析与预测》，社会科学文献出版社，2016。

《青海1978~2008改革开放30周年巡礼》，青海人民出版社，2008。

强卫：《提高文化自觉　增强文化自信　实现文化自强——在全省文化改革发展大会上的讲话》，《攀登》2012年第1期。

改革开放四十年来青海民族民间文学研究的成就与价值

胡 芳*

改革开放以来，在党和政府的高度重视和热情关怀下，青海各民族民间文学的收集、整理和研究工作取得了巨大成就，各民族丰富多彩、琳琅满目的民间文学宝库被一座座打开，历史上备受歧视、不曾登上大雅之堂的民间歌手、说唱艺人受到了党和国家的尊重，一支由专业人员和民间文艺爱好者组成的研究队伍也日益壮大起来，而各民族在漫长的历史发展中所创造的口头文化遗产，得到了不断深入和多方面的研究探索。可以说，四十年来，青海各民族的民间文学收集、整理和研究工作或从无到有，或从薄弱走向繁荣，均取得了令人瞩目的成就，这些成就对挖掘、弘扬各民族宝贵的文化遗产和精神遗产，建构中国民间文艺学，推动民族学、历史学、语言学、民俗学、艺术学等其他学科发展方面具有重大价值和意义。

一 改革开放四十年来青海民族民间文学研究取得的成就

（一）挖掘、弘扬了各民族宝贵的文化遗产和精神遗产

青海各民族人民有着悠久的文学传统，他们在各自所处的不同的历史阶段创造了风格迥异的民族民间文学。各民族丰富灿烂的民间文学，不仅是传承和延续其民族文化的重要载体，也是中华文化宝库的重要组成部分，是中华民族宝贵的文化遗产。但在漫长的历史发展时期，这些宝贵的

* 胡芳，青海省社会科学院文史研究所研究员。

文化遗产备受统治阶级的忽视和歧视，被遗忘在历史的一隅自生自灭，有许多珍贵的口头文学作品在口头产生，也在口头流传中消失。从另一方面说，历史上，青海地区文化教育十分薄弱，识字的人极少，而回、土、撒拉三个世居少数民族没有自己的文字，其文化基本上是靠口头创作和生活实践传承的，这就给人以青海高原文化落后、大多数民族没有自己民族文化的错误印象。而改革开放以来开展的青海民族民间收集、整理工作及取得的辉煌成就，向世界展示了青海各民族人民所创造的浩如烟海的民间文学的真实面貌，有力地回击了青海高原文化落后的错误观点，并无声地向世界宣示，青海高原是民间文学的宝库，是产生“东方伊利亚特”“世界上最长史诗”——《格萨尔王传》的宝地。

民间文学作品的收集、整理既是民间文学研究得以开展的基础，也是民间文学研究的重要方面。改革开放以来，青海收集、整理各民族民间文学方面的成就极其惊人。1984 年，由中国民间文艺家研究会、文化部、国家民委共同发起了“三套集成”文化工程，青海的各民族民间文学得到了大规模的调查、收集和整理，各州县的三套集成于 20 世纪 90 年代中后期陆续出版。这是一项非常及时的调查工作，当时，由于青海原有的农耕文明和游牧文明传统的生产、生活方式还没受到太大冲击，电视、网络尚未普及，加上一些年老的非物质文化遗产传承人尚在世，一些流传了数百年的口头传统仍在民间鲜活传承，因此，民间基层文化工作者收集到了大量的第一手的民间口头文学作品，数量非常庞大，堪称浩如烟海。有些州县还出版了藏汉文对照、蒙汉文对照的歌谣本，如黄南、海北、海西等。21 世纪初，青海又陆续出版九套集成，包括民间故事、歌谣、谚语、曲艺、舞蹈、戏曲、歌曲、器乐等，对青海地区的民间文艺进行了较为全面、系统的整理和记录。可以说，青海民族民间文学收集、整理工作是一项前所未有的挖掘、弘扬各民族优秀文化遗产的伟大工程，是一项利在当代、功在千秋的壮举，对促进青海各民族文化的发展有着重要的价值和意义。

青海民族民间文学是传承各民族传统文化和民族精神的重要载体，有着巨大的容量和张力。在青海民族民间文学研究中，民族文化传统和民族精神始终是学者们关注的一个重要领域。举例来说，在《格萨尔》人物的研究中，学者们在评述格萨尔、珠牡等艺术形象，就已将其提升为民族精神的象征，如降边嘉措认为格萨尔是“雪域文化铸造的民族之神”，他指出："藏族先民根据自己的理想和愿望，按照自己心目中的英雄，塑造了格萨尔这个艺术形象。在他身上，凝聚着藏族人民从远古以来长期积淀的巨大心理能量。"[①] 李学琴通过对珠牡外表美、心灵美、艺术真实美等特色的分析，强调她是"藏族人民，经过千百年的漫长岁月，通过无数张口、无数支笔、无数双手、无数人的智慧雕塑出来的一尊精美的艺术塑像。在她的身上，不仅倾注了他们满腔的爱，也寄托了他们美的希望、美的追求和美的理想"。[②]

民间文学是各民族传统文化的重要组成部分，学者们无论是从史诗、传说、民间故事、叙事诗中的人物形象研究中挖掘各民族内在的精神特质，还是从各种体裁的民间文学作品中探讨其历史、民俗、宗教、艺术特性和价值，其研究的出发点和落脚点大都是各民族的传统文化和精神气质。从青海的历史发展来说，由于各民族文字教育相对滞后，各民族的思想、文化主要通过民间文学来传承与体现，民间文学成为他们延续和传承本民族文化的重要载体。鉴于此，文化学研究成为青海民族民间文学研究的一个重要方法，学者们将民族民间文学当成民族文化最基本、最重要的载体进行解剖，提示其蕴含的文化信息，而他们的研究提供了与其他文化遗产不同的知识系统和精神资源，从不同侧面丰富了青海各民族的文化传统。因此，改革开放以来的青海民族民间文学研究，对于挖掘和弘扬各民族优秀的文化传统和民族精神，提高民族凝聚力，有着重大的促进意义。

（二）推动了中国民间文学学科发展

现代意义上的中国民间文学，大体上与五四新文化运动是同步进行的。中华人民共和国成立后，我国的民间文学进入了一个全新的发展阶段，尤其是改革开放以来，民间文学研究队伍壮大，学术期刊增多，学术活动频繁，学科建设成效明显。青海民族民间文学研究虽略晚于国内其他地区，但在我国民间文学学科的构建，尤其是在中国民族史诗学和歌谣学的学科体系构建中有自己独特的贡献。

---

① 降边嘉措：《格萨尔是雪域文化铸造的民族之神》，《格萨尔学集成》第五卷，甘肃民族出版社，1998，第3394页。

② 李学琴：《论珠牡的形象美》，《西南民族学院学报》1988年"民族语言文学专集"，转引自赵秉理主编《格萨尔学集成》第四卷，甘肃民族出版社，1994，第2691页。

中国史诗学的真正构建是中华人民共和国成立之后开始的，当时，中国掀起了史无前例的开掘民族史诗的工作，《格萨尔》《玛纳斯》《江格尔》等一批少数民族史诗的发掘及其丰富的储藏量，有力地驳斥了黑格尔提出的中国没有史诗的说法，也促使我国开始了民族史诗学的理论建构。20 世纪 80 年代之后，随着三大英雄史诗资料和理论研究的开展，中国的民族史诗学逐渐成长了起来。《格萨尔》史诗学又称“《格萨尔》学”，是中国民族史诗学的重要组成部分。从学术概念来说，“《格萨尔》史诗学，是从专门发掘这部伟大的史诗起，逐渐在我国研究《格萨尔》的学者中，由自发到自觉而形成的学术概念和学科体系”。[①]“《格萨尔》学”是中国民族史诗学、藏族民间文艺学的分支学科，在这两门学科尚未建立、完善的情形下，“《格萨尔》学”却得到了长足的发展，并逐渐成为一门独立的学科。

作为中华人民共和国成立之后才建立、并在改革开放后得到蓬勃发展的新兴学科，《格萨尔》在断断续续的发展中逐渐形成了自己独立而浩繁的资料体系和独特的研究范式，在资料学建设、史诗起源和形成、文化内涵探讨、说唱艺术、艺人研究等方面取得了世人有目共睹的巨大成就。可以说，“《格萨尔》学”建构是中国民族史诗学发展的重大成果，在某种程度上填补了中国民族史诗学研究的空白，代表着改革开放以来中国民族史诗学和藏族民间文艺学建设取得的巨大成就。从学科建设来说，“《格萨尔》学”成长、发展的历程，在建设过程中所取得的经验与教训，运用的研究方法与理论等，对其他民族史诗的研究提供了绝好的借鉴，推动了包括中国民族史诗学在内的中国民间文艺学及其他学科的发展，尤其是推动了藏学研究中各分支学科的发展，促进了我国民间文化和藏族民族文化的建设与发展。

中国的歌谣学发展很早，早在西周时就有了记录民间歌谣的传统。如《周易》“卦爻辞”中，就记载着一些产生于商代奴隶社会的民间谣谚，之后，在漫长的历史发展中，各朝代用“观风俗，知得失”的旗号收集民歌，成果可观。然而，由于西北地处偏远，文化教育落后，在汉、回、土、撒拉、藏、东乡、保安等民族传唱了数百年的区域性民歌“花儿”却

---

① 李连荣：《中国〈格萨尔〉史诗学的形成与发展（1959～1996）》，中国社会科学院研究生院博士学位论文，2000。

一直未能进入学者视野。直到五四运动时期，这一独特的文化事象才被学界关注。目前，“花儿”研究不仅成为中国歌谣学研究的重要领域，还跟《格萨尔》研究一样，由于其收集、整理和研究成果的卓著，以及研究范畴和方法的独特，成为一门独立的学科。改革开放以来，学者们通过对“花儿”起源、流派、类型、文化内涵、艺术特征、歌手和花儿会等的研究，逐步构建起了自己的学科体系，并成为中国歌谣学研究中的一门显学。“花儿”学有自己独特的研究领域和方法，虽然其研究存在诸多不足，但学者们对不同民族、不同区域、不同类型的“花儿”研究，在很大程度上补充和丰富了我国的歌谣研究，推动了我国歌谣学的建构与发展，也极大地推动甘肃、青海、宁夏等省的民间文化的发展和建设。

二 青海民族民间文学研究的多学科价值

青海民族民间文学研究不仅有着自身的学科建设价值，还具有多学科研究价值。青海民族民间文学犹如“百科全书”一般，反映着各民族社会生活、经济生产、宗教信仰、民风习俗、历史发展及语言等的变迁，有历史学、宗教学、语言学、民族学、社会学、艺术学等多方面的价值。综观青海民族民间文学研究的学术史，学者们很早就注意到了各民族民间文学的综合性价值，青海民族民间文学研究从来就不是单一学科的研究，而是自始至终就与其他学科有密切联系，具有多学科参与、交叉的特点。20世纪80年代以来，随着青海民族民间文学研究的纵深发展，学者们纷纷从文化学、历史学、语言学、宗教学、民俗学、人类学、社会学等角度对《格萨尔》、“花儿”，对各民族神话、传说、叙事诗等进行研究，发掘其所蕴含的多学科资料、信息与价值，取得了较大的突破与成绩，在一定程度上推动了其他学科的发展。

从历史学的角度来说，青海六大世居民族中，除了藏族和汉族外，回、土、撒拉均没有本民族的民族语言，其民间文学就是他们“口述的历史”，被历史学家们当成研究其民族历史的重要资料。如在20世纪80年代陆续出版的国家民委主编的民族问题五种丛书之一——《中国少数民族简史丛书》中，藏族、回族、土族、撒拉族等的简史，除参考汉文文献和藏文文献外，主要史料来自各民族的神话传说、史诗、歌谣等。21世纪初出版的《土族史》和《撒拉族史》，也运用了土族和撒拉族的传说、歌谣等资料。其他，学者们对《格萨尔》产生年代、格萨尔与历史人物关系等的研究，对青海河湟地区流传的南京“珠玑巷”传说、撒拉族与回族族源传说等的考证与研究，对研究藏族历史发展、青海河湟汉族与回族来源、撒拉族迁徙历史等提供了极好的借鉴与重要佐证。

从民俗学的角度来说，青海民族民间文学中蕴含着十分丰富的民俗资料，如各民族关于人类起源的神话传说中，蕴含着各民族先民对宇宙和自然的认知；宴席曲、婚礼歌、婚礼说唱与颂词等反映着各民族的婚礼习俗；《格萨尔王传》、“花儿”、歌谣、叙事诗中蕴藏着各民族丰富的物质和精神民俗等。而从青海各民族民间文学在民间的传承形式来看，史诗、“花儿”、歌谣、民间传说与故事的讲唱，大多伴随着各种民俗仪式而进行，二者不可离。因此，学者们对《格萨尔》、“花儿”、歌谣、传说故事等中所蕴含的民俗事象的挖掘与展现，尤其是对《格萨尔》说唱艺人、“花儿”歌手的研究，在一定程度上补充和丰富了各民族的民俗研究，拓宽了我国民俗学研究的领域。

从艺术学角度来说，学者们关于《格萨尔》、“花儿”、藏戏等的艺术创作手法、音乐、旋律、曲令、演唱技巧与特征等方面的研究，有利于青海民族民间艺术尤其是藏族民间表演艺术研究的发展。其他学者们从社会学、民族学、语言学等角度对青海《格萨尔》史诗、歌谣、叙事诗等展开的研究，有利于这些学科的发展与建构。如何峰在《〈格萨尔〉与藏族部落》对《格萨尔》所反映的部落社会的诸多问题进行了探讨，其研究不仅为人们提供了许多翔实、珍贵的文献资料，也让人们从《格萨尔》部落社会的形成及发展中透视到了古代藏族部落社会的影子，掌握了藏族原始部落的雏形。可以说，学者们从史诗学、社会学、军事学、宗教学、民族学等角度对《格萨尔》进行的多视角、多方位、多层次的研究及其所取得的成果，正愈来愈受到相关学科学者们的重视，成为他们研究藏族历史、社会、军事、宗教、文化、艺术的重要文献和资料。

三　青海民族民间文学学术研究的展望

改革开放以来，青海民族民间文学研究虽取得了辉煌成就，但也存在许多不足与问题。如青海的《格萨尔》史诗学、“花儿”研究比较深入和广泛，但其他民间文学体裁研究仍显薄弱；从各民族民间文学研究的现状来看，藏族、土族、蒙古族的民间文学研究发展较快，但回族、撒拉族的相关成果较少；从研究理论与方法来说，青海民族民间文学研究虽然在民族史诗学、歌谣学方面有自己的建树，但其理论与方法的运用与全国相比，存在较大差距；从研究队伍的构成来说，青海从事民族民间文学研究人员较少，且知识结构和研究方法老化，已跟不上学科发展的需要；而随着全球化和现代化进程的加快，青海高原丰富的民族民间文学正在逐渐丧失其赖以生存的传承环境，许多珍贵的，还来不及搜集、整理的民间文学遗产正在走向消亡，民族民间文学在民间的传承情况堪忧。

因此，今后青海民族民间文学研究，必须跟上时代的变化，寻求新的学术增长点。要做到这一点，就必须更新研究理论与方法，在继承原有行之有效的研究理论与方法的同时，积极拓宽视野，将西方的口头程式、口头诗学、表演理论、比较研究、结构主义、功能研究方法等借鉴到青海民族民间文学研究中，在这里，需要强调的是，研究者们在运用这些理论与方法时，一定要与青海民族民间文学的实际相结合起来，切忌生搬硬套。青海民族民间文学研究还应提倡回归民间，处理好理论与田野实践的关系，以往的青海民族民间文学研究大多关注对民间文学书面记录的口头文本的研究，忽视讲述者，以及讲述者、听众以及口头文本的研究，对史诗、“花儿”、戏曲等表演性很强的民间文学样式及新兴的民间文学样式关注不够，因此，必须提倡回归民间，加强田野调查，深入民间文学的生存情景对其进行整体研究，观照民间文学在民俗语境中的生存、传承情况。最后，青海民族民间文学研究还要充分利用高校的教育资源，尽快培育一批高学历、高素质的民间文学研究队伍，并充分调动现有研究人员的积极性，推动青海民族民间文学研究的进一步繁荣与发展。

新媒体时代人文社科学术期刊的转型与发展

张　前*

一　新媒体及其传播优势

“新媒体”这一概念最早见于1967年美国哥伦比亚广播电视网技术研究所所长P. 戈尔德马克发表的一份关于开发电子录像商品的计划书中。但至今关于新媒体的定义国内外学界仍没有一个比较统一和明确的定论。如美国网络新闻学创始人、博客首创者丹·吉尔默在自己的博客上提出了“新闻媒体3.0”的概念，他认为1.0是指报纸、杂志、电视、广播等传统媒体（旧媒体）；2.0是人们通常所说的以网络为基础的新媒体；3.0就是以博客为代表的自媒体。美国《连线》杂志对新媒体的定义是“所有人对所有人的传播”。清华大学新闻与传播学院新媒体研究中心熊澄宇教授认为“今天的新媒体主要是指在计算机信息处理技术基础上产生和影响的媒体形态，包括在线的网络媒体和离线的其他数字媒体形式”。[①] 可见，新媒体是相对于传统媒体而言，它是继报纸、期刊、广播、电视等传统媒体之后发展起来的一种新的媒体形态，是利用网络技术、数字技术、移动技术，通过无线通信网、有线网络、互联网等路径以及电脑、智能手机、数字电视等智能终端，向用户提供信息的媒介形态。

新兴媒体具有传统媒体无力撼动的优势。一是传播模式的交互性和传播时间的即时性。在传统媒体下，只有媒体才是信息的传播者，信息经过

---

* 张前，《青海社会科学》副主编、编审。

① 蒋宏、徐剑：《新媒体导论》，上海交通大学出版社，2006。

媒体的筛选才向大众传播，使受众对信息的反馈大部分是延迟的、事后的、缺乏即时性，并且传播方式是线性传播、单向传播。这种传统媒体环境下的信息不但缺乏即时性，信息在媒体与大众之间的交互也十分有限。而新媒体打破了传统媒体在时间和空间上的限制，形成了即时传播的特点，使得信息的发布者可以在任何时间、任何地点，依靠各种电子终端发布各种信息，信息的使用者也可以在任何时间、任何地点，运用各种电子终端接收信息，并立刻做出反应，与信息的发布者进行互动交流，同时还可以转发给另一个接收者。二是传播形式的开放性和传播信息的共享性。随着数字移动通信技术的发展，依靠新媒体传播形式的信息传播已经逐渐突破了地域的限制和发布者的限制。如新媒体的典型代表互联网，它已将世界联系成了一个整体，给人们带来的是一个开放广阔的信息海洋，网络上的所有信息无偿地向受众开放，无论何时何地，我们只要轻点鼠标，利用搜索引擎，就能找到自己需要的信息，实现了信息的共享。三是传播内容的广泛性和传播形态的多样性。由于运用了现代通信技术，不论何种形式的新媒体都可以即时地传播包括文字、图片、音频、视频等信息，也可以就事件进行评论，并且容量不受物理空间的限制。如此广泛、庞杂的信息都是通过互联网、智能手机、智能电视、大型电脑数据库以及多媒体信息互动平台等新媒体形态得到即时传播，这些传播内容传统媒体是无法做到的。

二　新媒体给人文社科学术期刊带来的挑战

在新媒体风生水起、蓬勃发展的当下，不同形态的新媒体以自身特有的优势对传统媒体固有的领地逐步蚕食，传统主流媒体遭遇前所未有的挑战。传统媒体何去何从，是孤军奋战，还是融合发展，成为不同领域的媒体人共同思考的一个问题。今天，问题的答案越来越清晰，传统媒体与新兴媒介的融合发展不仅成为全球性的趋势，在国内业已上升至国家层面的发展战略。传统媒体若对自己生存环境的变化视而不见，故步自封，妄自尊大，继续沿用固有的形态应对媒体市场的挑战，那么迟早会被淘汰出局。目前，在新媒体的冲击下，在传统媒体时代一枝独秀，靠发行量和广告占领期刊市场半壁江山的大众畅销期刊已风光不再，发行量萎缩，广告收入下滑成为普遍现象；被迫转型升级，与新媒体融合发展成为不二选择。相对而言，与大众畅销类期刊相比，人文社科学术期刊受期刊性质、读者群、时效性、评价体制等因素影响，加之其长期游离于主流媒体传播领域和期刊市场边缘，在自己的领地自由发展，故在新媒体时代，人文社科学术期刊的发行量主要受读者阅读方式的改变而有所改变，但在学术传媒中的地位还未被新学术媒体取代。可是，纵观国内外学术期刊的发展趋势，人文社科学术期刊与新媒体的融合发展是一个大趋势，因此，人文社科学术期刊应未雨绸缪，跳出传统传播模式，改变传统传播理念，科学应对新媒体带来的传播模式、传播时空、阅读模式等方面的挑战，主动适应新媒体对人文社科学术期刊转型发展的要求，加快与新媒体接轨。

一是传播新模式带来的挑战。在传统媒体时代，只有媒体才是信息的传播者，信息经过媒体的筛选才向大众传播，传播方式是线性传播、单向传播。与传统媒体相比，新媒体信息发布渠道则显得丰富多样，传播者可以很方便地通过多种方式传递信息，受众可以很方便地通过多种途径获取自己需要的信息。如今，人文社科学术期刊传统的发行模式已经无法满足读者和作者的学术信息需要，其单向度、线性的传播手段已不能适应新媒体时代对学术期刊学术信息内容的传播的要求。相对而言，新媒体传播模式彻底打破了传统人文社科学术期刊通过纸质载体单一发布学术信息的旧格局，读者获取信息的方式变得快捷便利，这对传统的人文社科学术期刊单一的学术信息传播模式带来了前所未有的挑战。

二是传播即时性带来的挑战。新媒体凭借网络技术和数字技术彻底打破了传统媒体在传播时间和空间上的限制，使得信息的发布者不受时间、地点的限制，通过不同的电子终端发布各种信息，信息的接收者也可以在任何时间、任何地点，运用各种电子终端接收信息，还可以与信息的发布者进行互动交流，信息传播速度比传统媒体明显加快。而人文社科学术期刊，其学术信息的传播速度远远落后于新媒体，不但缺乏即时性，而且学术信息在媒体与受众之间的互动也显得十分有限。在新媒体时代，媒体与受众之间的交流互动及时频繁，学术媒体的这种时滞性带来的只能是受众对学术媒体关注度的下滑，受众通过其他更加快捷和即时的方式获得自己需要的学术信息，这对传统人文社科学术期刊一成不变的学术传播带来了前所未有的挑战。

三是新阅读方式带来的挑战。新媒体时代的电子阅读方式对传统纸质书刊的阅读方式带来了巨大的冲击。新媒体可以即时地传播包括文字、图片等信息，并且容量不受物理空间的限制，受众根据自己的需要和习惯选择互联网、大型数据库、智能手机等媒体形式接受并阅读，如中国知网等大型期刊数据库，使得读者阅读学术文献的形式逐步从传统的纸本期刊转向学术信息高度聚合的期刊数据库。由于学术信息高度集中，读者查阅文献资料的模式也发生了重大变化，读者和作者从浩如烟海的纸本学术资源库转向便捷的数字学术信息数据库，读者可以很方便地找到自己需要的学术信息，作者可以凭借期刊数据库让自己的学术思想传播的范围、领域、时效等都变得前所未有。而不少人文社科学术期刊只因新媒体暂时对自身冲击不太严重，偏安一隅，仍囿于传统媒体的阅读和出版模式。长此以往，新兴的学术媒体发展壮大，那么其生存空间在不同形态新学术媒体的挤占下会日益萎缩。

三　新媒体时代人文社科学术期刊转型发展路径

纵观国内外传媒现状，我们不难发现，新媒体对传统媒体的冲击史无前例，尤其是对传统纸本大众期刊的冲击可以说是致命的。目前，面对新媒体在传播领域的风生水起，蓬勃发展，主流传统媒体如报纸、电视等已经开始走上了转型发展的路子，期刊界大众纸本期刊也有所尝试，不少期刊与新媒体进行融合互动，转型发展，争夺市场份额。但在人文社会科学领域，由于传统学术期刊自身的特殊性，以及我国现有的学术评价体系使然，传统人文社科学术期刊在诸多传统媒体遭遇新媒体冲击而节节败退的境况下依然故我，大有置身事外、唯我独尊的非凡气度，这与传统主流媒体遭遇新媒体挑战的大环境下，人文社科学术期刊受到的冲击较小有很大关系。目前，新媒体对人文社科学术期刊的冲击仅仅停留在纸本发行量等方面，对其学术信息传播制高点的控制、学术资源拥有量的争夺构不成任何威胁，因此，绝大多数人文社科学术期刊对数字化转型情有独钟，但对与新媒体融合发展却兴味索然。笔者以为，今天没受到新媒体致命的冲击和威胁，就不能视同未来的发展可以高枕无忧，一如学术期刊最初的数字化转型，人文社科学术期刊在新媒体时代与新媒体的高度融合、转型升级、创新发展只是时间问题。因此，面对新媒体对人文社科学术期刊带来的新挑战，人文社科学术期刊应未雨绸缪，超前谋划，转型升级，融合发展。在未来的发展中，人文社科学术期刊还是以内容为王，立足质量和特色，探索适合人文社科学术期刊转型发展的新模式。

其一，新媒体时代，人文社科学术期刊转型发展学术质量是根本。

众所周知，对学术期刊而言，质量是第一生命线，品位是最高境界。既然，学术期刊的本质属性是学术性，那么，学术刊物如果丢掉了学术质量，她就会失去自己竞争的优势和存在的理由，也就失去了生命。在当下，在这个浮躁喧嚣的时代，在颇受非议的学术评价体制下，一些作者的学术良知和学术道德在名利的冲击下荡然无存，移花接木，偷梁换柱，学术失范，泡沫四起。因此，人文社科学术期刊应排除权力、人情和金钱的干扰，坚守学术道德底线，做到学术质量高于一切。唯有如此，不管学术传媒的生存环境如何风云变幻，学术期刊依然故我，不失本色，持续发展。

其二，新媒体时代，人文社科学术期刊转型发展自身特色是核心。

特色像一瓶陈年老酒，历久弥香，对国内两千多家人文社科学术期刊来讲，这是抵御新媒体融合冲击的有效途径之一。由于国内人文社科学术期刊所处的地域不同，服务的受众不同，它的关注点，它的主导领域和立足点也就不同。不同的人文社科学术期刊，都有其独到的学术特色和学术优势。因此，不管在传统媒体时代，还是在新媒体时代，人文社科学术期刊立身之本永远是蕴含自身存在的特有价值，只有具备了其他媒体无法替代的学术价值和自身特色，才能在未来主流学术传媒市场站稳脚跟，才能从林立的人文社科学术期刊中脱颖而出。

其三，新媒体时代，人文社科学术期刊转型发展传播模式是关键。

目前，学术媒体传播学术信息的模式虽然基本实现了从纸本传播到数字传播的艰难转型，但受学术传播媒体固有的传播理念和独特的学术属性的影响，人文社科期刊在创新媒体传播形式，选择媒体传播平台、技术等方面缺乏探索和实践。因此，人文社科学术期刊要用前瞻理念去创新传播模式，在学术传播与理论创新中充分利用新媒体独有的特点和优势，开拓传播学术信息的新路径，拓宽学术信息的交互性。要借助新媒体特殊的传播优势，以更加便捷的方式及时有效地将学术信息传播给自己的受众，如可以用微信公众号、微博等传播平台和渠道实现与读者、作者以及审稿专家的交流互动，扩大和提升期刊学术影响力。

其四，新媒体时代，人文社科学术期刊转型发展编辑素养是保证。

任何新技术的运用，新平台的开设，都需要相关的人才支撑；同样，人文社科学术期刊适应新媒体时代的要求转型发展，编辑人员的学术素养固然重要，但更为重要的是编辑人员获取学术信息、处理学术信息和利用学术信息的能力。因此，在新媒体时代，编辑人员不仅要具备组织、选择和加工学术信息内容的基本能力，同时，还应该具备利用新媒体的技术手段向受众传播学术信息，以及精准捕捉前沿热点学术信息等方面的能力。

四　结语

新媒体新挑战，新挑战新机遇。面对新媒体带来的挑战与机遇，人文社科学术期刊应深刻认识到新媒体带来的革命性变革，应顺应新媒体时代的发展要求，转变理念，转型发展，探索适合新时代创新发展的新路径，适时推出新时代适应新媒体的新举措，充分利用自身独特的学术资源，进一步提升学术质量和影响力，打造具有中国特色的人文社科学术期刊品牌，开辟更加广阔的发展空间。

新时代青海民族饮食文化创造性转化和创新性发展

于晓陆*

一 民族文化创造性转化和创新性发展的提出及其内涵

文化作为民族发展的命脉，是一个民族生命力、创造力的源泉，是民族地区乃至整个国家社会经济发展的精神动力。习近平同志在2014年中央民族工作会议中就曾指出："少数民族文化不能等到失去才懂得珍惜，弘扬和保护各民族传统文化，不是原封不动，更不是连同糟粕全盘保留，而是要去粗取精、推陈出新，努力实现创造性转化和创新性发展。"① 之后习近平同志又在中共十九大报告中再次强调：要"推动中华优秀传统文化创造性转化、创新性发展，继承革命文化，发展社会主义先进文化，不忘本来、吸收外来、面向未来，更好构筑中国精神、中国价值、中国力量，为人民提供精神指引"②。可以说，民族传统文化创造性转化和创新性发展这一思想为中国文化建设指明了方向。

"创造性转化""创新性发展"二者虽然都有变革和进步的意思，但其内涵和实现的路径不尽相同。"创造"从其字面意思指的是原创和首创，从无到有的全新的事物，强调思维层面的原创性；"创新"是从有到好的意思，强调了认识和方法论层面的变革，抛弃旧的事物，创造新事物。对

---

* 于晓陆，青海省社会科学院民族与宗教研究所助理研究员。

① 2014年9月中央民族工作会议暨国务院第六次全国民族团结进步表彰大会，习近平讲话稿。

② 习近平：《决胜全面建成小康社会　夺取新时代中国特色社会主义伟大胜利——在中国共产党第十九次全国代表大会上的报告》，新华网，http://www.xinhuanet.com/politics/19cpcnc/2017-10/27/c_1121867529.htm，2017年10月27日。

于民族传统文化而言，“创造性转化”是指“按照时代的特点和要求，对那些至今仍有借鉴价值的内涵和陈旧的表现形式加以改造，赋予新的时代内涵和新的表达形式，激活其生命力”①，注重挖掘传统文化的价值和人文内涵并将其古为今用，强调了文化价值向大众话语的现代化改造、转化；“创新性发展”指的是“按照时代的新进步新进展，对中华传统文化的内涵加以补充、拓展和完善，增强其影响力和感召力”②，注重结合实际和时代发展需要，采用机制、管理与技术等手段实现文化的再生产、发展以及创新，强调文化产业、创意和现代科技的有机融合，其主要的目的是提高文化的生产和服务的能力，文化产业便由此发展起来。

“创新”是在依靠“创造”的基础上实现的，“创新”在得到不断发展的同时又会引发质变产生新的“创造”，因此从民族学的视角来看，民族传统文化的“创造性转化”和“创新性发展”既有区别又有联系，文化的“创造性转化”源于民族的文化自觉，是文化观念和思维的跨越，而文化的“创新性发展”则是需要多方力量共同努力实现文化因素的优化组合，强调了文化和经济效益的统一，实现文化价值的传承和再生产，同时它们又是前后相继的关系，也是基础与升华的关系，只有实现了民族传统文化的改造、转化才能实现其创新与发展，才能使其产生新的生命力，这一循环符合文化发展的一般规律。

二　实现青海民族饮食文化创造性转化和创新性发展的必要性

青海是一个多民族聚居的地方，因受到了自然、人文、社会环境等各因素的影响，在这块广袤土地上的汉、藏、回、土、撒拉等民族的美食不仅各具特色，更是在各民族不断交流和共同发展中实现了饮食文化的传承、维系与交融、变化，使青海民族饮食文化逐渐形成了多民族、多文化体系的多元特色。进入 21 世纪以来，随着“保护和传承非物质文化遗产”观念的深入人心，旅游业和相关产业发展的推动，以及政府、市场、学术界对民族民间文化遗产价值的重新认识和发掘，青海民族饮食文化的发展

① 中共中央宣传部：《习近平同志系列重要讲话读本》，人民出版社，2016，第 203 页。

② 中共中央宣传部：《习近平同志系列重要讲话读本》，人民出版社，2016，第 203 页。

获得重生，与新时代对接下需要展开“新活法”。

（一）青海地区民族传统文化持续健康发展的需要

“民族饮食文化是整个民族的群体行为和责任，同时也是一个民族文明发展水平的历史标志。”① 从民族社会学的视角来看，民族饮食会使民族内部的“制度文化”得以保留和活化，这里谈到的“制度文化”就是与人民大众文化价值观相吻合的一种文化。青海汇集了汉、藏、回、土、撒拉、蒙古族等全国56个民族中的54个民族的生存智慧和道德价值，青海民族饮食文化为青海各民族的发展提供了精神养料和情感寄托。随着新时代的到来，产业经营、文化经营已经逐渐渗透到青海各民族的生产和生活方式中，加之旅游和其他服务性行业的发展，青海民族饮食文化除了受到自然地理、兄弟民族文化交流的影响还受到了前所未有的时代挑战，在保证自身文化内在价值传承的同时，又要借鉴外来其他的优秀元素，激活本身文化中富有生命力和发展前景的基因，形成一种“活着的文化”。简言之，青海民族饮食文化作为青海各民族传统文化的保存和活化，其创造性转化和创新性发展，不仅可以对各民族传统文化在发展中面临的问题和困境做出合理的回应，同时其自身的返本开新更是增强了民族凝聚力，对各族传统文化的传承与创新起到了带动作用，也对保存本族的民族特色产生了重要的影响。

（二）带动地区旅游等相关产业发展、实现经济后发赶超的需要

饮食是维持我们身体需求最重要的手段，也是我们外出旅游时的首要需求，它不仅是一个民族自然环境、社会经济发展状况、民风民俗等综合要素的反映，同时也能满足人们外出感知异文化的心理需求。青海旅游业自产生之初就是依靠民族文化资源发展起来的，其活跃的前提也是文化活跃，其发展不可能没有饮食的享受。随着大众旅游、全域旅游时代来临，吃饱已经不能满足当下游客的需求，在现代社会，游客更关注的是如何吃得安全，如何吃得好，吃得有营养、有特色，这样，人们会对旅游中的饮

---

① 许金根：《饮食文化与中国社会发展》，《南宁职业技术学院学报》2005年10月第1期，第15页。

食更加关注，饮食安全和质量的好坏也越来越决定着旅游服务水平的高低，也可以说，青海饮食行业与旅游产业之间有着一种互相促进、互相发展的密切关联。可见，青海地区旅游等相关行业的发展更需要青海民族饮食文化实现创造性转化和创新性发展，旅游业发展起来，带来游客也就开始增多，这样，整个青海其他服务行业发展和社会经济后发赶超也就有了智力支持和精神动力。

（三）有效转移劳动力、构建幸福民生工程的需要

民族饮食文化的创造性转化和创新性发展是通过机制管理、技术创新等手段使其获得再生产、由低到高的传承发展能力，而饮食文化产业的产生和发展正是提高饮食文化生产、服务能力的有效手段。青海民族饮食文化及其产业的发展不仅可以为青海各族人民就业提供更多机会，更使得大量的农村剩余劳动力得以转移。近年来，青海各州县利用本地民族饮食文化资源，通过政府引导、民众参与、村级组织的管理模式逐步发展起了农家乐和民族餐厅，一方面，增加了农民群众的收入，使得农户的闲置房屋得到了充分利用，庭院经济得到了充分发挥；另一方面，把民族餐饮行业发展纳入青海全域旅游精准扶贫的重点突破口之一，大力推进乡村旅游业发展，抓好农村旅游扶贫工程，也有效推动了青海省的精准扶贫和乡村经济发展。如 2017 年，青海循化撒拉族自治县投资 1500 万元，主要用于白庄村、白庄镇乙日亥村、清水乡石巷村、积石镇托坝村、查汗都斯乡大庄村 5 个农家院项目建设来带动当地群众就业，助力乡村振兴，循化各族人民获得了经济和社会效益的双赢。

（四）增强青海民族地区文化交流、提高人民文化素养的需要

随着社会经济的发展，大众对精神文化生活的追求呈现出多层次、多方面、多元化的特点，文化成为提高人民幸福感、改善民族地区民生的重要标志。青海民族饮食文化作为民族传统文化的重要组成部分，其创造性转化和创新性发展不仅可以为各族人民提供更多丰富多彩的精神食粮，也可以更好地满足民族地区的文化民生。如青海深度文化传媒有限公司经过三年的策划拍摄制做出的青海省互助土族美食纪录片——《寻找记忆中的味道》，透过互助土族传统饮食文化缘起、传承与发展脉络的镜像，让全国各地的人们能

够领略到青海土族的传统文化、宗教信仰、伦理观念、审美情趣等，使大众能从中获得对饮食背后人文力量、文化图景的认同，也更能吸引世界各地的朋友来土乡做客，达到了“文化互惠”的效果。同时，近几年，随着青海旅游产业、餐饮行业迅速发展，青海外出流动人口开始增加，许多外出开餐馆创业的青海人，开始走出青海走进沿海城市，逐渐融入其中并努力成为其中的一员，在融入的过程中结婚生子、孩子上学、朋友聚会这些都离不开与其他民族的交流。由此，青海民族饮食文化必须通过实现文化的现代化转型，创造出更加丰富且适合不同层次需求的文化服务及产品来契合当今社会的发展和时代的变革，满足民族地区人民对多元精神文化的需求，以提高青海各族人民群众的文化情操和文化素养。

三 青海民族饮食文化创造性转化、创新性发展的方向和途径

（一）树立青海民族饮食文化自信，提高饮食质量

随着我国国际影响力逐步增强，中华传统文化发展焕发出更加顽强的生命力，这些都为青海民族饮食文化的创造性转化和创新性发展提供了重要机遇，但无论是继承保护，还是创新发展，其前提和基础都是要坚持正确的政治原则和根本方向，用科学的态度来对待青海特色民族饮食文化，树立起文化自信和文化认同。坚持和采用马克思主义的方法和态度，辩证地处理好青海民族饮食文化与地区、中华传统文化之间的关系，认识到青海民族饮食文化不是独立存在，而是深受青海各民族传统文化的影响，是中华传统优秀文化中的一员。同时，饮食质量又是青海民族饮食文化实现创造性转化和创新性发展不可忽视的因素之一，青海民族传统饮食需拓宽视野，不仅要追求色美、味香，同时也要尽量满足消费者对现代标准美食的需求。对于民族饮食特色，要强调其传承与创新，在保证本民族饮食特色的前提下，可以融合更多其他兄弟民族的饮食特色，创新出更多精致的食品样式，满足消费者多样化的需求，在技艺上精益求精，避免次品、差品的出现，培育良好的消费者忠诚度。

（二）整合青海特色民族饮食文化资源，保护饮食文化遗产

习近平同志曾指出：“不忘本来才能开辟未来，善于继承才能更好地

创新。”[①] 系统梳理整合青海民族饮食文化资源，做好饮食文化遗产的保护是创新发展的又一前提。要尽量挖掘已消亡和处于濒危状态的饮食文化，成立特定的组织机构，组织研究人员深入民族传统饮食文化保留较为完整的村落，进行全面的考察记录，详细整理各种传统饮食的制作技法，系统地整合梳理文化资源，让陈列在青海这片土地上的民族饮食文化遗产、印在图书中的文字、收藏起的相关文物资料、流传于民间的饮食习俗都能活起来，深入地挖掘和阐释青海民族饮食文化中多民族、多文化体系，多元特色的时代价值。对于那些失去实用价值和商业价值的饮食文化也应加以保护，列出清单，用于补充和完善民族饮食，使其呈现完整的特性。特殊且珍贵的饮食文化，必要时可以申请专利或商标加以保护和传承。

（三）依托民族经济，发展青海民族饮食文化产业

在青海，少数民族经济已经有所发展，但贫富差距较大，特别是生活在牧区和山区的各民族经济生活相对贫困，饮食结构还有待改善，因此，只有民族经济发展起来，人们整体生活水平提高了，才能以此为基础，发扬民族传统文化中科学的饮食观念，形成一个科学健康的饮食习惯。文化产业发展是青海民族饮食实现创新性发展的重要手段，青海民族饮食文化产业要想发展首先要注重人才建设，要从小做起，关注培养少数民族儿童的学校教育，同时也要加大在职人员的职业培训，特别是要注重对大众人才的培养，多为其提供一些培训和学习机会。其次，在饮食文化产业发展进程中要确保良好的融资保障，传统文化的传承与创新是大家共同的职责，应当积极发挥政府资本参与的有效推动作用，也可鼓励资金盈余的社会单位、个人进行投资，在政府、单位或个人投资扶持下，企业更应自力更生，增加自身资金的内源积累。最后，也要促进产业自身发展方式的转变，努力使其产业发展模式细化，将其发展转变为集约型。

（四）依托相关产业，实现“青海民族饮食文化+”发展模式

青海特色民族饮食文化的创造性转化和创新性发展是一个以实现文化时代化、文化创意与现代科技融合的演变过程。首先，将“青海特色民族

---

① 中共中央宣传部：《习近平同志系列重要讲话读本》，人民出版社，2016，第202页。

饮食文化+旅游”结合，加大旅游部门及其他相关研究机构对饮食文化的研究力度，尽力增加资金投入，大力挖掘可开发的资源并引导其发展，将本地具有特色且最被游人喜爱的饮食资源挖掘出来，在其基础之上培育一批饮食文化产品、艺术品拓展传统饮食文化的消费需求与空间，依靠多元化的形式来实现饮食文化的创造性转化和创新性发展。其次，构建“青海民族饮食文化+科技创新”模式。不仅要在经营过程中采用科技创新，同时在其宣传上也可借助高科技的传播手段，例如民族餐馆的宣传就可采用网络、手机、数字影视等新型传播方式，也可构建青海特色民族饮食文化博物馆，对其饮食资源进行展示，提高饮食文化生产、服务能力，形成一批有代表性的新兴文化业态。最后，可发展“青海民族饮食文化+品牌”。推动青海民族饮食文化品牌建设，把重点放在优势品牌上，用文化经济理念打造具有国际竞争力的青海民族饮食文化品牌及餐饮企业，发挥品牌叠加效应和龙头产业品牌带动作用。积极促进青海民族饮食文化自主品牌与国内国际品牌的对外交流合作，让更多经销商了解青海品牌，为青海饮食文化创造性转化和创新性发展开拓更大的市场。

参考文献

《中央民族工作会议暨国务院第六次全国民族团结进步表彰大会在北京举行》，《人民日报》2014年9月30日。

中共中央宣传部：《习近平同志系列重要讲话读本》，人民出版社，2016。

习近平：《决胜全面建成小康社会　夺取新时代中国特色社会主义伟大胜利——在中国共产党第十九次全国代表大会上的报告》，新华网，2017年10月27日。

青海省统计局、国家统计局青海调查总队：《青海省2017年国民经济和社会发展统计》，青海统计信息网，2018年2月27日。

许金根：《饮食文化与中国社会发展》，《南宁职业技术学院学报》2005年第1期。

李玉玲：《论广西民族地区文化的创造性转化和创新性发展》，《广西社会主义学院学报》2017年第3期。

孙岿、田文霞：《少数民族文化创造性转化与创新性发展的新路径》，《贵州民族研究》2017年第8期。

改革开放以来“两弹一星”精神的丰富、发展和弘扬

沈玉萍*

“两弹一星”精神，是中国人民在20世纪五六十年代，以“把我们的血肉筑成新的长城”的满腔热血，以“别人已经做到的事，我们要做到；别人没有做到的事，我们也一定要做到”的大无畏气概，克服难以想象的困难，研制出世界瞩目的“争气弹”——原子弹、氢弹，制造出乾坤震惊的“争气星”——人造卫星，由此形成的让中国人自豪的伟大民族精神。

20世纪50年代，刚刚诞生的新中国百废待兴，面对超级大国的核讹诈和核垄断，以毛泽东同志为核心的党中央第一代领导集体高瞻远瞩，审时度势，集思广益，运筹帷幄，从国家前途、民族命运的全局出发，果断做出发展“两弹一星”的重大战略决策。① 1955年1月，决定研制原子弹；1960年4月，我国成功发射第一枚自主研制的导弹。1964年10月，我国第一颗原子弹爆炸成功。1966年10月，我国第一颗装有核弹头的地地导弹飞行爆炸成功。1967年6月，我国第一颗氢弹空爆试验成功。1970年4月，我国第一颗人造卫星发射成功。短短十余年时间，“两弹一星”从构想变为现实，这是中国人民在攀登现代科技高峰征途中创造的非凡人间奇迹，充分体现了在中国共产党领导下社会主义制度的优越性。② 中国这个诞生四大发明的文明古国，饱经沧桑的东方巨人，以更加自信的姿态

* 沈玉萍，青海省社会科学院文史研究所副研究员。

① 《大力弘扬“两弹一星”精神——写在〈天地颂〉再版之际》，《人民日报》2007年4月8日。

② 《大力弘扬“两弹一星”精神——写在〈天地颂〉再版之际》，《人民日报》2007年4月8日。

屹立于世界民族之林。

“两弹一星”铸就了共和国的核盾牌，奠定了我国国防安全体系的基石。[①]“两弹一星”为我国战略核力量的建立和发展提供了有力的武器装备保障，促进了我国战略威慑体系的形成，它的成功实施极大提高了我国的科技实力、经济实力和国防实力，提高了我国的国际地位和影响力。“两弹一星”深刻影响国际战略格局演变，塑造了中国崭新的大国形象。如邓小平曾说过：“如果六十年代以来中国没有原子弹、氢弹，没有发射卫星，中国就不能叫有重要影响的大国，就没有现在这样的国际地位，这些东西反映一个民族的能力，也是一个民族、一个国家兴旺发达的标志。”[②]

历史将永远铭记所有为“两弹一星”研制成功做出贡献的人们。他们响应党和国家的号召，怀着强烈的报国之志，把个人志向与民族振兴紧紧联系在一起，用无私言行诠释赤子之情。当年，面对物资的严重匮乏，面对极端恶劣的环境和条件，无论是全国人民克服极度困难的支持支援，还是科研工作者经受生命极限考验的探研和试验，都让自力更生、艰苦奋斗放射出耀眼的光辉，创造出感天动地的人间奇迹。在“两弹一星”研制过程中，还有许许多多不为人知的感人故事。他们以对党和国家的忠诚，用自己的智慧、青春和热血，在天地间铸起了一座不朽的丰碑。“两弹一星”功臣们的作用极其重要，功臣们的业绩彪炳史册，功臣们的精神光耀千古，永远是我们学习的榜样。“中华民族不欺侮别人，也绝不受别人欺侮”，是他们的坚定信念。爱国主义是他们创造、开拓的动力，也是他们克服一切困难的精神支柱。

一 全面建设小康社会和建设世界科技强国的进程中弘扬“两弹一星”精神

今天，面对实现“两个一百年”奋斗目标和建设世界科技强国的目标，虽然我们的科技实力算得上“鸟枪换炮”，但我国发展还面临重大科技瓶颈，关键领域核心技术受制于人的格局没有从根本上改变。虽然当今

① 张翔：《将“两弹一星”文化传承永远》，《学习时报》2016年6月27日。

② 李冠兴：《传承“两弹一星”精神、实现伟大“中国梦”》，人民网，2014年9月19日。

各方面条件大大好于当年，可人们“穷则思变”的激情却不如当年，“人心齐泰山移”的意志也不如当年，“一声吼”让地球抖三抖的精气神更不如当年。

今天我们建设世界科技强国，已经不再需要昔日饿着肚子的拼搏，也不会再有昔日人挑肩扛的艰辛，但我国科技基础依然薄弱的现实，决定了建设世界科技强国的道路上仍会荆棘丛生，困难重重。尤其不能忽视的是，环境条件的改变，倒使我们的一些同志错误地认为艰苦奋斗过时了，削减了自力更生的锐气，滋长了不愿到艰苦地方工作、不愿吃苦受累的养尊处优毛病，此等怕苦怕累的畏难情绪，已成为潜在的制约创新的大敌。

（一）全面建设小康社会的进程中弘扬“两弹一星”精神

党的十六大以来，以胡锦涛同志为总书记的党中央，号召大力弘扬以爱国主义为核心的民族精神和以改革创新为核心的时代精神。特别强调，中国改革发展正处于关键时期，现代化建设任务十分繁重。要激励和动员全国各族人民，进一步增强使命感和责任感，大力弘扬“两弹一星”精神，爱岗敬业，甘于奉献，严谨细致，团结协作，为全面建设小康社会贡献更多智慧和力量①。要深刻认识实施以“两弹一星”为代表的国家重大科技工程创新与推进创新型国家、全面建设小康社会的内在联系。② 站在新的历史起点上，我们要传承和弘扬“两弹一星”精神，像当年那样，凭着那么一种干劲、那么一种热情、那么一种奋斗精神，不断把中华民族伟大复兴的崇高事业推向前进。

2011 年 4 月，胡锦涛总书记在清华大学百年校庆讲话中着重指出：“推动经济社会又好又快发展，实现中华民族伟大复兴，科技是关键，人才是核心，教育是基础。我们必须深入实施科教兴国战略和人才强国战略，全面贯彻落实国家中长期教育改革和发展规划纲要，加快从教育大国向教育强国迈进。”

---

① 《大力弘扬“两弹一星”精神——写在〈天地颂〉再版之际》，《人民日报》2007 年 4 月 8 日。

② 管志远、陈湖波、匡辉：《记住历史 · 思考今天 · 选择事业，“两弹一星”精神在清华》，《中国核工业》2000 年第 2 期。

（二）建设世界科技强国的进程中弘扬“两弹一星”精神

“两弹一星”精神，是中国人民“向科学进军”创造的伟大民族精神，而今响应习近平同志的伟大号召“向世界科技强国进军”，仍需弘扬反映中国人民志气的“两弹一星”精神，这对燃起全国人民攀登世界科技高峰的激情，增强建设世界科技强国的责任感和紧迫感，有着重大的时代意义和现实意义。

习近平同志发出“向世界科技强国进军”令的国际背景，有着与当年极其相似的一幕，美国重返亚太很大程度针对中国，插手南海更是凶相毕露，日本仗着美国撑腰妄想霸占中国的钓鱼岛……今日围堵遏制中国的情势丝毫不亚于当年。于是“两弹一星”精神不畏强暴的民族情结、永不服输的民族志气之基本元素，就成为“向世界科技强国进军”不可或缺的精神动力。

对于建设世界科技强国这个巨大科技工程，弘扬“两弹一星”精神，比任何物质都重要，保持“两弹一星”那种“特别能吃苦、特别能战斗、特别能攻关、特别能奉献”的激情和拼劲，比多少金钱都重要。

“两弹一星”精神的灵魂是“热爱祖国、无私奉献”的爱国主义，建设世界科技强国的精神根基，必须是祖国利益高于一切的爱国主义。现在我们建设世界科技强国，尽管处在发展的重要战略机遇期，也有着难得的历史机遇，但不可避免地会遇到可以预见和难以预见风险的诸多挑战，可以说，现在比任何时候都需要继承和发扬“两弹一星”精神的爱国主义情怀，比任何时候都需要学习老一辈科技工作者爱党爱国的崇高品质。以建设世界科技强国的实际行动报效祖国，才能让“两弹一星”精神在推进四个全面战略布局中，在建设世界科技强国的征程中焕发新的光芒。

“两弹一星”精神的核心是“自力更生、艰苦奋斗”，建设世界科技强国的动力支撑，必须是“自力更生、艰苦奋斗”的坚强意志。当年，面对物资的严重匮乏，面对极端恶劣的环境和条件，无论是全国人民克服极度困难的支持支援，还是科研工作者经受生命极限考验的探研和试验，都让自力更生、艰苦奋斗放射出耀眼的光辉，创造出感天动地的人间奇迹，从而昭示了自力更生永远是中华民族屹立世界民族之林的强大武器，艰苦奋斗永远是我们战胜一切困难、夺取事业胜利的重要法宝。

“两弹一星”精神的内核是执着探索、敢于创新，建设世界科技强国的技术源头，必须以“虽九死而犹未悔”的执着探索、不畏强手的奋力超越不断开掘创新力。“两弹一星”研制所采用的新技术、新材料、新工艺、新方案，实际上是外国人想都不敢想的大胆创新，是外国人做梦都做不到的大胆突破。党的十八大以来，习近平同志极端重视以科技创新为核心的全面创新，把创新置于“五大发展理念”之首，而且要求作为发展的灵魂，作为国家发展的核心，让创新在全社会蔚然成风。因此，在迈向创新型国家、建设世界科技强国进程中，必须增加勇于突破超越的创新底气，树立“欲上青天揽明月”的创新气魄，充分释放创造创新的巨大潜能，全力打造自主创新的重要源头和原始创新的主要策源地。

当前最要紧的就是，树立自力更生、艰苦奋斗的精神，立足于不依靠任何外力建成世界科技强国，以当年外国人不可思议的自力更生，排除他们认为我们这也不行那也不行的困难，以当年外国人想象不到的艰苦奋斗，冲破他们惧怕中国强大的种种技术封锁，用“独有英雄驱虎豹”的勇气勇攀世界科技高峰，早日建成世界科技强国。

“两弹一星”及后来的载人航天、探月工程等重大工程的组织实施表明，具有战略意义的国家重大经济、科技建设项目，必须加强党的统一领导，充分发挥我国社会主义制度能够集中力量办大事的政治优势。当年“两弹一星”能够获得成功，是因为把有限的人力、物力、财力集中使在刀刃上，是因为全国各条战线和各地区各部门的团结协作、群策群力。今天建设世界科技强国，依然离不开大力协同的集体主义精神，依然离不开调动方方面面的积极性主动性创造性，形成统一的决心、统一的意志、统一的目标和统一的行动。因此总书记特别叮嘱“这是我们成就事业的重要法宝。过去我们取得重大科技突破依靠这一法宝，今天我们推进科技创新跨越也要依靠这一法宝”。唯有发挥社会主义的最大优势，才能办成无愧于前人的大事。

二 在建设先进的国防科技工业的征程中弘扬“两弹一星”精神

随着中国成功爆炸第一颗原子弹和成功发射第一颗人造地球卫星，“两弹一星”逐渐成为我国国防现代化伟大成就的代名词。[①]“两弹一星”

① 詹欣：《我国“两弹一星”历史研究现状与前瞻》，《光明日报》2016年6月15日。

精神在当时不仅促进了我国国防事业的发展，而且带动了以核科技为代表的整个科技事业的发展。

在建设先进的国防科技工业的征程中，我们依然要发扬勇于探索、勇于超越的精神，瞄准长远发展需要，瞄准世界军工先进水平，以不断增强科技发展与应用的首创能力为目标，切实推进先进的军工核心能力建设。建设先进的国防科技工业，要求我们把思想统一到中央对形势的科学判断上来，把行动统一到中央的决策部署上来，以科学发展为主题、以加快转变经济发展方式为主线，围绕调结构、强能力、上水平，转变军工发展方式，努力推动国防科技工业转型升级。[①] 今天，对于国防科技工业战线的广大干部职工来说，在建设先进的国防科技工业的伟大实践中，依然要学习老一辈科技工作者爱党爱国的崇高品质，将个人价值的实现融入祖国和人民事业的发展当中，为国防现代化建设、为祖国的繁荣富强继续贡献力量。

三　在载人航天工程的发展进程中弘扬“两弹一星”精神

大家或许已经记住了这个日子——2003 年 10 月 16 日，我国第一位航天员杨利伟同志乘坐“神舟”五号飞船，在太空遨游了 21 个小时之后，安全返回祖国大地，实现了国人千年以来的飞天梦想。这一天，举国欢腾，世界震惊。

航天科技是我国重要的战略制高点，中央综合考虑政治、军事、经济、科技发展的需要，于 1992 年决定开展载人航天工程。航天工程也是继“两弹一星”之后，集中体现中国改革开放带来的科技进步和综合国力的大型国家系统工程之一，既体现了国家战略高技术发展的迫切需求，又体现了空间科学技术的前沿，是我国航天发展史上规模最大、涉及学科领域最多、技术最复杂的空间科学和应用系统工程。从事载人航天工程的我院广大科学工作者，以富国强民、振兴中华为己任，牢记重托，不辱使命，勇于创新，团结协作，不计名利，顽强拼搏。正是在这种精神的感召下，我们才战胜了一切困难，才取得了成功。

---

① 张翔：《将“两弹一星”文化传承永远》，《学习时报》2016 年 6 月 27 日。

在载人航天工程发展的十余年历程中，共产党员和科技工作者继承“两弹一星”精神，形成了“特别能吃苦、特别能战斗、特别能攻关、特别能奉献”的新时代航天精神，勇于创新、敢于跨越、一丝不苟、唯实求真、善于学习，很好地完成了任务。我们的科技工作者凭借着高度的责任心和使命感，团结协作、共同奋斗、服从大局，建立了统一领导、分工负责，符合应用系统特点的工程体制。先后有 7 位科技和管理负责人为此献出了宝贵的生命，充分展示了我院科技工作者为国家富强和民族振兴贡献力量的无私精神和崇高境界。

我国载人航天取得的辉煌业绩，应该归功于默默奉献了生命于一线的那些无名战士，应归功于中央的英明决策和坚强领导，归功于科技界、航天界几代人的呕心沥血和不断积累，归功于“两弹一星”精神的承传和发扬。

四　纪念原子弹爆炸的历史，要大力发扬“两弹一星”精神

如今，我们纪念原子弹爆炸 70 周年，就要大力发扬“两弹一星”精神，切实履行党和人民赋予的重要使命，牢固树立创新科技、服务国家、造福人民的思想；要大力继承“两弹一星”传统，进一步普及核科技知识，提高全民科学文化素质；要大力推进“两弹一星”伟业，继续加强国际交流与合作。既要将更多更好的国际经验“请进来”，也要努力为我国核工业“走出去”做出贡献。

五　纪念世界反法西斯战争胜利中“两弹一星”精神的延承和发展

“两弹一星”等重大国防工程的实施，使我国建立起现代意义的核、航天、航空、船舶、兵器、电子等工业部门，开辟了相关高新技术产业，使冶金、机械、化工、材料等一批传统工业部门取得较大程度的技术进步，促进了国民经济由农业国向工农业大国的迈进。

2015 年 9 月 3 日，我们记忆犹新。纪念中国人民抗日战争暨世界反法西斯战争胜利七十周年阅兵盛典上展示的武器装备，是“两弹一星”高新尖端武器的延承和发展。这些按照作战体系模块化编组的受阅装备均由国

防科技工业系统研制生产，再度彰显涵盖核、航天、航空、船舶、兵器、电子的国防科技工业是国家战略性产业，是国家安全和国防建设的脊梁[①]。

当今世界已进入了一个新的历史发展阶段。从我们面临的国内外环境而言，国家领土主权安全与国家战略利益拓展相互交织，国防安全与国内安全稳定相互交织，传统领域安全与新兴领域安全相互交织，军事安全与其他安全相互交织，现实安全与潜在安全相互交织，这些都要求国防科技和武器装备建设必须要有一个跟踪—追赶—跨越式的大发展，这样才能在实现“两个一百年”奋斗目标的国际竞争中真正确保维护国家安全。

从“两弹一星”研制成功到载人航天工程顺利实施，从新中国一穷二白到改革开放和现代化建设欣欣向荣，五十年风雨，弹指一挥间，多少英雄往事唤起人们无限崇敬之情。[②] 伟大的事业孕育伟大的精神，伟大的精神推动伟大的事业。当年“两弹一星”的伟大事业，造就了伟大的“两弹一星”精神。中国人民用青春和热血，在天地间铸起了从“两弹一星”到载人航天工程、从一穷二白到现代化建设欣欣向荣的不朽丰碑。大凡中国人在重温那段不屈不挠、激情燃烧的峥嵘岁月的同时，都应看到美国等国家仍然对中国盛气凌人，都应以“中华民族到了最危险的时候”的危机感，一定要发扬当年那么一种不服输的激情，那么一种不畏艰险的拼劲，那么一种改天换地的奋斗精神，将远大理想凝聚起推动世界科技强国建设的实际行动，不断把中华民族伟大复兴的崇高事业推向前进。“两弹一星”精神，反映的是中国人民自强不息、艰苦奋斗的雄心壮志，显示的是中华民族不畏强暴、藐视困难的独有品质，往往迸发出一往无前、排山倒海的巨大精神力量，我们坚信，建设世界科技强国的宏伟事业，必将产生比“两弹一星”精神更伟大的精神。

---

① 张翔：《将“两弹一星”文化传承永远》，《学习时报》2016 年 6 月 27 日。

② 《大力弘扬“两弹一星”精神——写在〈天地颂〉再版之际》，《人民日报》2007 年 4 月 8 日。

后　记

2018年是我国改革开放四十周年，也是青海省社会科学院建院四十周年。为了纪念改革开放四十周年和青海省社会科学院建院四十周年，回顾改革开放四十周年的光辉历程及青海省社会科学院与改革开放同步前行、与国家发展共同进步的历程，展现改革开放的巨大成就，总结改革开放四十周年的宝贵经验，全面贯彻落实党的十九大和中共青海省委第十三次党代会精神，把思想和行动统一到省委做出的重大决策部署上，青海省社会科学院组织学术理论工作者围绕改革开放四十年来青海省区域经济、生态环境、社会民生、民族宗教、民主法治、文化文学等领域的理论发展、实践进展、成就经验撰写理论文章，并从中精选了36篇有思想深度、理论高度和学术厚度的论文编辑成册，结集出版，以期为开创“一优两高”新局面，建设富裕文明、和谐美丽新青海提供理论支撑和智库服务。

《青海省社会科学》编辑部张前编审对入编论文进行了编辑审定，青海省社会科学院党组成员、副院长孙发平研究员进行了复审，青海省社会科学院党组书记、院长陈玮教授终审定稿。赵晓、柴丰洪、张生寅同志承担了部分编务工作。

编　者

2018年10月

图书在版编目(CIP)数据

伟大的变革：青海省社会科学院纪念改革开放四十周年理论研讨会文集 / 陈玮主编. --北京：社会科学文献出版社，2018. 12
（青海省社会科学院建院四十周年丛书）
ISBN 978 - 7 - 5201 - 4065 - 2

Ⅰ. ①伟… Ⅱ. ①陈… Ⅲ. ①社会科学 - 文集 Ⅳ. ①C53

中国版本图书馆 CIP 数据核字(2018)第 282162 号

·青海省社会科学院建院四十周年丛书·
伟大的变革
——青海省社会科学院纪念改革开放四十周年理论研讨会文集

主　　编 / 陈　玮
副 主 编 / 孙发平　张　前

出 版 人 / 谢寿光
项目统筹 / 陈　颖
责任编辑 / 薛铭洁　周爱民

出　　版 / 社会科学文献出版社 · 皮书出版分社（010）59367127
地址：北京市北三环中路甲 29 号院华龙大厦　邮编：100029
网址：www. ssap. com. cn
发　　行 / 市场营销中心（010）59367081　59367083
印　　装 / 三河市龙林印务有限公司

规　　格 / 开　本：787mm × 1092mm　1/16
印　张：25　字　数：407 千字
版　　次 / 2018 年 12 月第 1 版　2018 年 12 月第 1 次印刷
书　　号 / ISBN 978 - 7 - 5201 - 4065 - 2
定　　价 / 158. 00 元